BECAUD, L'HOMME A LA CRAVATE A POIS

Bernard REVAL

BECAUD

L'HOMME
A LA CRAVATE A POIS

Les Editions du Voyage

ISBN 2-9509272-0-3

Pour Annie...

Avec toute ma reconnaissance à :

Christiane ACHOUR - Françoise ARNOUL - Frida BOCCARA - Annie CORDY - Nicole CUISSARD - Jacqueline JOUBERT - Annie FRATELLINI - Maria SANDRINI Catherine RENAUT - Caroline REVAL - Virginia VEE - Paule VIDALIN

Georges AMADE - Marcel AMONT - José ARTUR - André AUBERT - Christian BARBIER - Gaya BECAUD - Jean-Michel BERIAT - Raymond BERNARD - Jean-Michel BORIS - Jacques CHIRAC - René COLL - Georges CRAVENNE - Jacques DINNAT - Jean-Pierre DORSAY - Yves DUTEIL - Pierre GROSZ - Eric JUTARD - Jack LANG - Claude LELOUCH - Claude LEMESLE - François LEOTARD - Georges MARCHAIS - Fred MELLA - René MONORY - Roger PIERRE - Georges PRETRE - Albert RAISNER - Léonard RAPONI - Raymond de RICKER - Alain de RICOU - Gilbert SIGRIST - Franck TENOT - Jacques TOUBON - Frank THOMAS - Pino TUCCIMEI

Toute mon amitié à **Robert SPRENGERS**, *pour ses précisions, ses suggestions, sa patience, son efficacité, sa confiance.*

Et mes remerciements, pour leurs encouragements, leurs informations à :

Karine ABBA-BEL - Michèle BLONDY (*Le Monde*) - Jacqueline DANNO - Liliane DAUBIGNY - Jacqueline DELASSUS (*L'Express*) - Monique FRANCO - Janique HEBERT - Madeleine MOREAU (*Notre Temps*) - Mauricette MOREL - Claude POMPIDOU - Vincente REVAL - Mireille RUPP - Monique SCHERRER - Danielle SENOCQ - Rika ZARAI

BMG - Yann BENOIST - Stéphane BERLOW - Lucienne et Pierre BILLUART-Jackie et Denis BOISSELET - Guy CAMBIER - Daniel CARLET - Jean-Claude CARRIERE - Bertrand CHAUMELLE - Jean-Loup DABADIE - Elian DEBERNARDI - Alain DECAUX - Marcel de VALMALETE - Maurice DRUON - Claude ENGEL - José VAL ESPINOSA - Bernard GERARD - Jean-Francis GOERRES - Roland HUBERT - INSTITUT NATIONAL DE L'AUDIOVISUEL - *JUKE-BOX MAGAZINE* - Jean-Claude LASSERE - Jean-Pierre MAMIE - Jean-Claude MENNESSIER - Robert MOLINIER (*l'Indépendant*) - Serge MUNUERA - André MYR - M. LEMAIRE (Palais des Congrès de Paris) - *LE PELERIN* - *LE POINT* - *LIBERATION* - Lucien PAPILLON (Bar Romain) - Patrick POIVRE D'ARVOR - Jean-Marie PROSLIER - Laurent REVAL - Marcel REVAL - *SUD-OUEST* - Maurice TALPIN - Jean-Claude VANNIER - Stéphane VERA - John WILLIAM

Sans oublier la Société des auteurs compositeurs éditeurs de musique (particulièrement **Mathieu CASILE**), *le corps des sapeurs-pompiers de la ville de Narbonne,* **R. J. SECKEL** *et le personnel de la Bibliothèque nationale,* **Sylvain AZRIA** *(grand timonier des Editions du Voyage), et tous ceux qui se sont manifestés trop tard pour être cités ici...*

PREFACE

Une chanson c'est tellement fragile. Elle s'évapore dans le public qui la respire, et qui la réécrit pour lui tout seul. Une chanson appartient à celui qui l'écoute. Si elle savait son importance...

Ecrire une chanson à deux, c'est un acte d'une impudeur absolue, un strip-tease intellectuel total. Il ne faut pas forcément bien se connaître, mais il faut essayer d'atteindre l'osmose —entre parenthèses, il est souvent plus difficile d'écrire une mauvaise chanson qu'une bonne. De toute façon on ne le sait qu'après, plus tard, plus tard...

J'ai souvent l'impression de n'y être pour rien, d'être un intermédiaire entre deux pôles dont je ne suis pas le maître, un peu comme un poste de radio qui capte quelque chose quelque part et qui le transmet au public.

J'ai eu beaucoup de chance, Louis Amade, Pierre Delanoë, Maurice Vidalin et les autres, les auteurs de haut vol, des calibres hors pair, des hommes pour lesquels j'ai presque eu un élan féminin (je me comprends !).

Tant de chansons, jamais deux fois la même.

C'est beau la vie comme un lever de rideau. Dommage qu'il n'y ait pas de répétition.

À Bientôt sous les Projecteurs !

L'Ami

PROLOGUE

La voix d'Edouard Balladur s'élève et accueille le chanteur par un : « Monsieur Bécaud, je n'aurai qu'une chose à vous dire : 100 000 volts, c'est beaucoup trop ! Il va falloir faire des sacrifices... »

Ce 19 juin ressemble à tous les autres, ou presque. Sur France Inter, Bécaud va chanter pour la première fois, et probablement la dernière, *Casser la voix*, de Patrick Bruel, face à Annie Girardot, Christine Ockrent, Denise Fabre, Brigitte Bardot, Guy Marchand, Philippe Noiret, le commandant Cousteau, témoins privilégiés de cette matinée de dimanche à la radio. Paraphrasant André Gide : « Dans la vie, rien se ne résout, tout continue », l'homme va chanter sa vie. Une vie en musique, voulue à son image, sur un rythme d'enfer, remplie de joies, de blessures, d'espoirs, de projets, de lendemains qui chantent et de tonnerres d'applaudissements esclaves et libres. Cette étonnante aventure entre un homme et la musique est évoquée ce matin de juin dans l'émission *Rien à cirer*, animée par Patrick Font... avec les intonations de Balladur, Laurent Gerra et Frédéric Lebon prêtant leurs voix à celles des personnalités invitées.

« Bécaud (François Silly dit Gilbert) chanteur et compositeur français (Toulon 1927). Auteur d'une cantate et d'un opéra (*l'Opéra d'Aran*, 1962), il est surtout connu comme parolier et interprète de chansons. Depuis le début des années 50, il occupe une place importante dans la hiérarchie des artistes de music-hall internationaux. »

Avez-vous relevé l'erreur dans la définitition du volumineux *Larousse*, édition 1980 ? Le contresens n'aura pas échappé aux adeptes. A quelques exceptions près, Bécaud s'est installé depuis ses débuts dans la composition, puis l'interprétation. L'écriture des textes ne lui est pas coutumière. Louis Amade, Maurice Vidalin, Pierre Delanoë, avec quelques autres paroliers de talent, en seront les artisans. Il existe entre le musicien et ses auteurs une telle affinité qu'une certaine partie du public croit que c'est le même homme qui signe la musique et le texte, tant l'un s'ajuste bien à l'autre.

« Sachez que Gilbert Bécaud est très probablement le fils naturel de Charles Trenet, d'Edith Piaf et d'un Américain inconnu. Ils ont dû, en effet, se mettre à trois pour engendrer un tel phénomène. Quelle belle famille ! »

Delanoë préfaçait ainsi le programme de la tournée 1977/1978. Lorsqu'on évoque l'interprète, il est indispensable de l'associer à l'équipe quasi mythique de ses paroliers.

Une cravate à pois, un uniforme alpaga bleu taillé années cinquante, un piano revu et corrigé pour l'artiste à travers le temps, une main sur l'oreille : des clichés, des liens quasi familiaux pour un public de fidèles et de nouveaux spectateurs.

Images du passé pour un homme d'hier ? Certes non ! Images dépassées pour un homme du présent et du futur, toujours en avance sur les modes, les idées... Alain Decaux, de l'Académie française, un de ses admirateurs depuis le début, me souligne « son estime pour son talent qui n'a cessé de grandir » .

Bécaud appartient au tout petit nombre des artistes entrés vivants dans leur légende, à tel point qu'un journaliste a pu écrire de lui que, comme ses chansons, les pois blancs de sa cravate sont autant de constellations veillant sur notre ciel nocturne. Constamment, partisans et détracteurs se complaisent jusque dans l'excès. Il est assez difficile de cerner le chanteur. Finalement, qui est-il ? Certainement pas un homme à scandale. Musicien, interprète, compositeur, acteur, inquiet, timide jusqu'à l'agressivité, artiste jusqu'au bout des ongles, pudique sur la vie de Gilbert, comédien et professionnel dans la vie d'un Bécaud en constante représentation, avec l'efficacité d'un plan de travail-marathon et les fausses pudeurs incontestables de l'artiste, il affiche ses angoisses, sa rage de convaincre, avec une juvénile satisfaction.

Toujours en dehors des modes et du temps, le bougre n'arrête pas de bondir et de rebondir. A chaque fois, la donne change. Les habitudes l'agacent, la monotonie ça n'existe pas ! Précurseur, initiateur, il aborde tous les genres avec talent et enthousiasme : cinéma, opéra, cantate, variété, oratorio, mise en scène, direction d'orchestre, comédie musicale, concerto, édition. Une course perpétuelle contre le temps.

Durant mes investigations, ces pages prennent forme, selon les jours et les humeurs, sous l'impulsion de Gaya Bécaud, catalyseur involontaire, qui me propose son aide. Ma détermination s'affirme de semaine en semaine, renforcée par les témoignages et les réactions amicales de ceux qui partagent mon estime pour le chanteur et par la courtoisie des autres, ceux qui n'ont rien à me confier, mais qui m'encouragent dans ma démarche.

Merci à Annie, pour sa brillante et constante collaboration, à Laurent et Caroline, mes enfants, pour leur patience, et à Tarzan, mon indissociable basset artésien normand, privé d'un nombre incalculable d'heures de balades.

Un jour, à la fin des années cinquante, j'ai fait la connaissance de Bécaud. Plus tard, durant les « sixties », il a accepté une chose peu banale qui a renforcé mon intérêt. Pour en savoir plus et partager ses confidences et ses coups de cœur, je vous invite à me suivre et à parcourir nos années Bécaud.

Berre, 8 juillet 1994.
16 heures...

« Tu ne pourrais pas mettre un micro dans les arbres, pour sonoriser les cigales ? »

Sur la vaste scène dressée sous les pins, l'heure est à la décontraction. Après *Quand t'es petit dans le midi*, Bécaud, lunettes de soleil et verre d'eau fraîche à portée de main, se remet en tête les paroles de *Désirée*... La répétition est satisfaisante et la loge, malgré la chaleur étouffante, plutôt accueillante. Sur la table, une mallette entrouverte et le premier exemplaire de *Bécaud, l'homme à la cravate à pois*...

Où est la star ? Face à moi, un homme calme, posé, humble, intéressé, surpris, curieux, arrivant de Corse où il passe un été de composition.

« Un café ? Excellente idée... »

Derrière l'estrade, les organisateurs préparent une collation pour la vedette de la soirée et son équipe. La chaleur est caniculaire, à la limite du supportable. Bécaud, levé depuis sept heures, s'étire sous un soleil de feu et attrape une bouteille d'eau glacée. Sous les pins, entre podium et loge, il est chez lui. A côté de moi, sans ôter sa chemise, Gilbert s'offre une douche improvisée, déversant en quelques secondes l'eau salvatrice sur sa tête.

Musiciens, techniciens, régisseur, secrétaire, toute la tribu s'installe autour de la grande table dressée. A ma droite, une place disponible. Bécaud la repère et me rejoint. Le repas, rapide, est agréable, et le petit vin du pays, bienvenu.

Au fait, qu'a-t'on bien pu manger... ? Gilbert accapare mon attention en commentant quelques chansons (*T'es venu de loin, La Vente aux enchères*), tout en évoquant l'Olympia, Léonard Raponi, citant Raymond Bernard, Jean-Pierre Dorsay, Danièle Heymann et *L'Express*.

Ponctuant le repas de quelques anecdotes, Bécaud, intarissable, se lance sur la Corse, Bonifacio, l'avion du matin, le manque de sommeil,

Lelouch, Amade et Delanoë, la prochaine création française de *Madame Roza*. Au menu, quelques plaisanteries et une constante évocation de ce livre passion que j'écris sur lui et qu'il cautionne avec gentillesse.

L'heure du récital arrive trop vite et Gilbert prend congé de la tablée. Les portes sont ouvertes depuis 20 heures, le public a largement garni les quelques milliers de chaises disposées dans l'enceinte du parc, bientôt théâtre de verdure sous les étoiles.

Au moment d'avaler mon énième café de la journée, une clameur, mêlée d'applaudissements, venue du devant de la scène, éveille ma curiosité. Avant de se changer, Bécaud, décidément dans de bonnes dispositions, a foncé, dans le noir, sur les premiers rangs, saluant, hors scène, les spectateurs étonnés et ravis de la sympathie bon enfant de leur vedette.

Les minutes défilent, la sonorisation diffuse les voix de Shirley Bassey, Presley, Dylan, Sinatra... interprétant Bécaud. Sorti de sa loge, Gilbert piaffe d'impatience, au pied de la scène, attendant sa délivrance avec ses fidèles, Léonard Raponi, Daniel Carlet, Serge Munuera, Yann Benoist, Stéphane Véra, prêts pour la traversée musicale. Comme chaque fois, il n'y aura pas de lézard dans le show, *Pas de lapin dans le chapeau et de poudre aux yeux dans le numéro*.

Au pied de l'escalier, à l'ombre d'un plateau qu'il va occuper pendant plus de deux heures, l'homme attend son moment. Une scène parmi tant d'autres, chaque fois différente, des images qui planent. Celles d'*Une vie comme un roman...*

Celles de *Pilou Pilou... hé*, dans les années cinquante, dans le sud de la France, avec un temps plus que couvert et un public très dense qui attend sagement sur les gradins, malgré les nuages. C'est en septembre, à Foix, au pied des Pyrénées. Jacques Hélian et son orchestre chauffent l'assistance.

J'avoue que cette première partie ne m'a pas laissé un souvenir impérissable. Je suis dans les coulisses et, juste avant la rentrée scolaire de mes dix ans, j'accompagne mon père qui assure la présentation du spectacle. Le temps est exécrable. Dans les loges de fortune, je croise un chanteur que je ne connais pas, pardessus marron sur son costume de scène. Y a-t-il un rideau rouge ? Je crois... Ce n'est pas si vieux que ça... hier, aujourd'hui... Le temps de *L'Absent, Marie, Marie.*

Guitare, piano et batterie attaquent l'introduction du *Rideau rouge*. Le manteau enlevé, le costume bleu apparaît. L'inconnu chante, caché du public derrière ce rideau *qui tremble un peu... et puis se lève*. Bécaud se livre et les musiciens assurent, abrités sur une grande scène bâchée. La pluie. La pluie qui ne cesse de tomber... Les parapluies... Je découvre cet étrange personnage qui s'agite sur l'avant-scène non couverte, chantant sous la pluie, pour se retrouver dans les mêmes conditions que son public...

Nouveau retour en arrière : le 24 octobre 1927. Sinatra affirme ses vingt-deux ans, bébé Presley suce son pouce. Plus loin, Louis Amade, jeune garçon à l'accent catalan, fonce vers ses treize ans.

Ce jour-là, à Toulon, l'employé de l'état civil enregistre la naissance du petit François Gilbert Silly.

Pour tisser la trame de cette histoire peu commune qui va nous mener aux frontières de l'an 2000, il faut revenir quelques années en arrière et faire la connaissance des Silly et de leurs deux enfants, Odette et Jean. Puis, la rupture survient, le couple éclate, mais le divorce n'est pas prononcé. Et lorsque Louis Bécaud entre dans le scénario, il ne peut donner son nom à sa compagne qui reste Madame Silly. Ainsi, le préposé aux registres de l'état civil note-t-il sur ses tablettes la naissance d'un François Gilbert Silly, fils de Louis Bécaud. Plus tard, Gilbert souhaitera porter son nom.

Une vie intense l'attend, avec une enfance dans un Nice à la beauté insolente, ni tout à fait français, ni tout à fait italien, dans le vieux quartier du Babazouk.

1932 et ses cinq ans... Les premiers souvenirs, les gammes, ponctuées d'éclats de rires, sur le piano familial. Son père travaille au Casino et toute la famille réside rue Verdi, au sixième étage d'un immeuble, avec un long balcon ceinturant l'appartement.

« Fréquemment, chaque fois que nous lui en laissions le temps, maman se mettait au piano et interprétait La Marche turque *de Mozart. Je ne lui ai jamais entendu jouer autre chose. »*(1)

L'enfance entre école et musique, avec une maman d'exception, Mamico. Trop petit pour atteindre le clavier du piano, le petit François Gilbert fait des pointes et arrive à ses fins. Odette, sa sœur, l'emmène voir un film ? Sitôt revenu, il cherche la mélodie qu'il a entendue et quand on le met sur la table, debout, il tape sur des casseroles, avec des cuillères de bois... !

« Gilbert, raconte Odette, avait un aspect, des yeux extrêmement vifs, un visage très mobile et puis beaucoup de boucles, autant de boucles que de caprices ! Il ne faisait jamais ce qu'on lui demandait : il avait toujours, à ce moment-là, envie d'autre chose. »(2)

Le jeune garçon jette sa bouillie par-dessus le balcon lorsque le brouhaha ambiant l'empêche d'entendre le locataire du cinquième qui chante *Comme la plume au vent*. A une autre occasion, on le retrouve par terre, l'oreille collée au plancher, pour écouter de la coulisse l'orchestre du Casino de Nice où son père l'emmène, lorsqu'il va travailler. Bel exemple de détermination et de volonté ? Eveil précoce à la musique ? On peut se poser des questions !

Plus tard, il mentionnera, selon son expression, le temps des *chemises reprisées* :

« Ce n'était pas Zola, mais, quand même, ma mère revendait les consignes de bouteilles quand mon père, croupier, s'échinait à gagner décemment sa vie. J'avais, comme beaucoup, faim de revanche. »(3)

Pour sa sœur, le petit Gilbert est un enfant prodige. Il commence par la méthode du Conservatoire avec un premier professeur, Marthe Piat. A six ans, il sait lire la musique et rêve de devenir chef d'orchestre. L'idée d'écrire vient tout naturellement.

La rue Verdi n'étant guère propice aux jeux, reste le balcon — son territoire —, ou la promenade : le jardin Alsace-Lorraine, le square Mozart et puis, plus tard, la rue Alexis-Moussa. Là, il joue parmi les autres enfants et, bravant les interdits, va cueillir des fleurs dans le jardin. Ville blanche avec ses palaces du début du siècle, comme le Negresco et les vieux hôtels au charme suranné, sur la promenade des Anglais, ville bleue avec la mer qui la baigne, ville rouge avec ses places à la turinoise comme les places Massena et Rossetti, Nice marquera profondément le petit Gilbert.

A l'embouchure du Paillon, près du Casino qui aujourd'hui n'existe plus, sur la jetée toute de verre et de fer où Tchekhov aimait se promener, Odette et son frère s'offrent quelques balades. Près du « fleuve des lavandières » où l'on n'a jamais vu un poisson — aux dires de Nietzsche —, Silly junior est aux anges :

« Un jour que nous allions à la plage, par temps gris, grosse mer, je le cherchais partout. C'était vers la fin septembre, après les vacances, le temps commençait à se gâter. J'étais complètement affolée. Nous l'avons finalement retrouvé, après que j'ai demandé de l'aide, sous les pilotis de la jetée-promenade où il s'accrochait pour ne pas être emporté par les vagues. Il prenait un plaisir certain, cramponné de la sorte, à être arrosé copieusement. Il aurait pu avoir un accident, c'est sûr.

— Eh Gilbert ! Gilbert, où es-tu ?

Gilbert était dans le jet d'eau, assis, se faisant arroser d'abondance. »(4)

Elle conduit l'intrépide chez le pharmacien pour le mettre à l'abri du froid, puis elle se précipite rue Verdi afin d'y chercher des vêtements de rechange.

« La rue Verdi, c'était pour moi l'époque de l'école communale. Il y avait, à ce moment-là, une bande de Carlos (les Italiens), opposée à notre groupe de Français. Je me souviens qu'en sortant de l'école, je prenais ma râclée, à peu près tous les soirs. »(4)

Les grands du Lycée Impérial
Bastonnent ceux d'la Communale...
(QUAND T'ES PETIT DANS LE MIDI - BECAUD / DELANOE)

Des heures particulièrement brillantes pour la Côte d'Azur, entre les deux guerres... Les Américains lancent la mode de la Riviera et l'hôtelier allemand Ruhl ouvre à Cannes, un casino (le Palm Beach) que vont hanter Harpo Marx et les excentriques Fitzgerald, écrivains américains de la « Génération Perdue ». Plus simplement, à Nice, à quelques pas de l'église orthodoxe Saint-Nicolas, le petit Gilbert se complait dans l'enfance...

« Des voitures à chevaux circulaient, transportant des eaux minérales. La grande astuce était de réussir à se poster à côté du portail, de sortir en coup de vent pour attraper la voiture et de s'y accrocher. »(4)

Souvenirs de la mercière de Toulon :

« Il était fort gai quand il était gamin. Une voisine, qui avait dans le jardin un petit poulailler grillagé, dorlotait ses quelques poules. Gilbert ouvrait les cages et faisait tout sortir : adieu couvées ! Je me souviens qu'il chantait souvent une chanson de Trenet : *Ma main dans ta main.* »(4)

« J'aimais bien arracher les plumes des volatiles, pour en faire des flèches. Mon voisin avait de très beaux roseaux dans son jardin. Je les avais tous coupés pour les transformer en sarbacanes. Ce qui me réjouissait également, c'était de lancer des chaussures par la fenêtre... »

Lorsque son grand-père joue de la flûte, la contestation règne à la maison. Les chats, les chiens... tous se liguent contre l'aïeul musicien et Gilbert, à la fin de chaque dîner de famille, assiste à l'immuable rituel : séance de flûte pendant que Mamico danse sur la table.

« Il était bon élève, se souvient Odette, d'esprit très éveillé, mais il n'avait aucune patience pour terminer ses devoirs. Si quelque chose lui traversait l'esprit, c'était fini ! Il obligeait ses camarades à jouer comme il voulait. Ce n'était pas à cache cache ou aux billes, mais plutôt à taper sur n'importe quoi pour essayer de faire de la musique. »(4)

Pour lui, tout se passe ailleurs. Plus tard, *Petit Jean* collera parfaitement à cette description. Gilbert est déjà dans son monde...

Louis Jardin, son oncle, raconte leurs parties de pêche :

« Capitaine, emmène-moi sur ton bateau, j'aime bien pêcher en mer. »

Un jour, l'enfant se sent mal et il faut le débarquer. Il est désolé...

« Capitaine, j'ai honte ! »(4)

Profitant de quelques jours de vacances chez sa grand-mère, le moussaillon passe à chaque fois saluer l'oncle « navigateur », puis il repart à Nice, avec ses parents, retrouver ces maisons anciennes, immortalisées par

Henri Matisse et Raoul Dufy, qui réveillent les derniers souvenirs de la Provence.

Un matin, malaise du côté cuisine : tout disparaît du frigo. Rapidement, Louis débrouille le mystère : son neveu nourrit un pauvre mendiant.

« Je me souviens de mon clochard. Je ne sais plus comment il s'appelait, il avait une casquette à carreaux, comme on en met dans le Midi. »(4)

Le piano du grand-père musicien a certainement favorisé son goût pour la musique :

« C'était un instrument formidable parce qu'il jouait seul. Je vous garantis que le piano de mon grand-père jouait seul, la nuit, toujours dans les notes aiguës. On m'a donné des tas d'explications. Les grandes personnes m'ont dit que le bois ceci, que les cordes cela. En fait, le piano de mon grand-père jouait seul. »(4)

Signe avant-coureur de son destin, cette vive inclination pour le rythme l'amène tout naturellement à étudier la musique. Rentré au Conservatoire de Nice en 1936, l'enfant prodige apprend, et se produit sur quelques scènes, alternant piano et école. Effluves de cuir du cartable et des souliers, rugosité des plumiers, c'est le temps de l'encre violette et de la « castagne » .

« Quelquefois, j'étais tellement sonné qu'un copain m'emmenait sur la plage et me jetait un seau d'eau sur la figure, pour me réveiller. »(5)

« Un matin, on a pris l'autocar pour aller à Radio-Méditerranée ; c'était ma mère qui avait arrangé ça, je devais chanter je ne sais plus quoi. A l'époque, j'avais une voix de petit chanteur à la Croix de Bois. »(6)

Elle comptait ses sous pour m'offrir en cachette
Les leçons de piano des plus célèbres maîtres...
(LA DAME DE ST PAUL - BECAUD / DELANOE)

La première rencontre importante est, sans nul doute, celle avec un des plus grands pianistes du monde, Paderewski.

« Agé de près de quatre-vingt ans, il habitait Nice à l'époque et écoutait, en souriant, le tout petit garçon enthousiaste que j'étais. Il me donnait gentiment et patiemment quelques conseils. »(7)

Au Conservatoire, où il reste pratiquement sept ans, Silly suit les cours de Tadlevsky, un disciple de Paderewski, et ramène un prix de composition.

« Je suis entré au Conservatoire assez jeune. J'étais en retard en musique, en étude. D'ailleurs, je n'ai jamais cessé de l'être. Je me souviens de la première image : c'était une grille. Derrière, il y avait un étang avec des cygnes blancs. [...] Mon idée a toujours été d'écrire de la musique et

uniquement de la musique. Je ne souhaitais pas devenir un exécutant ou un concertiste, je voulais, avant tout, apprendre mon métier de musicien... »(8)

« Ensuite, je suis rentré demi-pensionnaire à Sasserno, une école religieuse. Un jour, je ne sais pas ce qui m'est passé par la tête, je me suis mis à l'orgue, après avoir ouvert les portes de la petite église, et j'ai joué très fort l'Internationale. *Ça ne leur a pas plu du tout. Je me suis fait enguirlander, je crois même d'ailleurs que j'ai été jeté à la porte. J'étais très bien à Sasserno. Il y avait une longue descente, le boulevard François-Grosso. On accrochait des roulements à billes à des axes de bois que l'on fixait sous une planche et on se fabriquait ainsi des carrioles. Ensuite, on descendait le boulevard, à tombeau ouvert. »*(9)

A la sortie de l'école, les agents qui règlent la circulation n'apprécient pas ces cascadeurs en herbe. Finalement, devant l'obstination des garçons, chaque jour, à dix-sept heures, ils écartent les voitures du boulevard :

« Notre grand jeu était d'arriver à passer sous les fiacres : on arrivait avec la carriole, le plus vite possible, et on s'accrochait à l'essieu, avant de se laisser glisser en dessous. »(9)

> *Tu comptes plus les bleus, les bosses*
> *En remontant dans ton carosse...*
> *(QUAND T'EST PETIT DANS LE MIDI - BECAUD / DELANOE)*

« On ne décide pas d'être musicien, compositeur, peintre comme on décide d'être avocat, docteur en médecine ou pharmacien. Les goûts artistiques viennent d'eux-mêmes, un point c'est tout. »(9)

« En réalité, je savais ce que je voulais et j'étais sûr d'y arriver. »(10)

Trenet chante *Y'a d'la joie, Boum* : un autre monde pour le jeune garçon plongé dans ses études musicales.

« A ce moment-là, je baignais dans le classique jusqu'au cou. J'avais à cette époque une adoration pour Tchaïkovski. Maintenant, je préfère Debussy et Ravel, plus complexes, plus profonds peut-être. J'étais, alors, béat devant Beethoven. Il m'est arrivé d'écouter ses symphonies, à longueur de nuits. »(11)

La vieille ville regorge d'étals de fruits et de poissons. Le petit Gilbert balade son enfance entre les bouquets d'œillets et de mimosas sur le marché coloré du cours Saleya, le temple de la fleur et du légume — cher au peintre Félix Ziem — où l'on vend la socca, la pissaladière et, parfois, la poutine, très menu fretin, dont la pêche est autorisée à Nice. Plus tard, quand il composera *Les Marchés de Provence*, ces images resurgiront...

A quelques centaines de kilomètres, près de la même Méditerranée,

Béziers, ma ville natale, va accueillir un nouveau venu : après l'obtention des licences de droit et de lettres à l'université de Montpellier, Louis Amade fait son entrée dans la vie préfectorale. Le décor doucement se met en place, le temps prend tout son temps. Attaché au cabinet du préfet de l'Hérault, puis chef adjoint, il anime parallalèlement diverses émissions de poésie et de variétés auprès de Montpellier-Languedoc, une station de radio naissante, où il reçoit les vedettes de passage.

1940. Des années sombres pour une France occupée. A Nice, où une trentaine de films vont être réalisés en ce début de décennie, Louis Jouvet, Raimu et Michèle Morgan tournent *Untel père et fils*, de Julien Duvivier. Avec ses camarades de classe, Gilbert s'arrange pour se faire engager, comme figurant, dans ce long métrage que le féroce Henri Jeanson rebaptise *Trois potes et un navet*. En pleine période d'occupation, le jeune garçon, qui a perdu ses bonnes joues, espère ainsi améliorer l'ordinaire, mais ses parents s'inquiètent plus de sa mine que de la piètre situation de ses études : il pousse uniquement en longueur et devient, chaque jour, plus nerveux.

Avec le temps, il oubliera les appréciations portées, sur ses livrets, par les professeurs d'un imposant lycée *infernal* qu'il chantera un jour :

« Toutes pourraient cependant se résumer par la formule traditionnelle : "Devrait mieux faire", ce qui permet à l'élève de juger : "Le professeur n'a pas été trop vache", et aux parents — suivant qu'ils sont ou non optimistes — d'orienter leur incertitude vers l'espoir... ou la simple déception en attendant mieux. »(12)

Louis Amade, vingt-cinq ans, accède au titre de sous-préfet du Vigan, détaché à Nîmes. Pendant ce temps, Silly, nageant dans ses années-lycée, joue les Neptune, pendant la distribution des prix. Bien sûr, ses professeurs auraient pu lui accorder un accessit ou une mention, mais il ne leur en donne pas l'occasion...

« *... Alors, puisqu'ils désiraient me voir paraître sur l'estrade des honneurs — même si je ne devais pas en descendre couvert de gloire — ils me demandaient d'être seulement acteur ou plus exactement ils m'obligeaient à jouer un rôle dans la saynète qui était le clou de la distribution des prix. Et c'est ainsi qu'une année, je devins Neptune dans un acte spécialement conçu pour détendre les esprits, en rappelant des notions précises sur la mythologie. Ai-je été, cette année-là, un interprète particulièrement brillant ou jugea-t-on dans les années qui suivirent qu'il était peut-être téméraire de forcer mon talent, en me confiant un autre rôle ? Je fus Neptune, trois années d'affilée.* »(12)

« Il s'intéressait aux petites filles, confie Odette, mais sans plus. C'était un garçon, un vrai. Du reste, je ne me rappelle pas que Gilbert ait donné des inquiétudes à ce sujet-là. Au fond, c'était un gosse sage ou peut-être cachait-il bien jeu. »

Lorsque les Italiens déclarent la guerre à la France, Odette, alors dans les ballets de Marika Besubrasovna, amène avec elle le benjamin de la famille. Un temps où, pour être en sécurité, il est fortement recommandé de passer le pont du Var. A Cannes, près de sa sœur, il vit au rythme des ballets, des répétitions et, prenant quelques libertés, s'amuse à accompagner les leçons, les premières figures.

Pour la Besubrasovna, Odette était une très belle jeune fille, de type niçois, avec de grands yeux noirs :

« De temps en temps, elle venait aux répétitions avec un petit garçon espiègle, et, comme j'étais très sévère, il disparaissait de ma vue. Son intérêt pour la danse le conduisait souvent dans les coulisses où il rêvait. Parfois, il prenait possession du piano et j'entendais exactement la phrase musicale de mes paroles, c'était très drôle ! »(13)

1940, 1941... La France est toujours ligotée. Silly atteint ses quatorze ans. Il lave quelques voitures la nuit, des bateaux le jour, ramasse des balles de tennis... Les premières compositions musicales prenant forme, Mamico veut donner toutes les chances à son petit Mozart. La décision contrarie Papico qui le destine à l'hôtellerie. Néanmoins, elle l'encourage dans sa vocation et fin 1942, à quinze ans, le jeune garçon quitte le Midi, laissant derrière lui son premier amour, une fille de garagiste, *« une Nicole, je crois... »*(14).

Il salue Paris, où la famille s'installe dans un immeuble HLM, aux murs gris et aux fenêtres étroites.

« Avec mon père, nous vivions boulevard Murat, dans le seizième. De mon balcon, je voyais la tour Eiffel. Je suis allé la visiter seul, en me guidant à travers les rues. Je me suis perdu. Pour un gamin de Toulon, monter à Paris, c'est déroutant. On a l'impression de marcher sur la lune, avec rien de solide en main et de la musique dans la tête. »(15)

Oh ! Que Paris c'est grand
Avec son métro plein de pigeons voyageurs
Un carnaval sans les fleurs
Un géant qui fait peur...
(OH QUE PARIS C'EST LOIN - BECAUD / DELANOE)

« J'étais enfant au moment de la guerre et je ne comprenais pas vraiment ce qui se passait. Il n'y avait pas toujours de quoi manger à la maison, mais je continuais à étudier le piano et à jouer dans la cour d'immeuble, boulevard Murat. »(16)

C'est là qu'il rencontre ses premiers amis parisiens : Christine, une fillette aux longs cheveux blonds, et un gosse à la peau sombre. Plus tard, la petite fille chantera dans les programmes de Gilbert, sous le nom de Danièle Dupré, et le jeune homme s'appellera John William.

« A Paris, j'ai pris des leçons avec un gars formidable, René Guilloux, qui était au pupitre de l'Opéra-Comique. Nous avons tout de suite attaqué l'harmonie et l'orchestre. [...] Cela coûtait fort cher, à l'époque, et mes parents avaient le plus grand mal à assurer les leçons qui revenaient, je me souviens, à cinq francs la demi-heure. Pour des gens assez modestes, c'était difficile à assumer. »(17)

L'installation parisienne ne dure que quelques mois. Il faut déjà s'en aller :

« Jean, mon aîné de quinze ans qui était parti à Londres rejoindre le général de Gaulle, revint un jour de 1943, en toute hâte : "Préparez-vous, nous dit-il, je vous emmène." Il était envoyé dans le Vercors et, à son avis, nous y serions plus en sécurité qu'à Paris. Nous avons donc pris, en famille, la route d'Albertville. Je ne savais pas très bien ce que ça voulait dire, prendre le maquis. J'avais dix-sept ans, j'étais dans la montagne, heureux de vivre et libre comme l'air... plus question d'études. »(18)

Là, Gilbert se débrouille pour trouver un piano, et jouant pour les officiers, au mess, devient leur boute-en-train !

« Nous vivions parmi les militaires, dont beaucoup d'Américains qui s'amusaient à m'écouter parler anglais. Il faut dire que c'était une ambiance extraordinaire pour un garçon de mon âge. J'étais tout feu tout flamme et m'activais, comme un diable, à longueur de journée : avec les soldats, j'allais chasser à la mitraillette dans la montagne, je faisais de la moto sur des chemins défoncés, j'épluchais les patates, je servais à table, je me taillais des chemises dans les parachutes, je coupais du bois, en faisant bien attention de ne pas m'abîmer les doigts... à cause du piano. »(18)

« C'est comme ça que je me suis retrouvé avec des mitraillettes à portée de main. Heureusement, je n'ai pas eu à m'en servir. »(19)

« Je voulais participer. Il a fallu vaincre les réticences de mon frère, qui a fini par céder. Alors, j'ai été chargé de missions : assurer, par exemple, la liaison entre Albertville et un poste de résistance clandestin, dans la montagne. Ce n'était pas sans risques, mais jamais je n'ai eu conscience du danger. Et dans mon souvenir ne restent que les merveilleuses sensations de mes nuits à la belle étoile. Au fond, tout cela n'était pour moi qu'une aventure, une sorte de jeu pour adultes auquel j'étais fier de participer et qui m'a valu, par la suite, d'être dispensé d'une bonne partie de mon service militaire. »(20)

Le jeune homme n'oubliera jamais Venthon, juste au dessus d'Albertville, la maison au long couloir, la lumineuse terrasse et les nombreuses chambres où ils résident avec Jean, Odette, son mari et leurs enfants. Mamico vient les rejoindre un moment, mais repart assez vite pour Paris, inquiète pour l'appartement familial dans la capitale bombardée. Plus tard, il reviendra à Venthon, retrouvant, visiblement troublé, le parfum de son adolescence.

« Par la suite, j'ai compris la vanité et l'absurde de la guerre, et le sens de la Résistance : un extraordinaire combat pour une même idée. Maintenant, je retournerais dans les F.F.I., mais au moins serais-je conscient de participer, malgré moi, à cette histoire de fous... »(20)

La Libération. Retour à Paris, rue Vaneau, dans un nouveau décor — deux pièces et un piano — aux côtés d'une mère qui ne cesse de croire en lui. Pendant que la radio diffuse *La Mer*, Silly reprend ses études musicales et perfectionne son art au Conservatoire, avec Jean Doyen.

« Il a fallu que je travaille un peu pour me payer ces cours qui étaient de plus en plus onéreux. D'abord, j'ai été cordonnier, c'était mauvais pour les doigts, alors je me suis arrêté. Mon père m'a fait rentrer comme chasseur à l'Hôtel de Noailles, en face du théâtre de la Michodière. »(21)

Une passion : composer des symphonies plus ou moins inachevées, jouer, participer, profiter de chaque instant. Tous les prétextes sont bons, il va jusqu'à imaginer des partitions de films qu'il ne pourra pas signer. Il se donne à la musique comme on se jette à l'eau, il veut avoir tout, tout de suite, avec un plaisir gourmand et téméraire. Assemblant les couleurs sur des mélodies qui délivrent, il s'abandonne sans retenue à cette jouissance.

« Je n'ai pas vraiment connu la bohême. Juste une sorte de solitude des grandes villes, quand les copains se recrutent au bistrot et que tout le monde se moque de qui tu es vraiment. »(22)

Je n'ai pour boussole que ma musique
Et ma galère
Mon étoile j'la garde avec moi
Au fond d'ma poche elle est là...
(OH QUE PARIS C'EST LOIN - BECAUD / DELANOE)

1946, 1947. L'âge de pierre du tube cathodique : d'étranges lucarnes diffusent, pour la première fois, une émission de variétés en direct du théâtre des Champs-Elysées. Bécaud « astique » son clavier (période évoquée plus tard par Nicolas Peyrac dans la chanson *Et mon père*). Les jours ont des couleurs de nuit, les nuits ressemblent à des jours. Chaque soir, il joue du piano, fondu dans le décor d'un quelconque cabaret. Des petits matins de sommeil. Des musiques à enfanter. Composer. Vivre.

Jacques L. Boulay, un de ses amis, vient de tourner *Banlieue*, un court-métrage :

« Je cherche quelqu'un pour la musique. Ce qui m'ennuie, c'est que les musiciens connus sont beaucoup trop chers pour moi, je ne voudrais pas d'un raté.

— Fais moi confiance, se hâte de dire Gilbert, je te ferai ta musique. »(23)

Pour la première fois, Silly la signe « François Bécaud », un nom qui ne le quittera plus, celui de son père. La Société des auteurs compositeurs éditeurs de musique, la Sacem, qui l'accueille en 1947, ignore, alors, qu'un des plus prolifiques compositeurs de la deuxième moitié du vingtième siècle sommeille sous les vingt ans de ce jeune musicien, constamment vissé à son piano.

Quand la nuit ouvre ses ailes, noyé dans ses compositions, il fait jaillir les notes, poursuivant son approche du milieu cinématographique avec des mélodies pour les films *Goûts et Couleurs*, puis *Riviera Dream*. René Vernadet, qui assure le montage, raconte :

« Il est impossible d'oublier Bécaud, cet homme de la nuit. Quand il travaillait sur un film, il restait facilement une dizaine de jours presque sans dormir et il voulait absolument aboutir, orchestrer concrètement ses musiques, avant de passer à l'enregistrement. »(24)

Parfois, tout étonné, il fait surface, et rejoint la planète Terre, le temps d'une rencontre, chez des amis, avec Monique Nicolas. Elle a quinze ans, lui vingt. La jeune fille menue et douce veut être comédienne...

1949. J'ai un an (!) et mon père, employé de banque dans la journée, sillonne le soir le sud de la France, animant une multitude de petits concerts, en compagnie du chansonnier biterrois Maurice Morelly. A ce moment-là, il ignore totalement l'existence de ce Bécaud qu'il va bientôt présenter dans le Midi.

A Paris, le jeune compositeur retrouve Alain Pol, pour la musique du film *Petits ballons, grands voyages*. Ecrire, une furieuse envie d'écrire, de jouer, d'activer le rythme. L'évolution est perceptible. Ses compositions portent désormais la mention « François Gilbert Bécaud », notamment, en 1950, *Symphonie concertante*, pour un court métrage de vingt-deux minutes du même Alain Pol : *Jeux de mains*, primé au festival de Punta del Este, et des réalisations pour un long métrage de Jacques L. Boulay : *Spécial Kandahar*.

Là, d'après Mireille Rupp et sa « Bécaulogie »(25), notre musicien aurait vingt-deux ans. Gilbert situe cette composition bien plus avant :

« J'avais quinze ans et demi. En plus des études du Conservatoire, j'essayais d'écrire de la musique qui me rapporte un peu et me permette ainsi de

payer mes leçons. [...] Je composais des musiques de films. J'étais heureux. Je me disais : Ca y est ! C'est la fortune ! C'est la gloire, c'est parti ! »(26)

« Un jour, un monsieur m'a dit : "Vous faites de la musique ? Moi, du cinéma. Je suis en train de tourner un film assez extraordinaire sur le ski, ça s'appelle "Spécial...", *c'est un long documentaire technique, très à l'avant-garde." Je suis allé voir ce film qui n'était pas d'un grand intérêt, mais j'avais enfin une commande. »*(27)

« Le film s'appelait Spécial Kandahar. *Deux mille mètres de musique, environ deux heures de synchronisation, exactement comme un dessin animé : un travail monstrueux. C'était un cercle vicieux : au lieu de travailler quinze heures, je composais durant dix-huit heures. J'ai été obligé d'écrire pendant une semaine, sans dormir, de diriger l'enregistrement et aussi l'orchestre : c'était abominable. »*(28)

Plus d'une fois, il s'écroule en larmes sur son clavier au grand désespoir de sa mère affolée :

« Tu vas te tuer à ce régime... Tu devrais aller te reposer.

— Mais tu ne comprends pas ? répliquait-il, excédé. Il faut que je finisse. Je veux finir... Je veux réussir, je veux gagner de l'argent, beaucoup d'argent, tout de suite ! »

Mamico regarde ces yeux cernés, ce teint livide, dévoré par une barbe juvénile qu'il n'est pas question de raser, ce torsc un peu voûté. Elle sent l'angoisse l'étreindre. « Il va se brûler avant même d'avoir vécu », pense-t-elle, et Gilbert, sentant son inquiétude, la met gentiment à la porte :

« Maman, va à l'église, faire une petite prière pour moi, pendant que je travaille ».

Et sa mère va docilement à l'église, parfois à trois heures du matin, réveiller le sacristain qui la prend pour une folle.(29)

« Ensuite, raconte Bécaud, je me suis rendu, fébrile, à la Société des auteurs pour voir combien j'avais gagné, afin de payer mes leçons. En tout et pour tout : trente-sept mille francs. J'ai pensé, à ce moment-là, que j'aurais, peut-être, dû faire des ménages. »(30)

En ces années d'après-guerre, Saint-Germain-des-Prés est en plein délire et les cabarets se multiplient dans la capitale. Près de la porte d'Auteuil, Jacques Datin, compositeur inconnu, joue du piano au Handicap. Il travaille avec un auteur non moins anonyme, Maurice Vidalin. La turberculose frappe Jacques, son départ en sanatorium est imminent, il faut trouver un pianiste de remplacement. Le jeune Bécaud se présente. Le salaire est maigre mais les temps sont durs, il accepte l'engagement et remplace, chaque mercredi, Datin, jouant et chantant parfois les refrains du moment, les succès des autres (*Si toi aussi tu m'abandonnes...*)

« Pour vous raconter ma rencontre avec Maurice Vidalin, il faudrait vous décrire les soirées extraordinaires, passées à composer avec Jacques Datin, avec Maurice. Les clients finissaient d'ailleurs par ne plus avoir d'importance. On s'amusait entre nous, c'était bien. »(31)

Oh ! Que Paris c'est haut
Quand tu joues du piano
Et que tout l'monde s'en fout...
(OH QUE PARIS C'EST LOIN - BECAUD / DELANOE)

De chanson en copain, Gilbert parvient à s'infiltrer dans ce nouvel univers, malgré un petit dédain de musicien classique envers la chanson :

« Je regardais cela d'assez loin, en survol. Je me suis rendu compte, peu à peu, qu'une chanson était en définitive très difficile à réussir et qu'il valait mieux une bonne chanson qu'une mauvaise symphonie. On ne le dira jamais assez... Il n'y a pas de mauvaise musique : seulement de mauvais musiciens. Souvent, dans le classique, certains se prennent un petit peu trop au sérieux... »(31)

Sa rencontre avec Maurice Vidalin va favoriser la naissance de *La Chouette écartelée* et de *La Femme du cambrioleur,* qu'ils conduisent en finale d'un concours, à l'ABC. Performance sans lendemain, puisque, au bout de trois mois, le jeune musicien dit adieu au bar d'Auteuil.

L'été, Maurice joue les animateurs dans un club de vacances « Village Magique », en Sicile. Une opportunité pour Gilbert, toujours à la recherche d'un emploi :

« Tiens, ça me plairait bien de partir trois ou quatre mois. Puisque tu travailles là-bas, est-ce que tu peux m'introduire dans ce truc... ?

— Bien sûr, répond Vidalin, aucun problème, celui qui engage est un vieil ami, Mario. »

Maurice va trouver Mario — un caractère à la Zorba le Grec, complètement « gelé », une folie :

« J'ai un copain qui est un super pianiste, tu devrais l'écouter et l'engager pour l'été, tu verras, il est très bien. »

Proposition acceptée, il auditionne la perle rare. La décision ne tarde pas :

« Mais il est complètement nul, ton "copain", il ne fera pas du tout l'affaire. Vraiment, ce n'est pas possible. »

Et pendant des années, Vidalin raillera son ami Mario sur ses capacités de recrutement.

Malgré leur complicité, la véritable collaboration entre Gilbert et Maurice n'est pas encore à l'ordre du jour. Vidalin reste fidèle à Datin, et tant que son coéquipier ne sera pas rétabli, il n'envisagera aucune autre association.

Au théâtre de l'Etoile, Line Renaud tient la vedette dans un programme où les duettistes Roche et Aznavour pointent le bout de leur nez. De temps en temps, Bécaud traîne au Central de la Chanson, faubourg Montmartre, où des jeunes se présentent à des concours d'amateurs. Après le Handicap, le Club de Paris l'engage. Puis, c'est le pas décisif...

« De Chopin, de Beethoven, je suis brutalement passé à J'y va-t-y, j'y va-t-y pas ?, *que chantait alors Marie Bizet. »*(32)

La fantaisiste souhaite une version remaniée de sa chanson *Ah quel coq on a*, devenue pour la circonstance *Ah quel coke on a*, au bénéfice du Gaz de France. Elle rencontre pour la première fois le jeune musicien qui lui propose de lui soumettre ses morceaux. Le pas semble franchi. Le voilà bombardé pianiste-accompagnateur. Ce n'est pas un grand bouleversement... Les mois de piano-bar et de cabaret lui ont donné une formation et une approche non négligeables des variétés. Marie Bizet va devenir le détonateur de sa carrière. Elle écoute ses compositions et les adopte.

Jean Nohain programme la chanteuse. Au cinéma Palace, à Alger, Marie Bizet est annoncée avec Marie Dubas, Félix Paquet, Mireille, Charpini et Brancato. Nohain, qui anime le spectacle, s'aperçoit qu'il manque un numéro pour commencer la deuxième partie, au moment où les spectateurs quittent le bar et regagnent mollement leur place :

« J'ai mon pianiste qui compose de petites chansons, lance Marie Bizet. Vous pouvez lui demander d'en chanter deux ou trois, pour occuper le public, en attendant la reprise. »

Nohain se souvient :

« Je l'annonce devant le rideau, dans l'indifférence générale et je remonte dans ma loge. Au bout de quelques instants, je suis attiré par une houle inquiétante qui vient de la salle. [...] Ça doit être le pianiste novice qui se fait chahuter par le public d'Alger. [...] Je m'arrête, interdit : des ovations sans fin, des cris, des hourras, des trépignements saluent ce jeune artiste inconnu. [...] Le lendemain matin, dans les journaux, mes vedettes parisiennes un peu pincées, lisent, suffoquées, au lieu de leur éloge habituel et enrubanné : "Courez au Palace dès ce soir, non pas pour applaudir des artistes chevronnés, mais pour découvrir une étoile nouvelle". »(32)

Durant son parcours avec Marie Bizet, Bécaud fait la connaissance de Pierre Leroyer, trente ans, tout frais débarqué de Rouen. Il poursuit une carrière dans l'administration fiscale, avec une nomination d'inspecteur de l'Enregistrement à la direction des sociétés mais n'est pas tout à fait un inspecteur comme les autres. Il écrit des textes de chansons et son beau-frère Frank Gérald les met en musique. Fins de mois difficiles pour Leroyer — alias Delanoë — et son compère, malgré leurs exhibitions nocturnes dans des cabarets des Champs-Elysées ou de Saint-Germain-des-Prés. Les duettistes chantent, le premier, debout, le deuxième, au piano. Une double vie. Le synopsis se précise : les deux artistes travaillent également pour Marie Bizet et composent notamment *Quand vous viendrez chez moi*. La chanteuse sera l'instigatrice de « la » rencontre. Elle souhaite présenter Delanoë à Bécaud.

Les passionnés de la première heure connaissent la vision insolite des Delanoë/Gérald, sur scène, interprétant leurs œuvres, *Rondeau pour un électron, Deux harengs dans la pénombre* ou *La fille de joie qui portait des lunettes...*

« La première fois que j'ai rencontré Delanoë, j'étais dans la salle. Il chantait avec son beau-frère Frank Gérald. Il avait une très jolie voix, [...] mais il était incapable de tenir la mesure. Une catastrophe. Je vois donc au Central de la Chanson un monsieur à la voix grave et aux chansons complètement idiotes. Quand on les considère avec le recul, c'est épouvantable. »(33)

Gilbert revoit Delanoë dans l'escalier, chez Marie Bizet... En attendant celle-ci, assis sur les marches, ils lui écrivent leur première chanson : *Le Grand Sympathique (chanson nerveuse)*. Dès l'arrivée de la chanteuse, Bécaud se met au piano et lui fredonne un boogie qu'elle adopte tout de suite. Satisfaits de leur essai, ils quittent son domicile pour filer chez Gilbert.

« Je m'appelle François Silly ... Mon vrai père s'appelle Bécaud, j'ai envie de prendre ce nom. Mon deuxième prénom, c'est Gilbert. J'ai envie de m'appeler Gilbert Bécaud... »(34)

Très vite, Bécaud prend la relève de Gérald, parti au service militaire, et met sa musique sur les textes de Delanoë. Durant cette période, ils composent *Je brode des blouses*, que Marie Bizet n'enregistrera pas mais reprendra bien plus tard, en 1984. Flottant entre le classique et la variété, il n'est pas question de le pousser sur le devant de la scène. Néanmoins, dans certains cabarets comme l'Echelle de Jacob, à une heure avancée de la nuit, Gilbert dévoile ses chansons et se hasarde à les interpréter.

« Ensuite, j'ai connu une période de découragement assez lourd. Les choses n'avancent jamais assez vite quand on a vingt ans et qu'on a envie de brûler les étapes. L'ambiance mollissait légèrement. Nous écrivions beaucoup de chansons, mais nous n'arrivions pas à les faire chanter. C'était assez tristouillard... »(35)

La période d'abattement ne dure pas. De conversations en rendez-vous reportés, Delanoë et Bécaud arrivent chez Yves Montand, pour lui présenter leur composition *Cartes postales*. La chanson lui convient, il promet de l'enregistrer.

« *Alors, pour nous, c'était reparti. Etre interprété par Montand, au début d'une carrière, c'était inespéré. Nous étions très contents. Nous avions fait un pari : si Yves Montand nous prend la chanson, on descend les Champs-Elysées à cloche-pied.... Ce qui nous a donné l'idée d'un autre morceau :* A midi sur les Champs-Elysées... »(35)

Depuis plusieurs décennies, la mode est aux duettistes. Malgré la réussite à deux, Jacques Pills a choisi de faire cavalier seul et, depuis de nombreuses années, il multiplie les succès avec des chansons souvent signées par Bruno Coquatrix.

Pills, grand ami de Marie Bizet, reçoit un jour la visite de Bécaud. Notre musicien lui propose *A midi sur les Champs-Elysées*. Une nouvelle fois, la réaction est positive.

« *On s'est dit : c'est parti les gars, c'est la gloire ! Mais il a ajouté :*

"Voilà ce qui se passe, je n'ai pas de chef d'orchestre, je n'ai pas d'accompagnateur. Est-ce que vous voudriez venir avec moi ? Je pars en Amérique du Sud dans huit jours".

A ce moment-là, je ne travaillais plus avec Marie Bizet. J'ai répondu : "L'Amérique du Sud ? Et les chansons ? Comment allons-nous faire pour les écrire ?" Puis, j'ai accepté et nous sommes partis trois mois. »(35)

José Artur réveille ses souvenirs :

« C'est amusant, ils ont tous commencé ainsi. Darry Cowl, Louis de Funès, Bécaud, ils ont tous été le pianiste de quelqu'un... Gilbert, c'est au Brésil que j'ai fait sa connaissance. J'étais avec les Frères Jacques, Claude Dauphin, Brigitte Auber, etc. Nous, on jouait *Jean de la Lune, L'Amour vient en jouant*... On était à l'hôtel Copacabana Palace de Rio et nous avons rencontré Bécaud à l'Esplanada Hôtel, à Sao Paulo. Il accompagnait Pills qui avait un succès gentillet. Le seul qui ramassait tout, c'était le pianiste, vivant comme il n'est pas permis, bougeant, trépidant. Après le spectacle, vers trois heures, quatre heures du matin, Pills allait se coucher et Gilbert chantait pour nous, les comédiens, les copains, comme on "fait un bœuf". Il me disait :

"Ecoute ce que je viens de composer..."

Et depuis, me dit José Artur, lorsque nous nous croisons, je lui rappelle souvent cette charnière amusante. »

Ces mois de tournées permettent à Bécaud de mieux connaître Judy Garland, qui exerce sur lui une véritable fascination. Chaque soir, après le spectacle, il se précipite vers le théâtre voisin où la vedette se produit.

Quarante-deux ans plus tard, il l'évoquera dans *La Balade américaine* (Bécaud/Delanoë).

A Québec, il gèle (moins quinze degrés). A Santiago du Chili, où le thermomètre marque trente-sept à l'ombre, il meurt de chaleur. Qu'importe, il est heureux et joue les compositions de Coquatrix, de Loulou Gasté, écrites pour Pills. Parallèlement, Gilbert écoute et découvre les nouveaux rythmes, s'inspirant probablement de Johnny Ray, le chanteur américain sourd...

En 1950, à Sao Paulo, Jacqueline François enchaîne derrière Jacques Pills. Leurs accompagnateurs respectifs, Raymond Bernard et Gilbert Bécaud, se rencontrent, l'espace d'une soirée (ils se retrouveront trois ans plus tard).

Pendant cette tournée en Amérique —plus d'un an, finalement—, Bécaud et Pills écrivent une chanson et l'imaginent interprétée par Piaf. A leur retour d'Uruguay, ils n'auront qu'une idée : la présenter à leur égérie.

Pills réalise son fantasme. Il présente *Je t'ai dans la peau* à Edith qui garde la chanson et... Pills.

Oh ! Que Paris c'est chouette
Quand une Piaf te dit
"Ta chanson je la prends"...
(OH QUE PARIS C'EST LOIN - BECAUD / DELANOE)

Le 22 mai 1952, la nouveauté est inscrite au programme de l'émission *Plaques tournantes*, de Pierre Hiégel et Georges Lourier, réalisée par Gilles Margaritis. Accompagnée par l'orchestre et les chœurs de Robert Chauvigny, la chanteuse insère *Je t'ai dans la peau* dans son tour, entre *L'Hymne à l'amour, La Vie en rose et L'Accordéoniste*.

Là, Bécaud bascule dans un univers que Claude Lelouch fera revivre avec passion, trente ans après, dans le film *Edith et Marcel*.

« C'était le parfait bonheur. Tout baignait dans l'huile, c'était formidable. Dans la journée, je faisais mon service militaire mais, quand je le pouvais, je quittais la caserne en douce et je venais écrire, la nuit, avec Edith, des chansons pour Jacques et pour les autres... »(35)

Les soirées chez Piaf sont assez particulières. On travaille mais on s'amuse continuellement, on mange des escalopes à la crème, on boit vingt-cinq bières dans la soirée...

« Il y avait une allée-et-venue continuelle, des gens extraordinaires : c'était le salon à tous vents et je me couchais toujours très tard. Dans le gang d'Edith, il y avait évidemment Charles Aznavour. Il ouvrait le spectacle en chantant quelques chansons. C'est comme cela que je l'ai rencontré.

Nous avons alors donné naissance à Méqué, Méqué, Donne-moi, Viens *et bien d'autres dont je ne me souviens plus. »*(35)

La suite est bien connue. Pills épouse Piaf à New York le 20 septembre 1952. Au Waldorf Astoria, dans la suite réservée aux nouveaux mariés, Bécaud fait la connaissance de Marlène Dietrich, grande amie d'Edith. Période faste : le chanteur écrit les textes et Gilbert, devenu régisseur de Piaf, compose les musiques. Pills les enregistre. Mari et femme puisent de concert dans ses réalisations, ainsi *Vol de nuit, Ça gueule ça madame*, éditées par les éditions Paul Beuscher, en 1952, avec la signature associée de la chanteuse des rues et de Bécaud, tout comme *A mon ami, Hymne à la jeunesse*, etc.

« Je n'ai pas connu Gilbert à cette époque-là, me précise Fred Mella, la voix des Compagnons de la Chanson. Lorsque nous étions en tournée aux Etats-Unis, Piaf chantait ailleurs et on se voyait, de temps en temps, pour un gala exceptionnel. »

Pendant longtemps, Gilbert sera peu bavard sur ses années Piaf, toujours sur la réserve, lâchant parfois un laconique :

« On ne détruit pas un mythe ! »(36)

Au début des années quatre-vingt-dix, plus décontracté, il en reparlera :

« J'ai rencontré Piaf à vingt ans. Elle m'a beaucoup appris sur le métier, sans le savoir, car elle n'était pas préteuse. L'artiste m'éblouissait, sa voix, sa présence. Sur scène, Piaf était une roquette. Sur le plan privé, elle m'a souvent froissé. Je ne lui en garde pas rancune. On pardonne aux grands artistes. »(37)

« Travailler pour et avec elle fut une expérience aussi riche que douloureuse. Je ne vois pas pourquoi je devrais mentir. Je demeurerai à jamais à genoux devant l'interprète qu'elle était et qui n'eut d'alter ego que Judy Garland. Il vaut mieux être fustigé par quelqu'un d'exception que flatté par un imbécile. Il faut aussi se souvenir que ce ne fut pas une sinécure. Piaf, je l'ai vénérée et détestée à la fois. »(38)

« Elle oubliait parfois les paroles de ses chansons. Dans ces cas-là, on se débrouillait. Un jour, nous avions fait un déjeuner sympathique, elle était assez fatiguée. Elle commençait le premier titre en bredouillant. Ça a duré un bon moment. Le public s'impatientait. Il a fallu tomber le rideau, on est allé boire un café en coulisses et on est revenu. Finalement, la soirée s'est terminée par un triomphe. »(39)

Quand Aznavour quitte la scène, il veille aux éclairages d'Edith et Bécaud lui donne un coup de main. Il faut tout faire, l'accompagnement, porter les valises, écrire les chansons. Bref, ils ne dorment jamais. Si par hasard, il leur arrive de se coucher, la chanteuse, qui s'est reposée entre temps, vient les réveiller :

« Allez les gars, au boulot ! Un, deux, trois, partez ! »

« C'était une vie d'enfer, mais extraordinaire. »(40)

« La nostalgie, honnêtement, je l'ignore. L'autre soir, à la télévision, il y avait une rétrospective sur Piaf. Eh bien ! sur une autre chaîne, j'ai regardé Rambo. *»*(41)

En 1993, Michel Rivgauche, l'auteur de *La Foule*, se montrera plus discoureur :

« L'amitié avec Piaf, ce n'était pas forcément drôle ! Il fallait se la faire. [...] Elle me reléguait parfois et on repartait à zéro. Elle était très susceptible, capable de belles vacheries, et s'entourait, bien malgré elle, de gens pas toujours sympathiques, dans la mesure où elle cumulait à la fois le pouvoir, l'argent et les relations et focalisait donc sur elle pas mal d'intérêts divergents. »(42)

A lire ces propos, on peut penser que la bande des amis de Piaf était nuisible.

« Pas du tout, note Bécaud, il y avait Loulou Barrier, son imprésario, et des gens qui n'avaient rien à voir avec le métier mais qui possédaient tous quelque chose à donner. Edith, enfant, s'était élevée dans la rue. Elle était contente quand elle avait à sa table des personnes qui parlaient simplement, avec des fautes de français... Ça la rassurait. »(43)

Après un excellent démarrage, l'incompatibilité d'humeur s'installe très vite entre Piaf et Bécaud qu'elle surnomme « le jeune chien ». Charles Aznavour, témoin et complice de ces années, en donnera de larges échos en 1970, dans son autobiographie.(44)

C'est le début de l'association entre Gilbert et Charles. Dans son livre *Petit Frère*(45), Aïda Aznavour reste absolument muette sur Bécaud, si ce n'est, en annexe de cet ouvrage, une très belle lettre de Charles à sa sœur, datée de New York le 6 novembre 1952, où ce dernier parle abondamment de leur collaboration.

Bécaud continue ses compositions pour le cinéma. Sans tomber dans une liste-catalogue, on peut citer ces musiques, en rappelant René Vernadet et Alain Pol, qui ponctuent constamment ce début de carrière. Le même Vernadet écrira plusieurs textes sur des mélodies de Bécaud, notammen *Formidable* (pour Pills) et *Un nouveau printemps tout neuf*, en association avec Aznavour :

Un nouveau printemps tout neuf tout neuf
Un nouveau ciel clair tout bleu tout bleu...

(UN NOUVEAU PRINTEMPS TOUT NEUF - BECAUD-AZNAVOUR / AZNAVOUR-BERNADET)

Dès 1952, son premier prénom s'efface et François laisse définitivement la place à Gilbert. Le voyage dans la galaxie Piaf se poursuit... La chanteuse aime mentionner Amade parmi ses paroliers préférés. Bécaud n'a alors jamais rencontré l'auteur.

« Un soir de ces funambulesques veillées, retrace Amade, Edith, au milieu de nos amis, s'agenouilla devant moi. Elle prit mes mains, y posa ses lèvres : "Regardez, vous tous, ce que je fais par respect et par affection à Louis Amade". J'eus de la peine à la faire relever, rapporte le parolier. Je l'embrassais et repartis dans la nuit de Paris, bouleversé. »(46)

Ainsi que me le soulignera, plus tard, Jean-Pierre Dorsay, un des principaux chefs d'orchestre de Bécaud, l'artiste n'est pas une personne tout à fait semblable aux autres hommes :

« Il fait des choses ahurissantes qui peuvent surprendre parfois désagréablement et semer le trouble. »

Refuser une faveur à Piaf, dans de telles circonstances, tient du tour de force. Et l'ami Amade ne peut que répondre favorablement à son appel téléphonique en faveur du compositeur de *Je t'ai dans la peau* :

« Ce gars-là veut faire des chansons avec toi et il me harcèle pour que je te le présente. Il a beaucoup de talent. Veux-tu le recevoir ? »

3 septembre 1952. Versailles. Un jour comme les autres. Sur le bloc-notes préfectoral, quelques mots grifonnés à la hâte :

« 11h. Gilbert Béco (Edith Piaf). »

Devant la préfecture, une voiture. A l'intérieur, Delanoë est venu encourager son ami. Discret, il l'attend, laissant Bécaud mettre en place, seul, la charpente d'une carrière surprenante.

« Je suis entré dans un grand bureau où attendait un huissier avec une chaîne pendue autour du cou, très impressionnant, puis dans une autre pièce tout aussi immense. Je m'y suis introduit sur la pointe des pieds, en rajustant ma cravate, en m'époussetant, en remettant mes cheveux en place. Derrière ce bureau m'attendait un monsieur très gentil, décoré et très sobrement vêtu, qui m'a accueilli, avec l'accent de son pays :

"Gilbert, assieds-toi". »(47)

Le chef de cabinet du préfet de Seine-et-Oise reçoit ainsi le jeune homme de vingt-cinq ans, intimidé, et bavarde avec lui. La confiance s'installe très vite. A la fois précurseur et initiateur, Amade en reparlera, des années après :

« En définitive, c'était mon double qui venait vers moi. Par conséquent, je m'étonnais moi-même, c'est ce que je voulais, c'est ce que j'attendais, il arrivait, donc je ne pouvais qu'être étonné partiellement, et pas complètement. »(48)

Ce jour-là, le musicien accepte *Les Croix des hommes*, un manuscrit que d'autres compositeurs ont déjà refusé, considérant ces paroles comme un poème et non comme un texte de chanson. Ecrit une certaine nuit de brouillard et de pluie, au retour de Montfort-l'Amaury, ce poème d'Amade sur cette croix de mission, irisée par la brume, aperçue au croisement du chemin de terre de Bazoche, va le fasciner.

Bécaud rejoint la voiture — une 4 CV Renault — où l'attendait Delanoë. Pendant le retour, Gilbert relit ce texte, au premier abord assez austère, ponctué par des :

« Oh là là ! .. Pfft !!! »

Arrivé à Courbevoie, il jette quelques notes sur le vieux piano de Delanoë. Rapidement, les premières phrases musicales se dessinent et Bécaud se lance :

Et moi, pauvre de moi, j'ai ma croix dans la tête

Rentré chez lui, Gilbert se met sérieusement au travail, puis il rappelle Amade pour lui faire entendre la chanson, rue Vaneau. Mamico l'accueille avec une extrême gentillesse. Bécaud, très pâle, au piano, commence alors à chanter :

Mon Dieu qu'il y en a des croix sur cette terre...

Amade écoute « sa » chanson et lui demande de la rejouer. La discussion s'engage entre le pianiste et l'auteur, qui va diriger celui-ci vers l'interprétation, le persuadant qu'il n'est pas un compositeur-accompagnateur mais un compositeur-interprète.

« Je ne suis pas un chanteur, je n'ai aucune voix. »(49)

Avec la même ferveur, Bécaud lui chante *Viens*, sur un texte d'Aznavour. Amade le fait parler, de tout et de rien, de son frère Jean et de sa mère qui, depuis le début de la scène, sont demeurés dans la cuisine .

« Je savais bien, dit Mamico inondée de joie, que quelqu'un viendrait un jour pour reconnaître le talent de mon fils »(49)

Mis en confiance, Bécaud parle aussi de Kiki — Monique Nicolas —, qu'il veut épouser le plus vite possible malgré le peu d'enthousiasme de leurs parents et le fait qu'ils vont être plus que jamais sans le sou. Depuis six ans, ils s'aiment et ne se quittent pas : c'est une évidence.

Véritable catalyseur, Amade, par sa position, le fait bénéficier de ses nombreuses connaissances.

Gilbert se marie avec Kiki qui s'installe dans l'appartement de ses parents, rue Vaneau, puis, en pleine période militaire, il sollicite l'intervention de son protecteur, pour une nouvelle affectation plus proche. L'activité du jeune Silly dans le massif du Vercors pendant la guerre compte comme service militaire, mais il reste quelques mois à accomplir pour se libérer totalement.

Amade intervient et obtient auprès des Forces Françaises de l'Intérieur les certificats qui prouvent son rôle d'agent de liaison du 25 juillet 1944 au 31 octobre 1944 auprès du Commandant Planche, dirigeant les FFI Savoie à Chambéry, et du chef du SRMU à Albertville, avec l'appui d'Albert Willemetz, alors président de la Sacem.

L'affectation à la base aérienne du Bourget ne traîne pas. C'est là que notre aviateur reçoit une correspondance de Delanoë, le texte de *Mes mains* :

Mes mains dessinent dans le soir
la forme d'un espoir...

Lucienne Boyer, la voix de *Parlez-moi d'amour*, crée la chanson à l'Alhambra, provoquant une demande record de ces fameux petits formats que l'on s'arrache alors, dans les rues et chez les marchands de musique, bien avant la multiplication des disques. En peu de temps, la partition se vend à plus d'un million d'exemplaires ; chiffre colossal si l'on songe qu'il s'agit, pour l'essentiel, d'une diffusion de bouche à oreille.

Généralement citée comme la première réalisation de Bécaud-Delanoë, *Mes mains* a été précédée par d'autres chansons. Gilbert présente *A midi sur les Champs-Elysées* comme la première... Il s'agit bien de la première, enregistrée par Jacques Pills, au début du mois de mai 1951, avec un autre titre de Bécaud-Delanoë, *Vous qui l'avez connue*. Par la suite, Gilbert a souvent interprété *A midi sur les Champs-Elysées*, lors d'émissions sur Radio-Luxembourg (l'ancienne appellation de RTL), mais jamais il ne l'a lui-même enregistrée, sur disque, en France.

Le Grand Sympathique (chanson nerveuse) est réellement leur première réalisation, composée pour Marie Bizet en quelques minutes ; elle l'a chantée, mais jamais enregistrée.

Le tandem met les bouchées doubles. Maria Remusat — qui veillera plus tard sur son champion de fils Julien Lepers — interprète *La Fraîcheur de la mer* et Andrex étonne avec *M'sieur Gaston*. Ajoutez *Une belle petite môme* et vous aurez un aperçu de l'éclectisme dont ils font preuve.

Lorsque en 1952, dans les arènes de Béziers, mon père présente Charles Trenet et Marie Bizet, le jeune pianiste n'accompagne plus la créatrice de *L'Hôtel des trois canards*. Néanmoins, Bécaud et Delanoë ne sont pas tout à fait absents : leur chanson, *Le Grand Sympathique*, est au programme.

A la base aérienne du Bourget, le caporal Silly n'a guère le temps de s'ennuyer. Un jour, il persuade ses chefs de faire venir un piano dans le foyer des soldats :

« Ecoutez, si vous me donnez un camion et des hommes, je vais chercher mon piano chez moi et je l'amène à la caserne. »

« Nous sommes partis, avec quelques camarades de chambrée, à bord d'un camion militaire, rue Vaneau. Mais voilà, ma mère n'était pas là ! J'ai été obligé de passer avec les soldats par la fenêtre de la cuisine et de forcer la porte d'entrée. Notre permission était très courte. Nous avons ensuite trimbalé le piano nous-mêmes, remis la porte comme elle était, chargé l'instrument dans le camion. Quand ma mère est revenue, elle est allée porter plainte, en disant qu'on l'avait cambriolée. La pauvre, j'aurais dû lui laisser un mot... »(50)

La matinée artistique du 20 décembre 1952, programmée à 14 h 15, au Foyer du soldat de la base cent quatre, se déroule tout à fait normalement, sauvée par le piano de Gilbert, avec le concours gracieux de Varel et Bailly, Jacqueline François, Michel Emer, Micheline Dax, Bécaud... et, en vedette, Luis Mariano.

Le 22 décembre constitue une date clé : à 21 h 30, Amade présente le chanteur à Versailles, dans les salons du Trianon Palace. Tenant à transmettre son émotion aux invités de la soirée, il termine son allocution par :

« Jusqu'ici, j'avais amené auprès de vous, dans ce Rotary Club de Versailles, les vedettes les plus largement consacrées ; les plus aimées du grand public. Aujourd'hui, j'ai voulu tenter une autre expérience et je tiens par la main et conduis vers vous un jeune militaire, garçon absolument inconnu de Paris ou d'ailleurs, pourtant accompagnateur de talent et compositeur de grande classe. [...] Je lui ai donné mes poèmes, il en a fait ses chansons. Ensemble, nous allons partir pour une aventure extraordinaire, côte à côte, avec notre rêve. Je vous présente le caporal Gilbert Silly et je vous annonce, dès cet instant, Gilbert Bécaud ! »

Après son tour de chant, le directeur de l'Hôtel de Noailles, présent dans la salle, l'engage pour les réveillons de Noël et de la Saint-Sylvestre.

« Je passais pour cinq cents francs de l'époque. En plus, le dîner nous était offert. Je me souviens que Kiki était enceinte de Gaya jusqu'aux yeux. [...] J'ai chanté ce soir-là devant quelques dîneurs en manque de gros rires, avec des serpentins autour du cou et des chapeaux ridicules : il y avait deux ou trois tablées dans ce grand restaurant. Et pour payer une sorte de soirée de Noël, j'ai interprété deux ou trois morceaux, dont Les Croix *et les chansons que j'avais écrites avec Edith, pour Jacques Pills :* Ça gueule ça madame, Je t'ai dans la peau, *des trucs de ce genre, bref, les quelques titres que j'avais. Les gens étaient très étonnés, je hurlais. Ce soir-là, j'ai d'ailleurs cassé le piano. On nous a quand même offert notre réveillon, puis, ma femme et moi, nous sommes rentrés tous les deux tranquillement. »*(50)

Après le spectacle du Rotary à Versailles, c'est la seconde fois que Bécaud, chanteur, paraît sur une scène, toute petite, sans musicien, sans éclairage, sans micro, sans public ou presque, mais avec une jolie femme enceinte ! A cette époque-là, il fait ses trois mois de service militaire, grâce à ses états de service passés. Monique habite chez Mamico. La musique ne nourrit pas trop son homme. Bref, le service ne tombe pas au bon moment.

A l'orée de 1953, le puzzle est presque complet. Les paris sont ouverts... Vous trouverez en début de chaque année tous les titres, par ordre volontairement chronologique, ceux que Bécaud chante et ceux qu'il destine à d'autres artistes, refusant la ségrégation entre les succès et les méconnus. Les chansons qui connaissent la notoriété ne sont pas forcément les plus intéressantes. Certaines avec le poids du temps se révéleront moins passionnantes, mais, en attendant, elles marchent... D'autres, injustement éclipsées par un succès, resteront pièces rares et inédites, chansons secrètes, petites anonymes du vingtième siècle, parfois supérieures aux faces « A» .

Suivant les années d'enregistrement, on pourra noter, parfois, quelques mois d'écart entre un titre déposé à la Sacem et son interprétation, et inversement. Pour tout faciliter, sachez aussi que des chansons n'ont jamais été déposées, d'autres jamais créées, éditées — enfouies dans ses tiroirs — sans parler de celles qui trottent dans l'imagination de notre homme, celles qui ne seront jamais terminées ou encore celles qu'il a volontairement ou involontairement oubliées...

Prêts pour « la grande aventure » ?

1re PARTIE

LES ANNEES 50

« Je crois bien que vous êtes le meilleur nouveau que j'aie vu depuis longtemps. »

Maurice Chevalier

1953

J'avais un seul ami et on me l'a tué...

MES MAINS - DONNE-MOI - LES CROIX - VIENS
IL FAUT BATIR TA MAISON - MEQUE, MEQUE
QUAND TU DANSES - MADAME POMPADOUR
C'ETAIT MON COPAIN - MOI JE SAIS
UN NOUVEAU PRINTEMPS TOUT NEUF
DING DONG SONNEZ - CARTES POSTALES
LA BALLADE DES BALADINS - JE SUIS FOLLE
ACCROCHE-TOI A TON ETOILE - MOI JE ME MEFIE DES ANGES
AH ! DITES-MOI POURQUOI JE L'AIME

Janvier. Louis Amade s'active. Il organise une rencontre qu'il sait décisive. D'un côté, Georges Lourier, présentateur de radio, qui lui est redevable de son engagement chez Pathé-Marconi, comme directeur des variétés. De l'autre, Bécaud. 21h. Pendant que le chanteur, en tenue d'aviateur flanqué de son modeste galon, sort de la caserne, Amade et Lourier mangent ensemble, chez ce dernier, entourés de quelques amis du métier.

« Gilbert nous arriva inquiet et peureux. Nous le fîmes se restaurer un peu, puis le poussâmes littéralement vers le piano. [...] Gilbert chanta *Les Croix*. Il y mit tout son cœur, toute sa voix, toute sa panique. Ce fut un "moment". Ce fut "le moment". Je regardais Lourier et ses invités. Je vis luire deux larmes dans les yeux d'une jeune femme. [...] Le délire dans la petite assistance. »(1)

Lourier l'embrasse, alors que quelques minutes avant, il ne le connaissait pas. Il lui dit :

« Sache, Gilbert, que dès cette minute, tu fais partie de la maison Pathé-Marconi. Demain, tu signeras ton contrat. »(1)

Le rendez-vous est pris pour le lendemain et Bécaud signe le document qui allait bouleverser sa vie. Les premières séances d'enregistrements ne vont pas tarder.

Louis, Pierre et Charles écrivent, Gilbert compose, parallèlement à son service militaire. Difficultés pour les débuts de *C'était mon copain*, un poème qu'Amade rédige d'un seul jet en novembre 1952, en un soir, avec des images dans sa tête, des souvenirs de la guerre d'Espagne, de la Résistance, d'amis blessés, mutilés ou tués :

C'était mon camarade
Et c'était mon ami
Pauvre vieux camarade
De mon humble pays...

Dès le lendemain, il rejoint Bécaud, rue Vaneau, puis, il plante le décor :

« Ferme les yeux. Je vais te donner l'ambiance : une petite ville où il pleut. La caserne peu à peu s'illumine. En face, il y a un coin de rue avec un bec de gaz. Les pavés sont humides, le vent siffle, c'est triste. On entend un appel de clairon... »(2)

Louis apporte quelques modifications au poème original. Gilbert les yeux fermés, se lève et compose la principale phrase musicale sur cet appel au clairon :

C'était mon copain
C'était mon ami...

Sur un des premiers magnétophones à bandes existant et appartenant à Edith Piaf, il enregistre cette musique de mort, avec des tambours et des bruits de combats en fond sonore. Gilbert et Louis filent ensuite à Pathé-Marconi, chez le directeur des variétés, pour faire écouter la chanson. Air blasé et déçu de Lourier, consternation d'Amade et de Bécaud. *C'était mon copain* est cependant retenue.

Le 2 février 1953, le jour de la Chandeleur, l'équipe enregistre *Mes mains* et *Les Croix*. Le téléphone sonne dans le studio de la rue Magellan :

« Monsieur Bécaud, c'est un garçon ! »

C'est la naissance de son premier fils, Gilbert, qu'il surnommera vite Gaya. Pour fêter l'événement, Bécaud offre un pot à toute l'équipe, au bistrot du coin.

« C'était un orchestre assez fourni et, en fait, je n'avais pas les sous pour payer à boire à tant de monde ; si bien que le patron m'a fait crédit et je ne l'ai jamais oublié . »(3)

Ainsi que le souligne Georges Lourier sur la pochette du premier disque :

« Le poète Louis Amade a bien voulu présenter lui-même celui qu'il considère comme la révélation de la chanson des années cinquante... Lorsqu'on connaît Amade, son goût, son éclectisme, on est déjà à demi convaincu que Gilbert Bécaud est une future grande vedette. Pour l'être complètement, il suffit d'écouter le disque... »

Bruno Coquatrix, devenu depuis peu locataire d'une salle boulevard des Capucines — l'Olympia — est bien décidé à rendre cet espace à sa vocation première, le music-hall, abandonné depuis le 31 mai 1929. Devenu entre temps cinéma, tout en conservant la scène originale, celle de 1893, l'Olympia de 1953 poursuivra ces projections cinématographiques pendant plusieurs mois, avec des attractions, jusqu'aux travaux souhaités par son nouveau directeur, avant la réouverture du music-hall et l'explosion du phénomène Bécaud qui attend. Mais qu'attend-t-il vraiment ? Le sait-il lui même ? Tout va tellement vite. C'est tout juste s'il prend le temps de déclarer ses chansons à la Sacem, qui, dans la foulée, note *Vol de nuit, Ça gueule ça madame*, toujours pas déposées, et un *Je suis folle* (texte de Delanoë), qu'interprèteront Odette Laure, Léo Marjane, Paola, Maria Remusat, sans oublier ces *Cartes postales* déja évoquées et dont nous aurons l'occasion de reparler.

Là se situe l'entrée en scène de Catherine Renaut :

« La création du club ? C'est tout simple. Un jour, Gilbert, qui habite au bout de ma rue, à Paris, me lance :

“ Si tu crois en moi, fais-moi un club!”

Je réponds : “ Chiche !” et c'est parti. A cette période-là, il débute et bénéficie d'un succès tout à fait confidentiel. J'ai alors quatorze ou quinze ans et l'inconscience de la jeunesse à peine sortie de l'enfance. Heureusement, l'ami Amade a la gentillesse, avec maman qui me représente, de rédiger les statuts du club et de les déposer à la préfecture. »

Cette association démarre sur les chapeaux de roue, aux rythmes des disques ponctués par les premiers détracteurs. Les anti-Bécaud, ce sont les nostalgiques d'une chanson plus mélodieuse, plus recherchée. Et, comme toujours dans pareil cas, le rejet des réfractaires avivant la ferveur des fidèles, on assiste, en 1953, aux prémices d'un déchaînement hystérique sans précédent.

« Ma vie a été un véritable combat. Le succès n'est pas arrivé en claquant des doigts. Il y a derrière mes chansons énormément de travail et de détermination. Sans parler des critiques qui, au début, m'ont assassiné. [...] Moi, je suis issu du public et non des médias . »(4)

Bien avant, Piaf avait admirablement défini celui qui n'était alors que le pianiste de Pills :

« Un gars du Midi, l'œil espagnol et l'air d'en avoir plein le buffet !... »

Selon certains journaux, il faut qu'il garde sa main droite dans le plâtre pour consentir à chanter debout. L'accident aurait même décidé de sa carrière au music-hall. Avant, il restait immuablement assis au piano. Il s'avère difficile, voire quasiment impossible de lui faire quitter son clavier, le temps de deux ou trois chansons. Et voilà donc ce signe du destin, un vilain panaris au pouce gauche... Handicapé par un bandage immobilisant entièrement sa main, il ne peut plus jouer. Entrée en piste de son premier pianiste, François Vermeille, qui l'accompagne sur scène et dans ses enregistrements.

Les spectateurs du Liberty's et du Drap d'Or, où il chante simultanément, le découvrent donc debout sur la scène et apprécient cette nouvelle manière !

Le Liberty's est un cabaret de Pigalle où le Tout-Paris du spectacle vient prendre un verre. Le patron, un personnage pittoresque, en est Gaston Baheux, surnommé « Tonton ». Un tremplin pour de jeunes carrières.

Le costume bleu électrique est découvert par les directeurs du Drap d'Or, les frères Traviani. Ils l'offrent d'ailleurs au jeune chanteur. La coupe en est signée Max Evzeline, qui restera le tailleur attitré de Bécaud pour ses costumes de scène. Dès le 6 février, premier jour de son contrat, les deux frères corses sympathisent et gardent souvent Gilbert à leur table. Ils le conduisent chez le meilleur chemisier des Champs-Elysées pour lui acheter une chemise de soie et une cravate à raies. Pour les chaussures, même empressement de la direction du Drap d'Or : du daim bleu pâle, ce qui provoque l'admiration de son complice Aznavour.

Le soir, sur scène, le costume fait le plus bel effet. La cravate à pois viendra rapidement remplacer la cravate à raies proposée par les Traviani. Ces derniers protègent la nouvelle vedette contre Piaf elle-même, inquiète du succès grandissant de Bécaud qui risque de porter ombrage à Pills. L'artiste consacrée allant même jusqu'à demander à la direction du Drap d'Or de choisir entre Gilbert et son prochain passage à elle. Les frères Traviani ne sont pas du genre à se laisser intimider et la prient de prendre la porte avant qu'ils ne se fâchent...

Toujours pas de baptême pour *C'était mon copain*. Bécaud ne veut pas essayer sa chanson, la trouvant trop triste pour un public venu, dans le but de manger, de boire et de se distraire. Finalement, Amade en parle un soir au directeur du cabaret, et alors que notre interprète est sur le point de terminer son tour de chant, le patron de la salle s'adresse aux spectateurs :

« Je vous signale que Gilbert vient d'écrire une chanson qu'il ne veut pas chanter. Il a peur de vous ennuyer car elle est triste, elle a pour titre *C'était mon copain*. »(5)

La nouveauté obtient un tel succès que Bécaud doit la bisser. « A nos débuts, dès le 3 janvier 1953, on passait ensemble à Paris sur scène et chez Tonton, me confie Marcel Amont. On disait de nous : "Tiens, parmi les jeunes, il y en a deux qui vont faire parler d'eux : Bécaud, qui va tout casser, et Amont. Pour ce dernier, ce sera un peu plus long, parce que c'est plus traditionnel." »

Rencontre des deux chanteurs chez Paul Beuscher. Plus tard, à Perpignan, Bécaud et Amont se retrouveront, autour d'un verre, échangeant des confidences inavouables sur des amies communes. Carrières parallèles, routes différentes dans un même métier, avec petit clin d'œil à l'Olympia plus tard pour *Viens*, revue et corrigée par un Amont sur scène en pleine fantaisie...

« Un soir, chez Tonton, raconte Bécaud, un ami est venu me voir et m'a dit : "Tu vois, ce soir, tu as chanté sans ton piano et si tu continues de cette manière, tu feras une très vilaine carrière, car tu as été exceptionnellement mauvais !" »

Dans sa course effrénée à travers Paris, Gilbert gagne péniblement à peu près deux mille cinq cents francs de l'époque par cachet. Sur ce montant, il doit parfois se payer un pianiste qui demande plus cher que lui ! Pour arriver à s'offrir un accompagnateur attitré, Bécaud doit se produire dans plusieurs cabarets, le même soir, et réunir suffisamment d'argent.

« C'est ainsi que j'ai demandé à Raymond Bernard, grande vedette de l'accompagnement, s'il pouvait travailler avec moi. J'étais habitué à jouer moi-même et je ne trouvais aucun pianiste convenable. Je me disais qu'avec lui, cela irait forcément mieux. Mais il était très cher, il demandait au moins le double de mon cachet. »(6)

Gilbert propose un arrangement : le partage pour l'année (ou les six mois à venir) de tous ses cachets, moitié-moitié :

« C'était tout ce que je pouvais lui proposer parce que j'avais besoin moi aussi de gagner un petit peu de sous. Et il m'a répondu : "OK" Ensuite, nous avons collaboré pendant de longues années. »(6)

Raymond Bernard, rencontré quelque trois années en arrière en Amérique du Sud aux côtés de Jacqueline François, avait fait partie de l'orchestre Ray Ventura, puis accompagné, en qualité de pianiste, différents artistes et signé de nombreuses orchestrations. Avec son nouvel « associé » , Gilbert va repartir de plus belle pour la tournée des cabarets : il double au Drap d'Or, chante au Liberty's chez Tonton, double également au P'tit Bidule, Chez ma tante à Pigalle...

Récemment, Raymond Bernard m'a raconté ses premiers mois avec Gilbert :

« Un soir, on a eu six cabarets à faire à Paris et un gala en dehors, à quarante kilomètres, en Seine-et-Marne. Complètement dingue. C'était en plein hiver, on avait laissé les voitures en marche. A chaque prestation, notre impresario envoyait un télégramme :

"Il n'en reste plus que cinq, que quatre, que trois..."

Et après le dernier passage, à Meaux, il nous avait dit :

"Vous voyez que vous pouviez le faire... !"

Adressée à Amade le 26 janvier 1953, la lettre du directeur du cabaret le Chat Noir est significative :

« Mon cher Louis, tu sais avec quelle joie j'accueillerai Gilbert Bécaud. Veux-tu donc lui dire de me rencontrer de toute urgence. Je voudrais qu'il soit en tête de mon nouveau programme, prévu pour vendredi prochain. Merci, Louis, merci toujours, merci encore. Je t'embrasse. »

Pourtant, lorsqu'il se produit au Chat Noir, l'assistance est plutôt clairsemée. Qu'importe. Là aussi, la partie est gagnée auprès des spectateurs présents, avec des chansons comme *Méqué, méqué, Vol de nuit, Les Croix, Quand tu danses, Viens...* (le seul enregistrement de *Vol de nuit* a été réalisé par Jacques Pills sur un trente-trois tours Colombia avec trois autres titres des débuts de Bécaud, *Ça gueule ça madame, Viens* et *Formidable*).

Le 21 février, grâce à l'intervention d'Amade, il se produit à nouveau dans les salons du Trianon-Palace, à Versailles, pour la société d'entraide des membres de la Légion d'honneur de Seine-et-Oise. Luis Mariano est la vedette de la soirée et le nom de Bécaud figure en petits caractères, précédant ceux de Frédérica, René Paul et Jean Bretonnière.

Le 22 février, quatorze jours après son premier passage au Drap d'Or, les Traviani lui offrent la vedette dans leur cabaret.

Nostalgie chez Roger Pierre et Jean-Marc Thibault, les duettistes vedettes, révélés dans la même période :

« Je l'ai rencontré à l'ABC, se souvient Roger Pierre. On faisait une émission de télévision, je crois, et Gilbert était un espoir. On a sympathisé immédiatement, nous sommes devenus tous très amis. Son rêve, à ce moment-là, c'était de voir le spectacle du cabaret l'Amiral, car il aimait beaucoup Jean Richard qui en était la tête d'affiche. Bécaud travaillait dans une petite boîte, le Perroquet vert, et un samedi soir, il m'annonce :

"Roger, je viens voir Jean Richard."

Mon copain Jean tournait à ce moment-là un film avec Sacha Guitry. L'équipe avait pris du retard et, travaillant de nuit, il n'a pas pu venir jouer ce soir-là. Moi j'étais auteur et je jouais avec Jean-Marc. Arrive Bécaud. On lui donne un petit tabouret dans la salle. Il attend Jean Richard... qui ne vient pas ! Le patron était catastrophé, et je lui dis :

"Ecoute, j'ai un copain dans la salle qui est chanteur. Je l'ai vu à l'ABC, ce n'est pas mal..."

Je vais vers Bécaud en lui demandant : "Jean n'est pas là, est-ce que tu veux le remplacer ?" et Gilbert me répond :

"Mais tu es fou, que veux-tu que je fasse ?"

Finalement, il accepte et vient dans ma loge, dans la cave.

"Ah toi alors, toi alors, allez, donnez-moi un peu de maquillage." (Il se maquillait légèrement à l'époque).

On annonce au public la défection de la vedette... Consternation dans la salle.

"Voici un jeune chanteur, un espoir. Il ne s'est jamais produit à l'Amiral, vous ne le connaissez pas, je vous demande de l'accueillir chaleureusement, car il a accepté de remplacer Jean Richard : Gilbert Bécaud."

Il rentre. Le piano n'était pas sur scène, mais sur le côté. Gilbert y va directement et attaque *Méqué méqué, Mes mains...* Il fait un triomphe et le patron me dit : "Mais qu'est-ce que c'est que ce gars-là ? Je n'ai jamais vu ça depuis Piaf en 1943."

L'Amiral est un cabaret au plafond très bas et tous les chanteurs sont « asphyxiés ». Abasourdi, le patron de la boîte me demande d'aller chercher la révélation de la soirée pour l'engager et lui demander son cachet.

Je vais voir Gilbert.

"Ah, mon rêve, chanter à l'Amiral !

— Combien veux-tu ?

— Trois mille cinq cents francs, j'ai ça au Perroquet vert."

Je retourne voir le patron et lui fais part du souhait. La réaction ne traîne pas :

"Mais pour qui il se prend ! C'est un débutant, il a la grosse tête ! C'est trois mille francs ou rien du tout."

Fallait voir la tête de Bécaud :

"Ah non, j'ai déjà eu du mal à avoir trois mille cinq, même en souhaitant travailler ici, je ne vais pas..."

Il a refusé. Et quelques mois après, il passait à la Villa d'Este, à côté, dix fois plus cher ! »

« Dans tout ce brouhaha de courses, je m'étais quand même mis d'accord avec Paul, un chauffeur de taxi, afin qu'il me conduise d'un cabaret à l'autre, en me demandant un peu moins cher qu'à un client normal. Je ne pouvais pas me déplacer aussi vite, ce n'était pas possible. Je chantais quelquefois à un quart d'heure d'écart dans deux cabarets différents. Evidemment, je n'avais pas de moyen de locomotion. »(6)

Jusqu'à ce mois de mai où, conduisant enfin sa propre voiture, Gilbert se fait épingler un soir par un gardien de la paix, Place de l'Etoile. Heureusement, l'ami Amade intervient efficacement...

Concrètement, Bécaud est l'un des premiers à parler aux jeunes le langage de leur âge. Tous les thèmes autour desquels ses chansons gravitent rencontrent un écho auprès de son public : la sensualité avec *Mes mains*, les rythmes frénétiques dans *Quand tu danses*, l'amitié sincère et virile pour *C'était mon copain*, le mélange adolescent-adulte avec *Alors raconte...* Les rêveries et les fragiles mirages se fondent dans *La ballade des baladins :*

Les baladins qui serpentent les routes
Viennent de loin...
(LA BALLADE DES BALADINS - BECAUD / AMADE)

sans oublier le mysticisme avec *Les Croix*.

Dès le début, ses chansons sont très demandées : *Donne-moi*, par Jacqueline François, Paul Péri, *Viens* par Aznavour, son coéquipier, Jacques Pills, Frédérica, Dario Moreno, Marie Darmont, sans oublier *Je veux te dire adieu*, chantée par Léo Marjane, *Méqué méqué* par Aznavour, Marino Marini, Dario Moreno et bien entendu *Les Croix*, par Edith Piaf, Juliette Gréco, Marjane, Lucien Lupi, Yvette Giraud, les Joyeux Compagnons de Pau...

« Je ne lis pas les journaux, parce que je pleurais sur leurs articles, à mes débuts », avouera-t-il, vingt ans après, à Honoré Bostel pour *Paris Match*. Les années Bizet, Pills et le fantastique univers de Piaf lui ont appris à ressentir le public. Déjà, les premiers clichés :

« Ne porte pas la main à l'oreille, ce n'est pas joli, ne chante pas de dos, ce n'est pas poli. D'autres encore m'invitaient à ouvrir une boulangerie. »(7)

Cette main sur l'oreille va entrer dans la légende de Bécaud, telle celle de Napoléon et, plus tard, celle de Julio Iglesias ou de Michael Jackson, dans le même registre, avec quelques variantes ! Il est le premier à ne pas annoncer les titres de ses chansons. Avec Aznavour, Delanoë et Amade, — Vidalin revenant plus tard, pour ne plus les quitter —, le clan des paroliers est formé. L'ex-inspecteur de l'Enregistrement, le préfet et le poète populaire seront les auteurs fidèles de toujours, Aznavour continuera seul sa route.

L'Everest vient d'être vaincu. Bécaud va bientôt affronter sa première grande scène parisienne : Bobino (et non l'Olympia). Les pièces du puzzle étant pratiquement ordonnées, le tir de barrage peut commencer. Ses deux premiers imprésarios vont entrer en scène : Johnny Stark d'abord, suivi par Emile Hebey, en attendant les années Marouani.

Toujours 1953... A cinq ans, je n'ai pas l'âge de traîner dans les coulisses des galas de mon père, qui évoque souvent Lily Fayol. Une autre image me revient, bien vague, celle d'un chanteur à casquette blanche, qui n'en finit pas d'annoncer son âge sur les planches. Son nom ? Darcelys. A cette période, papa Réval présente Réda Caire, Jenny Helia (la voix féminine du *Plus beau tango du monde*, d'Alibert), Armand Mestral, Yvette Giraud, qui relate à chaque fois ses triomphes au Japon, Annie Flore...

Le créateur de *Méqué méqué* n'imagine pas qu'un de ses futurs imitateurs, Patrick Bouteau, s'annonce en Corrèze. Les années Sébastien sont bien loin.

Pour l'instant, mes premiers regards vers cette étrange faune vont au sourire d'Yvette Giraud qui me fait les doux yeux. Superbes, ces grandes affiches, et tellement intéressantes, pour mes découpages à cinq ans ! Mon père vient de tourner dans le film *Musique en tête* avec Jacques Hélian, Gabriello, Rudy Hyrigoyen et une jeune débutante, Colette Deréal. Gabriello, ce chansonnier bien particulier aux commentaires verbeux (père de Suzanne... égérie de *Ne me quitte pas* et interprète d'une version très spéciale de *L'Orange*) fera partie des premières tournées de Bécaud et de la distribution du film *Le Pays d'où je viens.*

Piaf chante *Johnny tu n'es pas un ange* et Tino Rossi, André Dassary, Luis Mariano, Georges Guétary continuent leur opération charme. On fredonne également *Comme un p'tit coquelicot*, de Mouloudji, et une chanson de Delanoë et de Bécaud, déposée en 1952 à la Sacem : *T'es une belle petite môme*, par Jean Bretonnière.

Grâce à son enregistrement de *Si toi aussi tu m'abandonnes* (une chanson que Bécaud a souvent interprétée dans ses débuts), John William peut réaliser un rêve : partir en tournée à travers la France avec son nom en haut de l'affiche. Plus de quarante ans après, il se rappellera la première partie de son programme avec Gilbert Bécaud, un débutant qui promet... !

Dario Moreno adopte et enregistre *Méqué méqué*, accompagné par un jeune pianiste talentueux, Michel Legrand. Trenet poursuit son chemin. Mireille et Jean Nohain ont engendré spirituellement « le fou chantant » et, à son tour, Trenet marque profondément Bécaud. « Aussi fou », diront les détracteurs...

« *Maurice Chevalier, qui avait des découvertes célèbres, m'avait promis une carrière extrêmement courte, en me disant :*

"Si tu n'arrêtes pas de casser ton piano et de bouffer ton micro, tu es marron..." »(8)

Bécaud citera souvent Chevalier, oubliant un témoignage d'amitié qui lui avait été adressé, le 25 juin 1953, à son domicile, par le chanteur au canotier :

« Cher Gilbert Bécaud,

Je n'ai pas eu assez de temps pour vous dire l'autre soir combien j'avais été touché de votre gentillesse, puis de votre vrai talent. Indiquez-moi le jour et l'endroit où vous chanterez sur une scène à Paris.

Je tiens à vous revoir de face, et sans avoir froid... Je crois bien que vous êtes le meilleur "nouveau" que j'aie vu depuis longtemps.

Je suis à Marnes jusqu'au 16 juillet.

Bonne chance, Maurice Chevalier. »

Bien des années après, en 1989, Catherine Renaut retrouvera par hasard ce document.

En juin, Jacques Brel, frais débarqué de sa Belgique natale, assiste anonymement à un des spectacles de l'interprète de *Quand tu danses* :

« Bien, sans plus, à mon avis trop à l'aise, trop sûr de lui », écrit-il à Miche, sa femme, qui l'attend à Bruxelles. »(9)

Années difficiles pour le chanteur belge ? Assurément. Imaginez Aznavour et Brel faisant la plonge dans un cabaret de Montmartre. Olivier Todd, dans son *Jacques Brel-Une vie*, rapporte l'anecdote.(9)

A leurs débuts, Bécaud et Aznavour se ressemblent beaucoup. La phrase modulée sur une musique de fond se retrouve chez l'un ou l'autre dans *Viens, Viens danser, Poker...*

« Le rap, assurera plus tard Charles Aznavour, n'est pas une nouveauté. Lorsque avec Pierre Roche, j'ai écrit *Poker*, nous faisions du rap, sans le savoir. »(10)

Façon années cinquante, bien entendu ! Ecoutez ou redécouvrez ces titres. C'est frappant. Ainsi que le souligne Roland Ribet, « l'imprésario aux quarante années de show-bizz » :

« Aznavour ouvre les portes à Bécaud, comme auteur, et par sa façon de concevoir la chanson. »(11)

Et lorsque Bécaud, interprète né, trace la voie à un Aznavour séparé de son complice Roche, c'est un juste renvoi d'ascenseur.

Raoul Breton et son épouse, surnommés affectueusement par Trenet « Marquis et Marquise », jouent un rôle déterminant. Depuis des lustres, Trenet, Mireille et Nohain, Varel et Bailly confient leurs chansons à ce couple merveilleux. Etre édité par Marquise et son mari représente un atout supplémentaire non négligeable. Amade le sait et recommande le jeune inconnu de vingt-cinq ans. Dès la première heure, Gilbert bénéficie de leur confiance. Il n'oubliera jamais, cultivant avec les Breton des rapports privilégiés.

Dans la même période, Georges Amade, le frère de Louis, découvre Bécaud en tournée, lors d'un spectacle étourdissant au Casino de Châtelaillon, sur la côte océane.

Soixante-dix-huit tours pour *Ding dong sonnez, La Ballade des baladins...* Quarante-cinq tours pour *Les Croix, Viens...* Trente-trois tours vingt-cinq centimètres pour *Quand tu danses*, tout semble bien parti. L'appellation compilation n'est pas encore dans l'air du temps. Sous les titres « Amour toujours » et « Rendez-vous des vedettes » sont retenus : *Ding dong sonnez* et *Quand tu danses.*

Ecrite par Delanoë de connivence avec son beau-frère Gérald, cette dernière chanson permet à Bécaud de remporter le Grand Prix du Disque, décerné à Paris le 6 novembre 1953, en l'Hôtel de Rohan, sous l'égide de Vincent Auriol, président de la République. La récompense est copieusement arrosée. L'équipe de la nouvelle vedette savoure sa victoire, entourée d'André Bourvil, de Jean Cocteau, s'amusant comme des enfants à goûter la réplique de son disque en chocolat. Bourvil a profité d'une pause dans les répétitions de *La Route fleurie*. Avec Georges Guétary, il va créer cette opérette de Francis Lopez et Raymond Vincy, qui se poursuivra durant trois ans, révélant une jeune inconnue, Annie Cooreman. Début d'un long chemin chargé pour... Annie Cordy. La petite bruxelloise de Laeken prépare ses valises pour cinq cents chansons et plus de quarante ans de carrière !

A chaque séance, les salles de cinéma proposent avant le long métrage des attractions variées. Au Théâtre, à Belleville, Aznavour se produit en première partie de *Salomé*, un film avcc Stewart Granger et Rita Hayworth. Même procédé en Belgique, au cinéma le Forum, à Liège, avec, pendant une semaine, en intermède, Marina Valente, son mari et leur fille Caterina... dans un numéro burlesque. Bécaud souhaite rôder son tour avant son passage à Paris : il propose de le faire gratuitement dans cette grande salle. L'offre est acceptée avec enthousiasme. Et voilà cet « espoir de la chanson française », présenté un après-midi par la « speakerine » de service. Les spectateurs belges sont fort surpris par cet inconnu qui frappe si fort sur son clavier en chantant *Les Croix* et *Mes mains...* Matinée déroutante, mais succès. A l'issue du film, le manager distribue quelques photos de son poulain (ce qui permet aux journalistes locaux d'orthographier correctement le nom de celui-ci) et annonce son prochain passage dans un grand music-hall parisien... Effectivement, le 27 novembre 1953, lorsque Bobino affiche Suzy Solidor, Bécaud fait partie de la distribution.

Gilbert habite désormais chez ses beaux-parents, à Issy-les-Moulineaux. Le petit Gaya grandit, un changement d'horizon s'impose. Sur l'instigation d'Amade — et après son intervention auprès de René Leduc, maire de Meudon —, Bécaud et sa femme Monique vont transporter leurs pénates quelque temps dans cette petite ville, à quatre kilomètres de Paris. Plus tard, Amade préconisera une maison plus grande, dans un parc, au

Chesnay, où le chanteur jettera l'ancre pour longtemps, bâtissant la fameuse cabane. Bécaud s'y ressourcera et y créera les compositions qui feront le tour du monde. Mais n'anticipons pas. Abordez plutôt la nouvelle année et assistez comme si vous y étiez aux premiers pas d'un drôle de phénomène sur une drôle de scène...

1954

Puisqu'un autre que moi peut arracher tes plaintes...

PASSE TON CHEMIN - LAISSEZ FAIRE, LAISSEZ DIRE
JE VEUX TE DIRE ADIEU - T'AS RAISON MON AMI
LES ENFANTS OUBLIES - QUE TOI
LE MONDE EST GENTIL

5 février. Réouverture de l'Olympia que les notes, biographies et entretiens s'obstinent à situer en février 1953. Lucienne Delyle et Aimé Barelli, inséparables à la scène comme à la ville, ont la vedette. Bécaud ne peut être qualifié de débutant, le public des cabarets l'a déjà découvert, avec ses émotions, ses folies. Toutefois, l'excitation des grands jours le gagne. Le film *Boum sur Paris*, sorti l'année passée, présentait des chansons filmées de Trenet, de Pills, de Piaf (*Je t'ai dans la peau*) et Aimé Barelli, chef d'orchestre de talent qui allie musique et élégance. Mettre Bécaud dans ce spectacle de l'Olympia tient du pari.

« Pourvu que le petit tienne », murmure Coquatrix.

Avec seulement un an de carrière depuis ses premiers enregistrements, le « petit » va tenir deux semaines, le temps du programme d'ouverture. Critiques et spectateurs sont enthousiastes.

Quarante printemps défileront avant que Gilbert n'avoue, amusé :

« *Je crie encore, mais là, je hurlais parce que j'avais peur.* »(1)

« *Cette agressivité que tu retrouves en scène, c'est le trac qui fait ça. [...] Moi la peur me déclenche !* »(2)

L'oiseau prend son envol et avec lui, l'histoire du music-hall français écrit une de ses plus belles pages. Les années à venir rayonnent de promesses.

Bécaud et Aznavour associés, ce sont *Je veux te dire adieu, Rentre chez toi et pleure, C'est merveilleux l'amour, Un nouveau printemps tout neuf, Quand tu danses, Méqué méqué, Donne-moi, Viens, Terre nouvelle, Moi j'm'en fous* (défendue en public par Juliette Gréco), *Ça* (créée par Bécaud, Aznavour et reprise par Philippe Clay, Guylaine Guy)...

Le duo Roche et Aznavour n'est plus qu'un agréable souvenir. Roche s'est fixé au Canada. Aznavour travaille et signe les textes sur les musiques de Bécaud. Parfois, le même morceau figure au répertoire des deux artistes. Ainsi, *Je veux te dire adieu* prend une couleur tout à fait différente selon l'interprète : si Aznavour, l'auteur du texte, tisse sa jouissance, Bécaud, puritain, remplace le mot par souffrance. On a tendance à minimiser l'importance des créations d'Aznavour dans le succès des débuts de Gilbert. Il faut pourtant reconnaître que leur collaboration, dans ces années-là, est parmi les meilleures.

La liste des chansons inscrites au répertoire exprime la rapidité de ces premiers mois de popularité et laisser présager un destin inéluctable. On ne sait plus, de l'auteur ou du compositeur, lequel se fond dans l'autre. La situation d'Amade et de Bécaud est complexe. Il y a l'interprète en vedette, l'auteur reste dans l'ombre. On retrouve dans le texte de *T'as raison mon ami* cette incarnation du poète dans l'artiste :

Ce que tu fais, j'aurais voulu le faire,
Prendre la route et changer d'horizon...

Ce cap de l'Olympia passé, la cote de notre chanteur monte en flèche. Il demande cinquante mille francs au Casino de Deauville, alors que deux mois plus tôt, il ne gagnait que deux mille francs par soirée. Comme il est très demandé, il accomplit un travail surhumain.

C'est la grande vogue des films de music-hall. Bécaud apparaît dans deux longs métrages : *Caf'conc' 54*, d'André Berthomieu, et *Sur toute la gamme*, de Maurice Régamey, aux côtés de ses ainés Chevalier, Piaf et Pills. Assurant sur tous les fronts, Gilbert compose les musiques des films *Moisson éclair, La Sauvagine, Visons* et oublie bien souvent de déposer les documentations complètes à la Sacem, ce qui provoque l'intervention du directeur général de la société auprès de Louis Amade, le protecteur, le conseiller...

A Genève, à la Radio Suisse Romande, Piaf chante *Je t'ai dans la peau*. En France, on fredonne *Le monde est gentil* (de Bécaud-Delanoë), avec Jean Sablon.

Si tu bois dans un verre
Si tu dors dans un lit...

A ses débuts, Gilbert doit l'avoir interprétée mais, à ma connaissance, il n'en existe pas d'enregistrement. Je n'oublie pas dans cette évocation l'étourdissante *Je suis folle*, chantée par Paola. Bécaud et son complice Leroyer ne lésinent pas !

Pour Delanoë, octobre 1954 marque un changement important : l'inspecteur polyvalent présente sa démission, optant pour le grand saut et l'aventure dans une nouvelle station de radio : Europe numéro 1.

Georges Brassens lance sa *Chanson pour l'auvergnat* et Jean-Philippe

Smet, débutant timoré, perdu dans la figuration, tourne dans le nouveau film d'Henri-Georges Clouzot, *Les Diaboliques*. Au théâtre des Trois Baudets, chez Jacques Canetti qui va le « manager » jusqu'au début des années soixante, Jacques Brel s'accompagne à la guitare, dans le spectacle *Ciné-massacre*. Une certaine presse se permet des jugements qui nous laissent pantois !

« Il en est de Brel comme de Gilbert Bécaud, Charles Aznavour... l'interprète est inférieur à l'auteur ! »

Derniers points de repère 1954 : le cri de l'abbé Pierre, son désarroi pour les exclus, et la fin pour la France de la guerre d'Indochine. Le Vietnam va entrer dans une période de paix. C'est sûr, enfin, on le dit...

1955

Comme l'argile, l'insecte fragile...

BERCEUSE POUR GAYA
JE T'APPARTIENS
TERRE NOUVELLE - ÇA - CHANSON CRUELLE
LEGENDE - LES TAMBOURS ET L'AMOUR
LE MARCHAND DE BALLONS - PAUVRE PECHEUR
MON AMI M'A TRAHI - MARIANNE DE MA JEUNESSE
COUVENTINE - DIS MOI QUI JE SUIS
ÇA CLAQUE (QUATRE DOIGTS SUR DU CUIVRE)

Un an s'est écoulé depuis la réouverture de l'Olympia avec le jeune Bécaud. Cette fois, Bruno Coquatrix lui offre « la vedette » (à partir du 17 février 1955 et non en avril 1954 comme le mentionneront les dossiers de presse). Plus tard, Jean-Michel Boris, le neveu de Coquatrix, me confirmera cette date de premier passage en tête d'affiche aux côtés de Claude Luter. Un pas décisif commenté par Coquatrix :

« Nous avions décidé, Gilbert et moi, que la première matinée serait gratuite pour les adolescents. Nous sommes allés déjeuner en disant : "On verra bien s'il y a du monde." Nous en doutions. Et puis, à quatre heures, nous avons aperçu une véritable armée humaine devant l'Olympia. Cinq mille jeunes se battaient pour pénétrer à l'intérieur du théâtre. »(1)

Dans le salle surexcitée, ce ne sont que des hurlements. Des coulisses, la vedette du spectacle tente une annonce :

« S'il vous plaît, nous donnons aujourd'hui une représentation gratuite pour vous, mais j'ai beaucoup d'amis qui passent en début de programme. Soyez gentils, essayez de vous tenir un peu afin que l'après-midi soit agréable. »(2)

Bien entendu, les artistes composant la première partie s'attendent à un chahut général. Surprise, le public se montre obéissant :

« Après cette annonce dont je n'attendais guère de résultat, ce fut extraordinaire, tous les numéros avant moi ont fait un triomphe. Bref, ce fut une journée splendide qui demeurera éternellement gravée dans ma mémoire. D'ailleurs, ceux qui ont assisté à ce spectacle s'en souviennent encore ! »(2)

Pendant trois semaines, l'Olympia est en état de siège. Les jeunes répondent au chanteur, à ses cris, ses gestes, ses rythmes. Au promenoir, un admirateur anonyme, Claude Lelouch :

« C'est là que j'ai connu Bécaud. On allait casser tous les sièges à l'Olympia. Je m'en souviens parfaitement. Il répondait à mon enthousiasme et j'étais complètement synchrone... »

A leur tour, les médias s'emparent de la nouvelle merveille et l'amplifient. Et nous voilà avec un « Monsieur 100 000 volts ». Certains affirment que c'est la presse américaine qui lui donnera ce surnom. Quoi qu'il en soit, l'appellation ne va plus le quitter, symbolisant le chanteur à la puissance alcaline dans la vox populi. Trente, quarante ans après, on ne finira pas d'en reparler. Dominique Sanchez, dans son livre *Les Tubes et leur époque,* se souviendra :

« En ce temps-là, des jeunes déchaînés cassaient des fauteuils à l'Olympia pour mieux communier avec Monsieur 100 000 volts. »(3)

Tout comme Louis-Jean Calvet dans son ouvrage sur Brassens, qui notera le raz de marée Bécaud, en 1954.(4) Si le public a été enthousiaste en février 1954, ce n'est vraiment qu'en février 1955 que le tremblement de terre a pris toute son ampleur, pas avant. Paulette et Patricia Coquatrix le rappelleront au micro de France Inter, pratiquement quarante ans après, en évoquant l'hystérie du public et les « vingt-deux fauteuils et trois glaces de hall cassés. »(5) Certains affirment même que deux mille personnes brisent tous les sièges durant une des représentations, que dix mille jeunes se pressent sur le boulevard des Capucines... Où s'arrête l'anecdote, où commence la légende ?

Si, en février 1955, le talent et le professionnalisme de Bécaud éclatent, le travail de rodage reste méconnu, voire inexistant, dans les biographies. Mise au point par Emile Hebey, la tournée de préparation de la future vedette est pourtant éloquente. Point de départ : Paris le mercredi 12 janvier par avion, direction Rabat. Jour après jour, pendant un mois, d'abord dans les pays du Maghreb, puis en métropole, Bécaud fignole son tour de chant, amorçant naturellement l'explosion parisienne du 17 février.

Côté disque, c'est une démarche inhabituelle en 1955 autour des premiers enregistrements d'un artiste : la sortie de chansons françaises via l'étranger, une stratégie audacieuse dans un profil de carrière internationale. Les Etats-Unis ne seront pas oubliés, maisons de disque et d'édition s'activeront avec un rarissime trente-trois tours américain vingt-cinq centimètres — Angel Record, diffusé aux USA —, comportant *A midi sur les Champs-Elysées*, par Bécaud, où, sans autre accompagnement que lui-même au piano, il présente des extraits d'une vingtaine de ses chansons,

Mes mains, Les Croix... ainsi que la toute nouvelle, *Pauvre pêcheur*, sur un poème d'Amade :

Toi qui traînes ta vie comme un filet de pêche
En marchant tête nue...

Dans le même disque, sous la signature exclusive de F. Fisher, le titre *Want to be kissed* peut être considéré comme annonciateur de la suite de sa carrière discographique au pays de l'Oncle Sam quelque onze ou douze années après.

Autres innovations pour le public français : le journal *Fémina* distribue en supplément un disque, avec un extrait de *Passe ton chemin,* et Gilbert, s'accompagnant lui-même au piano, étonne en chantant *Ça c'est formidable...*, à propos de Vespa ! Au milieu des années cinquante, l'artiste doit-il rester sur son piédestal ? La publicité et Bécaud feront assez bon ménage. Plus tard, d'autres titres connaîtront des mariages insolites : *Le Petit Oiseau de toutes les couleurs* (avec Wizard), *Et maintenant* (avec Mir vaisselle...).

Dans l'immédiat, Gaya abordant ses deux ans, son compositeur de père et Amade lui dédient une chanson. L'enfant appelle le parolier « Palou ». Pa comme parrain et lou comme Louis. Le surnom restera. Par contre, hormis une traduction nippone, *Berceuse pour Gaya* ne rencontrera qu'un succès d'estime. Dommage, la neige que l'on entend tomber sur les mots d'Amade grâce à l'accompagnement musical —il n'y a derrière le texte que le piano de Bécaud— est, sans conteste, un des souvenirs musicaux les plus intenses d'entre toutes ses mélodies :

Dors mon enfant petit
Et saute dans tes rêves...

Le public est nettement plus réceptif au *Marchand de ballons*, très joyeux, basé sur les souvenirs d'enfance montpelliéraine d'Amade et ses promenades sur l'Esplanade.

En quelques mois, on sait tout de Bécaud : ses costumes droits, ses cravates à pois... On critique la vigueur avec laquelle il martèle les touches de son piano. On commente sa curieuse manie de porter la main près de l'oreille, comme s'il voulait retenir en lui les sons. Vingt mille fois, la même question reviendra : Pourquoi cette main sur l'oreille ?

« Simplement pour s'écouter. Un truc de musicien. Même chez les chanteurs classiques, c'est comme ça, souvent. [...] Dans le temps, il y avait peu de retour, l'orchestre jouait à fond, on ne s'entendait pas et j'étais obligé d'écouter ma voix. C'était juste un truc pratique. »(5)

Dans la foulée du triomphal Olympia, celui qu'on surnomme « Monsieur Dynamite », « le Champignon Atomique », « le Fulgurant

Météore», «le Calamiteux Cyclone de la Chanson», «l'Ange Noir du Music-hall», «le Borotra de la Chanson...» amorce sa première tournée en vedette. Son cachet quotidien passe à deux cent mille francs, puis à cinq cent mille francs. Accompagné de Raymond Bernard et son ensemble, Gilbert bénéficie d'une popularité inouïe. Le neveu de Coquatrix s'occupe de la régie. Si la première soirée à Nancy est triomphale, l'après-spectacle n'en demeure pas moins mémorable. Toute l'équipe se retrouve dans un bar au coin de la place Stanislas. Whisky pour tous, y compris pour Jean-Michel Boris, qui, pas tellement habitué, s'étale dans le ruisseau (c'est la faute à Bécaud).

«Depuis, raconte Boris, chaque fois que Gilbert m'aperçoit, il me dit :

"Alors Stanislas, en forme ?"

Evidemment, tout le monde me demande pourquoi il m'appelle Stanislas...»(6)

A cette époque, tout artiste en tournée utilise le piano de la ville visitée. Boris, près de la scène, ouvre l'œil :

«A Limoges, quand Bécaud s'est mis au piano, ça a tout de suite senti le roussi : une vraie casserole ! J'étais dans les coulisses, et chaque fois qu'il sortait de scène, il me traitait d'assassin ! Il était dans une colère noire. Comme en prime le son était ignoble, il s'est offert un petit plaisir à la fin de la tournée : il a pris les micros, deux vieux Mélodium, et les a fracassés l'un contre l'autre. Ensuite, il a démoli le piano touche par touche, minutieusement, et il a dit avec une grande sobriété :

"Comme ça, ce piano ne jouera plus jamais"(6)

Des années après, Brel, à Remoulins, aura le même genre de réaction : «Le spectacle terminé, il pissera dans le piano mal accordé, exprimant ainsi son mécontentement.»(7)

«La première fois que Bécaud se produit à Marseille, c'est au théâtre des Catalans ou à l'Alcazar, chez Trébor, me confie Roger Pierre, après quelques hésitations. Le public connaît ses chansons par la radio, mais pas tellement *Les Croix*, peu diffusée. Une chanson de tour, de scène. Gilbert l'annonce, entraînant un immense éclat de rire. En Provence, quand on vous traite de croix, vous passez pour un imbécile : "C'est une croix, ce type..."»

Bécaud me l'a raconté, en riant aux éclats :

« Quand j'ai annoncé Les Croix, *ils se sont écroulés ! »*

En fait, ce premier passage dans la cité phocéenne se situe au trente-sept de la rue Vincent-Scotto, aux Variétés, à quelques mètres de la célèbre Canebière. Parmi les spectateurs, quelque peu noyé dans une folie collective, le comédien Philippe Lemaire applaudit et manifeste bruyamment son admiration. Un véritable feu d'artifice, avec, dans le rôle de la belle bleue et de la belle rouge, *Quand tu danses* et *Viens*. La salle tout entière suit, haletante, affolée, annihilée. Et pourtant, le public en redemande. Bécaud est là, offert. Le rêve, chaque soir, s'anime.

« J'ai toujours été surpris de la vitesse à laquelle tout est arrivé. En un an, je me suis retrouvé super-vedette, alors que vraiment je n'avais pas les possibilités de l'être, je n'avais pas assez de chansons. C'est un peu comme si on avait confié à un nouveau capitaine de bateau un énorme bâtiment en pleine mer. Je me souviens d'un gala à Valence où on m'avait annoncé en récital. En fait, mon tour comprenait huit chansons, pas une de plus. Quand l'organisateur m'avait demandé à quel moment je faisais l'entracte, ma réponse avait été rapide :

" Mettez l'entracte où vous voulez, je ne sais pas. "

Happé dans un tourbillon, Gilbert, tout fou, tout flamme, chante ses huit chansons, d'un seul tenant :

« A ma sortie de scène, la question n'avait pas tardé :

" Bon, à quelle heure on reprend ? "

Vous imaginez le scandale lorsque j'ai lancé : " On reprend quoi, moi, c'est fini, c'est tout ce que j'ai. "(8)

Submergé par l'époustouflante personnalité du chanteur, le spectateur méprise souvent tout ce qui précède la tornade Bécaud. L'énigme, néanmoins, c'est Myr et Myroska, une attraction hors du commun, un mystère de la télépathie jamais dévoilé :

« Notre première rencontre avec Gilbert dans le début des années cinquante est une véritable surprise. Nous arrivons d'un contrat à l'étranger. Bécaud figure alors dans la première partie, avec d'autres inconnus. Nous passons en vedette américaine et nous l'écoutons, postés sur un des côtés des coulisses. Il chante, il crie, il tape sur le piano, le démonte en morceaux et fait un succès impensable. Nous nous regardons et, par transmission de pensée, concluons : " C'est un fou ", pensant tout de même que ce fou ira très loin. A l'entracte, poursuit André Myr, nous allons le féliciter dans sa loge et lorsque je lui dis que je suis Toulonnais comme lui, il nous embrasse en poussant un " ouais " qui deviendra traditionnel... »

Effectivement, depuis le début de la décennie, l'inconnu a fait son chemin, voyageant loin. Dans le courant de l'année 1955, Monsieur Dynamite atteint les Etats-Unis, l'Amérique du Sud, l'Allemagne, l'Angleterre, le Japon, la Russie, les Pays de l'Est, l'Egypte, l'Inde, le Pakistan, Israël...(9)

Cette liste impressionnante semble prématurée. Plus tard, en 1993, Bécaud démentira une partie de ces informations. En 1955, il est de bon ton d'exagérer un peu. En réalité, cette année-là, il visite la Suisse, le Maroc, l'Algérie, la Tunisie, les Etats-Unis, le Canada, la Belgique, ce qui n'est déjà pas si mal. De Casablanca, Hebey, son imprésario, envoie un télégramme explicite à Amade :

« Permanent triomphe de Gilbert — malgré événements locaux et période actuelle véritable Bérésina du music-hall — de nature à faire rougir de confusion ennemis et pessimistes — et il ne s'agit encore que d'une préface — je t'embrasse. Emile. »

Entre des voyages que les médias n'arrêtent pas de commenter, Bécaud s'autorise une brève étape française. Le réalisateur Maurice Régamey en profite pour le faire participer à un film, toujours sur le principe habituel, le music-hall. Le chanteur tourne ainsi *Rendez-vous* avec Maurice Chevalier, filmé pour la télévision avec une exploitation future dans les salles. Puis notre « globe-trotter » repart aux antipodes vivre sa vie de baladin des temps modernes.

Quand il se produit pour la première fois à Hollywood, lors de l'inauguration du Gallery Hilton Hôtel, Gilbert, inconnu aux Etats-Unis, ne chante qu'en français, pas en anglais. Une première irréelle... La réception est telle que lorsque les voitures atteignent l'entrée, de longues trompettes sonnent, comme au Moyen Age. Dans cet univers de folie où les éléphants sont peints en rose et où les hélicoptères jettent des petites feuilles d'or sur l'hôtel, Bécaud chante trois fois par soirée, devant un public de fermiers qui ne comprend rien à ce qu'il dit. Malgré un flop retentissant, il noue des rapports amicaux avec Conrad Hilton qui, à l'issue de l'engagement de sept semaines, vient le trouver :

« Tu as beaucoup souffert, mais tu es un très grand artiste et pour te prouver ma fidélité, voici un contrat en blanc, signé. Tu reviendras quand tu voudras, au prix que tu voudras »(10)

L'occasion se ne représentera pas et Gilbert conservera toujours le document.

Dans ce milieu des années cinquante, Fred Mella, le soliste des Compagnons de la Chanson, rencontre souvent Bécaud chez lui :

« Je fais quelques clichés de Gaya, tout môme, puis avec les Compagnons, je pars en tournée à New York. Gilbert y produit son spectacle. Kiki, sa femme, l'accompagne et me demande un jour de lui apporter les photos, à l'hôtel. Mon ami Jean Broussolle me suggère de l'emmener. Plus tard, dans la soirée, tout en discutant, Bécaud nous dit :

"Tiens, si on faisait une chanson, avec Jean ?"

Gilbert se met au piano. Au départ, il nous joue une petite ritournelle, ce qu'on appelle, en termes de métier, le "café au lait" :

"La lala lala alors raconte-nous..."

Il ne sait pas quoi dire. Il commence, et puis c'est parti :

"Elle est arrivée, je la voyais qui marchait qui marchait qui marchait devant moi."

La chanson *Alors raconte* est née comme ça, en une nuit. Le 15 octobre, lorsqu'il rentre en France, Bécaud n'imagine pas que, dans ses bagages, il ramène un succès, écrit dans le délire de sa nuit américaine.

L'Express souligne ses douze semaines autour du monde et deux nouveautés, *Cœur de Paris* et *Revenir sur tes pas*, dont je ne retrouverai aucune trace. Ajoutez-y une mystérieuse *Chanson cruelle,* interprétée à l'Olympia en 1955, jamais déclarée ou éditée. Gilbert ne lui donnera aucune chance.

« Il y a des gens comme Gainsbourg qui déposent quand ils en ont envie... »

Plus tard, lors de mes recherches du côté de la Société des auteurs, je relèverai la phrase.

Nommé académicien le 3 mars, Jean Cocteau est fêté sous la prestigieuse coupole le 20 octobre. Rentré quelques jours avant des Etats-Unis, Bécaud est au nombre des invités. Le lendemain, retour au music-hall, sur la scène de Bobino. Ce passage dans la célèbre salle de la rive gauche, moins commenté, confirme pourtant l'explosion du début d'année.

Le 4 novembre, en Belgique, l'hebdomadaire *Pourquoi pas* met en vedette « le nouveau fou chantant », le caricaturant affublé d'une camisole de force, entre chaises volantes et piano cassé.

Sur Radio Luxembourg, pendant l'émission *Les trois André,* il présente une chanson inédite à André Claveau. Sur des paroles de Maurice Vidalin, *Couventine*, aux couleurs tendres et cruelles, ressemble à quelque belle estampe florentine. Séduit, le créateur de *Cerisier rose et Pommier blanc* l'enregistrera.

« J'étais là, lorsque Maurice et Gilbert ont composé la chanson, me confiera Paule Vidalin en 1995. Bécaud devait se produire en Suisse, mais, enrhumé, complètement aphone, il ne pouvait chanter. Je lui ai concocté un remède miracle, moitié jus d'orange, moitié whisky, et le morceau a été composé dans l'ambiance que vous devinez, ce n'était pas triste... ! »

La course reprend. Plus rien ne l'arrête dans sa boulimie musicale. Julien Duvivier va faire appel au petit figurant de 1940 sous la casquette de compositeur dans *Marianne de ma jeunesse*, un film avec Pierre Vaneck, Gil Vidal, Isabelle Pia, d'après un roman de Peter de Mendelssohn : *Shmerzlches Arkadin (Douloureuse Arcadie).* Le tournage terminé, Bécaud et Amade sont conviés à une projection privée. C'est à la sortie de cette première projection, qui leur a beaucoup plu, qu'ils décident d'écrire une chanson. Ce qui n'empêche que Gilbert a la surprise, lors de son passage à Bruxelles en novembre, de lire sur une affiche promotionnelle de *Marianne de ma jeunesse* :

« Le film inspiré par la célèbre chanson de Gilbert Bécaud. »

Amade expliquera plus tard que paroles et musique ont été écrites en parallèle, sans qu'il soit nécessaire d'y apporter la moindre modification : à Meudon, dans sa maison, Bécaud composait, assis à son clavier, tandis que lui-même, debout, écrivait, appuyé au piano.

Marianne de ma jeunesse
Ton manoir se dressait
Sur la pauvre richesse
De mon rêve enchanté...

Aux souvenirs du film, Amade en ajoute d'autres plus anciens. Marianne, c'est la femme envoûtante et secrète que chacun de nous porte en soi. Gilbert compose la partition, non pas en fonction d'un texte, comme habituellement, mais en fonction d'une atmosphère. La chanson, composée en trois quarts d'heure, ne sera pas diffusée dans le film. La musique, néanmoins enregistrée — sur une orchestration de Wal-Berg — rencontrera le succès (une autre chanson, qu'Amade et Delanoë écriront ensemble, plus tard, exprime la même idée : *La Princesse de juillet*).

Bécaud comédien ? On en parle beaucoup... Le projet va bientôt se concrétiser avec un réalisateur de choix : Marcel Carné. Louis et Pierre vont alors plancher sur les chansons du film.

Piaf interprète *Légende*. Ce titre inconnu, signé Gilbert et Edith, est enregistré au cours d'une répétition, à l'Olympia, et figure dans les documents inédits distribués en 1993 par EMI France.

Revoilà Piaf et Bécaud réunis sur une mélodie de Trenet, *Moi, j'aime le music-hall,* avec Ferré, Brassens, les Compagnons, Aznavour, Gréco et bien d'autres : le « fou chantant », sans flatterie exagérée, rend hommage à toute la profession.

Aux Etats-Unis, Elvis pose les jalons d'une carrière phénoménale avec *I love you because*. James Dean se rejoue une dernière fois *La Fureur de vivre*, à quelques centaines de kilomètres de Piaf qui, encore et toujours, défend *Je t'ai dans la peau*, les 26 mai et 4 juin, à Québec, sur la scène du cabaret A la Porte Saint-Jean. En 1993, pratiquement quarante ans après, Jean-Louis Aubert reprendra la chanson de Bécaud et de Pills, à la télévision(11), et l'enregistrera.

Catherine Renaut se souvient des débuts du fan-club, *Les amis de Gilbert Bécaud*, et des milliers d'adhérents et d'adhérentes portant fièrement l'insigne qui représente leur idole : « Ce nom de club, ce n'était pas très original, ça faisait fanatisme. Ça ennuyait Gilbert qui, évoluant très vite, souhaitait un nouveau nom, plus ouvert, qui fasse moins club de fans se souciant uniquement de la largeur de sa cravate à pois. »

« *Aujourd'hui, ça un peu évolué, l'esprit a changé, mais à l'époque, on peut le dire, c'était du bruit, des hurlements. D'ailleurs, combien de premières ai-je ratées à cause de ces cris qui indisposaient évidemment les autres spectateurs, ceux du parterre...* »(12)

« On a tout de même conservé l'appellation pendant quelques années, avant de la changer, me confie Catherine Renaut, tout en éditant un journal, *Tout neuf tout neuf*, petit clin d'œil à la chanson de Bécaud-Aznavour et Vernadet. »

Jusqu'ici, Wal-Berg —accompagnateur de Trenet et de Ferré, à leurs débuts— assure en grande partie les arrangements et la direction d'orchestre en studio, notamment de *Pauvre pêcheur, Marianne de ma jeunesse, Je t'appartiens*, etc. Conservatoire, piano-bar, les premiers pas de Bécaud ressemblent à ceux de Wal-Berg. Néanmoins, c'est Raymond Bernard, le pianiste de Gilbert, qui s'imposera assez rapidement dans les prochaines orchestrations.

Mes repères 1955 ne seraient pas complets si je n'évoquais pas, d'une part, *Je t'appartiens*, et, d'autre part, les premiers disques à succès d'Aznavour, Bécaud officiant en dénominateur commun.

Pour *Je t'appartiens*, il faut revenir en février et à son Olympia en vedette. Une première particulièrement importante à laquelle Delanoë, volontairement, n'assiste pas... La suite est facile à imaginer. Vers trois heures du matin, le téléphone sonne au cinquième étage sans ascenseur à Courbevoie : Gilbert, en ligne, n'apprécie pas l'attitude de son auteur et lui donne en pénitence un texte « sublime » à écrire avant le lendemain matin. Quelques heures plus tard, le cahier est refermé, Delanoë a terminé *Je t'appartiens* :

Que puis-je faire
Pour te satisfaire
Patron de la Terre
Sur mon chemin...

Amade, profondément marqué par la foi, aurait fort bien pu travailler ce thème avec la même veine. Bécaud compose la musique (réminiscences évidentes du côté de Pachelbel). Alain Barrière et Demis Roussos, fin années soixante, début années soixante-dix, s'en inspireront et Aérosmith reprendra les mêmes bases, en 1993, avec *Cryin*. « Curieusement, en France, cette chanson n'a jamais marché. »

Delanoë le confiera bien plus tard. La précision du pays est intéressante, on comprendra pourquoi...

J'en arrive à l'autre point de repère 1955, avec le premier quarante-cinq tours d'Aznavour chez Ducretet-Thompson et un trente-trois tours. Ce vingt-cinq centimètres présente *Viens, Mé-ké mé-ké* — orthographié diversement selon l'interprète —, aux côtés de titres plus traditionnels comme *Couchés dans le foin*... Mireille, Nohain et Bécaud sont passés par là.

Mon père anime de nombreux galas dans le sud de la France, avec sa première voiture, une Fiat rouge à marchepied qui, champignon au plancher, atteint péniblement les quatre-vingt-dix kilomètres à l'heure. Images du bolide devant l'école où mes parents viennent m'attendre, lors du rodage de l'engin. La télévision n'est pas répandue et, en province, les petits concerts se multiplient. Le soir, le public vient en nombre. Aux côtés de mon père, Jacques Dinnat chante l'opérette et un fantaisiste, André Aubert, excelle dans les succès et les imitations de Trenet, avant de tenter l'aventure parisienne, en rejoignant l'orchestre Eddy Warner.

Après trente ans de cabarets et seize Olympia, l'imitateur — un des meilleurs de Bécaud, si ce n'est le meilleur — me racontera les galas galères de ses débuts à la Maison du Peuple de Béziers, se rappelant des parties de cartes avec Bécaud et Gabriello, dans le car, pendant l'une de ses premières tournées :

« Ensuite, j'ai participé à son programme de l'Olympia et souvent lors du spectacle de répétition générale qui avait toujours lieu à Versailles, Gilbert rentrait sur scène derrière moi pendant que je l'imitais, ce qui provoquait l'enthousiasme des spectateurs. »

Amusé, l'ancien petit pâtissier de Montpellier ouvre les portes des années cinquante : « A l'Olympia, une habilleuse, derrière le rideau, tenait à ma disposition un verre d'eau dont je venais prendre une gorgée à chaque fausse sortie. Un soir, ce fut lui qui me tendit son verre et, revenant sur le plateau, j'eus bien du mal à me débarrasser d'une lampée de whisky. Ça fait drôle quand on ne s'y attend pas. De son côté, à chaque sortie de scène, Bécaud venait tirer un coup à ma cigarette. Vite fait. Je me souviens aussi d'une phrase qui m'avait fait rire, un jour où j'avais obtenu un succès assez important : "Tu vois... quand tu veux !" Il adore être imité et ne le cache pas. Chaque fois que je le rencontre, nous tombons dans les bras l'un de l'autre, et ce n'est pas de guise ! »

« Quand je suis, moi, au mieux de ma forme, certains soirs... c'est tout simplement parce que j'imite André Aubert m'imitant... »

Bécaud parodiant Aubert, ou Aubert imitant Bécaud ? Où est le vrai ? Où est le faux ?

1956

Et pendant ce temps-là...

LA CORRIDA - QUELLE JOIE - ALORS RACONTE
TOI L'OISEAU - MON CŒUR ECLATE - PATTE BLANCHE
LE GRAND MAGASIN - LE PAYS D'OU JE VIENS
LE PIANISTE DE VARSOVIE
EMBRASSE-MOI O MON AMOUR - LA PASSION DE VIVRE
C'EST ÇA QU'ON APPELLE AIMER
SI SI SI LA VIE EST BELLE - JE T'AI OUVERT LES YEUX
RENTRE CHEZ TOI ET PLEURE
LE BUSTE DE MA CHAMBRE

9 février. Tension à Alger et moins quinze degrés à Paris. Un oiseau rouge perché sur un petit nuage blanc, le tout sur fond bleu, Bécaud fait sa rentrée. Les trois couleurs s'étalent sur le fronton de l'Olympia. C'est le temps d'un nouveau succès : *La Corrida*. C'est en assistant, l'an passé, à un spectacle taurin, dans les arènes de Lunel, aux portes de la Camargue, que l'idée de la chanson a vu le jour. Sujet difficile.

« La corrida... j'en avais facilement trois cent cinquante, quatre cents grammes ! Un paquet comme ça ! J'avais dû louer un hangar pour mettre toutes les feuilles par terre. On ne pouvait pas les poser sur le piano, il y avait toute une rame ! Vous imaginez ? Louis racontait tout sur le taureau, sur la maman du taureau, sur le père du toréador, sur la sœur du président... Et il écrivait, écrivait, toujours en alexandrins. Il me disait : "Regarde-ça..." Je me mettais devant le piano et tout avait pratiquement le même dessin, la même construction. J'étais vraiment angoissé. »

Travail long et difficile, Amade et Bécaud percevant différemment la chanson. Il faut élaguer pour arriver à la version définitive, présentée sur le même quarante-cinq tours que *Le Pianiste de Varsovie*, un disque référence. Les deux titres figurent dans « La kermesse aux étoiles », avec une pochette souvenir offerte par le Club du disque d'Europe numéro 1.

Ainsi que le confiera plus tard Léo Ferré, parlant du public idolâtre :

« Ils se sont peut-être trompés. [...] Ils ont tort de faire des compliments sur des chansons dont, au fond, ils ne savent rien... mais c'est très bien ainsi car le miracle de l'art, c'est d'être détourné ! »(1)

Bécaud et Delanoë n'ayant jamais jusqu'ici visité la capitale polonaise, l'inspiration du *Pianiste de Varsovie* est due, en réalité, à un fait divers : la rencontre, dans un petit bar, d'un homme jouant du piano, sans s'occuper de personne.

« On est devenu amis par hasard. Il était Polonais, coincé en France par la guerre. Il aurait pu devenir, peut-être, un virtuose mais vivait ici dans l'oubli. »(2)

Ne délaissant pas la fantaisie, Gilbert va connaître de nouveaux succès avec *Si si si la vie est belle* et surtout *Alors raconte*, composée l'année précédente à New York. Cent mille disques vendus en moins de cent jours, un record (en 1956). Le 9 février, il crée la chanson sur la scène de l'Olympia. *L'Express*, commentant la nouveauté, souligne les vingt-huit ans du chanteur favori des moins de seize ans [...] et « son plus mauvais enregistrement au point de vue technique. Mais le plus spontané parce que c'est la première prise de son qui, bien qu'imparfaite, a été utilisée. »(3)

Il existe en réalité deux versions d'*Alors raconte* : dans la première, réalisée le même jour que *Toi l'oiseau*, Bécaud s'accompagne lui-même au piano ; tandis que pour la seconde, réalisée en même temps que *La Corrida* et *Le Pianiste de Varsovie*, il est accompagné par l'orchestre de Raymond Bernard.

Le 14 mai, autre consécration : Henri Spade enregistre en direct à la Gaîté Lyrique l'émission télévisée *La joie de vivre*. Vous avez deviné qui est la vedette de la soirée. Parmi les invités-surprise, Edith Piaf est la plus remarquée avec son interprétation de *Ça gueule ça madame*. Face à Bécaud, la Trenetmania se maintient, mais la concurrence devient sérieuse et les classements des chansons, formule empruntée à l'Amérique, commencent leurs ravages. *Music-Hall*, le magazine mensuel de la variété française, attribue chaque année ses « Bravos du music-hall », réplique française des « Oscars » hollywoodiens. Pendant *La joie de vivre*, Jean Nohain reçoit les heureux récipiendaires. Le palmarès se passe de commentaire : Bécaud arrive en numéro un, devant Constantine, Mariano, Trenet et Montand. Piaf prenant la tête des chanteuses plébiscitées, les deux lauréats se retrouvent et se congratulent devant les caméras, à la télévision.

Gilbert chante un peu partout, notamment dans une soirée insolite au Palais de Chaillot : sortant d'une élégante assistance, un homme monte sur le plateau, présenté par l'animateur Pierre Louis. Il va bientôt personnifier « Monsieur 57 ». Pendant la durée du spectacle — deux heures —, il s'agit de réaliser un costume à ses mesures. C'est ainsi qu'on peut voir alterner sur la scène de Chaillot les ballets Hô et les artistes du ciseau et de l'aiguille. Les mains fragiles des ouvrières font des miracles sur les rythmes de Bécaud, dont le tout nouveau *Alors raconte*. Avec la complicité de Raymond Bernard et ses musiciens, Gilbert électrise le public, sème ses calories à tout vent, boxe son piano, et, cent vingt minutes après le premier coup de ciseau, « Monsieur 57 » peut endosser son nouveau complet gris. Dans les salles de cinéma, les actualités relatent l'événement et terminent leur écho par :

« C'est une performance de taille qui mérite bien une coupe ! »

Etonnant, non ?

Les records d'affluence continuent. Dans un univers d'argent, de filles, de « planning-marathon » et de restaurants, Jean Silly assure la régie, facilitant la vie du petit frère chanteur.

Une vie de vedette face à un public que les chansonniers ne manquent pas de pasticher :

« Il y a par exemple la dame qui s'ennuie
qui fait visiblement la tête à son mari :
il a voulu venir là, il trouve ça rigolo,
mais elle, elle aime pas ça, elle voulait voir Bécaud ! »

Anne-Marie Carrière rentre sur le plateau, avec ses monologues créés au Théâtre de Dix-Heures. Gilbert pouvait-il y échapper ? L'humour tendre et l'ironie légère sont au rendez-vous dans cet extrait de *On vous regarde.*(4)

Plus sérieusement, Bécaud va se tourner vers le cinéma en deux temps. Pour la première étape, l'amitié est à l'affiche. Roger Pierre se souvient :

« Quand on a fait le film *La vie est belle*, on ne pouvait pas engager des acteurs, nous n'avions pas assez d'argent. Les amis comédiens qui ont participé sont venus gratuitement. Ils ont tous eu un rasoir électrique ! Francis Blanche, Jean Richard, Philippe Clay, Jean Poiret, Michel Serrault et quelques-uns que j'oublie. Gilbert me dit :

"Roger, tu es mon copain, je veux participer. Je veux te chanter le générique."

Les paroles sont venues en une nuit...

Si si si si la vie est belle
Si si si si le monde est bon...

On les a signées ensemble avec Jean-Marc, mais je les ai écrites tout seul, devant Louis Amade. On avait un producteur radin. Bécaud, pour sa participation, a fait cette musique et a payé ses musiciens ...

"Allez les gars, on va enregistrer une chanson supplémentaire, c'est pour Roger..."

J'ai dit au producteur :

"La chanson est prête, ils terminent le mixage. Il faut aller prendre la bande."

Et le patron du film a envoyé un coursier la chercher. Gilbert était déjà vedette à ce moment-là et le producteur se montrait satisfait. Après, il m'a quand même fait remarquer :

"Dites donc Roger Pierre, vous ne m'aviez pas dit qu'il fallait que je paye la bande ! Votre Bécaud, il me coûte cher !" »

La deuxième étape, c'est un premier grand rôle d'acteur sous la direction de Marcel Carné, dans *Le Pays d'où je viens*, aux côtés de Françoise Arnoul et d'un tout jeune débutant, Claude Brasseur. Petite précision : le titre du film provient d'un poème d'Amade intitulé : *Révolution*. Sympathique Bécaud en Père Noël. J'ai huit ans et je crois que c'est là ma découverte du personnage : dans une petite ville de province, la veille de Noël, un jeune homme étranger et mystérieux, sosie parfait du pianiste de l'endroit, fait le bonheur de ce musicien amoureux de la jeune serveuse de brasserie.

Tourner sous la direction de Marcel Carné représente un morceau de choix. Le bonheur ou le malheur, c'est que Bécaud est extrêmement rigoureux et se laisser mettre en scène par Carné présentera quelques difficultés. Petites crises et tension nerveuse. Amade, qui assiste à la réalisation de nombreuses séquences, évoquera ces incidents. Tout rentre dans l'ordre très vite, Carné et Bécaud se sépareront à la fin du tournage sous le signe de l'amitié.

Les souvenirs de Françoise Arnoul seront plus positifs :

« J'ai toujours été une fan de Gilbert, bien avant de tourner à ses côtés. J'ai vraiment été épatée par ses qualités de comédien, de justesse, de grande connaissance et cette prise de recul nécessaire par rapport à ce double rôle. On a tellement ri, Gilbert, Louis et moi. Il y avait un vrai bonheur sur le plateau. Je tournais avec un des plus grands metteurs en scène, celui des *Enfants du Paradis*, Marcel Achard signait les dialogues et je faisais ce film avec Gilbert. »

Pour son vingt et unième film — le premier en couleurs de Renoir —, Françoise Arnoul, après *En effeuillant la marguerite* et avant la sortie de *Paris Palace Hôtel*, côtoie une équipe de qualité. Outre la participation d'Achard, celle d'Amade et de Delanoë est à souligner. Le premier trouve le titre, écrit deux chansons, tandis que le second travaille sur d'autres textes. « Une vraie fête ! » Les trois mots reviennent souvent lors de mes entretiens avec la comédienne :

« Amade, Delanoë et Raymond Bernard, tous étaient présents sur le tournage pour vivre le film avec nous. Il y avait la musique, de jolies chansons : un conte de Noël, un vrai sens de la fête. »

Le pays d'où je viens
N'est fait que de silences...
(LE PAYS D'OU JE VIENS - BECAUD / AMADE)

Bécaud raconte : *« J'avais des camarades très sympathiques, et c'était la première fois que je faisais du cinéma. J'ai été un peu surpris les premiers temps, puis je m'y suis fait, progressivement. Je jouais deux personnages, l'un très gentil et l'autre moins. Ces deux facettes avaient donné au débutant que j'étais pas mal de soucis. Alors, nous étions convenus de deux coiffures, d'une tenue un peu plus étriquée pour l'un ou pour l'autre. Quand je revois ce film à la télévision, c'est toujours avec une certaine tendresse. »*(5)

Trente-sept ans plus tard, sur France Inter, les animateurs de l'émission *Rien à cirer* feront rejouer une scène à Bécaud, qui se prêtera fort bien au jeu, Anne Roumanoff reprenant pour quelques minutes le rôle de Françoise Arnoul.

En 1956, la première du *Pays d'où je viens* se déroule dans l'immense salle de quatre mille deux cents places du Gaumont Palace. De nombreux chanteurs viennent soutenir et observer leur confrère dans ses premiers pas d'acteur. La projection terminée, la lumière revient et Line Renaud, se précipitant sur Marcel Carné, le serre avec effusion dans ses bras. Pleurant et souriant à la fois, elle déclare alors d'une voix qui porte loin :

« Bravo : vous avez merveilleusement montré qu'un chanteur peut être un bon comédien de cinéma. »

« C'était un peu, raconte Carné — toute comparaison artistique mise à part —, comme si on fixait une miniature du Moyen Age sur une paroi de la Grande Galerie du Louvre, avec défense de s'approcher. »(6)

Malgré ce désavantage, le film, bien accueilli, se hissera à la septième place des meilleures entrées cinématographiques de l'année.

« Le film n'a pas été un succès, constatera plus tard Françoise Arnoul, et dans ces conditions, ça ne fonctionne pour personne. Au moment du tournage, Gilbert travaillait beaucoup sur ses spectacles. C'est pour ça qu'il n'a pas eu les retombées cinématographiques qu'il aurait dû avoir. A talent égal, il n'a pas eu la chance d'Aznavour... »

A la même époque, Bécaud fait l'acquisition d'une maison dans les Yvelines :

« Beaucoup trop chère pour moi, je n'avais pas les moyens de me la payer, mais de nombreux amis m'ont aidé à l'acheter. C'est la maison du Chesnay, une maison toute bleue. »(7)

Ionesco en tête, la critique reprend. Boris Vian suivra quelques mois après, avec une perfide formule qui fera son chemin : « Il fait des bonds et des mauvais... » Dans son livre *En avant la zizique*, l'auteur du *Déserteur* n'en finit pas d'étaler son parti-pris :

« Quand l'accompagnateur en a assez de voir la vedette ramasser tous les applaudissements en chantant faux, il se venge, saute sur scène, casse quelques pianos et devient Gilbert Bécaud. »

La France, loin de cette polémique de coulisses, affiche une certaine douceur de vivre. Le départ des soldats du contingent pour l'Afrique du Nord et l'insurrection de Budapest n'altèrent nullement cet optimisme. Annie Cordy chante *Hello le soleil brille* et Henri Salvador *Faut rigoler !* Le public se presse dans les salles de cinéma pour découvrir *Et Dieu créa la femme*, de Roger Vadim. *Mon cœur éclate*, de Bécaud, ponctue ce long métrage.

La métropole, insouciante, applaudit Roger Pierre et Jean-Marc Thibault, Fernand Raynaud, Roger Nicolas... Eddie Constantine, l'Américain parisien, au faîte de sa gloire, excelle dans les films policiers, notamment dans le rôle de l'agent spécial du FBI, Lemmy Caution. Constantine est aussi devenu en peu de temps une grande vedette de music-hall. Il tourne en province, avec escale à l'Alcazar de Marseille. Le directeur de l'établissement, E. Robert Trébor, demande à mon père d'assurer la présentation des trois galas du comédien-chanteur. A son retour, il me raconte les coulisses, la pièce où se maquillait Georgel, le tabouret de Maurice Chevalier, le grand fauteuil de Raquel Meller et la loge trois où Charlie Chaplin est venu féliciter Grock un 27 avril 1931. Je devine la satisfaction de mon présentateur de père signant son engagement sous le premier contrat encadré d'un certain Tino Rossi qui trône dans le bureau directorial.

Images associées à mes grands-parents, les étés de mon enfance s'enchaînent et se ressemblent, dans un petit village aux confins de l'Hérault, Saint-Gervais-sur-Mare. Deux mots me reviennent : admiration et fascination pour les propriétaires des maisons jouxtant mon havre de vacances. Admiration, pour le vieux menuisier qui m'apprend à scier et à confectionner des boîtes dans son atelier, les pieds dans les copeaux. Fascination, pour le garage d'un magicien, Monsieur Barthélémy, expert dans le maniement des grandes bobines de films qu'il va passer le samedi et le dimanche au cinéma du village. Dans les petites caisses du menuisier, j'entasse les chutes de *Salomon et la Reine de Saba, Papa longues jambes...* un vrai trésor que je conserverai longtemps et qui s'évanouira avec l'adolescence. Avec le temps, j'oublierai ces images. C'est quand je découvrirai

Cinéma Paradiso, dans les années quatre-vingt, que le souvenir reviendra, vivace.

Des salles de cinéma ou de spectacle programmées par des Serviny, Revest, Trébor, Bessières, Jaume... des imprésarios, des directeurs... Les noms reviennent souvent en cette période où mon père anime les premières parties de Bécaud, Trenet, Lasso et bien d'autres.

De Narbonne à Ax-les-Thermes en passant par Juan-les-Pins, Cassis ou Genève, les kilomètres défilent et Gilbert présente la petite dernière d'Amade, *La Passion de vivre* :

Harponné par la vie et planté sur des cibles
Le garçon d'aujourd'hui se cramponne à sa foi...

Les rythmes exotiques à la mode, les orchestres font danser le pays sur les nouveaux tempos. Chaque établissement a sa propre formation musicale. A Monte-Carlo, Louis Frosio dirige l'orchestre du Casino. Une femme accompagnée d'un jeune homme frêle se présente :

« Mon fils... Prenez-le, il joue de la tumba, nous n'avons pas d'argent. »

C'est qu'il veut aller vite, le garçon, et vieillir ne lui fait pas peur. Le destin en décidera autrement. Pour l'instant, chaque soir, le débutant Claude François gagne sa vie dans la formation du Casino, musicien de remplacement d'abord, puis engagé à part entière.

Le 5 décembre 1956, Bécaud aborde son quatrième Olympia — le deuxième dans la même année —, avec *Le Pianiste de Varsovie* et *La Corrida*, insérées dans un nouveau tour de chant :

Mon cœur éclate
La Corrida
Ça
Je t'ai ouvert les yeux
La Passion de vivre
Le Marchand de ballons
Viens
Alors raconte
Le Pianiste de Varsovie
Ça claque
Quand tu danses
Le Pays d'où je viens
La Ballade des baladins

Aznavour poursuit son rythme d'écriture avec *Le Chemin de l'éternité*, *Je cherche mon amour...*, tout en interprétant ses textes sur les musiques de Bécaud, *Terre nouvelle, Je veux te dire adieu, Ça...*, composés les années précédentes. Ce dernier titre reflète bien le style trépidant de Gilbert à ses débuts, et dans un quarante-cinq tours-compilation, « Super succès numéro un » (la Voix de son Maître), *Ça* et Bécaud sont en bonne place, aux côtés de Luis Mariano, d'Yvette Giraud et des violons de Franck Pourcel.

Avec *Le Buste de ma chambre*, notre compositeur devient parolier. Robert Sprengers, jeune étudiant belge en 1956, me souligne cette exception. En 1972, Bécaud, dans une lettre adressée à la Sacem, indique qu'il ne connaît pas ce titre. Surprenant ! D'inspiration plutôt surréaliste, la chanson restera tout à fait ignorée, malgré l'interprétation de Gilbert, pendant l'été 1956, à Radio Luxembourg :

Le buste de ma chambre
Me regarde la nuit
En transperçant mes rêves
Où il pleut...

1956, c'est aussi une année importante pour l'Olympia, avec un mariage —enfin, appelez ça comme vous voulez : priorité, exclusivité entre Coquatrix et Europe numéro 1, alors toute nouvelle station. Plus tard, Christian Barbier assurera la plupart des retransmissions de cette nouvelle émission, baptisée *Musicorama*. Il m'en reparlera avec nostalgie, tout comme le présentateur Jean-Marie Proslier. Toutes les premières de l'Olympia sont aussi enregistrées et diffusées sous le label de la jeune radio. Bécaud, « symbole d'une jeunesse bousculée de soleil et d'œillets », sera souvent la tête d'affiche de ces « spéciales ». Devant un parterre composé de celles que l'on n'appelle pas encore les « minettes » et qui scandent avec une frénésie voisine de l'hystérie « Gilbert ! Gilbert ! », l'artiste entre dans l'arène en terrain conquis.

L'Olympia, Bécaud, ce sont les souvenirs de Nicole Cuissard, Nicky, petite fan de quatorze ans et ses premiers pas inespérés dans l'équipe du chanteur :

« A cette époque, j'habitais la Bretagne et Bécaud était l'idole de toute mon école. A la radio, j'écoutais une émission qui s'appelait *Le rêve de votre vie*. Le rêve de ma vie, c'était de serrer la main à Gilbert Bécaud ! Lorsque je suis arrivée à Paris, il passait à l'Olympia que je ne connaissais pas. Quant à Bécaud, ne l'ayant jamais rencontré, je rassemblais ses photos dans les journaux pour essayer de voir sa tête. On m'a proposé d'aller découvrir son spectacle. Avec la fortune que j'avais, il est inutile de vous dire que j'ai dû économiser centime par centime pour payer mon entrée (dix francs). Je n'étais pas bien placée et les éclairages n'étaient pas ceux d'aujourd'hui : je ne distinguais qu'une tache blanche à la place du visage de mon idole. Auto... Autographe... Je ne me souvenais plus. Je l'ai attendu devant l'entrée des artistes et je lui ai tendu mon ticket de métro qu'il a signé ! S'apercevant que j'étais paumée, complètement perdue, Bécaud m'a proposé de revenir le voir quand je le voudrais, par les coulisses. Et je suis revenue chaque fois qu'on n'avait pas de collège, puis plus tard, de lycée. A l'époque, il y avait des matinées les jeudis, samedis et dimanches. Je revenais chaque fois. Lorsqu'il passait à dix-sept heures, j'étais là à midi, j'attendais. Puis, j'ai commencé à traîner dans les coulisses, c'était quelque chose de fabuleux. Jamais je n'aurais pu imaginer ça. J'ai pratiquement suivi tous ses Olympia. On m'a parlé d'un club dirigé par Catherine Renaut. "Qu'est-ce que c'est un club ?" J'arrivais de ma province, je ne connaissais rien. »

Rapidement, Gilbert et son frère Jean prennent la jeune Nicky sous leur aile et la protègent. Jean lui donne son numéro de téléphone personnel. Elle l'appelle souvent, notant les horaires des vols de la vedette vers l'étranger, les retours, quittant tout et fonçant au Bourget ou à Orly en stop car la petite Nicole n'a toujours pas d'argent. Quand il part, quand il arrive, Bécaud repère l'admiratrice acharnée, la déposant parfois chez elle, à Boulogne, sur son chemin.

La petite fan est loin d'imaginer qu'elle veillera plus tard sur la sérénité de son grand homme. Mais c'est une autre histoire...

1957

La triste triste terre rouge...

SALUT LES COPAINS - LES MARCHES DE PROVENCE
INCROYABLEMENT - LA MACHINE A ECRIRE
LE MAGICIEN - LE SQUARE SEVERINE
LE REGARD DES GOSSES
IL FAIT DES BONDS LE PIERROT QUI DANSE
LE JOUR OU LA PLUIE VIENDRA - LA VILLE
POUR QUI VEILLE L'ETOILE
SI JE POUVAIS REVIVRE UN JOUR MA VIE
LE FRACAS DES VICTOIRES

Sur un texte d'Aznavour et une musique de Bécaud, *La Ville* a des allures de pari musical par le style et la durée —plus de cinq minutes—, dans les limites contraignantes des deux titres par face de super quarante-cinq tours. Une singularité parmi les chansons plus courtes, sauf de rares exceptions. Un vrai délire verbal, un ballet aérien où l'on rencontre le bruit, le rythme, la foule puis, hors de la cité, le bonheur, la nature, les amis, la maison. Après avoir enregistré, lui aussi, *La Ville*, Aznavour en fera plus tard une version américaine, *The Town*, sur une adaptation de Jack Morrisson, tout en reprenant la chanson en 1991-1992, sur les scènes françaises, avec les arrangements rénovés par Aldo Franck.

Pour Gilbert, cette nouvelle année popularise *Il fait des bonds... le pierrot qui danse*. Le titre sera repris, en 1993, par Pascal Sevran. Les chansons n'ont pas d'âge ! Lorsque pendant l'été 1957 Bécaud retrouve Amade qui l'a rejoint sur la Côte d'Azur, il découvre un poème que son auteur et ami a concocté pendant le voyage en train de nuit : *Je garde ma soif*. Un texte dans lequel il est question d'un pierrot qui danse et fait des bonds. L'idée lui plaît et aussitôt il compose une musique, Amade réécrivant le poème.

« Cette chanson est ratée parce que le public l'aime sans comprendre l'intention de ses auteurs : la folie inconsciente, semble-t-il, de l'artiste sûr de lui qui prend des risques trop grands et se rit des conseils de prudence qu'on lui donne. »(1)

En 1957, *Le Jour où la pluie viendra* connaît un succès considérable.

Vingt minutes ont suffi à Bécaud et Delanoë pour écrire la chanson, un jour de juillet, par trente degrés à l'ombre...

Cet après-midi-là, trois hommes se retrouvent au Chesnay, chez Bécaud : Aznavour, Raymond Bernard, et Amade. Chansons, chaleur, mélodies, paroles, rires, la combinaison est intéressante et mérite qu'on s'y attarde. Amade, alors sous-préfet, et Raymond Bernard travaillent ensemble, pendant que Bécaud cherche une mélodie sur des paroles d'Aznavour qui lui-même écrit une chanson sur une musique de Raymond Bernard ! Dix-sept heures. Les minutes s'écoulent. Delanoë fait son entrée. Bécaud sèche sur un texte d'Aznavour... Raymond Bernard et Amade piétinent sur *C'est pas demain la veille*, qui sera enregistrée plus tard par Caterina Valente.

Gilbert et Pierre s'éclipsent et se retrouvent, devant un autre piano, dans la chambre des enfants. Auteur et compositeur se guettent... Bécaud cherche, plaque des accords, attend. Par la fenêtre, Delanoë regarde les nuages :

« Alors, une phrase m'est venue d'un coup, sans chercher : "Le jour où la pluie viendra". Presque instantanément, Gilbert qui possède un véritable instinct de chasseur, Gilbert qui attendait, sans avoir l'air de rien, le premier mot que j'allais prononcer, Gilbert attaque une mélodie claire, virile, enthousiaste, une sorte d'hymne à la pluie et sans solution de continuité, poursuit jusqu'au bout de son refrain. Je n'avais plus qu'à finir. »(2)

En 1963, Bécaud présentera différemment cette création :

« L'idée qui a servi de base à la chanson nous est venue en traversant l'Espagne desséchée par le soleil du mois d'août. »(3)

Robert Sprengers, quant à lui, m'affirmera, amusé, que l'anecdote de la sécheresse se situe en réalité en Allemagne et m'en reparlera bientôt.

Le jour où la pluie viendra
Nous serons toi et moi
Les plus riches du monde...

(LE JOUR OU LA PLUIE VIENDRA - BÉCAUD-SIGMAN / DELANOE)

Repris par bon nombre de chanteurs, en France d'abord puis dans le monde entier, le titre sera l'un des plus enregistrés. Broussolle, Mella et les autres Compagnons de la Chanson adoptent le morceau et le baladent aux Etats-Unis, en Hollande, en Italie... ainsi que *Pauvre pêcheur, Je t'appartiens...* Quarante ans après, Fred Mella se souviendra également de *C'était mon copain* : « le premier titre de Gilbert que nous avons chanté avec les Compagnons ».

L'été se termine, Paris prépare la rentrée. A l'Amiral, Francis Blanche,

Jacqueline Maillan et Pierre Doris « brûlent les planches ». L'Olympia a fait peau neuve pour les trente ans de Bécaud et s'apprête à accueillir le prodige. A partir du 19 septembre, son nom s'inscrit pour la cinquième fois en lettres capitales au-dessus du hall d'entrée avec, en première partie présentée par Suzanne Gabriello, une jeune débutante dont on dit le plus grand bien et qui a tout pour plaire : Iolanda Gigliotti, alias Dalida. A cette occasion, après quatre disques vingt-cinq centimètres et treize super-microsillons, Gilbert présente son premier trente-trois tours de format trente centimètres. Le soir de la générale, sur le boulevard, les gardes républicains forment une haie d'honneur. *L'Express* souligne l'enthousiasme du public :

« Lundi soir, il s'est écroulé en scène, mais une fan du balcon lui criait : "Mange-moi." Gilbert Bécaud, épuisé, avait encore gagné. Epuisé. Et pour cause : l'homme dort peu. »

« Un maximum de cinq à six heures, jamais plus. Même quand je suis en tournée, à l'hôtel, après le spectacle je m'écroule. […] Que je m'endorme instantanément, que je meure presque, le sommeil ne dure jamais plus longtemps. D'ailleurs, pour me sentir à mon aise, en forme, je dois dormir peu. […] Par exception, de loin en loin, je reste au lit une pièce de trente-huit ou quarante heures, sans me réveiller. Je recharge mes accus et ils fonctionneront pendant longtemps. »(4)

Ses cordes vocales enflammées réclament une piqûre immédiate...

« Je dois dire que ce soir-là, j'ai complètement perdu les pédales. Je suis entré en scène et j'ai commencé par la dernière chanson, ce qui psychologiquement voulait bien dire que j'en avais vraiment marre. Allez hop et fini ! Les musiciens, stupéfaits, ont suivi. A la deuxième, je me suis écroulé avec un joli vertige. La rampe de l'Olympia m'a sauté au visage. Je ne me souvenais plus de rien. Je me suis retrouvé dans ma loge, dorloté, bichonné, avec évidemment les journalistes qui voulaient faire la photo extraordinaire. Enfin, Monsieur 100 000 volts est bien fini, on n'en reparlera plus... »(5)

Ce n'est pas le soir de la première du 19 septembre, comme le déclarent Bécaud et, à sa suite, Paulette Coquatrix dans son livre *Les Coulisses de ma mémoire*(6), mais bien quelques jours plus tard, le mardi ou le mercredi de la semaine suivante, que se situe cette défaillance. En fait, après sa chanson d'entrée, *Il fait des bonds... le pierrot qui danse*, Gilbert est soudain pris de malaise — l'extinction de voix complète — et ne peut guère dans ces conditions aller plus loin que les premières mesures de la deuxième chanson, *La Corrida* :

Les arènes gonflées d'une foule en délire...

L'impact de cette défaillance est effectivement important dans la presse : un véritable hallali. Dès le lendemain, *France-Soir* titre : « Tant va la cruche à l'eau... ». Bécaud n'en reprend pas moins son spectacle le jour même de la parution de cet article, sous une pluie de télégrammes, dont celui de Charles Trenet :

« Ne t'en fais pas, cela m'est arrivé cinq fois ! »

Ce garçon, apparemment si simple, créateur du *Marchand de ballons* et de *La Corrida*, retient l'attention d'Yves Bonnat, dans le journal *Arts* du 25 septembre :

« A le voir et à l'entendre, on imagine un de ces enfants en parfaite santé qui font alterner caresses et caprices, berceuses et cris de sioux, qui inventent leurs jeux, les interrompent, les reprennent, les transforment et s'y livrent avec joie, sans complexe, ni préméditation. [...] Il est, en outre, amusant de remarquer que, reprenant ses succès les plus populaires, il les rend strictement inintelligibles par la trépidante volubilité de son interprétation et que, ne comprenant plus du tout ce qu'il dit, on comprend admirablement ce qu'il veut dire. C'est du grand art. »

Le même numéro d'*Arts* nous livre aussi les fameuses réflexions d'Eugène Ionesco, une destruction dans les règles de l'art. Comme le mentionne prudemment le journal : « Ionesco est un homme d'avant-garde et sa violence ne surprendra pas... ». Quelques lignes suffisent pour se faire une idée précise :

« Vendredi soir, à l'Olympia, j'ai vu, pour la première fois, Gilbert Bécaud. [...] Il y a, indiscutablement, de nos jours, une dégradation de la chanson que l'on peut constater chez beaucoup de chansonniers. Mais, chez aucun, la vulgarité n'est aussi frappante que chez Bécaud, qui vous dégoûterait de l'amour tellement ceci est devenu, dans la bouche de la vedette, une chose gluante, comme tarée. [...] L'imbécillité aussi fait partie de l'humain, elle a besoin de s'exprimer, de se manifester... »

Toute la presse reprendra ces propos :

« La banalité, l'imbécillité des paroles et de la musique sont aggravées, chez Bécaud, par sa voix. Une voix qui ne vient ni de la tête, ni de la poitrine, mais de très bas, du ventre ou du gros intestin, une voix non pas langoureuse mais visqueuse, entre la défaillance et la convulsion », ou encore : « Il chante comme une guenon qui s'est pris la queue dans la porte de sa cage, il est le contraire de l'intelligence et du spirituel... »

La douche froide continue, avec les propos du même Ionesco, citant les gens qu'il déteste : « Staline, Hitler, Luis Mariano, Gilbert Bécaud et Léo Ferré. »

A la fin des années cinquante, parlez de Ionesco au compositeur du *Jour où la pluie viendra* ; il vous dira :

« J'ai promis que je le giflerai en public, mais je ne l'ai jamais rencontré... »(7)

Année de chanson, année de cinéma. Fort de son expérience du *Pays d'où je viens*, l'acteur Bécaud récidive dans une coproduction franco-allemande, sous la direction d'André Hunebelle : *Casino de Paris,* dans lequel il retrouve l'unique et fantastique Caterina Valente, devenue vedette à part entière et Vittorio de Sica. Compositeur, acteur, interprète, les trois facettes du personnage se rejoignent dans ce long métrage tonique, avec une insolite *Machine à écrire*. Les chansons sont signées Amade et Delanoë. Bécaud joue les magiciens, drapé dans une vaste cape noire doublée de rouge, affublé d'un chapeau haut de forme. Il termine avec pirouette à la clé, sur le tabouret de son piano, dans *Incroyablement*.

« Ce qui était drôle, c'est l'incompréhension totale qui pouvait exister à ce moment-là entre le cinéma allemand et le cinéma français. Le divorce intégral. Il y avait sur le plateau des techniciens des deux nationalités... Des crises de rire incroyables. On ne se comprenait absolument pas. »

Gilbert, en ce temps-là, ne prononce pas un mot d'allemand et a une doublure pour le texte.

« ... Ja et nein, c'est tout ce que je savais. On tournait donc les scènes deux fois, une fois en français et une fois en allemand, ce qui était vraiment gratiné. Et d'ailleurs, de son côté, Vittorio de Sica jouait les scènes allemandes en italien ! Je ne sais pas comment ils se sont débrouillés au montage après, c'était vraiment compliqué. »(8)

Bécaud interprète les chansons du film, en particulier le duo *Square Séverine*, avec Caterina Valente, mais c'est Claire Leclerc qu'il choisit pour la version disque. *Casino de Paris* lui permet de connaître Claude Barma qui assure la prise de vue du *Magicien*, plus de quinze minutes, d'une tout autre facture —d'une autre densité aussi—. Ce passage représente le cirque, alors que le film ne comporte pas moins d'une demi-douzaine de séquences typiquement music-hall, dirigées par André Hunebelle, destinées à mettre en valeur les qualités de la divine Caterina...

Autre chanson qui traversera le temps : *Les marchés de Provence*, sur un texte d'Amade, souvenir de balade d'un auteur et d'un compositeur dans un marché, entre deux galas au mois d'août dans le Midi. Amade propose l'idée. A Juan-les-Pins, les deux amis se penchent sur le projet, sans le terminer. Louis quitte la tournée et retrouve Gilbert, moins enthousiaste, début septembre au Chesnay. Effrayé par une telle accumulation de figues, de pêches, de thym, d'estragon et d'échalote que les maraîchers du cours Saleya à Nice ne renieraient pas, Bécaud refuse de poursuivre la chanson. Devant l'empressement de l'auteur et l'opinion favorable de leur ami commun Jacques Emmanuel, présent ce jour-là, Gilbert, un peu rageur, revient sur sa décision et l'enregistre.

Voici pour cent francs
Du thym de la garrigue...

« *Heureusement, j'ai fini par me laisser convaincre. Et depuis je me méfie terriblement de mes goûts, parce qu'ils sont parfois très dangereux...* »(9)

Les Marchés de Provence, gravée sur son dixième quarante-cinq tours, va le poursuivre avec bonheur dans bien des récitals, disques et compilations. Christian Barbier, à Europe 1, m'en reparlera encore près de trente-cinq ans après et Emmanuel Berl l'évoquera dans ses chroniques 1954-1971 comme un des exemples les plus significatifs des titres à accent méridional(10). Bien plus tard, lorsque Gilbert chantera son enfance, les intonations du Midi resurgiront, entre calanque et castagne.

Il faut le voir livrer ces Marchés, hurlant la liste de fruits et de légumes, plongé dans l'esprit du texte, sortant de scène et criant encore. Dans le sud de la France et ailleurs, Bécaud émerge côté cour, longe le fond de scène pour réapparaître côté jardin. Tout seul, derrière le rideau, caché du public, l'artiste continue à débiter sa litanie...

Cette chanson est placée sous le signe de Brigitte Bardot. Pour sa première participation à une émission de variétés à la télévision, l'actrice illustre simplement *Les Marchés* et *Alors raconte*.

« *Une sirène, je ne sais pas, un miracle, un scandale, un gâteau... J'ai passé une très bonne journée à travailler avec Brigitte sur ces deux chansons. [...] Le système à la télévision n'était pas du tout le même que maintenant. Les émissions étaient pour la plupart en direct, ce qui donnait une réelle sincérité. [...] On répétait huit jours avec les techniciens, les musiciens et puis, le soir, c'était "attention speakerine, quatre, trois, deux, un..."* »(11)

Jacques Emmanuel chez Bécaud, début septembre... La précision vous a peut-être échappé. Complice de Robert Dhéry et ami de longue date (il a signé notamment le scénario du *Pays d'où je viens*), il vient ce jour-là proposer une idée pour un prochain film. Les images du long métrage de Flaherty, *L'Homme d'Aran* et les descriptions du dramaturge irlandais John M. Synge, dans son livre, *Les Iles d'Aran*, l'inspirent.

Gilbert l'écoute et aussitôt, il devient Angelo, sicilien échoué dans les filets de Mickey, un soir de tempête, sur le plus pauvre des trois îlots de granit, pointe avancée de l'Irlande : les îles Aran. Cet homme du Midi dérange la population de pêcheurs et de paysans dont la vie est figée, immuablement tracée. Dans cette contrée noyée de brumes et battue par les tempêtes, où chacun rêve qu'il doit exister autre chose au-delà de l'océan, le corps de l'inconnu, ramené dans les filets, alimente l'imagination. Qui est-il ? D'où vient-il ?

L'étranger n'est pas mort, on le réchauffe, on le soigne, on l'écoute parler et toutes les filles deviennent folles de lui, de son pays, du ciel bleu de sa Sicile. Les Irlandais le traitent en héros. Ce qui finit par lui monter à la tête ! Plus personne ne peut distinguer le réel de l'imaginaire. Le nouveau venu s'éprend de Maureen, une belle jeune fille vivant dans le souvenir éternel de Sean, son fiancé, perdu naguère en mer. Au moment où Maureen succombe, Sean revient, vaincu par la vie. Il veut renouer avec le passé. Découvrant que son amour est trahi, Sean provoque Angelo en duel au fouet. Lors de la bagarre, Maureen est aveuglée par un coup de lanière. La voici donc liée pour toujours au destin d'Angelo le poète — ou le menteur... Tous deux s'embarquent à travers une violente tempête pour s'engloutir dans l'océan.

Le film ne sera jamais tourné, mais le thème trotte dans la tête du compositeur qui souhaite le mettre en musique. Dans *L'Express* du 27 septembre 1957, Bécaud l'évoque pour la première fois :

« Quelque chose comme le Porgy and Bess *français, plutôt un mimodrame lyrique. »*

Delanoë et Amade vont se lancer sur *Lointains Rivages*, la prime appellation de l'*Opéra d'Aran*. Au début, les auteurs s'organisent, se répartissent les rôles, puis abandonnent cette formule, écrivant indifféremment les parties de Mickey, Maureen ou Mara. *« Aran, moitié prison / moitié château de moines... »* Des nuits interminables.

Nous, souvent quand on l'écrivait
On était si touchés
Qu'on en pleurait...
(ARAN - BÉCAUD / DELANOE)

Dans la cabane, au Chesnay, Bécaud compose, adapte les textes transmis au fur et à mesure par les paroliers.

« Entre Amade et Delanoë qui écrivaient chacun des personnages différents, Emmanuel, qui travaillait le scénario, et moi, l'atmosphère était parfois très tendue. Pierre et Louis n'avaient pas la même approche. »

Lorsqu'il se heurte à une difficulté de création, Gilbert quitte ses compagnons et seul, en silence, fait le tour du jardin, à la recherche de quelque inspiration, en évitant les allées et en franchissant les fourrés.

« En moyenne, raconte Amade, deux brouilles par soirée, à réveiller les habitants de la grande maison à cent mètres de là. Parfois, au milieu des cris, Gilbert se levait et courait jusqu'à la charmille où était installée la table de ping-pong. Une partie nocturne calmait les esprits. [...] A quatre heures, cinq heures, lorque l'inspiration était féconde, on se séparait. Seul, Gilbert restait dans sa cabane. Au dehors, le jour se levait. C'était l'heure morose où l'on mesurait le chemin restant à parcourir ».(12)

« Les enguelades avec Delanoë, c'était... ouf ! Une fois, Pierre et moi, nous étions tellement énervés que nous nous sommes battus, dans le jardin. On s'est fait mal, après, on était ridicules. Et de temps en temps, on se fâchait pendant six mois ! En général, c'est lui qui boudait... »

Un parcours long, difficile, excitant avec un équilibre fragile.

« L'artiste, affirme Ferré, c'est un brave homme qui est totalement inadapté. »

« Mais a-t-on réellement besoin d'équilibre ? » rétorque Brassens...(13)

Les nuits d'espoir, de génie, de lassitude se poursuivent. Bécaud, Amade, Delanoë et Emmanuel échangent leurs idées. Le travail ne consiste pas à enchaîner des chansons mais à construire avec rigueur un monde symphonique, peuplé de cris d'amour et de déchirures. Les exigences de l'opéra sont strictes, il faut prendre sa place dans une mécanique qu'on ne contrôle pas tout seul. L'aventure ne fait que commencer...

Pour Richard Btesh, timide jeune homme en vacances à Trouville, le podium destiné aux chanteurs amateurs installé près de la plage est un lieu magique. Poussé par ses copains, le débutant va se risquer pour la première fois devant un public en interprétant une chanson de Bécaud, *Les Croix*. Le temps viendra où, devenant Richard Anthony, il signera son premier contrat chez Pathé-Marconi.

En 1957, le bébé Europe fait ses premiers pas avec le traité de Rome, puis vient la création de la Communauté économique européenne, la CEE ou Marché commun.

Si je pouvais revivre un jour ma vie, enregistrée par Bécaud, Dalida... marque le début des succès de Delanoë et d'Amade associés, avant de devenir *If I could live my life again* et de se classer dans les meilleures ventes de quarante-cinq tours de l'autre côté de la Manche, notamment grâce à une version de Jane Morgan.

Aznavour fredonne *C'est merveilleux l'amour* à Geneviève Kervine dans le film *Une gosse sensass*. Françoise Arnoul, aux côtés de Christian Marquand, l'imite dans *Sait-on jamais*, la nouvelle réalisation de Vadim, avec *Alors raconte*. Brel fait ses premières télévisions dans *L'école des vedettes* d'Aimée Mortimer et *Rendez-vous avec* de Jacqueline Joubert. A la Sacem, Gilbert dépose enfin *Couventine*. Créée par André Claveau, la chanson augure une nouvelle collaboration entre Vidalin et Bécaud, après leur première réalisation, *La Femme du cambrioleur*, antérieure aux années cinquante.

Bécaud compose avec Amade *Le Fracas des victoires* et *Le Regard des gosses*. Cette dernière, superbe mélodie, devient l'indicatif d'une émission de Pierre Grimblat régulièrement diffusée sur Radio-Luxembourg :

Je ne sais trop quels printemps fabuleux
Habitent le regard des gosses...

Le Fracas des victoires semble avoir été interprétée en public, pendant l'été 1957 :

Le fracas des tambours
Quand la victoire passe
Fait éclater les places...

Cette chanson, dont la musique martiale évoque les marches militaires allemandes, ira vite rejoindre le placard.

Un soir, au Chesnay, Delanoë propose un thème : l'histoire d'une fille séparée du garçon qu'elle aime. Il l'imagine pelotonnée sur elle-même comme un chat, et il commence : « *Je me recroqueville...* » Amade et Bécaud terminent la chanson le soir même. Aussitôt, Delanoë l'apporte à Colette Renard. Le choix du titre pose un problème... Finalement, Amade invente : *Croquemitoufle*. Lorsque, l'été suivant, Gilbert tournera un long métrage, il décidera d'utiliser cette chanson qui deviendra le titre du film.

En 1957, les mélodies anglo-saxonnes envahissent le continent européen. Succédant à *Only you* des Platters et à la *Diana* de Paul Anka, *When*, des Kalin Twins, est sur toutes les lèvres. Avec son opéra, Bécaud prend le contre-pied et se lance dans la bataille. *Music-Hall*, le magazine illustré du spectacle, titre (déjà... !) :

« La chanson française est en crise. »

L'exotisme du début des années cinquante s'épuise. Les nouveaux venus ont bien du mal à s'imposer auprès des vedettes affirmées et la production américaine, adaptée en français, va être le ressort qui permettra à chacun de continuer sa route avec bonheur. A ce moment-là, Delanoë adapte notamment un des titres de Presley : *I want you, I love you, I need you...*

Suivant le principe des vases communicants, aux Etats-Unis, la chanson française triomphe. Sur la scène du Carnegie Hall, une fois encore, Edith Piaf entonne *Je t'ai dans la peau*.

A l'orée des années soixante, dans mon Midi, je découvre le rock sur scène avec des chanteurs fantaisistes comme Salvador, Milou Duchamp, dans des galas à Perpignan, Pamiers... Le son américain débarque.

A neuf ans, j'assiste à ces changements, en toute inconscience. C'est à peine si je remarque, sur un des murs de la scène du Casino de Lacaune, l'affiche de Renée Lebas qui résiste au temps, imperturbable, collée sur un panneau dans la pénombre des coulisses, et qui regarde les confrères artistes défiler quelques mètres plus bas, pendant les soirées estivales. J'aurai l'occasion, à de multiples reprises, les étés suivants, de me retrouver sous cet œil fixe et vigilant observant la fin d'une époque. Ces spectacles lacaunais, près de Saint-Gervais, feront partie de mes rares incursions dans les animations de mon père. L'occasion de retrouver mes parents pour leurs quelques heures de répit dans le calme de notre terrasse d'été, avec une superbe vue sur l'ancien chemin de la gare. Le soir, sur cette plate-forme entourée des montagnes de bruyères et de châtaigners, je guette les appels de phares d'une voiture venant de Béziers, annonciateurs de leur arrivée, dans les virages du col des Treize-Vents.

Bécaud poursuit sa route et ses folies :

« Nous sommes en tournée avec Gilbert, se remémore André Myr. Une chanteuse de la troupe nous invite à manger un cassoulet monstre, chez elle, dans la région de Castelnaudary. Dans l'après-midi, les artistes, entraînés par Bécaud, font une course de motos et saccagent tout le jardin. La maman de Gilbert nous dit : "Ils sont tous fous mais c'est mon fils qui l'est le plus." Elle nous suivait en tournée, prête à l'aider en toutes circonstances. »

Les deux frères sont inséparables. Jean, le complice, le confident de l'ombre, arrive toujours le premier sur les lieux des spectacles.

1957, une année d'amour, « une année d'enfer ». La rumeur rassemble Bardot, future héroïne du film *Babette s'en va-t-en guerre*, et Bécaud. Pas moyen d'y échapper, même si le chanteur ne prononce pas le nom de sa folie.

« Pendant deux ans et demi, nous avons eu une relation d'enfer. De la démence pure. En pareil cas, on saute dans son rôle d'amoureux. Tout est permis. Quand je chantais à l'autre bout du monde, je louais des avions privés pour passer une heure avec elle. [...] A un moment, il a fallu choisir entre mes enfants et une grande aventure. Je ne regrette rien. Même si ça coûte un peu... beaucoup ».(14)

Les femmes, il en parlera souvent. Et il ne fera pas qu'en parler. La cinquantaine passée, toujours survolté et l'œil vif, il avouera :

« J'ai beaucoup créé, j'ai beaucoup aimé».(14)

En 1957, Gilbert ne connaît pas le scénario et n'imagine pas l'arrivée de celles qui porteront son nom, ses trois filles Jennifer, Anne et Emily. Pour l'instant, Monique, sa femme, vient de mettre au monde son deuxième enfant, Philippe.

« J'espérais une fille mais c'est un autre fils qui est né après Gaya et, ma foi, j'étais très content. Je me souviens du docteur qui était arrivé en le tenant par les pieds. Il me le présentait de dos. Je ne savais pas si c'était une fille ou un garçon. Pile ou face ? J'ai dit : "C'est une fille." Il m'a répondu : "Non, c'est un garçon". Il l'a retourné et j'ai vu... Philippe. »

Plus tard, Gilbert racontera la folie amoureuse de ces deux années, puis la blessure de la séparation dans une chanson : *Mea culpa mea culpa*. Il y parlera d'une certaine Marlène.

« Bien entendu, me confiera alors Catherine Renaut, il s'agit de Brigitte Bardot... »

Bécaud, lui, restera discret :

« Marlène, je l'évoque, car nous étions très proches, mais il n'y a pas eu d'histoire d'amour. La femme en question était danseuse... très célèbre aussi. Cela m'a démangé de la nommer mais je ne l'ai pas fait. [...] En vérité, si je dis mea culpa aux femmes, c'est parce que j'ai toujours fini par leur donner dans mon cœur moins de place qu'aux enfants qu'elles m'ont faits. »(15)

De cette rupture va naître une de ses plus belles chansons : *Le Mur*.

1958

Faut s'aimer au soleil...

RAN-TAN-PLAN - C'EST MERVEILLEUX L'AMOUR
VIENS DANSER - CROQUEMITOUFLE - ALLELUIA
LE MUR - DON QUICHOTTE - HERMANO
LES AMOURS DE DECEMBRE - LA COURTE ECHELLE

Lorsqu'on lui propose le sujet de *Croquemitoufle*, Bécaud se souvient de Claude Barma qui l'avait dirigé dans une séquence de *Casino de Paris*. Le film ne fera pas date, mais la mélodie demeurera. Colette Renard, la première, l'enregistre, imitée rapidement par Michèle Arnaud, Lucie Dolène, Martine Havet... Ce premier long métrage de cinéma de Claude Barma, homme de télévision, privilégie Bécaud acteur, entouré de Mireille Granelli, Robert Manuel, Michel Roux et Roger Carel.

Acteur et réalisateur s'estiment. Le rôle possède des registres différents. Bécaud interprète le thème musical, composé l'année précédente : *Croquemitoufle*. Issu de l'imagination poétique d'Amade et de Delanoë, hardiesse de style, le titre restera.

Et je m'éfiléfiloche
Comme un fond de poche
Quand tu n'es pas là...

Le film fait de meilleures recettes en province que sur les Champs-Elysées mais l'amitié résiste entre Bécaud et Barma. Et lorsque le réalisateur revient à la télévision préparer *Rideaux Rouges*, une série sur la chanson française, Gilbert n'est pas oublié.

L'anecdote du maréchal Montgomery, rapportée par Paul Giannoli(1), se situe à la même époque. Pendant le tournage de *Croquemitoufle*, Bécaud habite à l'Hôtel Trianon-Palace, à Versailles, en attendant la fin des travaux dans sa maison du Chesnay. Le premier soir, tout se déroule normalement. Il dort : les voisins, inquiets à l'annonce de son arrivée, respirent. Mais dès le lendemain, leurs craintes se confirment : un gros camion de déménagement débarque un monstrueux piano. La deuxième nuit, on le devine, la tranquillité est sérieusement compromise. Vers vingt-deux heures, l'inspiration commence à tenailler le compositeur, avec un point culminant à deux heures du matin, une brève accalmie et une recrudescence foudroyante juste avant l'aube.

Plusieurs de ses voisins capitulent, changeant de chambre ou quittant l'hôtel. Mais l'un des clients est d'une autre trempe. Il s'agit du maréchal Montgomery. Dans cette tranquille retraite versaillaise, il rédige ses « Mémoires de guerre ». « Monty » en a vu de plus dures ! Après avoir employé son énergie à maîtriser ses nerfs pendant trois nuits consécutives peuplées de hurlements et de grands solos de piano, il se résout à changer de tactique.

Le quatrième jour, il attend patiemment que Gilbert ait terminé, que le couvercle du piano soit refermé, et que Monsieur 100 000 volts soit, de toute évidence, endormi. Alors, bien que recru de fatigue, il commençe courageusement une longue journée de travail. Jusqu'au soir, sa machine à écrire crépite et c'est au tour de Gilbert d'avoir des ennuis avec son inspiration nocturne.

Imaginez alors Bécaud, dans cette guerre froide, allant timidement frapper à la porte du vainqueur d'El Alamein. L'heure est à la capitulation et les pourparlers pour un cessez-le-feu commencent :

« Je vous assure que si vous en faites l'effort, vous pourrez très bien travailler le jour », dit le maréchal.

Gilbert semble effondré à cette perspective. Après un long silence, il finit par dire :

« J'essaierai, mais à condition de transporter mon piano dans le jardin. »

C'est au tour du maréchal de soupirer, mais il faut bien faire des concessions à l'ennemi. C'est ainsi que Gilbert constate qu'il travaille aussi bien le jour.

Bécaud, idole des jeunes ! Pour la première fois, le 26 janvier, le journal *La dernière heure*, à Bruxelles (édition de Liège), lance l'appellation. Au Palace, celui qu'on surnomme en Belgique le chanteur du siècle présente ses nouvelles compositions, dont deux créations *Viens danser* et *Alleluia*. Le délire !

Berlin n'étale pas encore son mur de la honte. Dans la France de 1958, c'est un autre mur qui focalise les projecteurs, sur un texte de Maurice Vidalin, assurant pour ce dernier les bases d'un vrai départ de collaboration avec Bécaud.

Un matin, nous partirons sans bagages
Tous les deux sur une petite plage...

Two shadows on the sand, l'adaptation américaine du *Mur*, et la version du crooner Andy Williams vont suivre. Avant d'être gravée par le compositeur, la catalane Jocelyne Jocya et les Trois Ménestrels l'enregistrent.

Raymond de Rycker —des Ménestrels— me racontera les balbutiements de la chanson :

« Gilbert nous l'a vue chanter à l'Olympia et l'a mise à son répertoire peu après. Il nous l'avait donnée, ainsi qu'à Jacqueline François. Après, nous avons fait une série de ses titres. Très vite, on a enregistré un quarante-cinq tours de quatre chansons, toutes de Gilbert (*Croquemitoufle...*). Puis, le temps a passé, nous nous sommes perdus de vue, chacun a fait sa route. »

Le Mur (deuxième titre de face « B »... !) va connaître une notoriété incontestable et des reprises de Sacha Distel, Eva, Ornella Vanoni, avec de nombreux enregistrements de sa version anglaise.

Bécaud pulvérise des records et personne ne s'étonne de rencontrer deux autres de ses chansons, *Si je pouvais revivre un jour ma vie* et *Viens*, dans un film de Charles Gérard et Michel Deville, *Une Belle dans le canon,* avec Pierre Vaneck, Roger Hanin et Paul Franckeur.

Bécaud et Aznavour sont de grandes vedettes, Brel amorce son ascension et Distel se prépare à lancer son Scoubidou, précurseur des porte-clés, rubik's cube, pin's et autre « ondamania ». Plus loin, pudique, derrière un piano, une voix nue, sans micro : la chanteuse de minuit fait ses premières armes. Elle sera longue la route...

« Dans ces années-là, me confie José Artur, Barbara est plus importante dans un autre milieu, celui de l'Ecluse et des cabarets. En fait, Gilbert n'est pas aimé par les gens qui veulent refaire le monde, l'intelligentsia qui, toujours, le refusera un peu... »

A la télévision, Jacqueline Joubert présente ses *Rendez-vous avec* :

« Bécaud était au piano, chantant toujours en direct. Dans cette émission, les artistes arrivaient avec une petite formation rythmique. Ce n'était pas les orchestrations des disques. Plus tard, ajoute mon interlocutrice, on a eu les bandes-son. »

La productrice et la présonorisation n'ont jamais fait bon ménage, mais parfois, la confrontation devient inévitable.

« On n'avait pas d'argent pour faire venir les chanteurs et les musiciens étaient très chers. Très gentils, mais parfois, que vous soyez en avance ou en retard, ils prenaient leur quart d'heure pour fumer une cigarette. C'était abominable. Avec un "play-back", évidemment, c'est plus facile et, quand on le travaille vraiment bien chez soi, le résultat est parfait. C'est courant au cinéma, sinon, comment voulez-vous raccorder ? Il faut permettre à l'artiste de bouger, dans un décor ou en extérieur. Depuis, les prises de son ont fait heureusement de grands progrès, je vous parle d'il y a longtemps, me glisse malicieusement l'ex-madame de Caunes. Bécaud passait partout :

dans *La joie de vivre* d'Henri Spade, dans *Les trente-six chandelles* de Jean Nohain, depuis 1952. Je me souviens particulièrement d'une émission où Gilbert était entouré de Fernandel, Marcel Amont et de Pierre-Jean Vaillard qui « arrangeait » les invités. C'était très bien fait. Le texte sur Bécaud était drôle. Naturellement, Gilbert était le premier à en rire. »

Cet humour, on le retrouve aussi dans la chanson, avec une bonhomie évidente, chez Dario Moreno, le créateur de *Si tu vas à Rio*. Enchaînant samba, calypso, boléro et cha-cha-cha, il sillonne le pays, rythmé par les succès, *Méqué méqué* et *Viens*, au volant d'une superbe voiture américaine décapotable rose bonbon. Contrôle routier. Moreno et ses passagers — son pianiste Claude Bolling et mon animateur de père — sont arrêtés. Tête du gendarme devant le chanteur rondouillard, vêtu de façon excentrique, une sucette à la bouche, en retard sur son prochain spectacle. Dans un pareil cas, il vaut mieux être célèbre ! Quelques conseils amicaux sur les panneaux de signalisation et revoilà le gros éclair au sucre rose parti via Villefranche de Lauragais, l'étape concert. Sur la route — les autoroutes n'existent pas —, Moreno et Bolling commentent à haute voix toutes les inscriptions, pendant plus de cent kilomètres. Publicités, indications routières, tout y passe ! Balivernes ? Anecdote ? Seulement le reflet de l'insouciance non déguisée d'un artiste à son zénith.

Même gaieté dans les émissions de Spade, évoquées par Jacqueline Joubert :

« On avait demandé à des femmes connues de venir poser leurs lèvres sur un mouchoir pour faire des bécots, un cadeau pour Gilbert...! Bécaud et tous les artistes qui venaient dans mes émissions savaient que je les respectais beaucoup. Je faisais le nécessaire pour les mettre dans un écrin. Je ne demandais pas au réalisateur d'avoir sans cesse la caméra fixée sur moi, comme le font maintenant les présentateurs. Vous avez remarqué ? Ils reçoivent une grande vedette et ce sont eux qui parlent. C'est un manque de courtoisie. »

Pour rester dans la note RTF, l'été 1958 est une saison différente pour Annie et Gilles, deux drôles de gamins venus de Marseille. Mon père, présentant ces artistes en herbe sur les scènes du Midi, favorise la petite animatrice de dix ans qui récite à la radio montpelliéraine, celle où Amade accueillait les artistes quelques années plus tôt, *Quand je serai grande* et qui va sous peu chanter avec son frère *La Marche de Babette*. J'ai aussi dix ans et je suis à dix mille lieues de soupçonner que la jeune chanteuse portera un jour mon nom...

La cravate à pois est localisée au sud de Toulouse : je ne suis pas du voyage pour ce concert de Saint-Gaudens avec Bécaud, flanqué de

Raymond Bernard et son quartette. La vedette du gala assiste, des coulisses, à toute la première partie : les Quatre Barbus, Frédérica, Jack Gauthier, Marcel Réval... Autre image conviviale : Gilbert relaçant un soulier de mon père entre deux présentations ou lui administrant un petit remontant (bouffées de cigarette et eau de cologne sur le visage). La ville ? Lodève, dans un grand garage, un hangar. Bécaud installe l'animateur sur deux chaises, les jambes étendues. Mon père dort peu dans ces périodes plus que remplies et a parfois des coups de fatigue, à ses sorties de scène. Il faut dire qu'il ne chôme pas, il assure la coordination scénique entre tous les artistes, distribuant rire et fantaisie.

Ces années-là, des débutants passionnés entourent mes parents. Je me souviens entre autres de Moriss, comique flegmatique dont le numéro n'en finissait jamais ; tant et si bien que les imprésarios qui l'engageaient lui demandaient de ne pas dépasser un certain minutage, en gardant l'œil rivé sur leur montre. Bien entendu, Moriss dépassait toujours. J'entends encore la voix de ma mère dans les coulisses ou derrière le rideau de fond de scène — quand il y en avait un ! —, lui chuchoter : « Ça suffit, Moriss, ça suffit ! » Le Midi chante et n'arrête pas de monter sur les planches. Il faut dire que la télévision ne rayonne pas encore et que toutes les villes affichent des spectacles de variétés : certains noms ne franchiront pas le cap de l'époque, d'autres, comme Josy Andrieu, Pierre Provence, Maryse Nicolaï, perdureront et feront les beaux jours de la *Chance aux chansons*.

Grandir dans un tel environnement, c'est connaître l'overdose et devenir totalement hermétique à tout spectacle de variétés, ou, au contraire, s'investir totalement. Je n'ai pas choisi, c'est comme ça : va pour la passion qui s'accentuera au fil des ans. Mon été du moment, c'est toujours le petit pays vert au nord de l'Hérault avec défilé de cartes postales et télégrammes de mes parents : Saint-Ambroix avec Andrex, Beaucaire avec Georges Guétary et une première partie composée de Claude Véga et Aïda Aznavour. La sœur de qui vous pensez enregistre d'ailleurs cette année-là *Le Jour où la pluie viendra* sur un texte de Delanoë, et non d'Aznavour ainsi qu'il en est fait mention dans certaines discographies. Allez dire à Delanoë que c'est Aznavour qui a écrit ces paroles !

Bécaud, brûlant les relâches, égrène son chapelet de concerts. France, Belgique, Algérie...

Dimanche 31 août, à Puylaurens, Gilbert et mon père sont à nouveau réunis. Mes vacances d'été ont pris fin quelques jours avant. Dans les coulisses, je découvre un deuxième Bécaud, Jean, que je ne connaissais pas, et du haut de mes dix ans, je regarde naïvement les deux frères s'affairer de concert. Peu habitué à participer à ces expéditions lointaines, j'avoue m'être endormi avant le tour de chant de l'homme à la cravate à pois et n'avoir conservé qu'une seule image de cette matinée tarnaise, celle du frère protecteur. La révélation sera pour plus tard...

Si le retour de de Gaulle au pouvoir m'échappe un peu, la guerre coloniale qui sévit en Algérie depuis la Toussaint 1954 m'intrigue. Lors de certaines veillées biterroises, chez mes grands-parents maternels, je ferme les yeux mais je ne dors pas. J'écoute un de mes oncles, appelé du contingent, raconter dans la pièce à côté l'invraisemblable réalité. Pourtant, la vie continue. En métropole, on chante toujours. Au Lapin Agile, Claude Nougaro, inconnu, fait ses premières armes, à l'image du débutant Gainsbourg, pas encore Gainsbarre, et de son *Poinçonneur des Lilas*. A l'Olympia, Coquatrix programme Philippe Clay avec, en première partie, un orchestre suisse qui ne parvient pas à s'imposer juste après la prestation de Brel, tout petit sur l'affiche.

Sur Radio-Luxembourg, à partir de la fin octobre, on diffuse *La Courte Echelle*, une chanson de Bécaud et Amade, en générique d'une série du même titre de Pierre Grimblat (une signature qu'on retrouvera dans les années quatre-vingt-dix dans la série télévisée *Navarro*). Comme son nom l'indique, l'émission a pour objet de familiariser le public avec de jeunes talents et de faire connaître ceux qui ont aidé les vedettes à leur départ vers la gloire et la fortune.

Dis, fais-moi la courte échelle
Pour passer derrière ce mur...

Une fois encore, Gilbert anime l'émission inaugurale. Grimblat et Bécaud, c'est une histoire d'amitié dont il reparlera un jour... Ensemble, il écriront des chansons, comme *Le Sens giratoire* et d'autres succès qu'ils seront les seuls à connaître...

Tout en citant la première musique de Gilbert, *L'Homme à la jambe de bois* (!?), Dominique Mistler divulgue dans *L'Aurore* du 23 octobre 1958 quelques secrets d'Etat, entre autres l'existence d'un homme qui fit la courte échelle à Bécaud : « Un boulanger qui ne le laissa jamais manquer de pain, alors qu'il était sans argent... »

Toujours sur Luxembourg, la nouvelle grille des programmes propose également *La semaine d'une vedette*, chaque samedi à dix-neuf heures. Le titre annonce le contenu : projets, emploi du temps d'un artiste, jour après jour. Bécaud, plus à la mode que jamais, inaugure la série, composant dans la foulée l'indicatif, avec la complicité d'Amade : une version courte du *Rideau rouge* qui, développée, va connaître bientôt le succès que l'on sait.

Chez Ducretet-Thompson, la jeune Annie Fratellini enregistre *C'est merveilleux l'amour*, de Bécaud et Aznavour.

Trente-cinq ans après, je lui rappelle la chanson :

« Ce n'est pas croyable, je n'avais plus l'année, c'est vous qui me la donnez ! Il y avait Distel à la guitare, Raymond Fol au piano, Pierre Michelot à la basse, Roger Guérin à la trompette, et Kenny Clarke à la batterie. Ce n'était pas mal ! Je n'avais pas le temps de me préparer comme on peut le faire maintenant. Là, c'était à la volée. Ariane Ségal était je crois directrice chez Ducretet. La prise du chant et de l'orchestre était directe. C'est ce qui donne cette couleur, cette spontanéité à l'enregistrement. »

En 1958, certains journaux, comme Paris-Presse-l'Intransigeant, baptisent le futur *Opéra d'Aran : « Opéra-fantôme »* (Bécaud en parle sans cesse, mais ne le matérialise toujours pas, en affirmant que presque tous les grands airs sont prêts). Et pour mieux faire comprendre au public français le sérieux et la valeur du travail accompli, on avance que New York et la Scala de Milan sont déjà alléchés tout en précisant — ouf, l'honneur est sauf ! — l'intérêt de l'Opéra de Paris pour la création de l'œuvre.

Travaillant douze heures par jour à son opéra, Gilbert, collectionnant les succès, voit poindre la victoire. *Le Jour où la pluie viendra*, sortie l'année précédente, tient bien la route. Devenue *The day the rain came*, la chanson est classée au hit britannique des meilleures ventes de quarante-cinq tours. Bien plus tard, dans les années quatre-vingt-dix, on évoquera encore ce temps où... « Gérard Philipe jouait sa dernière scène, Gilbert Bécaud électrisait les jeunes filles et le formica des cuisines françaises rutilait loin du soleil blanc d'une Algérie déchirée ».

Pour l'instant, Bécaud, heureux, termine l'année en s'envolant vers le Sahara. Pour Gilbert, c'est différent. Monsieur Silly, le mari de Mamico, qui n'a jamais divorcé, meurt.

« Papico, le père de Gilbert, est parti lui aussi quinze jours après, des suites d'une longue maladie. C'était terrible, se souvient Catherine Renaut. De nouvelles lois étaient passées mais Mamico ne les connaissait pas. En vingt-quatre heures, après le décès de Monsieur Silly, elle aurait pu épouser Louis Bécaud et porter son nom. Elle ne le savait pas. »

Par la suite, avec l'aide d'Amade, Gilbert se battra de toutes ses forces pour que lui et sa famille s'appellent Bécaud.

1959

A Pâques ou à la mi-carême...

LE RIDEAU ROUGE - PILOU PILOU HE
L'ENTERREMENT DE CORNELIUS
LA CHANSON POUR ROSELINE
LA CRUCHE - MARIE, MARIE - AH ! SI J'AVAIS DES SOUS
LA PRINCESSE DE JUILLET - LA MARCHE DE BABETTE
(GENERIQUE DU FILM « BABETTE S'EN VA-T'-EN GUERRE »)
CONCILIABULE - LONDRES - LA POURSUITE - FINAL
QUAND TU N'ES PAS LA - L'ALLIGATOR - LE GNOU
LE BLAIREAU - LE VER LUISANT - LE COUCOU

Juché au premier étage d'un derrick, Gilbert brave le vent du désert, en chantant *Salut les copains*. Devant les manettes compliquées qui commandent les conduites de pétrole, l'artiste prend la pose. Trois mille pionniers fêtent le premier jour de l'année. Avec eux, entouré de Lucette Raillat, Maria Vincent, Jack Diéval et son sextet, Bécaud réveillonne au cœur du Sahara. Accompagné de ses musiciens, il est descendu d'un DC-3 pour chanter à Hassi-Messaoud. Son public : les pétroliers qui, depuis un an, font couler l'or noir français dans le pipe-line de Philippeville.

Sitôt rentré, on perd sa trace, puis on le retrouve à Lyon au Palais d'Hiver et à Marseille, assis au piano, sur la scène du théâtre du Gymnase, devant des banquettes vides : Gilbert vient sentir la salle. Véritable paradoxe pour un garçon soulevant les foules, dans ce désert de drap rouge, il apparaît détendu, heureux, en attendant l'heure de retrouver son public marseillais.

« Hier, j'ai rencontré Marcel Pagnol que j'admire beaucoup. Il envisage de faire un remake *de* Marius. *Me voyez-vous dans le personnage ? »*

Et devant une réponse affirmative du journaliste local, il s'empresse de conclure :

« Il va falloir que je perde mon accent pointu... »

Une gageure pour un Toulonnais ! A suivre...

En marge de ce spectacle, les mélomanes assistant au concert du Conservatoire, quelques heures auparavant, découvrent le chanteur, très détendu et particulièrement attentif au jeu éblouissant de Samson François qui interprète, en soliste, le *Concerto* de Prokofiev. Appréciant hautement le célèbre virtuose, il enregistre l'exécution sur son magnétophone.

Quelques jours après, le voilà à Toulon, sa ville natale où l'opéra l'attend, avec un flot d'images et de souvenirs : l'époque pas si lointaine où il venait passer ses vacances chez sa « mémé », Madame Jardin, au quartier de la Colette, boulevard Lenoir-Sarraire.

Le 10 février, à quelques jours de sa rentrée parisienne, l'unique chaîne de télévision annonce *Le Rideau rouge*, mis en scène par Claude Barma : pour la chanson *Hermano* — la confidence de l'homme en proie aux remords d'avoir trahi un ami —, c'est un ballet fascinant, dansé devant Bécaud, par le pinceau lumineux d'un projecteur. Gilbert commente cette chorégraphie confiée au machiniste qui donne vie à la tache de lumière. On connaît assez bien la chanson, beaucoup moins le poème d'Amade, antérieur à celle-ci :

Toi de Madrid qui m'appelas mon frère,
Un jour que le destin m'avait frappé...

Barma et Bécaud réservent bien des surprises aux téléspectateurs, ainsi, ces extraits du *Petit Prince*, cette scène de *Marius*, face à César (Henri Vilbert) ou cette autre de *Don Juan* aux côtés de José Luis de Villalonga. Là, c'est un Bécaud concentré, jouant de l'intérieur, avec sobriété et retenue, extrêmement insolite pour ses admirateurs.

Depuis des années, le Méridional qu'est Gilbert rêvait de jouer Marius. Ce vœu a été exaucé de justesse puisque l'émission a failli être annulée. Une heure avant sa diffusion en direct, Claude Barma n'est pas sûr de donner le « top » du départ. Panique sur le plateau. Que s'était-il donc passé ?

La veille, les répétitions, qui devaient commencer à quatorze heures, avaient péniblement débuté à dix-huit heures et les cameramen avaient refusé de travailler jusqu'à vingt-trois heures. Jusqu'à la dernière minute, on s'attend au pire et rue Cognacq-Jay, on cherche désespérément un film de cinquante minutes pour remplacer *Le Rideau rouge*. Finalement, malgré le manque de répétitions, tout se passe bien et Bécaud anime en magicien une dernière séquence brillante et poétique.

Côté grand écran, silence on tourne ! Brigitte Bardot et Francis Blanche sont réunis pour *Babette s'en va-t-en guerre*, de Christian-Jaque, *La Grande Vadrouille* avant l'heure. Michel Audiard participe aux dialogues, Gérard Oury au scénario. Raymond Bernard orchestre les thèmes musicaux composés par Gilbert, qui interprète *La marche de Babette,* aussitôt suivi par Danièle Rouillé, Patrice et Mario, Yvette Giraud...

Selon Mireille Rupp(1), le rôle principal était prévu pour Bécaud mais

Brigitte Bardot impose Jacques Charrier.

A propos de la bande originale de ce film, commercialisée partiellement chez Ducretet-Thompson sur quarante-cinq tours, on peut signaler quatre particularités :

a) bien que la marque Ducretet soit concurrente et rivale de La Voix de son Maître, il ne fait pas le moindre doute que c'est Gilbert Bécaud que l'on entend siffler dans la composition intitulée *La Poursuite*, bien que ce genre de prestation lui soit contractuellement interdite ;

b) quelques mois plus tard, il y a récidive lors de la sortie du disque Ducretet *Les Djinns et leur parrain,* dont la version initiale comporte bel et bien la voix de Bécaud chantant *Pilou Pilou hé*, de concert avec ses filleules, mais cette fois, La Voix de son Maître exige le retrait de ce disque remplacé par une version exclusivement Djinns ;

c) cette même bande sonore de *Babette s'en va-t'en guerre* comporte la version originale piano de *La Chanson pour Roseline* pour laquelle Sprengers m'apportera une précision quelque trente-cinq ans après :

« Louis Amade m'a révélé qu'elle n'est pas autre chose que le contre-chant du *Rideau rouge*, en précisant : de toute manière, la prescription est acquise. »

Gilbert, pressé par le temps, n'avait plus le délai de composer une quatrième chanson pour le quarante-cinq tours qu'il était à ce moment tenu — à raison de douze chansons par an — de « livrer » à sa marque de disques VSM. Sur ce même disque figurent *Marie Marie, La Princesse de juillet* et *La Marche de Babette* ;

d) on reconnaît également, dans une des séquences du film, la mélodie de *Un Nouveau Printemps tout neuf*, jouée à l'accordéon, et le tempo particulier de *Viens...* sur un des autres thèmes.

Année de tous les succès pour *Le Rideau rouge* et *L'Enterrement de Cornélius*, un hommage à Sydnet Bechet. Plus confidentielle, *La Chanson pour Roseline*, sur un poème d'Amade :

La chanson pour Roseline
fut commencée sur un piano...

Voilà quelques mois que le duo d'artisans des mots, Amade et Delanoë, a accueilli Maurice Vidalin dans son giron. Le répertoire devient plus homogène. Vidalin écrit le texte de *Sacrée fille,* qui sortira l'année suivante. Les trois auteurs ont compris dès le début de leur collaboration que le chanteur n'est pas uniquement leur interprète : ils doivent entrer dans le jeu du personnage, collant dans leurs textes les mots et le monde de Bécaud, ainsi Delanoë pour *Marie, Marie*. Succès de la nouveauté auprès du public et adhésion de nombreux artistes qui enregistrent, au masculin et au féminin, cette chanson d'homme : Jacqueline Danno, Yves Montand, André Claveau, Dalida...

Par deux fois, on retrouve le nom de la créatrice de *Bambino* aux côtés de celui de notre compositeur dans des films réalisés en RDA. L'un signé Gerd Oswald : *Am Tag als der Regen kam*, où Dalida chante le générique signé Bécaud —en fait, c'est la version allemande du J*our où la pluie viendra*—, et l'autre, *Mädchen für der Mambo-bar*, de Wolfang Glück, avec la présence de la chanteuse et des musiques de Gilbert.

Au moment où Dalida crée cette adaptation germanique, la sécheresse sévit depuis de longs mois au grand désespoir des cultivateurs allemands. Or, dès l'instant où les radios diffusent cette version, la pluie se met à tomber en abondance, ce qui n'est pas entièrement étranger à la soudaine popularité de Dalida, devenue en quelque sorte chanteuse-fétiche dans ce pays. *Le Jour où la pluie viendra* traverse également les Alpes pour figurer sixième dans les classements italiens...

En 1959, Marlène Dietrich enregistre également *Marie, Marie*. Gilbert ne manquera pas de l'évoquer, au milieu des années quatre-vingt-dix, durant l'un de nos entretiens :

« On était très amis, très intimes. Avec ma famille, nous l'avons accueillie au Chesnay où elle venait parfois se réfugier. C'est une femme très discrète, l'élégance même (mentalement aussi). Elle habitait de temps en temps chez nous. Lorsque je rentrais de l'Olympia, elle faisait la cuisine ou bien, le lendemain, le petit déjeuner de Gaya... Ah, les jambes de Marlène ! Je n'ai pas une anecdote précise à vous raconter... C'est une amie fidèle de longue date. Pour vous, c'est peut-être extraordinaire. Pour ma famille, c'est tout à fait normal. Maintenant, je peux vous dire que j'ai pris... l'autobus en 1959, ça, pour moi, c'est une anecdote ... ! »

Paris, fin des années cinquante : Michel Debré est à Matignon, François Truffaut, Jean-Luc Godard et Alain Resnais affichent leurs premiers succès, Poiret et Serrault font les beaux soirs du Mocambo et Bécaud s'annonce à l'Olympia. Les quatorze ans de Brenda Lee, l'humour de Jacques Bodoin, la chanteuse Colette Marchand, les ballets Ho de Georges Reich sont au programme avant l'entrée de la vedette. Auparavant, le créateur infatigable balade les nouvelles chansons en Belgique. Dans ses colonnes, *Le Peuple* souligne le 3 février le débordement excessif des admirateurs et l'évacuation de l'Ancienne Belgique par les policiers bruxellois.

Le 5 mars, Danielle Heymann rapporte dans *L'Express* l'hystérie du public parisien :

« A la sortie des artistes, des cohortes de *teenagers* pantelants d'enthousiasme guettent pendant des heures l'apparition hypothétique de leur héros fatigué. [...] Il n'y a pas de doute, Gilbert Bécaud est le chanteur 1959, symbole survolté d'une génération où la dépression nerveuse tend à remplacer la crise de foi... »

Il fait des bonds... le pierrot qui danse
Si je pouvais revivre un jour ma vie
Viens danser (bis)
Hermano
La Cruche
Croquemitoufle
Ran tan plan
Le Jour où la pluie viendra
Alleluia
Le Rideau rouge

Lorsque Bécaud quitte la scène, elle est éclairée en bleu, sa couleur de l'espoir...

Parmi les inconditionnels, Monique Franco. Comme Nicole Cuissard, son admiration la conduira tout naturellement derrière le rideau, dans l'entourage immédiat de la cravate à pois. A suivre...

« Les indiens ! Les indiens ! »... Le magazine *Music-Hall* raconte l'aventure, située en pleine période de l'Olympia 1959 :

« Nous nous regardons, vaguement inquiets : nous n'avons pas de plumes sur la tête. Galopades effrénées dans le grand jardin qui entoure la villa de Bécaud au Chesnay : Gaya et ses admiratrices. Deux petites filles le font prisonnier, deux autres le délivrent en hurlant, une cinquième, impassible, fait du hula-hoop sur un tas de feuilles mortes. Gaya a le même âge que la carrière de son père : cinq ans. Gilbert les a merveilleusement réussis l'un et l'autre. »(2)

Artiste favori du mensuel créé voilà quatre ans par Félix Vitry, Bécaud, gros chandail rouge et pantalon en prince-de-Galles, joue parfaitement le jeu. Guide d'un jour pour journalistes ravis, il dévoile sa tour d'ivoire, le petit chalet en rondins (sa cabane), construit et caché au fond du parc. Don Juan avec sept mille lettres par semaine — la presse n'arrête pas de l'annoncer —, Gilbert se prête volontiers et parfois malgré lui à de nombreux sondages.

Trois mille femmes priées de décrire « la vedette masculine sensuellement idéale » déclarent qu'« il » doit avoir la bouche de Gilbert Bécaud !

En mars 1959, le revoilà sur Europe numéro 1, chaque jour vers 13 h 10, étonnant avec de drôles de chansons, des poèmes de Robert Desnos,

« L'Alligator », « Le Gnou », « Le Blaireau », « Le Ver luisant », « Le Coucou », issus du recueil *Chantefleurs et Chantefables*. Il les met en musique, et les interprète dans une réalisation insolite (Pierre Laforet et Pierre Delanoë semblent avoir été mêlés à la réalisation de ces émissions durant lesquelles Bécaud fut également l'interprète de textes de Georges Duhamel (*Les Confitures*), d'Alfred Jarry, ainsi que des extraits du *Petit Prince*, de Saint-Exupéry, tels « La rencontre du renard »).

La formule adoptée pour cette série quotidienne est tout simplement un compte à rebours par rapport à la date du printemps. Vingt-quatre jours, vingt-trois, vingt-deux... top ! voici le printemps !

Toutes ces chansons resteront inédites. A vous de les imaginer interprétées par Gilbert, ému comme un collégien à la veille des grandes vacances, impatient comme un permissionnaire comptant les derniers instants de son service militaire, attendant fébrilement le début du printemps :

Sur les bords du Mississipi
Un alligator se tapit
Il vit passer un négrillon
Et lui dit : « Bonjour, mon garçon... »

Il y chante aussi *Le Mur, Hermano, La Cruche* — l'aventure de l'homme qui s'est fait prendre sa femme par un ami —, ainsi que *Croquemitoufle, Ran tan plan* et *Le Rideau rouge*.

Qu'il se lève le rideau rouge
Du théâtre de maintenant...

Simultanément diffusés par les juke-box, cette chanson et les premiers succès d'Elvis Presley, des Everly Brothers, de Gene Vincent connaissent un engouement sans précédent. Véritables machines à disques, les juke-box qui, dès les années 1956 et 1957, ont largement servi d'amplificateur aux succès de Bécaud, ont un impact considérable sur les jeunes en chandail et en blue jeans, la génération aux idées qui voyagent.

Voici la Nouvelle vague, Drague et Santiag et Tag
On nage dans le blues à côté de ses shoes...
(ET SALUT LES COPAINS - BECAUD / DELANOE)

Parmi les possédés, à des années-lumière de Piaf et de son succès *Milord*, il y a les « petits casseurs » du snack Saint-Lazare : Jean-Philippe Smet, Christian Blondiau, des employés de bureau du neuvième arrondissement comme Claude Moine, Daniel Deshayes. Henri Leproux anime le Golf Drouot, un club de jeunes, ancêtre aussi bien des dancings modernes que des maisons des jeunes et de la culture, privilégiées par André

Malraux quelques mois après. Des brebis égarées s'y rassemblent en s'y créant une identité : Johnny Hallyday, Long Chris, Eddy Mitchell, Dany Logan...

Acteur et spectateur de ce bouleversement ambiant, Bécaud compose, Delanoë écrit. *Têtes de bois* prend forme et sortira l'année suivante, chanson référence et témoin d'une nouvelle société :

Elle s'habille comme lui
D'un pantalon, d'un blouson...

Même enthousiasme à Reims avec les vingt et un ans de Bertrand de Labbey, passionné de cinéma et de chanson. Lorsque Bécaud chante dans la capitale champenoise, le jeune homme profite de l'opportunité pour lui parler à l'issue du spectacle. Assis à une table, en compagnie de son frère Jean et de Raymond Bernard, Gilbert l'écoute attentivement pendant presque une heure et lui demande sa carte. On en reparlera...

Jusqu'ici, et depuis le début, le nom des Breton est associé à la majorité des chansons de Bécaud. Découvreur de Damia, de Jean Nohain et de Mireille, Raoul Breton est l'éditeur de Gilbert Bécaud, de Charles Aznavour et de Félix Leclerc. Il sent d'instinct ce qui est beau et ce qui ne l'est pas, ce qui est « public » et ce qui l'est pas.

Comme le soulignera Amade, plus tard :

« Les Trenet, Aznavour, Bécaud savaient bien qu'ils pouvaient compter sur lui à chaque seconde. Lui, c'était un chêne et eux s'accrochaient à ses branches pour peu que s'annonçât une dérive. Puis un jour, hélas ! il prit un bateau pour New York où souvent il allait. C'était le navire du dernier voyage. Car c'est là qu'un soir tout craqua en quelques secondes. Une mort à la Cocteau où l'on ne fait que traverser un miroir.»

Avec un courage admirable, Madame Raoul Breton, son épouse, que tous surnomment toujours familièrement « Marquise », prend en main les destinées de la maison à laquelle elle va continuer de donner vie et prestige.

A Béziers, où mon enfance n'en finit pas, un monde fou vient nous rejoindre à la table familiale : Guylaine Guy, Jacques Hélian, Gilbert Bécaud, Yves Montand... Pas vraiment en face de moi, mais c'est tout comme. Curieux, je suis tous les préparatifs de leurs concerts dans la région. Certains jours, on mange avec Mick Micheyl, Miguel Amador, les Compagnons de la chanson, Jean-Paul Mauric, Gloria Lasso, Elyane Dorsay, Georges Blanes, les Peter Sisters, Colette Dereal, Fernand Raynaud, ça ne s'arrête pas. Faudrait penser à l'agrandir, cette table !

Périodiquement, une ville revient dans les conversations : Sète, avec les fidèles amis de mon père, les cheminots de la cité héraultaise qui vont bientôt lui confier la programmation de leur festival.

Bécaud, souvent de la fête, dévore les kilomètres. En septembre, lorsque mon père le présente à Foix, je suis du voyage. Je n'imagine pas une seule seconde qu'un jour je noircirai quelques centaines de pages sur cet « homme à la cravate à pois » qui grille cigarette sur cigarette à côté de moi, dans l'angoisse des coulisses, avant son combat sous la pluie.

Echangeant leurs impressions sur le public fuxéen, Gilbert et mon père commentent la première partie, Hélian et sa formation. Plus tard, le chef d'orchestre nous confie avoir eu l'idée de prendre Bécaud, dont il avait pressenti le talent, dans ses spectacles, mais le destin en a décidé autrement !

Outre une tournée d'été épuisante, il convient de mentionner la prestation de Bécaud au gala de la Nuit de Saint-Cyr, présidé par le général de Gaulle. Le président est plutôt froid mais au fur et à mesure que les chansons défilent, le premier résistant de France résiste de moins en moins à l'entrain et au charme de Bécaud. A la fin, c'est le général lui-même qui donne, avec enthousiasme, le signal des applaudissements :

« Monsieur, lui dit-il, je ne vous connaissais pas et on m'avait dit que vous étiez, en scène, un excité qui arrivait à la limite de contorsions et de transes ridicules. Or, je viens de voir et d'entendre un artiste plein de talent, de gentillesse, de mesure et de tact. Votre dernière chanson, *Le Rideau rouge*, est un petit chef-d'œuvre. De tout cœur, laissez-moi vous féliciter. »(3)

Le 30 décembre 1959, l'année se prépare à tourner la page. A la radio, Pierre Mendelssohn anime *Paris Cocktail*. L'enregistrement a lieu au Marcadet-Palace, devant un public enthousiaste et populaire. Un jeune chanteur inconnu, qui végète dans les cabarets de l'époque, présente une adaptation d'un succès de Presley, *Let's have a party*, sur des paroles françaises du même Mendelssohn. La bombe Hallyday est amorcée mais rien ne laisse envisager l'ampleur de l'explosion.

A la télévision, dans la dramatique *Les Cinq Dernières Minutes*, Colette Deréal, surnommée le « Bécaud féminin », est propulsée, du jour au lendemain, au firmament des stars avec *Ne joue pas*. Admiration devant un autre artiste dont j'apprends les chansons, loin des rythmes nouveaux : Henri Genès, une vedette imposante du rire. Ah, ce manche de guitare factice, mobile à volonté dans *La Gazette de San Pedro* ou *Le Facteur de Santa Cruz*... Je fais l'impossible pour assister aux galas mais suivre les grands sur leur terrain n'est pas si facile... Vite, sortir de l'enfance !

2e PARTIE

LES ANNEES 60

« Un manieur de mots. Bécaud n'écrit pas les textes de ses chansons, ou très rarement, mais il les a très bien maniés. C'est un excellent musicien, un symbole de vie, un homme capable de faire de la musique pour monsieur-tout-le-monde et pour des gens de salle de concert. On peut l'écouter dans un boui-boui, une salle de cent personnes ou à l'Ancienne-Belgique, à l'Olympia, à Pleyel, et pourquoi pas à l'Opéra. »

José Artur

1960

Monsieur l'aubergiste, du pain...

SACREE FILLE - C'ETAIT MOI
L'ABSENT - JE TE PROMETS - GALILEE
JE ME BALANCE
QUAND L'AMOUR EST MORT
TETES DE BOIS - CANTATE L'ENFANT A L'ETOILE
LES PETITS LAPINS - POUR L'AMOUR DU CIEL
ADIEU BONJOUR

« Ils ne se sont jamais dit - Le plus petit petit mot d'amour - Ils se promènent dans la vie - Comme des copains de toujours - Ta la la la la la la la - Ils se retrouvent à minuit - Sous l'horloge du carrefour - Ta la la la la la la la - Age tendre et têtes de bois... »

Le magnétophone tourne et l'hebdomaire *Marie-Claire* assiste à la naissance d'une chanson(1) :

« Le côté blousons noirs ne ressort pas du tout. Ils se rencontrent à minuit. C'est là que tu dois changer. [Gilbert chante] : *Ils ne se sont jamais dit le plus petit mot d'amour - Elle s'habille comme lui... Il faut changer " le boulevard ", c'est périmé. Le square, c'est les amoureux de Peynet. La gare, non... »*

Et Delanoë retourne dans son coin, avant de reprendre une demi-heure plus tard, en chantant :

« — Elle s'habille comme lui - Comme toute la bande du quartier - Dans le beau temps ou sous la pluie - Ta la la la la la - Ta la la la la la - C'est le temps des n'importe quoi - Age tendre et têtes de bois... Alors ?

— *Le temps des n'importe quoi, c'est un peu vide* [Delanoë proteste]. *Si, si. Tu penses tes mots, tu les lis ; moi, je veux entendre. Et " toute la bande " !*

— Je sais, répond Delanoë, ce n'est pas l'idéal mais ça dit ce que ça dit. " Le gang ", ce n'est pas possible. [...] Si tu continues, je vais t'insulter devant le monde entier ! De toute façon, ça me ferait du bien !

— Je peux te rendre ce service quand tu veux. Je peux t'insulter pour te permettre de répondre.

— Je ne suis pas une machine à fabriquer des chansons !

— Moi non plus, mon vieux. Après tout, nous sommes dans le même bateau ; si tu donnes tout ton art, donne-le ou alors donne tes droits aux petites sœurs des pauvres et tu pourras faire des réflexions personnelles !

— Les petites sœurs des pauvres, c'est plutôt mes petites sœurs à moi, tu sais !

— Pousse dans les mots, sois dur !

— Tu sais bien que les mots durs ne passent pas !

— Mais si ! Entre dedans ! »

Au bout de quelques minutes, Delanoë revient avec la version définitive :

> *C'est le temps des n'importe quoi*
> *Age tendre et têtes de bois...*

Immédiatement, la chanson est enregistrée par Gilbert et bon nombre d'artistes. A la fin des années quatre-vingt, C. Jérôme en fera une sympathique reprise.

Dans le Rhône, il pleut des morceaux de cravate à pois —jetés d'un balcon : la folie n'a pas de frontière. Cette fois, le spectacle se déplace dans la rue, à Lyon, pour les cent ans du *Progrès*. Invité par le journal dans les locaux de la rue de la République, Bécaud apparaît au balcon, devant une foule en délire, prélude à l'ovation sans précédent, le soir même, à l'issue d'une représentation mémorable au Palais d'Hiver. Un triomphe pour *L'Absent* et *Têtes de bois*...

Même enthousiasme chez les voisins suisses où plus de huit cents personnes se serrent dans un local prévu pour en contenir quatre cent cinquante. Sifflets, acclamations, rappels sans fin.

« Ce sont les éditions Raoul Breton qui autorisent Europe numéro 1 à utiliser le titre *Salut les Copains* », me confirmera plus tard Franck Ténot, devenu président-directeur général d'Europe 1 Communication... SLC, une émission, un magazine, en symbiose avec leur époque. L'univers de Bécaud est à l'honneur.

Chaque été, lorsque Gilbert chante au Casino de Canet-Plage, Amade, son vieux copain, en vacances à Ille-sur-Têt, vient le rejoindre. Dans la loge garnie de glaïeuls, Danièle Gaubert, une des révélations de la nouvelle vague du cinéma, assiste aux retrouvailles du compositeur et du poète. Quarante-huit heures avant, à la plaza des Escaldes, le matador Bécaud avait affronté le public andorran avec maestria.

Pour la rentrée, Pathé-Marconi prépare un plan de bataille unique, faisant du mois de septembre 1960 « le mois Bécaud ». Tir groupé : disquaires, presse, radio, télévision, la mécanique est bien huilée.

Comme le souligne avec élégance *Disques d'aujourd'hui* :

« La publicité des grandes vedettes se fait à peu près de la même manière que celle des macaroni, des savonnettes ou des super-carburants... »(2)

L'Absent, reprise par Gloria Lasso, Patachou, Elyane Dorsay, Jean-Claude Pascal... et tous les orchestres de danse, est incontestablement le succès de l'année. Elle évoque la disparition de Raoul Breton, l'ami des premiers jours :

Qu'elle est lourde à porter l'absence de l'ami
L'ami qui tous les soirs venait à cette table...

Amade, l'auteur du poème, situera fort bien Bécaud vis-à-vis de la mort :

« Tout ce qui a une apparence de forces inconnues l'inquiète et il s'en détourne. Il est la vie, il est l'expression du soleil sans nuages, du ciel étoilé, de l'amour vivant. S'il chante *L'Absent, C'était mon copain, Kyrie, Mère douloureuse*... c'est parce que j'ai toujours mis dans mes chansons de hantise la note irrémédiable de l'espoir. »(3)

Effectivement (en 1963), s'accompagnant lui-même au piano, Gilbert enregistrera *Mère douloureuse*, un texte tragique que Jacqueline Danno adoptera aussitôt.

Voici votre fils
Mère douloureuse
Il avait vingt ans
Peut-être un peu moins...

Décelant quelque trouble et des larmes dans les premiers rangs des spectateurs, Bécaud abandonnera vite son interprétation.

Une autre fois, au fond du Canada, une jeune femme viendra lui demander un autographe. Sur le papier dissimulé en partie (le faire-part mortuaire de son fiancé tué dans un accident de voiture), le texte de *L'Absent*. Bécaud demandera un exemplaire qu'il ne gardera pas et qu'il s'empressera de donner à Amade.

La mort peut être abordée dans la peine (*L'Absent*) ou dans la joie (*L'Enterrement de Cornelius*).

« Etant donné que l'inévitable est complètement négligeable, on enchaîne. La preuve, il y a certains pays où la mort est une délivrance merveilleuse. Alors, pourquoi pas... ? »(4)

Cinq Colonnes à la Une, l'émission phare de la télévision, annonce « la confession de Bécaud » à son générique du 2 septembre. Entre un reportage sur Jacqueline Bouvier, épouse de John Kennedy, candidat à la présidence des Etats-Unis et un film sur les événements proches des frontières du Congo, les caméras de Jean Pignol filment les confidences du chanteur :

« *Je m'accuse de gagner beaucoup d'argent mais je ne le fais pas exprès. Je cours après par frayeur parce que j'ai été très pauvre. Alors à force, j'ai quarante millions d'impôts à payer et je me demande ce qui m'arrive... Je m'accuse d'avoir déjà vendu deux millions de disques... Je m'accuse de ne pas être une marionnette bien au point, comme certains l'ont écrit. Un jour, je chante, le lendemain non... Alors ? Je m'accuse d'être un chanteur, je ne m'y habitue pas...* »(5)

Quelques semaines plus tard, à nouveau filmé par la télévision, il présente des extraits de l'*Opéra d'Aran*. François Mauriac pressent, dans sa chronique de *L'Express*, une future bataille d'Hernani :

« Le Bécaud de l'Olympia est-il un faux Bécaud ? Le vrai serait alors l'adolescent fervent, génial et timide, et qui a envie que tout le monde l'aime, tel afin qu'il a paru ce soir sur notre petit écran. L'échantillon qu'il nous donne de son opéra et qu'il chante avec sa voix de music-hall, en s'accompagnant au piano, m'a beaucoup plu, presque trop : ce Bécaud qui désire tellement plaire et qui aime qu'on l'aime, je crains que sa musique n'en fasse les frais. Nous verrons bien... »

Pour l'instant, la rentrée est programmée à partir du 22 septembre. Gilbert, nouveau Grand Prix de l'Académie du Disque en France, a donné son nouveau spectacle aux quatre coins de l'Europe, chantant devant des spectateurs qui ne parlent pas sa langue mais connaissent tous son nom. Cette idée de « chanter tout l'été » le fait sourire.

Et Amade exprime son admiration :

« Il ressemble au Petit Prince. Il est le Grand Meaulnes. Le frère de Dominguin. Je l'ai vu rire et je l'ai vu pleurer. Je l'ai vu mort de peur derrière le rideau rouge, puis explosant de joie, altier et fier devant ce même rideau... »

« Bécaud a le courage d'être excessif ! », déclare Cocteau.

Cigale ? Fourmi ? L'avenir semble lui appartenir. Ces derniers mois, dans l'énorme voiture bleue conduite par son frère, il a traversé l'été sans s'en apercevoir, triomphant avec *L'Absent*, rodant *Têtes de bois*. Avec ce nouvel Olympia (le septième), les médias ne peuvent s'empêcher de souligner le phénomène :

« Bécaud a atteint depuis quelque temps cette stabilité enviée par tous les chanteurs, et que connaissent seulement Trénet, Tino Rossi, Piaf et tous les noms définitivement consacrés du music-hall... »(6)

Gilbert va fonder ses propres éditions, « Le Rideau Rouge ». C'est le début d'une longue histoire...

Son interprétation de *Marie Marie* se classe dans les meilleures ventes en Italie. A la sortie de l'école Mairan, à quelques mètres des allées Paul-Riquet, en plein centre de Béziers, la nouvelle ne me touche guère néanmoins, je traîne chaque jour devant la vitrine d'un disquaire de la ville, « Blues », manifestant un intérêt flagrant pour l'actualité musicale. Petite variante : les couvertures factices de quarante-cinq tours. Le commerçant remarque mon manège et me récupère le matériel des envois d'office. C'est là que se révèlent les classements des succès en France et dans les pays voisins, comme l'enregistrement de ce troublant *Marie Marie*. Depuis ces années, je conserve des cartons d'images à faire pâlir la meilleure exposition de photos des « sixties ». De cette période date ma découverte de *L'Enfant à l'étoile*.

« Vous devriez m'écrire un beau Noël que nous ferions interpréter par des chœurs d'enfants. »

La phrase, lancée un soir à Bécaud et à Amade par Aimée Mortimer, travaille les deux hommes. Plus tard, quand Gilbert évoque les débuts de cette nouvelle aventure musicale, il cite Monseigneur Feltin et sa commande d'un petit oratorio de trois minutes pour orchestre et voix d'enfants. Le projet évoluant rapidement vers une œuvre plus vaste, plus structurée, le mot cantate arrive très vite et en sept jours et sept nuits, Bécaud compose, se remet à l'orchestration et arrive à ses fins.

« Dire qu'avant d'être connu, j'ai voulu en vivre ! »(7)

Ultime répétition avant une œuvre plus ambitieuse ? Nouveau pari ? Inutile de décrire le trouble d'Aimée Mortimer à la première audition et ses larmes de joie à l'écoute des notes et des mots :

« Gilbert désignait : "Ici, des chœurs, ici l'harmonium, là les violons..." »(8)

Il s'avère impossible de dissocier cette composition et l'*Opéra d'Aran*. Georges Prêtre va diriger les deux partitions :

« J'ai connu Bécaud, me confie le chef d'orchestre de Maria Callas, parce qu'à l'époque, nous étions tous deux chez EMI Pathé-Marconi. L'idée lancée, il lui fallait une direction classique. Nous avions un ami commun chez Pathé, Michel Glotz. Avec Michel, j'ai rencontré Gilbert et nous avons sympathisé tout de suite. Tout a démarré là... »

L'amitié résistant au fil des années, Glotz qualifiera Bécaud, trente ans plus tard, de « génie de la musique ». Entre-temps, l'homme se sera occupé de La Callas, de Karajan pendant plus de trente-cinq ans, et ses propos sur notre musicien n'en auront que plus de valeur.

Ce n'est qu'au moment de réaliser l'émission que Gilbert songe à filmer l'enregistrement à Notre-Dame-de-Paris. Il sollicite une audience auprès du Cardinal Feltin, en vue de lui exposer ce qui l'a poussé à composer une cantate et pourquoi il veut l'interpréter dans une église. Le cardinal l'accueille avec une paternelle affection et lui exprime sa joie qu'un tel projet trouve son aboutissement. Il le dissuade cependant, pour des raisons pratiques, d'enregistrer pour la télévision à Notre-Dame, mais l'oriente vers l'église des rois de France. Saint-Germain-l'Auxerrois, à Paris, est ainsi choisie pour la création de *L'Enfant à l'étoile*. Deux cents exécutants (l'Orchestre philarmonique, maîtrise et chœurs de la RTF) travaillent l'accompagnement sous la direction de Prêtre jusqu'à l'ultime soir.

Amade évoque un appel téléphonique de Bécaud, tard dans la nuit :

« Je sors de la répétition générale. Quand la dernière note a été jouée et chantée, je me suis effrondré en pleurant tant c'était beau.(8)

Tu vois ce n'est rien
Trois pélerins
Grands équipages...

Georges Prêtre, tellement gentil. [...] Il ne m'a pas snobé du tout. Sans lui, je ne sais pas comment je m'en serais tiré. D'autant plus, j'étais terriblement enrhumé et ma voix n'a pas dû réjouir les anges. [...] En chantant ma cantate de Noël, j'ai fait un vœu qui, je l'espère, sera exaucé : " Toi qui tiens la toute petite et minuscule étoile de Gilbert Bécaud entre tes mains, si tu ne trouves pas trop mauvaise la musique de cette cantate qu'avec amour j'ai composée pour toi, fais que ce soit un premier pas vers la représentation de mon opéra... " »(9)

Le 14 décembre, devant les caméras de télévision, les voûtes de Saint-Germain, éclairées par les projecteurs, résonnent des chœurs de la RTF, avec un soliste de choix, Bécaud en personne, avant la diffusion sur le petit écran dans la nuit du 24 décembre, en première audition mondiale, dans l'émission d'Aimée Mortimer et d'Alain Boudet :

La nuit de Bethléem
D'étoiles et de vent fou
Recevait ce soir-là dans ses ruelles
Deux étrangers...

Le compositeur n'oubliera jamais cette nuit de Noël 1960 et *L'Enfant à l'étoile*, formidable ouverture vers le classique, son enfance, et vers l'œuvre d'une vie, son opéra.

En 1974, Angèle Guller, dans la publication *Pourquoi pas*(10), percevra l'ombre de Gabriel Fauré dans certaines phrases musicales de la cantate. Critique ou compliment pour un musicien ?

Revenant à la variété, Gilbert répond aux questions du magazine *Sonorama* —édité par Sonopresse, avec des documents d'Europe numéro 1— et présente en termes élogieux l'acteur Jean-Claude Pascal, dans sa nouvelle carrière de chanteur. Le comédien n'est pas tout à fait un débutant puisque, parallèlement à ses films, il a derrière lui bon nombre d'enregistrements et des chansons de Bécaud, notamment une, inédite, *Don Quichotte* (texte de Francis Blanche) et *C'était moi* (poème de Maurice Vidalin), écrite, selon Gilbert dans ce disque souple, pour Jean-Claude Pascal :

Celui qui se disait professeur de tendresse
Qui se moquait de toi quand tu ne voulais pas
Celui qui se vantait d'avoir eu des princesses
Et de se fiancer mais de n'épouser pas...

« Cette chanson a toute une histoire... Je ne sais pas si je peux vous en parler, me confiera plus tard Paule Vidalin, l'épouse de Maurice. Cela implique Brigitte Bardot. Au départ, c'était une composition pour Sacha Distel, alors amoureux de Brigitte. Après, la vie a fait que... et Sacha ne l'a pas chantée (je ne crois pas). Gilbert l'a enregistrée et a pris l'aventure à son compte. Aujourd'hui, en 1995, il ne reste aucun manuscrit de cette chanson. Lorsque nous avons déménagé de Paris pour Rueil Malmaison, Maurice a tout brûlé, prétextant l'encombrement (!), et cela m'a beaucoup peinée. »

Débarquant de son Maroc natal, Frida Boccara fait la connaissance du parolier de *C'était moi* :

« Un être extraordinaire de jovialité, de gentillesse, de drôlerie, avec un certain côté rabelaisien, me raconte la chanteuse. Ça s'entend dans certains textes, et c'est bizarre... le garçon n'est pas grivois, mais dans les chansons, il s'amuse à y aller carrément. Pendant mes premières années de métier en France, nous avons été très proches. »

Il est impossible de mentionner tous mes repères 1960. A l'aide d'un volumineux magnétophone prêté par mon père, je confectionne mon hit-parade du soleil, « comme à la radio ». A la fois présentateur, programmateur, directeur d'antenne et expert dans le maniement des ciseaux, je coupe, je monte les précieux kilomètres de bandes sonores pour des émissions qui, finalement, n'intéressent que moi ! Je survole ainsi *Qu'est devenue la Madelon* de (et par) Trenet, et *Les Petits Lapins*, de Bécaud/Delanoë, par Danièle Darrieux, tout en avouant qu'à douze ans, je n'en fais pas mon quatre heures. Cette année-là, l'Académie du Disque décerne le grand prix de la meilleure chanson à *C'était moi*, et la première place d'interprétation aux Djinns pour *Les marchés de Provence* et *Il fait des bonds...*

L'instant est aux premiers concerts de rock'n roll. Musique dérangeante, hors normes, jugée indécente et même obscène. Peu importe. La nouvelle danse balaie tout sur son passage, renvoyant les chanteurs aînés aux oubliettes, et accentue la cassure dans le domaine des variétés : la chanson pour adultes et l'autre, pour adolescents, avec l'arrivée des « yé-yé ».

Lucien Morisse casse à l'antenne le premier quarante-cinq tours d'un blond débutant. Les propos du directeur d'Europe numéro 1, branché sur la musique rythmée, font sensation :

« C'est trop mauvais, voilà un garçon que vous n'entendrez plus. C'est la première et dernière fois que vous écoutez ce Johnny. »

Comment imaginer à cette seconde-là que la même station contribuera à la gloire de l'idole triomphante, quelques mois plus tard ? Contre toute attente, voilà Hallyday sur les rails du succès : pantalon de cuir noir, chemise à rayures, allure manouche, déhanchements et poses à la Presley, la France le découvre, présenté par sa marraine télévisuelle d'un soir, Line Renaud, dans *L'école des vedettes* d'Aimée Mortimer.

Dans *Têtes de bois*, Bécaud et Delanoë ont aligné des mots percutants, devançant l'ampleur d'une révolution de ton et de mode. A Béziers, l'école berce de classe en classe une enfance qui s'étire dans un univers de citadin. C'est un peu *Quand t'es petit dans le Midi...* A l'heure de la sortie, je cours vers les Halles, où habite mon grand-père maternel, rejoindre mon jeune oncle, comptant sur lui pour me défendre contre les plus grands qui « veulent la bagarre ». C'est là que j'aperçois, pêle-mêle, les disques de Presley, Brenda Lee, Bécaud, et *Nouvelle vague*, un quarante-cinq tours de Richard Anthony. Sur les allées Paul-Riquet que je traverse pour aller au Lux, au Kursaal et au Rex découvrir sur écran géant *West Side Story* et *South Pacific*, je croise mes aînés... Les samedi et dimanche, les Allées sont noires de monde. C'est le rendez-vous de la jeunesse.

« On ne dit pas "faire les Allées", mais "faire les Uses". Si t'achètes un blouson, tu vas le montrer aux Uses. Si un nouveau disque sort, tu vas en parler aux Uses. Si tu ne vas pas aux Uses... tu n'es rien ! C'est là que tout se passe, c'est là qu'il y a les filles. Elles virevoltent, elles se chuchotent : « Tu as vu Untel... il te regarde... »

Kiki, l'oncle protecteur, me fait découvrir un soir Gene Vincent, sur scène, et les Chats Sauvages en première partie, me racontant les groupes de rock et les vespas, une vie de blousons noirs que je traverse alors en toute innocence.

L'heure du choix a sonné pour mon père. Un tournant... Quitter la banque et créer une agence artistique. Très sollicité par les confrères en place, Stark, Marouani, Deluze, Bertin, Bourbon, Ribet, Vuillermin, Chouanard, etc., qui souhaitent lui programmer leurs poulains, il provoque les contacts avec la capitale, ramenant chaque fois un matériel impressionnant des écuries parisiennes. Souvenirs de soirées théâtrales avec un Pierre Dux magistral dans *Les Trois Glorieuses* et une Girardot inégalable dans *L'Idiote*.

Arrivée de Kennedy à la tête des Etats-Unis, nouvelle valeur du franc, divorce entre Moscou et Pékin, « Palme d'Or » à Cannes pour *La dolce vita*, et, du côté d'Europe numéro 1, départ de Delanoë... !

Ces nouvelles ne vont pas bouleverser la Belgique qui nage en plein bonheur, avec le sourire de Fabiola : la princesse a quitté l'Espagne pour rejoindre le Roi Baudouin. On en parle dans ma famille... Très jeune, mon grand-père a abandonné l'Andorre, laissant les chèvres et les moutons. Des Pyrénées au Languedoc, il a gagné sa nouvelle terre promise, au bout de la route, à pied, ôtant ses espadrilles pour ne pas les user. Il s'est forgé une place au soleil, en France, et tout ce qui touche l'Espagne, le pays de ses aïeux, intéresse toujours sa famille de onze enfants, en particulier une fille aînée qui a toute ma tendresse : c'est à elle que se sont adressées mes premières onomatopées, un soir de septembre 1948.

1961. Le jour se lève. Une nouvelle époque arrive, l'année de mes treize ans. Je viens de passer la nuit du réveillon de la Saint Sylvestre à Revel, dans la Haute-Garonne, aux sons de la formation de jazz des Frères Julien, présentée par mes parents, avec les solistes Michel de Villers, au saxo, et Michel Hausser au vibraphone. Des coulisses, je découvre ces fous de la musique dans leurs improvisations. Au petit matin, lorsque nous nous quittons, Hausser est surpris par la date de sa dédicace : 01-01-61... Il est six heures, ma nuit n'a pas été une nuit de folie. 1961 fait main basse sur la nouvelle année et Bécaud ne va pas tarder à poser la question qui fera le tour de la planète.

1961

Quand la nuit se promène
Sans s'occuper de moi...

ET MAINTENANT - NATASHQUAN - LA FILLE DE L'EAU
LES VISITEURS - MISERERE - NOUS LES COPAINS
CAVALIER DU GRAND RETOUR
ABRINA BIRCHOUE (LE FOND DES RIVIÈRES)
MA CHATELAINE - MARTIN - LES COCOTTES EN PAPIER
TOI LE MUSICIEN - DANS CES MOMENTS-LA
LE CONDAMNE - MON AMOUR IMPOSSIBLE

Avant la prochaine tournée en France, enregistrement de la cantate en studio, avec tous les interprètes originaux et retour à la scène le 20 janvier. Organisée par Roland Hubert, la série de concerts affiche également la jeune Annie Fratellini, bien loin alors de la direction de l'Ecole nationale du cirque :

« Gilbert m'a appris qu'on pouvait se balader avec un micro et ce qu'on n'avait pas l'habitude de faire dans les années soixante : tourner le dos. Du moment qu'on vous entend, vous pouvez bouger. Jean, son frère, le suivait dans les tournées et prenait des notes sur le succès des chansons, pour savoir s'il devait les remettre. Jean était un homme silencieux, efficace. Je pense que Bécaud lui doit beaucoup. »

Annie Fratellini — à qui une petite fille devait demander un jour : « Ça mange quoi, un clown ? » — enregistre et crée sur disque la version féminine de *Adieu bonjour*, de Bécaud-Delanoë, puis la chante sur scène, pendant une série de concerts avec Aznavour.

Pour Gilbert, le premier quarante-cinq tours de la nouvelle année doit comporter, à l'origine, *Quand l'amour est mort, Natashquan, Pour l'amour du ciel*, d'Amade, et *Adieu bonjour*. En dernière minute, ces deux titres sont remplacés par *Miserere* et *Martin*, d'Amade. Les chansons occultées ne seront finalement commercialisées que lors de la parution d'une intégrale, en 1973. Bécaud n'abandonnera pas totalement *Adieu bonjour* et la présentera bien plus tard, à Bruxelles, dans une formule récital, au Palais des Beaux-Arts :

Adieu les univers bien sages
Les images de printemps...

Nous les copains, Le condamné... les rythmes changent. C'est là que Bécaud va poser la fameuse question : *« Et maintenant, que vais-je faire ? »*

En point de départ, il faut évoquer la photo d'Elga Andersen, chevelure d'or sur fond azur. En plein vol Nice-Paris, la blonde actrice vit la fin d'un grand amour et se confie à son voisin, le passager Gilbert Bécaud, qui tente de la réconforter, se laissant expliquer le drame par la jeune femme meurtrie. Arrivés à Orly, il l'invite à prendre le petit-déjeuner au Chesnay.

A quel instant a-t-elle posé la question ? Selon Amade : « Au moment de l'au revoir au plein soleil. »(1) Pour Delanoë : « Assise au piano et sur le ton du plus parfait abattement. »(2) Peu importe, les premiers mots de la chanson sont lancés.

Vers neuf heures du matin, Bécaud appelle Delanoë :

« Viens vite, j'ai un truc formidable mais il faut consommer pendant que c'est chaud. »(2)

Gilbert lui raconte les malheurs de l'actrice et Pierre planche sur le sujet. Quelques semaines après, en tournée en Belgique, Bécaud est rejoint par son parolier. Il faut bien compléter la chanson. Dix minutes suffisent et la presse en fait largement écho.

Delanoë le confiera plus tard à Sprengers :

« *Et maintenant* a été commencée à Paris et terminée à Bruxelles, à l'Hôtel Amigo, pendant un passage de Gilbert aux Anciennes Belgiques ; il est exact que cette chanson m'a donné relativement peu de mal, comme il arrive parfois quand l'inspiration est bonne, mais "dix minutes" est une plaisanterie coutumière aux journalistes. »

L'auteur présente son texte. Ni enthousiasme, ni engouement : c'est avec modération que Bécaud accueille la chanson. Il est tout à son « grand flirt avec Jacques Brel »(2). Du bout des lèvres, sans y croire vraiment, il enregistre *Et maintenant*, sur l'orchestration lancinante de Raymond Bernard. Au début, la promotion du disque est axée sur un autre titre, *Toi le musicien*. Cependant, lors des premiers passages en radio, programmateurs et auditeurs préfèrent *Et maintenant*. Les deux notes répétées *fa-la*, sur un discret roulement de batterie, introduisent bien le mouvement lancinant, sur une structure de boléro annonçant le désarroi amoureux.

Gloria Lasso, Jacqueline Danno, Milva, Cécile Devile, Elga Andersen (!), Isabelle Aubret, Nicole Croisille, les Compagnons de la Chanson et bien d'autres l'adoptent, augurant un succès français plus qu'honorable.

Quelques années après, interrogé par Francine Arnaud pour la RTB,

Bécaud commentera :

« *Eddy Mitchell a chanté* Et maintenant, *Olivier Despax* Je t'appartiens. *Ils en ont fait auprès du public un très gros succès. Alors évidemment, certains disent : "Qu'est-ce que ça veut dire ? Et maintenant, en "yé-yé", par Mitchell ? Ça ne tient pas debout !" Je ne suis pas du tout d'accord, je trouve qu'il a fait un très beau travail et que le disque est très bon. J'aimerais être chanté par d'autres. [...] Aux USA, c'est beaucoup moins compliqué. Quatre ou cinq grands chanteurs peuvent reprendre le même titre, cela n'a pas d'importance : les gens aiment entendre leur vedette dans une chanson qui leur plaît, sans pour cela apparenter tellement l'artiste à ce titre. [...] J'ai écrit par exemple beaucoup de chansons pour Jacqueline Danno qui les a créées avant moi ou en même temps. Cela ne lui a jamais fait de mal, et à moi non plus... J'aimerais de même composer pour Johnny Hallyday.* »(3)

Jean-Claude Berthon, —*Disco-revue*—, annonce une période transition pour la variété. Effectivement, les éclipses sont nombreuses et beaucoup d'artistes sont « en tournée » dans de lointains pays... Pour d'autres, c'est la trentaine triomphante. Brel trente-deux ans, Bécaud trente-trois, Aznavour trente-sept, Brassens trente-neuf, devant les quarante ans de Montand, les quarante-cinq de Ferré, les quarante-huit de Trenet et les soixante-treize berges de Chevalier.

Europe numéro 1 interroge vingt-six mille auditeurs de treize à vingt-quatre ans et arrive à la conclusion suivante : les chanteurs les plus demandés sont Brassens, Bécaud et Distel !

Gilbert vit toujours sur les nerfs. Le « nouveau fou chantant » du début des années cinquante ne s'est pas assagi. Pourtant, aujourd'hui, nul ne songe plus à dire qu'il est survolté et déséquilibré. A la question : « Qu'est-ce qui le pousse à quitter le Chesnay ? », il répond sans hésiter :

« *Je ne peux pas vivre sans travailler.* »(4)

Trente-cinq chansons pour Trenet au théâtre de l'Etoile et rentrée parisienne prévue pour Montand : la formule du « one man show » est d'actualité. Bécaud va bientôt s'y risquer avec bonheur, présentant en une seule soirée un maximum de titres nouveaux et anciens. A trente-trois ans, il devrait d'abord terminer l'*Opéra d'Aran*. Reste la création, qui pourrait se programmer l'an prochain, au théâtre des Champs-Elysées.

L'Express évoque les « grands musiciens qui prennent tout à fait au sérieux le joyeux " marchand de ballons ", en particulier Gian Carlo Menotti, pour quelques jours à Paris, qui a demandé à le rencontrer. » Et l'hebdomadaire annonce la création américaine de la cantate par Charles Munch, à la tête du Boston Symphony Orchestra, le soir de ce Noël 1961, un an après la première audition française. Les attachés de presse font leur travail pendant qu'*Aran*, sur les rails depuis près de cinq ans, attend son envol.

Pendant ce temps, un étrange appareil destiné aux cafés et aux salles de jeux fait son apparition : le scopitone. Sur le modèle du juke-box, avec le plus de l'image, il séduit les jeunes réalisateurs, comme Claude Lelouch, et entraîne une multitude de courts métrages. Les insertions de ces vidéos avant l'heure dans les émissions de télévision sont très loin du direct mais en donnent l'impression. Ainsi, dans l'émission de Pierre-André Rocamora *Music-hall sur la mer*, avec Bécaud, où le présentateur annonce : « A vous les studios », pour envoyer le film scopitone...

Autre réalisation de Rocamora pour *Vacances en duplex*, avec Trenet et Bécaud. La voix seulement illustre la prise de vue, la chanson est imagée, jouée par des acteurs. Le chanteur n'est pas présent à l'écran. Cette expérience sera très vite abandonnée, le public préférant voir les interprètes dans la réalité.

Toujours novateur, Gilbert commence l'écriture de *Les enfants nous regardent*, compose des chansons sur mesure, les distribuant avec parcimonie à quelques confrères de la nouvelle génération, ainsi Sophie Darel qui enregistre *Les Cocottes en papier*, signées Bécaud et Amade. S'il peaufine *Aran*, il n'en continue pas moins à tourner, pour le cinéma, *Les Petits Matins* (*Mademoiselle Stop*), un film de Jacqueline Audry, avec Agathe Aëms, et *Bécaud mon ami*, de Jacques Guillon.

Têtes de bois interprétée à la grosse caisse et aux cymbales ! Allons-y gaiement ! A ce point de non-retour, la folie n'a plus de limite :

Neuilly-Plaisance, dans la banlieue nord-est de Paris, s'offre un « week-end » de juin délirant, saluant le chanteur, sa vie, son œuvre et ses cravates... avec un service spécial d'autocars au départ de Vincennes. Pour symboliser les deux jours de fête, Neuilly-Plaisance se débaptise et devient Bécaud-Ville, avec fanions de couleurs aux fenêtres, dans la rue de Varsovie, la rue Natashquan, la rue des Baladins, la rue des Marchés de Provence, la rue des Croix, la rue Galilée... Sur l'avenue centrale, on joue aussi le jeu et on se retrouve sur l'avenue de l'Olympia ! Les vitrines, ornées de photos et d'affiches de Gilbert, sont décorées sur les thèmes de ses chansons, pendant que les haut-parleurs déversent ses musiques.

La folie sympathique redouble sous une pluie de confettis, de serpentins, avec un défilé de chars à thèmes. En début de cortège, on devine aisément que la fanfare ne joue pas du Trenet. Aux côtés du maire, Bécaud, invité d'honneur, surpervise ses troupes, avec un salut plus qu'amical aux trois jeunes filles présentes sur le char de *La Corrida*... Gilbert se mêle à la foule, serre des mains, sautant par dessus la portière, sur l'arrière d'une énorme voiture américaine, une Mercury bleue à capote pliée. Jean, son frère, toujours là, conduit. Devant les marques de sympathie vraiment trop pressantes, c'est la fuite par la maison du maire. La voiture s'immobilise le long de la façade que Bécaud escalade avant de disparaître. Le soir, sur scène, c'est l'apothéose. Accompagné par Raymond Bernard et ses musiciens, le héros triomphe avec *Je me balance, Miserere* et les succès du moment, bissant *Quand l'amour est mort* mais n'interprétant pas *L'Enterrement de Cornelius*, pourtant réclamée par le public.

A quelques kilomètres de ce délire collectif, l'heure est à la découverte. Dans les caves des HLM de Créteil, parmi les jeunes rapatriés d'Algérie, les Chaussettes Noires attendent leur heure, tout comme, sur la baie des Anges, les Chats Sauvages. Honneur suprême pour certains, qui tapisseront pendant des mois les murs de ma chambre. Récompense fragile pour les autres, très vite remplacés.

Fonçant sur mes treize ans, je fais la connaissance, au hasard d'un gala à Nîmes, de Charles Aznavour, entendu quelques années avant, sur le Teppaz d'époque. Discret, le chanteur. Moi, dans mon coin... j'assiste à un échange d'opinions sur la partition de *Mon homme*, entre Aznavour et mon présentateur de père. C'est la période où l'équipe de production Leroux/Vianot/Salles fait appel à lui pour animer de nombreux galas en province. L'occasion de côtoyer Johnny Hallyday, Petula Clark, Maya Casabianca, John William, le camarade de jeux du jeune Gilbert au début des années quarante.

Du 20 au 25 juin, festival des Etoiles à Pézenas, le pays où Molière est roi. Mon père propose Hallyday. Décalage entre la capitale et la province ? Publicité mal faite ? Johnny ne fait pas le monde escompté, la recette est mauvaise.

« Vous nous avez fait engager un artiste inconnu ! »

Dans les coulisses, j'ouvre grand les yeux. Pas de videurs patentés dans cette tournée, l'impresario doit tout faire : Marcel Vianot veille à l'encaissement du contrat et Lucien Salles à la bonne marche de la soirée, faisant tout seul office de service d'ordre. En première partie, Albert Raisner et son harmonica —inséparables—, Jean-Jacques Debout et ses *Boutons dorés*, un fantaisiste et une imitatrice. Difficile d'imaginer leur passage dans les années quatre-vingt-dix lors d'un concert Hallyday. Si bons soient-ils, je ne donnerais pas cher de leur peau !

« Hallyday, il est sympathique, beau gars. Je pense qu'il peut aller loin... »

« Bécaud est sérieux. Il est toujours sérieux quand il parle métier. »(4)

Songe-t-il un instant qu'il s'est trouvé six ans auparavant dans la même situation que le chanteur de rock, avec la même hystérie, la même violence et les mêmes fauteuils brisés ?

Mon grenier ressemble à la caverne d'Ali-Baba, une pièce magique dans laquelle mon père entrepose les affiches en transit avant leur pose. Au fil des mois, les murs changent de tête. Les beaux yeux d'Yvette Giraud vont disparaître sous les lithos des Pirates, et les Chaussettes Noires recouvrir Edmond Taillet, Lucien Lupi et Frédérica. Les publicités de Jean Nohain présentent les Peter Sisters. Bernard Haller et Martine Havet goûtent leurs derniers rayons de soleil, avant de subir l'ultime outrage d'Hallyday, des Chats et de Sylvie Vartan, « la collégienne du twist » bientôt sur scène, en première partie d'une tournée avec Bécaud.

A partir de l'été 1961, Johnny Stark s'occupe de la nouvelle vedette des disques Vogue. Dans le Midi comme ailleurs, les jeunes s'identifient à leur chef de file. L'Inter Paris engage en cette période un chanteur d'Alès : Jean-Paul Bonna. Le garçon chante les succès de Johnny et électrise le public, en province. Un temps où mon père programme Hallyday, à Narbonne, pour la première fois.

Pour Marcel Souquet, futur sénateur de la ville audoise, directeur alors de la foire-exposition, le télégramme qu'il reçoit le matin du spectacle a un goût de fin du monde :

« Impossible venir, certificat médical suit. »

Une journée comme les autres qui se terminera dans le pur style de folies sixties... L'après-midi, animation pour les enfants avec les jeunes Annie et Gilles, interprètes de *La Marche de Babette*. Mon père leur demande de remplacer au pied levé l'idole défaillante, le soir, sur la même scène. Le timide Jean-Paul Bonna arrive en catastrophe, vêtu de noir avec sa guitare. On placarde une annonce à l'entrée de la foire — aucun autre moyen d'atteindre la jeunesse, les radios FM sont encore bien loin — et vogue la soirée... Les moins de vingt ans, sceptiques mais intrigués, rentrent dans l'enceinte. Annie et Gilles assurent leurs chansons et le jeune alésien les succès d'Hallyday. Le public ne veut plus le laisser partir, demandant toujours d'autres titres. Arrive le moment où la vedette d'un soir n'a plus rien à donner. C'est le repli vers les coulisses et les loges préfabriquées.

Alors, se déroule un film irréel : la scène est prise d'assaut. Panique. Me voilà avec Annie, accroupi sous une table en haut des loges, avec, pour seule vision, des jambes en jean's courant dans tous les sens, à la recherche du chanteur devenu en un soir roi du rock. La cohorte le déniche et le porte en triomphe dans les allées de la foire, non sans jeter quelques chaises dans le canal du Midi jouxtant l'aire du spectacle. Comme ça, pour le plaisir. Une nouvelle version des fauteuils cassés de l'Olympia, un déclic pour une future carrière : Jean-Paul, sur un nuage, loin de son poste d'aide-comptable aux Mines, rentre chez lui, troublé. Le lendemain, il téléphone :

« J'ai fait un rêve hier soir, vous êtes l'enchanteur Merlin. »

Peu de temps après, le jeune garçon se lancera dans l'aventure parisienne où il sera « leader » d'un groupe de rock, puis Bonna se transformera en Cara, avec des chansons pour Marie Myriam, Catherine Ferry, l'Eurovision, Jean-Louis Foulquier et quelques comédies musicales... Il symbolise le héros de la chanson de Bécaud et Delanoë, *Dis Mariette*, composée peu de temps après.

Tu verras on aura la belle vie
Et moi je serai ton Johnny
Et toi tu seras ma Sylvie...

L'époque insouciante des idoles... Plus tard, Gilbert y fera référence :

Enfant de l'imaginaire et du hasard
On a tous un pied de l'autre côté du miroir...
(STAR QUI RIT, STAR QUI PLEURE - BECAUD / DELANOE)

« Certains sont restés, mais beaucoup ont disparu. Lorsque vous applaudissez un artiste qui débute sur la scène, vous allez, si vous avez du cœur, l'applaudir deux fois plus parce que le music-hall est une école d'une grande dureté. On fait toujours son possible pour cacher sa peur quand le rideau s'ouvre et que les lumières s'allument... »(5)

Pour Bécaud, fidèle à l'agence Tavel et Marouani et, plus précisément, à Félix Marouani, les années de galas se suivent et se ressemblent. Les kilomètres, les villes rapidement traversées, les scènes, le public...

Au fond du parc, au Chesnay, la cabane où il se ressource, loin des projecteurs. Là, les chansons naissent, grandissent ou se perdent dans le fond de la nuit (*Les enfants nous regardent...*), entre cigarette, whisky et paroliers.

Pour beaucoup, Bécaud est un jeune homme qui aime plaisanter et à qui tout vient naturellement et facilement. Ses auteurs et quelques rares intimes comme Georges Prêtre, Georges Auric — alors directeur de la Réunion des théâtres lyriques et président de la Sacem — connaissent le travailleur de choc, cloîtré dans sa cabane-laboratoire où la lumière du jour ne pénètre jamais.

Un lieu privilégié, magique, où les vitres, badigeonnées de couleurs vives, ressemblent à des vitraux.

En planches de sapin en rondins de Cerdagne
Rivée de Vidalin et tapissée d'Amade
Elle a vu sans pitié Delanoë au bagne...
(LA CABANE BLEUE - BECAUD / DELANOE)

Là, dans un décor tenant à la fois du grenier aux rêves d'enfants et du repaire de brigands, il est ailleurs, dans une autre vie. Il chante :

Dans ce bois
Que tu vois
Là-bas
Il y avait
Des oiseaux, des oiseaux, des oiseaux...

Installé au piano, le magnétophone branché, il enregistre le brouillon d'une prochaine composition... La musique tonne comme le canon, puis comme le tambour. Gilbert, avec une moue de gosse, éclate de rire :

« C'est effrayant, non ? C'est une chanson pour après la fin du monde . »(6)

A l'image du Chesnay et de la fameuse cabane, de l'autre côté de l'océan, loin du rythme et du stress des grandes villes d'outre-Atlantique, Natashquan est le refuge d'un jeune professeur de français, Gilles Vigneault. Bécaud va innover en collant sa musique sur le texte de l'inconnu. Deux autres chansons portent leur signature, *La Fille de l'eau* et *Les Visiteurs*(7), mais Gilbert ne les gravera jamais.

En 1961, Luis Mariano, hésitant entre opérette et variété, choisit une composition de Bécaud et Delanoë : *Cavalier du grand retour.*

Cavalier du grand retour nous avons brûlé
Tant de vies et tant d'amours pour nos libertés...

Les amateurs remarquent une certaine ressemblance entre les lignes mélodiques de *Natashquan* et du *Cavalier...*

Dans de prochains titres, *La Révolutione, Sur Terre rien de nouveau, La Relève, Badabing beng bong, De quoi demain sera-t-il fait ?,* etc., le thème de la guerre reviendra, traité sous des angles différents. Un exercice de style que le public ne percevra pas toujours.

La nuit du 12 au 13 août, à minuit trente, la police militarisée de l'Allemagne de l'Est installe quarante-trois kilomètres de barbelés, séparant Berlin-Est de Berlin-Ouest. Dans les semaines qui suivent, les fils de fer sont doublés d'un mur. Bécaud l'évoquera dans une prochain chanson, *La Grande Roue.*

Loin de ces bouleversements, la France est en vacances. Un matin, vers dix heures, le téléphone sonne à la maison. Ma mère répond et ne comprend pas la voix qui lui répète : « J'ai un trou dans les chaussettes...! »

Faut être branché. A l'autre bout du fil, Evelyne Langer, « manager » des Chaussettes Noires, fait un appel du pied, si je puis me permettre, pour noircir les dates libres du groupe.

Images d'un autre temps, à Béziers, où je vais découvrir Réda Caire, un des charmeurs d'une époque révolue. Avec les nouveaux rythmes venus d'ailleurs, le processus de la chute est enclenché, l'artiste le sait. Dans ce semblant de vestiaire, le monsieur respectable me paraît tout à fait banal. Pourtant, les spectateurs, souvent venus des villages alentour, ont répondu présents. Le lendemain, sur le même plateau, place à la « génération sixties », avec un trio de musiciens en cuir noir façon Vince Taylor, dirigé par un jeune saxo, René Colombiers — plus connu, déjà, sous le pseudonyme de Coll —, que mon père place partout, vraiment partout.

L'Enfant à l'étoile poursuit sa carrière... Un grand orchestre travaille la partition pour lui donner bientôt un nouvel essor...

Dans deux mois, Gaya atteindra ses neuf ans. Pour l'instant, la maison du Chesnay est silencieuse. Entre ses tournées, Bécaud retrouve la vie de famille (Kiki, Pilou et ses quatre ans...), dans un vaste living, aux fauteuils rouge opéra. Sur les étagères de sa bibliothèque, Queneau et Colette côtoient Marcel Aymé et Molière, Anouilh et Thomas Mann, non loin de la discothèque où trônent Amstrong et Beethoven.

Cette vie de famille, Gilbert en parle largement à travers les médias :

« En ce moment même, je fais des démarches pour changer légalement de nom afin que mes enfants puissent aussi s'appeler Bécaud. Mais je voudrais m'arranger pour garder également le nom de Silly afin de ne pas laisser mon frère et ma sœur qui me disaient dernièrement : "Alors, tu nous quittes ?" »(8)

Du haut de mes treize ans, je contemple l'image étonnante du cosmonaute Gagarine, dans son vaisseau Vostok 1. Pour la première fois, un homme a tourné dans l'espace. Qui sait si un jour, il ne demandera pas la lune ?

1962

Ein Tag in Paris...

LA GROSSE NOCE - SI JE M'EN REVIENS AU PAYS
NICOLAS - LE BATEAU BLANC - CROIS-MOI ÇA DURERA
DAPHNE - FANFAN - LE JUGEMENT DERNIER
VA-T'EN LOIN - QUE TU ME PLAIS LA FILLE
CONTRE VOUS - SUR LA PLUS HAUTE COLLINE
création mondiale de L'OPERA D'ARAN

« Après la cantate, me raconte Georges Prêtre, j'ai assisté à la naissance d'*Aran*. J'allais souvent à la cabane. Gilbert me faisait tout entendre au fur et à mesure. Parfois, je participais, c'était formidable. »

L'écriture touche à sa fin en ce début d'année marqué par un nouveau triomphe, celui de *L'Enfant à l'étoile*, cette fois au Palais de Chaillot dirigé par Jean Vilar. Le 6 janvier, à dix-sept heures quarante-cinq, les concerts Pasdeloup, sous la baguette d'Albert Wolff, doyen des chefs d'orchestre, donnent une exceptionnelle représentation. Au programme, la *Première Symphonie* de Beethoven, le *Concerto en ré mineur* de Mozart, la *Suite champêtre* de Tiarko-Richepin et *L'Enfant à l'étoile*. Bécaud est présent, mais, délibérément, ne chante pas.

« Il fallait, dit-il, laisser ma cantate voler de ses propres ailes. Mon nom aurait pu paraître un attrait publicitaire et ma voix constituer un handicap ! »

Dans ses colonnes du 11 janvier, *L'Express* souligne les quatre-vingts musiciens, la chorale Elisabeth Brasseur, les Petits Chanteurs de Saint-François-de-Sales, Rita Bouboulidi et le baryton Louis-Jacques Rondeleux. L'heddomadaire rapporte les félicitations de Marguerite Long, à la fin du concert, et note que « les critiques les plus sourcilleux, conquis, ont pris tout à fait au sérieux cette tentative qui leur inspirait, cependant, de la méfiance. »

Cette suspicion apparemment disparue, le musicien met la dernière main à son opéra, tout en écrivant de nouvelles chansons.

Tu l'auras, ton bateau blanc
C'est le bateau de ceux qui restent des enfants...

Un Bécaud pile et face, sur un trente-trois tours vingt-cinq centimètres, avec *La Grosse Noce* et, dans la même lignée, *Sur la plus haute colline*, *Si je m'en reviens au pays, Fanfan, Nicolas,* dans un style rural, près de la terre, à contre-courant des rythmes à la mode. Les chansons ne marqueront pas son répertoire et, exceptées *La Grosse Noce* et *Le Bateau blanc* (de Vidalin), Gilbert n'en abusera pas. Petite dernière, *Nicolas* se voit interdite d'antenne. En 1962, il n'est pas vraiment conseillé de chanter qu'on peut faire autre chose que la guerre...

Février. A Béziers, le téléphone n'arrête pas de sonner : en fin d'après-midi, à mon retour d'école, mon père est toujours à son affaire. Départ de la métropole via la Corse pour une série de concerts : je suis le trajet sur la carte. Ajaccio, c'est Los Angeles, le bout du monde, et Paris, une ville tout aussi mystérieuse. A treize-quatorze ans, on peut rêver... Ce Paris d'où me parviennent les échos du huitième Olympia de « l'homme à la cravate à pois » me fascine.

Loin du bruit de la foule, au Chesnay, Bécaud travaille toujours *Aran*, composant parallèlement ses prochaines chansons, telle la mystérieuse *Daphné*, de Delanoë, qu'il interprète pour la première fois au cours de l'émission *Sérénade*, de Radio Luxembourg, en avril 1962, et qu'une jeune chanteuse belge, Nathalie Danaux, reprendra au début des années quatre-vingt-dix :

O Daphné tu viens de me quitter
Me laissant sur le quai
Du métro quotidien...

Autre réalisation : *Que tu me plais la fille* (du même auteur), un calypso rock pratiquement inconnu, enregistré par le fantaisiste Edmond Taillet et, bien évidemment, géré par les éditions du Rideau Rouge.

Pour Gilbert, le 25 juin 1962 marque une étape : l'ultime accord de l'orchestration de son opéra.

« Dans la vie, artiste ou pas, un homme doit se renouveler. C'est très bien d'être un chanteur célèbre et d'avoir du succès. Mais, il ne faut pas s'en contenter. [...] Je crois fermement que lorsqu'on a mis toute son âme dans une œuvre d'art, il est impossible que celle-ci ne rayonne pas dans le cœur de certains hommes. C'est tout ce que je demande à ma musique : qu'elle rayonne. »(1)

Reste la bataille pour le montage scénique de l'opéra, peut-être la plus difficile. Le choix du théâtre des Champs-Elysées ne paraît pas enthousiasmer compositeur et auteurs, mais la salle présente cependant un certain intérêt. Pourquoi ce théâtre ? Les commentaires diffèrent.

Pour Amade : « Georges Auric demande à Gilbert de réserver à l'Opéra l'exclusivité de la création d'*Aran*. »(2)

Pour Delanoë : « Nous avions pendant quelque temps espéré l'Opéra ou l'Opéra-Comique mais, décidément, et même avec tous les appuis possibles, Bécaud était trop marqué par son côté variétés pour espérer entrer d'emblée dans le temple officiel de la grande musique. »(3)

« Auric l'aurait certainement présenté plus tard, me confiera Georges Prêtre, mais les éditions Salabert voulaient créer *Aran* en 1962, tout de suite, dès la fin de la composition. Je pense que c'était trop tôt pour le présenter à l'Opéra. Si on avait préparé le public, on aurait pu le faire dans ce cadre prestigieux un an ou deux ans après. »

« Un musicien demandait à l'enfant Mozart de lui interpréter telle sonate, puis tel rondeau, tel menuet : " Je te jouerai tout ce que tu veux, répondit le petit garçon. Mais dis-moi d'abord que tu m'aimes. " »(4)

Bécaud aime évoquer cette image, enchaînant :

« Mon Opéra d'Aran, *je le portais en moi peut-être depuis toujours. J'ai un besoin physique, presque insoutenable, de communiquer avec les gens. Coûte que coûte. Il faut absolument que je leur dise combien j'estime leur existence, combien je respecte leur vie. Je ne peux pas le faire avec des mots. J'ai essayé longtemps avec mes chansons. Je crois qu'en partie, j'ai réussi. Mais il me fallait aller encore plus loin dans ce besoin de communication. Je voulais crier, de façon à ce que tout le monde entende, mon amour pour la vie, pour mon prochain. Je voulais le faire d'une manière grave et profonde. Alors est né dans mon cœur l'*Opéra d'Aran. »

Répondant à un journaliste qui lui fait remarquer qu'il ne s'en sort pas mal, Bécaud confie :

« Je n'ai plus de mains maintenant, je n'ai plus de doigts... Vous savez, il faut des doigts, je n'en ai plus guère. »(5)

Il faut bien avouer qu'en pleine répétition, la modestie est de mise, les médias se chargeant de vanter le talent du compositeur, tout en présentant largement son opéra, avant la création.

« De tout ce qu'il a fait, c'est le sujet qui lui tient le plus à cœur. » A la fin des années quatre-vingt, Jacques Emmanuel l'affirmera.

Amateurs de musique, prêts à embarquer sur le navire ? Premières sommations d'usage, théâtre des Champs-Elysées, avec deux séances privilégiant les membres du « Lion's Club » et des « Jeunesses Musicales de France », avant la présentation officielle du 25 octobre. La presse commente les avant-premières en situant l'œuvre. Puis, vient la soirée de première, pour laquelle Georges Cravenne, grand ordonnateur des nuits parisiennes, compose un parterre de prestige :

« J'étais en quelque sorte son attaché de presse, chargé des relations publiques depuis la fin des années cinquante. Je me suis occupé de cette soirée avec Félix Marouani, l'agent attitré de Gilbert... »

Dans la salle, le rêve continue : La Bégum, Françoise Sagan, Marlène Dietrich, Edwige Feuillère, Romy Schneider, Catherine Deneuve, Juliette Gréco, François Mauriac, Francis Poulenc, Charles Trenet, Georges Auric, Jean Cocteau, Jean Marais, Roger Vadim, René Clair, Roger Hanin, Eddie Constantine, Maurice Escande, Maurice Lehmann, quelques Rothschild, quelques anciens préfets de police... le Paris des grandes soirées (Brigitte Bardot, bien qu'invitée et annoncée, n'est pas présente).

Tu parles d'un sacré public
Pour écouter ma musique...
(ARAN - BECAUD / DELANOE)

A trente-quatre ans, que peut ressentir Bécaud en ce début de représentation ?

A l'ouverture des cuivres caractéristiques, puis à l'attaque des chœurs, le rythme cardiaque du compositeur est anarchique :

Dans l'Etat libre d'Irlande
Surgis du fond de la mer
Quelques rochers, quelques landes,
L'île d'Aran...
(OPERA D'ARAN - BECAUD / AMADE-DELANOE)

« Je sais, dit Gilbert en riant, cela ressemble au rêve d'un général fou qui voudrait marier l'infanterie et l'aviation ; mais ça m'est égal, vous comprenez, j'aime la musique. »

En début d'année, il se confie à Danièle Heymann qui conclut : « Quand la chansonnette vous a apporté la gloire, il peut paraître ambitieux de signer des cantates et de travailler [...] à un opéra. Ambitieux ? Oui. Courageux aussi. »(6)

La mise en scène de Margarita Wallmann, les chœurs du Conservatoire placés sous la direction d'Elisabeth Brasseur, l'orchestre de la société des concerts du Conservatoire dirigé par Georges Prêtre : du travail d'orfèvre pour une grande machinerie en deux actes et sept tableaux. Maureen, Mara, Angelo, Mickey, Sean... vivent. Son rêve lyrique s'est enfin réalisé. Dans son livre *Les Balcons du ciel*(7), Margarita Wallmann évoque les péripéties de sa réalisation et les mois précédant la création d'*Aran*, un temps où elle n'avait jamais entendu parler de Bécaud :

« C'est finalement à la Scala que j'ai connu Gilbert : il était venu voir une de mes productions. Son apparition à l'entracte sur le plateau où il me cherchait fit sensation... Quelques semaines plus tard, il m'envoyait une bande : l'intégrale de l'*Opéra d'Aran* joué et chanté par lui, agrémenté de commentaires encourageants. Séduite par la jeunesse et la nouveauté de la chose et aussi par la perspective d'avoir pour répéter un temps quasi illimité, sans restrictions syndicales et dans un véritable esprit d'équipe, j'acceptai. »

Amade reviendra souvent sur cette soirée, notamment dans ses notes de 1990 (confiées plus tard par son frère Georges) :

« Inquiet au dernier degré, Gilbert à côté de moi dans un coin sombre de la salle [...] commença de me tenir la main dès que s'ouvrit le rideau. Il ne la lâcha que lorsqu'il s'aperçut très vite que le public retenait son souffle... »

Lorsque le frêle esquif des amants va se perdre dans le grand large, englouti peu à peu dans le brouillard carbonique, imagine-t-il alors l'ovation finale qui va clôturer son opéra ? Entouré de tous les participants à cette fantastique aventure, Gilbert se retrouve sur scène, récoltant les cris et les bravos.

Enthousiaste, Jean Cocteau monte sur le plateau :

« Tu as désobéi aux impératifs de la mode en n'écrivant pas une œuvre d'avant-garde. C'est bien pour cela que tu as fait un vrai opéra. »

Bécaud croule sous les félicitations. La première, Marlène Dietrich, diaphane, robe blanche, avec un unique point rouge sur le corsage (la rosette de la Légion d'honneur), profite de l'entracte pour l'encourager, dans les coulisses, avec son chevalier servant, Jean-Claude Pascal.

Réactions et remous dans la presse : un vrai chapelet dans *Le Figaro, Le Monde, France-Soir, L'Aurore, Paris-Presse, Opéra....*

Pour *Il Messagero* : « Il vaut la peine de souligner la sympathie avec laquelle le public français a suivi la dangereuse aventure de l'un de ses benjamins : une solidarité qui ressortait de chaque parole, de chaque geste, de tout. »

En Belgique, *La Dernière Heure* lui consacre plusieurs colonnes, sous la plume de Sébastien de Raet :

« Le génie musical de Bécaud s'est exprimé d'une manière inattendue. Celui qui sans doute a le mieux chanté une époque depuis Charles Trenet ne s'est pas projeté dans un domaine réservé. [...] Nous avons aimé énormément... »(8)

Il est reconnu par Poulenc, applaudi par Auric et encensé par des critiques comme Gavoty ; une partie de la presse lui réserve cependant un accueil plus froid. Presque une tradition à la création d'une grande œuvre. L'ombre du souvenir de la bataille d'Hernani plane sur *Aran* : génie pour certains, avec le lot sempiternel de détracteurs.

« La France a un grand défaut, me confiera Georges Prêtre : on vous met des étiquettes. Si Bernstein avait été français, on l'aurait critiqué. Ce n'est pas possible, Bécaud ne peut pas être un grand chef d'orchestre, un compositeur de musique dite légère et en même temps, écrire une cantate, un opéra. Voilà l'appréciation en France, un ostracisme absolument stupide ! »

« C'est aux gens de la rue que j'ai pensé, plus qu'aux critiques et aux spécialistes, précise Bécaud. *C'est une œuvre de facture classique, pas une œuvre de laboratoire. Je n'ai pas cherché à faire du déroutant, du surprenant, mais j'ai essayé au contraire de réhabiliter la mélodie et le bel canto. »*(9)

A lire certains magazines, Bécaud et son opéra n'ont pas droit de cité dans le milieu classique. La démarche n'est pas comprise et le compositeur a bien du mal à se débarrasser de la suspicion auprès des critiques :

« Une suite de tableaux figés dans de vieilles conventions; une esthétique des années 1860; une histoire d'amour (elle aurait pu être très belle) qui devient un affreux mélo; des situations dramatiques sans contenu émotionnel. Non, ces pêcheurs d'Irlande ne nous intéressent pas. »

L'Express, peu habitué à ce ton à l'égard de Bécaud, se déchaîne :

« La musique ? Une succession de mélodies parfois agréables, sans style défini, sur une orchestration péteuse, avec des effets de variétés souvent déplaisants. »(10)

Sous la plume de Nicole Hirch qui persiste et signe, l'hebdomadaire modère quelque peu ses commentaires en concluant :

« Le malheur veut que l'*Opéra d'Aran* soit un admirable spectacle, remarquablement chanté par Rosanna Carteri, Peter Gottlieb, Agnes Disney et qu'il bénéficie d'une mise en scène superbe de Marguerite Wallmann et de décors, tragiques dans leur dépouillement, de Bernard Dayde. Je dis le malheur, car on serait tenté, à certains moments, de prendre l'effet scénique (celui de la fin, avec la barque qui s'éloigne, est particulièrement réussi) pour du drame véritable. »(10)

Sur l'unique chaîne de télévision et au *Figaro*, Bernard Gavoty prend sa défense, gratifiant *Aran* « d'opéra véritable » pendant que Claude Samuel, dans *Paris-Presse*, souligne « ce superbe spectacle qui n'a sans doute pas son équivalent sur nos scènes lyriques nationales ».

La série de représentations sera évoquée plus tard par Marc Robine :

« La folie de l'entreprise se retrouve jusque dans les cent jours, car aucun opéra, jamais, n'a été représenté cent fois de suite. Pas même une cinquantaine. »(11)

Même évocation pour Delanoë, avec quarante-neuf jours — ou cent —, selon ses entretiens avec Alain-Gilles Menella.(12)

Dans sa thèse, Sprengers mentionne deux troupes en alternance, soixante mille spectateurs, pour deux mois de représentations. Amade, quarante-huit jours(13). Peu importe le nombre exact..., le pari de longévité sur une même scène est gagné.

« C'était dur, me confie Prêtre, les frais du théâtre des Champs-Elysées s'avéraient très lourds. Il fallait vraiment remplir à fond pour couvrir les frais. Je devais partir au Metropolitan Opera continuer mes contrats avec de grands orchestres américains et je n'ai pu assurer toutes les représentations. J'ai fait les six premières, Baudo et Lombard ont pris le relais. »

« Le lendemain de la première, raconte Gilbert, *je n'ai pas voulu être là, car d'abord cela ennuyait les interprètes : ils savaient ce qu'ils avaient à faire et je voulais pas les déranger. Je suis donc parti immédiatement avec mes musiciens, avec ma petite formation, pour une nouvelle tournée aux Etats-Unis et au Canada. Chaque soir, je téléphonais à Paris, au théâtre, pour demander ce qui s'était passé, si la diva n'était pas tombée en pâmoison, si elle n'était pas sortie avec un machiniste — n'importe quoi ! — Enfin, chaque soir on voyait comment la représentation avait eu lieu.* »(14)

L'aventure classique continue, jusqu'à la mi-décembre qui marque la fin des représentations d'*Aran*. Pour l'ultime soirée, la plage — le décor du deuxième tableau — accueille une dernière fois Mickey, Angelo, Sean et les chœurs.

Fin de l'opéra :

Que le bon Dieu des Dimanches
Eclaire Aran
Le ciel d'Aran
La vie d'Aran
Le cœur d'Aran

« Ce fut déchirant, raconte Delanoë. La troupe se sépara tristement, mais moi, j'étais content : opéra-le-bol. »(15)

Je passe rapidement sur les difficultés financières. Se battre et réussir sont de règle : pendant ces deux mois, la salle a tourné presque à sa capacité maximale. Ce « presque » est assez lourd de conséquences pour Bécaud et son équipe. Le théâtre est aux trois quarts plein chaque soir, ce qui est plus qu'honorable dans la folle aventure, mais pas suffisant. Pour couvrir les frais, ainsi que le précisait Georges Prêtre, il fallait une salle pleine.

« Nous perdîmes donc de l'argent tous les soirs, explique Amade. Nous l'avions prévu. Gilbert hypothéqua sa maison du Chesnay, Pierre sa maison de Fourqueux et moi, celle des week-ends à L'Etang-la-Ville. Cela pour obtenir les avances nécessaires afin d'assurer tous ces frais. »(16)

L'apport financier des éditions Salabert et de Madame Raoul Breton n'est pas négligeable, mais la bagatelle de huit millions a dû être ajoutée. Assez rapidement, Bécaud, Amade et Delanoë, maîtres d'œuvre de l'ouvrage, rentrent dans leurs fonds et font sauter les hypothèques.

La belle aventure s'il le faut je jure
Que je la recommencerai
(ARAN - BECAUD / DELANOE)

« *Aran* a été assez controversé et critiqué par certains tenants de l'opéra classique, plus habitués à jauger le vernis que le support, mais cette aventure hors du commun aboutit tout de même à un beau succès qui donna à Gilbert une dimension supplémentaire. »

Cravenne y revient plusieurs fois lors de nos entretiens, commentant le prétendu échec de l'*Opéra d'Aran* avant ses triomphes à travers le monde.

En 1962, Jacques Brel chante *On n'oublie rien* et le duo Edith Piaf-Théo Sarapo *A quoi ça sert l'amour...* Nougaro va bientôt nous présenter sa *Petite Fille en pleurs...* A la télévision, *Age tendre et têtes de bois*, animé par Albert Raisner, reçoit toutes les nouvelles idoles qui se produisent souvent en direct. Présentateur chouchou de la jeune génération, Raisner invite le public du studio à rejoindre les artistes sur la piste pour danser, autour d'eux, rock, twist, hully-gully, clast, slop et autres rythmes à la mode, accompagnés par Claude Bolling, l'orchestre maison.

On est bien loin de *Paris Club,* que Jacques Chabanne anime à l'heure du repas, juste avant les actualités, sur la seule et unique chaîne de télévision. Malgré l'humour de Suzanne Gabriello et de Bernard Lavalette, cette émission quotidiennement morne et languissante n'a pas les faveurs d'une jeunesse d'après-guerre qui grandit et évolue. Les premières images venues d'Amérique avec le satellite Telstar vont apporter leur part de bousculade dans cette marche en avant.

« Assez désordonné, toujours pressé et pas tellement d'accord avec l'horaire. » Tels sont les premiers mots de Jacqueline Joubert, au début de nos entretiens :

« J'ai eu plusieurs fois Gilbert dans mes émissions. Il était l'inexactitude faite homme. Il était facile, adorable, charmant, mais il n'avait aucune notion de l'heure. Moi, on m'a une fois mais jamais deux. Alors, l'émission suivante, je lui ai dit : "Tu viens à quatorze heures, je te ferai passer tout de suite", et Gilbert m'a certifié : "Je serai là, sois tranquille." J'avais besoin de lui à... seize heures et il est arrivé à seize heures pile. Il n'en est pas encore revenu ! »

Jacqueline Joubert, Georges de Caunes, c'est un peu l'histoire de la télévision française, un style nouveau, mariant le respect, la dérision et l'humour. Antoine, leur trublion de fils, crèvera lui aussi le petit écran en son temps avec des séquences qui décoifferont et il faudra alors se surpasser pour dégainer plus vite que lui. Trois décennies s'écouleront et Jacqueline Joubert reviendra, à ma demande, sur ses vacances en Normandie dans les années soixante :

« J'étais à Trouville et Bécaud avait une villa à Deauville. Gaya invitait souvent Antoine. Ils étaient très copains. Un jour, Gilbert chante dans la région. Nous allons le voir, j'emmène maman et Antoine, tout petit. On va l'applaudir et dans sa loge, il me dit :

"Tiens, je passe te voir demain matin, on ira à la plage ensemble."

J'avais à cette période-là une femme de ménage d'origine italienne que je n'avertis pas. Le lendemain, il sonne. Quand elle voit Bécaud, elle se trouve mal et tombe en arrière, presque raide ! Sympathique journée de détente où Gilbert emmène Antoine, lui achète des jouets et se baigne avec nous. »

Souvenirs, souvenirs... De Gaulle échappe à la mort au Petit-Clamart. Georges Pompidou est nommé premier ministre. Dernière nuit pour Marilyn Monroe. Le premier numéro du magazine *Salut les copains* dépasse le million d'exemplaires et Pierre Perrin, le chanteur-chauffeur de taxi, lance son *Clair de lune à Maubeuge*, un tango qui devient rapidement une marche, puis un twist... Les compositions de Bécaud n'échappent pas à cette transformation, avec des versions instrumentales insolites et pas toujours très heureuses. Ainsi, *Au revoir* et quelques autres titres en twist, par l'orchestre d'Armand Migiani, à l'image des *Bruxelles* et *Madeleine*, de Brel, à la sauce madison ! Toutes sont dirigées vers la même moulinette. Dans les multiples instrumentaux des chansons de Gilbert à cette époque, je garde une préférence pour *T'es venu de loin*, par Maxim Saury, et pour le quarante-cinq tours de Paul Piot et son orchestre avec *Crois-moi ça durera, Rentre chez toi et pleure* et *Je t'attends*, loin devant le *Et maintenant* de Caravelli, de Michel Magne ou de Clyde Borly, et le *Crois-moi ça durera* de Pierre Sellin.

Continuant mes fouilles méticuleuses, je découvre *What now my love*, avec George Greeley accompagné par the Warner Bros orchestra, aux côtés de *Tonight*, tiré de *West side story*. Le titre de Bécaud ne connaît pas encore le succès aux Etats-Unis ; c'est, avec la reprise de Shirley Bassey, classée cinquième au « hit » anglais, une des toutes premières adaptations anglo-saxonnes de *Et maintenant*.

Chez nous, le chanteur espiègle nous envoie *La Grosse Noce*, comme un pied-de-nez à son opéra. Un truculent tableau d'une noce bavaroise, signé Vidalin, à partir d'un texte écrit, pour une fois, par Bécaud :

Le temps des tartines
Le temps des cousines...

Dans *Ton frère le poète*(17), Sprengers rapporte les propos de Vidalin :

« La musique me plut et j'eus l'idée de raconter là-dessus une noce mexicaine ! Nous nous sommes mis au travail, à Bruxelles, et sans doute à cause de quelques verres de bière posés sur le piano, ma noce mexicaine a lourdement glissé vers une noce allemande. Voilà les petits secrets de notre cuisine... »

« En une nuit, on avait écrit un morceau parfaitement inchantable ! On l'a édulcoré le lendemain matin. Ce n'était vraiment pas possible. »

Avant de continuer la route, deux pauses, deux cartes postales...Une, du Festival du Son, à Paris, avec *Dans ces moments-là*, un disque réservé exclusivement au public visiteur... L'autre, du Roussillon, avec un groupe, les Pirates, que mon père présente dans une petite cité des Pyrénées orientales. Les jeunes Catalans se déchaînent tandis que les plus anciens lancent, énergiquement : « al cofor! al cofor! » Il faut voir la tignasse de ces rockers. Ça décoiffe, en 1962 !

Au Brésil, la nouvelle vague a un nom : bossa nova, une forme de samba, plus jazzy dans la mélodie et dans le rythme. Les jeunes chanteurs la snobent, elle fait au contraire les délices des Compagnons, de Distel (à qui Bécaud et Delanoë vont destiner *C'est pas vrai*), de Moreno et d'un grand nombre d'artistes qui adaptent leurs morceaux à ce nouveau tempo. Aznavour sera un des adeptes avec *Je t'attends*, sur une musique de Bécaud et une orchestration opportune de Paul Mauriat, très différente de celle de Raymond Bernard pour Gilbert.

Si, pour certains, l'aventure classique d'*Aran* ne se révèle pas comme un succès théâtral important, l'œuvre est une excellente affaire pour le marché du disque. Sorti le 17 décembre, l'enregistrement, réalisé sous la direction musicale de Prêtre, atteint rapidement les seize mille exemplaires; comme chaque coffret comporte un album de trois disques, on arrive à quarante-huit mille trente-trois tours en quinze jours.

L'année qui se termine va marquer l'histoire. Le cessez-le-feu proclamé en Algérie met fin à sept ans et demi de guerre coloniale. L'Alger européenne, touchée au cœur, voit ses bars attaqués à la grenade. En quelques mois, on enregistre sept cent mille départs vers l'Espagne, Israël et surtout la France. C'est l'exode dramatique des pieds-noirs et une rupture définitive des deux communautés, européenne et musulmane, sur la rive sud de la Méditerranée.

1963

Les Madames qui venaient...

DIMANCHE A ORLY - TROP BEAU
DE L'AUTRE COTE DE LA RIVIERE - TOI
MERE DOULOUREUSE - JE T'ATTENDS - NE DIS RIEN
LA ROUTE - QUAND JULES EST AU VIOLON
SI J'AVAIS UNE SEMAINE - DEGONFLE - AU REVOIR
LES TANTES JEANNE (AH ! LES JOLIES VACANCES)
HEUREUSEMENT Y'A LES COPAINS
C'EST PAS VRAI

Aran doit rayonner ! Paris l'a découvert, d'autres scènes doivent présenter l'œuvre lyrique. Bécaud va s'y employer, avec une énergie singulière, tout en abordant l'écriture de nouvelles chansons de variétés.

A l'escalier C, bloc 21..., Dimanche à Orly se taillent la part du lion. Les raisons d'une réussite restent indéfinissables. Néanmoins, ici, tous les ingrédients paraissent réunis : thème original, avec les mots de Delanoë parfaitement adaptés à la société de consommation en pleine expansion, musique à rythmes alternés et habillage attrayant de Raymond Bernard (on retrouvera la même orientation, en 1987, dans *La Fille de la pub*).

Souvent, Gilbert évoque Orly. Ce point de départ pour les nombreux concerts autour du monde lui est familier. C'est de cet aéroport qu'en avril, il s'envole pour le Japon. Le public nippon qui l'attend ne connaît pas le français. Chaque trois ou quatre chansons, un traducteur commente les prochains titres. Les spectateurs n'applaudissent pas durant le spectacle. A la fin du récital, compensation : l'ovation se prolonge, vingt minutes de cris et d'applaudissements. Un souvenir inoubliable.

Bécaud et Aznavour, complices des débuts, renouent leur collaboration annoncée :

« J'y étais, se souvient Fred Mella. Aznavour c'est “mon frère”, le parrain de ma fille. C'était amusant, nous avions passé des vacances communes à Saint-Tropez. Avec Gilbert et Charles, nous faisions du bateau et le soir, on se retrouvait dans une espèce de grenier merveilleux, vraiment très beau. Charles donnait une idée de départ, Gilbert se mettait au piano. J'avais la chance d'être l'auditeur, le spectateur privilégié. »

Mis à part *Je t'attends* qui sera la plus appréciée de la cuvée, deux autres chansons, moins populaires, vont figurer dans les prochains enregistrements : *La Route*, menée à un rythme d'enfer par Bécaud en scène, et *Ne dis rien*, par Aznavour. Une impression bizarre se dégage de cette collaboration. Comme si, réunis, les deux artistes n'avaient pas donné le meilleur d'eux-mêmes, gardant chacun pour soi ce que l'un pouvait apporter à l'autre. Un peu comme si la montagne avait accouché d'une souris.

Répondant à un journaliste qui lui demande pourquoi cette reprise de relations n'aboutit pas sur plus de titres ensemble, Bécaud lance :

« Demandez à Aznavour. »

« Peut-être que Charles a dit la même chose, me confiera, évasif, le soliste des Compagnons... Il y a eu une histoire d'édition. Ce sont des petits problèmes de métier et des histoires vraiment personnelles... »

On est déjà loin de leurs premières chansons communes dans les années cinquante, tout paraissait alors plus spontané. Désormais, Bécaud et Aznavour ont chacun leurs éditions. Plus tard, le compositeur de *Dimanche à Orly* évoquera ponctuellement son entente avec le créateur de *La Mamma*. Ce dernier, par contre, aura plutôt tendance à l'« oublier », notamment dans le journal *Notes*, en janvier 1995. José Artur évoquera cette rencontre heureuse entre Gilbert et Charles, qui se termine d'une manière un peu décevante :

« Ils sont bien moins fâchés que l'opinion le dit et ils sont moins amis que ce qu'ils pourraient faire croire... »

Nana Mouskouri, les Trois Ménestrels reprennent *Je t'attends*, avant une adaptation aux Etats-Unis pour Nat King Cole. *Quand Jules est au violon* et *Les Tantes Jeanne* traverseront les ans, suivant l'exemple de *Dimanche à Orly*, et se partageront une position privilégiée dans le répertoire.

Aussi paradoxal que ça puisse paraître, *Quand Jules est au violon* a occupé les esprits de Vidalin et de Bécaud durant deux années. Dix versions avant la définitive. « Un soir de sports d'hiver, dans un chalet, [...] la fête. » Vidalin raconte :

« Quelqu'un dit : "Quand Jules est au violon et Léon à l'accordéon, on se marre bien." On a pensé qu'il y avait sûrement une fille dans le coup, c'est la fille à Mathurin, pas compliquée et même un peu facile. Il fallait ensuite camper le personnage. On imagina d'abord un condamné : pas besoin de dernière cigarette, il suffit que l'on fasse venir Jules et Léon pendant qu'on va le pendre. Cette version nous a paru trop triste. Alors, on a pensé à un bûcheron qui racontait son histoire à des copains. Finalement, on est arrivé à ce gars que vous connaissez, le naïf qui voudrait bien, mais qui ne peut pas. »(1)

Quand Jules est au violon
Et Léon à l'accordéon
Faudrait avoir trois jamb's de bois
Pour ne pas danser la polka...

Sur la lancée et la même construction musicale de *Et maintenant*, c'est aussi l'enregistrement en studio de *Toi*, avec une choriste au succès d'estime, Nicole Croisille. Je préfère nettement la chanson dans l'interprétation scénique, plus intimiste et spontanée, de Bécaud à l'Olympia, avec une exposition musicale mieux développée, jouant davantage sur les échanges orgue, piano et rythmique. Après sa participation dans la version studio, Nicole Croisille adopte la chanson et, dans la foulée, enregistre *Je t'attends.*

Confirmation du succès d'Hallyday dans la légendaire « Nuit de la Nation », le 22 juin. Cent cinquante à deux cent mille jeunes viennent écouter leurs idoles. Pour le premier anniversaire de *Salut les Copains*, Europe numéro 1 organise ce méga-concert gratuit avec Hallyday, Vartan, les Chats Sauvages, les Gams, Richard Anthony...

« Une jeune fille attaquée, plusieurs viols, [...] une voiture endommagée, des vitrines brisées, les stores d'un café arrachés, des arbres mutilés. »

Le Figaro dresse un constat réaliste et peu réjouissant. Dans le même journal, Philippe Bouvard est scandalisé :

« Quelle différence entre le twist de Vincennes et les discours d'Hitler au Reichstag ? »

Toute la presse s'indigne. Le phénomène, en fait, c'est l'ampleur du rassemblement pour une fête de la jeunesse. Ce soir-là, Amade se laisse guider par son chauffeur et atterrit à la fameuse soirée, côtoyant l'état-major d'Europe numéro 1, le président Floriat en tête, Maurice Siégel, Lucien Morisse : tout un monde sur le pied-de-guerre devant une marée humaine.

Réflexion d'Amade après le spectacle :

« Le yé-yé a atteint à la Nation son sommet, dès demain, il ne peut que descendre. »

Erreur d'appréciation, l'avenir le démontrera. A la télévision, il ne saurait être question de « zapper ». La chaîne est unique et sans concurrence. Patricia Carli, Claude Nougaro, Françoise Hardy, Lény Escudéro, etc. vont bénéficier de l'impact de cette étrange lucarne reçue à domicile par vingt-sept pour cent des ménages (quatre millions de récepteurs TV recensés en 1963).

En Italie, les films de music-hall, évoqués dans les années cinquante, continuent : *Canzoni nel mondo*, de Vittorio Sala, réunit Mélina Mercouri, Mina, Dean Martin et Bécaud...

Ascension du phénomène « teenager ». On découvre Claude François avec *Belles belles belles*. Dans le prolongement du succès de l'émission d'Europe numéro 1, c'est toujours la première place pour le « leader » de la presse des jeunes, « *SLC* », une sorte d'« Internationale de la jeunesse », qui devançe largement les autres concurents. Le yé-yé est à son apogée.

Dans cet état de grâce, la carrière des Parisiennes, dont le Pygmalion est Claude Bolling, est intéressante. Sept ans de succès pour les anciennes danseuses et un sympathique souvenir de leurs quatre têtes superposées, dans les coulisses, découvrant Annie et Gilles. Les duettistes ont bien grandi, et ont puisé dans le répertoire des Parisiennes *Il fait trop beau pour travailler*. Vedettes du spectacle, ces dernières insistent pour que les jeunes gens n'enlèvent pas le titre de leur tour de chant.

Même anecdote, pour la rencontre Bécaud et Les Trois Ménestrels :

« On a été mis en supplément au programme de Gilbert à l'Olympia, en 1956. C'était en février. A l'époque, il y avait une vedette anglaise, une américaine et une formule qu'avait inventée Coquatrix : le "supplément au programme", qui ressemblait à ce qui se faisait autrefois dans le music-hall, l'audition, notée en rajout, sur le bord de l'affiche. On est tous passés ainsi, Brel aussi. C'était la première fois qu'on faisait l'Olympia. Au moment de l'avant-première qui avait lieu à Versailles (au cinéma le Cyrano), nous chantions *La Ballade des baladins*, un des premiers poèmes d'Amade pour Bécaud, Madame Breton, qui nous connaissait bien et qui savait que c'était notre chanson fétiche, a demandé à Gilbert si nous pouvions conserver ce morceau.

"Oui, mais ça m'ennuie un peu, car c'est la chanson sur laquelle je termine. Enfin, qu'ils me la chantent."

Il était dans la salle du Cyrano avec Madame Breton et on a interprété *La Ballade*, devant lui...

Danse donc, joli baladin
C'est la ballade, c'est la ballade...

A la fin, Bécaud a lancé :

"Je la leur laisse, ils la chanteront."

C'était magnifique ! Je dois te dire qu'en plus, il a été formidable. Nous étions morts de trac. Dans les coulisses, avec une serviette et un verre d'eau, exactement comme un soigneur de boxeur, il nous a encouragés. On lui disait : "C'est fantastique ce que vous faites, extraordinaire." Il nous rétorquait :

“Pas du tout, de toutes façons, si le programme est bien avant moi, je serai très bon et le public aussi.”

Gilbert a toute notre reconnaissance et notre estime. Avec les Ménestrels, nous avons souvent puisé dans son répertoire. Il nous a aussi donné *La Hollandaise*. Il aurait pu la graver mais il ne l’a pas fait. C’était un texte assez marrant, de Delanoë. »

J’aime les hollandaises [...] la belle poitrine...

Les rapports furent loin d’être aussi amicaux entre Petula Clark et Dionne Warwick réunies dans un spectacle à Sète. Pas de cadeaux dans le « show-business »... Petula, vedette de la soirée, a adopté les versions françaises des chansons de Dionne. La jeune américaine, en robe à pois, est la protégée de Stark qui la fait passer pour une vedette aux Etats-Unis, pour lui ouvrir les portes en France. Bien plus tard, Warwick commencera sa vraie et solide carrière en Amérique, revenant parfois à Paris, notamment en mars 1995, pour un concert unique, au Palais des Congrès. En 1963, j’assiste à des remous futiles, drame d’un soir dans la vie de deux artistes qui ne bougeront pas leur programme d’un pouce : dans la même soirée, Clark et Warwick (tiens, ça sonne comme une gifle...) imposeront au public étonné trois ou quatre succès en double, en anglais, puis en français. Croustillants échos, le lendemain dans la presse locale, soulignant la bonne entente des artistes !

Gilbert Bécaud et Petula Clark réunis sur un texte de Delanoë : *Pourquoi papa*. On en reparlera.

Depuis les débuts, la griffe Bécaud est présente dans certains titres qu’il n’interprète pas et destine à ses confrères. Ce n’est pas une évidence pour le grand public, ni d’ailleurs pour les « pros » du Département de la phonothèque et de l’audiovisuel, à la Bibliothèque nationale. Ce service, pourtant bien avisé, m’indiquera plus tard « qu’il semblait peu probable que Bécaud ait écrit des chansons qu’il n’aurait pas interprétées lui-même. » Voilà une probabilité qui ravira les éditions de Gilbert.

D’autres morceaux peuvent faire l’objet d’un dépôt dans un autre pays et leur adaptation anglaise ou américaine transitant par la Sacem est facilement repérable. Mais, perplexité de Mathieu Casile à la société des auteurs et interrogation des éditions de Gilbert, à l’annonce de quelques titres mystérieux :

« Inconnus dans le catalogue Bécaud ».

Dans l’explosion des nouveaux rythmes, chaque maison de disques fait la course aux révélations dans le style du jour via le Saint des saints : le hit-parade. Festival, Bel Air, Riviera, Fontana, Rca Victor, Columbia,

Barclay, Ricordi et Tutti Quanti ! Ces disques auront une histoire, celle des *Chansons de ta vie*. On se souvient du jour où on a acheté son premier Dutronc, Bécaud, Brel ou Hallyday et de la première galette vinyl déposée sur l'électrophone.

A mes heures de loisirs, je suis fasciné par ce monde magique. Un couple de disquaires, à la cinquantaine proche, me fait confiance pour l'aider en dilettante. Conseiller tel disque plutôt qu'un autre : un instant magique pour un enfant, un pas vers le monde de l'adolescence. Je me retrouve de l'autre côté, du bon côté...

Au hasard de mes rencontres, je retrouve notre compositeur-turbo avec des interprètes parfois inhabituels. Ainsi, Eddy Mitchell sans les Chaussettes noires dans une version de *Et maintenant* ou *Crois-moi ça durera* par l'orchestre de Bob Azzam.

Dans les années soixante, Dalida adopte *Le Jour où la pluie viendra, Marie Marie, Je reviens te chercher, Pilou Pilou hé, Si je pouvais revivre un jour ma vie...*

Que dire de *La Première Fois* (Bécaud-Vidalin), par la jeune Claudine Coppin ? Destin incontrôlé de certains titres... Dans la série des incongruités, qui se souvient de *Je fais ma valise*, d'Aznavour, enregistrée par Fernandel (pourtant un des meilleurs exemples des qualités d'auteur d'Aznavour au bénéfice d'autres interprètes) ?

Ignorer Bécaud compositeur dans les années soixante devient impossible. Citons pour mémoire : les Pirates et *Le Condamné*, Jacqueline Néro dans *Le Jour où la pluie viendra* et *Le Mur...* Isabelle Aubret avec *Crois-moi ça durera, Va-t'en loin, Et maintenant...* et Hervé Vilard dans *Je reviens te chercher, L'amour ou la mort...*

Outre la chanson *Son meilleur copain*(2), attribuée à Bécaud par Mireille Rupp, Richard Anthony enregistre un autre titre de notre musicien : *Au revoir*.

30 septembre : mention toute particulière à la rentrée du Bécaud 1963, enregistré malgré quelques défauts de son. Un des ses meilleurs Olympia. Le neuvième.

« Une vieille gloire toujours intacte », lance Philippe Bouvard. « C'est bien réconfortant de pouvoir applaudir une idole qui a passé les trente-cinq ans... »

Effectivement, rien n'a changé, ou si peu : le répertoire n'a aucune ride. Cette rentrée a une histoire. Vous avez sans doute entendu évoquer cet Olympia de janvier 1964, avec Trini Lopez pour vedette, et, en première partie, Sylvie Vartan, la petite Bulgare révélée à la « Nuit de la Nation », Pierre Vassiliu, et quatre jeunes garçons pratiquement inconnus en

France... les Beatles. A cette époque-là, les Beatles ne pas encore devenus ce qu'ils furent. Voilà quelques mois que Bruno Coquatrix et Jean-Michel Boris se sont envolés pour Londres et ont signé un contrat à un prix défiant toute concurrence — mille cinq cents francs. Les mois passent, le document signé les laisse sceptiques, la popularité du groupe engagé n'étant toujours pas reconnue. Alors, qui marier avec ces Beatles ? Bécaud ? Coquatrix se pose la question...

Le futur « groupe phénomène » attendra quelques mois pour son premier et unique passage à l'Olympia, entre un récital du Père Duval et une soirée Aznavour. Octobre 1963 reste l'Olympia de Bécaud — sans les Beatles —, avec un nouveau triomphe, grâce notamment aux *Tantes Jeanne*, très applaudies.

« On n'a pas gardé la moitié de ce que l'on a dit, pendant que nous l'écrivions, avec Maurice Vidalin, c'était à Monaco, je crois. On a déliré toute une nuit en rigolant comme des potaches. Le lendemain matin, quand on a écouté la bande, c'était d'une truculence... ! Et encore, je choisis mes mots. Si bien qu'il a fallu tout reprendre et considérablement édulcorer le texte ; ce qui est d'ailleurs un exercice très difficile. Il est toujours beaucoup plus facile d'en rajouter que d'en retrancher. »(3)

Françoise Arnoul gardera une tendresse particulière pour ce petit chef-d'œuvre. Durant ces années, l'évolution du chanteur est évidente et les thèmes vont souvent devenir plus graves, tout en préservant son âme d'enfant indéfectible. Dans cette vision, *Les Tantes Jeanne* sont significatives. L'artiste est-il vraiment adulte ? Pour les piliers du Golf Drouot, Gilbert malgré son âge n'est pas encore un « copain perdu » ! Pour le mensuel *Age Tendre*, non plus :

« Bécaud a survécu à son énième enterrement. On nous avait pourtant bien prévenus : "Cette fois, il en mourra, allez à l'Olympia." J'y suis allé. [...] Je lui ai demandé pourquoi on avait annoncé sa mort. Gilbert avoue n'en savoir rien, mais il ajoute : "Vous savez, je meurs tous les deux ou trois ans, on s'y habitue, à la longue." »(4)

En France, toute réussite est suspecte. On pourrait pendant des pages essayer d'analyser le succès et son prolongement dans le temps. Quand vous consultez la presse des années cinquante, il faut regarder à deux fois le nom de l'artiste pour être certain qu'il s'agit bien de Bécaud, pas d'Hallyday, tant la ressemblance des critiques est frappante. Au début des « sixties », on lui fait changer de rôle :

« Distel détrône Bécaud, écrit-on, avec des rythmes plus ridicules et des paroles plus imbéciles encore. »

En 1962, c'est Johnny qui prend le relais et l'on peut lire alors dans *Témoignage Chrétien* :

« Le rôle que tenait Gilbert Bécaud est aujourd'hui joué par Johnny Hallyday, un chanteur sous-développé, aux clowneries pitoyables. Quant à Bécaud, on se demande en 1963 s'il a bien existé, s'il a jamais été un "copain", lui qui mit le mot à la mode. Après avoir été l'épouvantail hystérique qu'on montrait du doigt, il est en 1963 tantôt "l'enterré", tantôt celui qu'on donne en exemple à celui qui l'a remplacé dans le rôle d'épouvantail pour critique : Johnny. Il faudrait s'entendre... »(4)

On appelle les vedettes par leur prénom... Johnny, Cloclo, Richard, Sheila, Sylvie, Françoise, Salvatore, Dick, Franck... C'est l'année des dix-sept ans de Sheila et des vingt-quatre ans de Claude François.

« Je sais, je n'ai pas douze ans et demi, je suis né en 1927, mais si vous comptez bien, ça ne me fait pas encore un demi-siècle... Et puis, une seule chose est importante, savoir si je suis toujours Bécaud... »(4)

Solide comme un roc, avec Aznavour, Brel, Ferré, Ferrat (l'écurie Barclay) et quelques autres, Bécaud résiste à l'invasion des nouveaux rythmes non sans une ou deux concessions : *Ma souris danse, Si j'avais une semaine*. Ferrat chante *Horizontalement* et Brel, avec *Les Bonbons* deuxième version fait écrouler un public qui twiste sur *Les Petits Matins* d'Aznavour.

Ferré concède un parodique *Monsieur Barclay*, avouant plus tard :

« Si je faisais mon métier comme je le voulais, je viderais les salles. Alors, je fais des concessions. »

... Ce à quoi Brel ajoutera :

« J'ai le sentiment de faire "relativement" ce que j'ai envie de faire. »(5) [...] « Dommage qu'on soit obligé de s'abaisser à écrire des morceaux à succès. Il faut faire du commercial. »(6)

10 Octobre 1963. A quelques heures d'intervalle, disparition de Jean Cocteau et d'Edith Giovanna Gassion-Edith Piaf. Cent mille personnes défilent devant la tombe de la chanteuse. Un torrent de larmes. Marlène Dietrich, Bécaud, Aznavour, Montand, Moustaki, Constantine, les Compagnons, André Pousse, Félix Marten... accompagnent Théo Sarapo, le dernier mari et confident. Dans une mer de roses pourpre, ils sont tous venus pour un dernier salut, précédant le Paris populaire. Le temps des souvenirs pour un Bécaud grave et silencieux...

Piaf à l'Olympia en 1955, répétant *Légende*, un texte de la chanteuse sur sa musique (un document enregistré qui restera longtemps inédit et dont je ne trouverai aucune trace du côté de la Sacem). Bécaud saluera les deux personnalités, avec la complicité d'Amade : Cocteau dans *Quand il est mort le poète* en 1965, Piaf et Cocteau réunis dans *Les Ames en allées* en 1984. Et dans *Oh que Paris c'est loin*, un texte écrit par Delanoë en 1992 et sorti en 1993, la chanteuse sera à nouveau présente. Gilbert y fait souvent référence, dans les chansons, et le public se montrera toujours curieux. Bécaud au présent, résolument axé sur l'avenir, doit perpétuellement revenir sur ses débuts dans l'univers de la chanteuse. Dix, vingt, trente ans après la disparition de celle qui incarnait « la plus pure émotion de la mélodie », selon le poète Léon-Paul Fargue, la ferveur populaire est toujours aussi forte.

« Auprès des grandes personnes comme Edith Piaf, de grands acteurs, on apprend toujours quelque chose. Je ne pourrais pas vous assurer qu'elle m'ait aidé, parce qu'elle ne l'a pas fait. Vous savez qu'à l'époque elle était mariée avec Jacques Pills. Elle était plutôt décidée à aider Pills que son pianiste chef d'orchestre. [...] Que voulez-vous que je vous dise? Que je vous détruise un mythe ? [...] C'était un être humain comme tout le monde, avec tout ce que cela comporte. C'est clair. Ça suffit ?

C'était un tyran de travail pour les gens qui étaient autour. [...] On aime mieux être tyrannisé par quelqu'un plutôt que d'être oublié. Edith Piaf était la personne que vous connaissez. C'était un génie de scène et quoi qu'elle ait fait à côté de ça, c'est formidable. [...] Qu'est-ce qu'on demande aux acteurs sinon d'être merveilleux ? Et elle l'était ! Edith Piaf, je te salue. »(7)

« La mort de Cocteau, c'est un truc de poète ! [...] Quelques jours avant, je lui avais rendu visite. Nous avions longuement parlé, comme d'habitude. Rien ne pouvait laisser prévoir ce qui allait arriver. Quand j'ai appris la nouvelle, je me suis dit : "Cette histoire ne tient pas debout. Ce n'est pas possible. Il ne peut pas avoir brusquement quitté cette vie qu'il aimait tant. Ça doit être encore une de ses fichues combines, un de ses fameux tours de passe-passe. A l'heure qu'il est, il doit être caché derrière un miroir et bien s'amuser du bon tour qu'il nous a joué..." »(8)

« En 1955, racontait Cocteau, la première fois qu'Amade m'a amené Gilbert Bécaud à la campagne, je ne l'avais encore jamais entendu et je ne l'avais jamais vu, et il me fallait réussir un dessin de lui pour son programme. Or, j'ai fait le portrait d'un premier communiant, d'un garçon très sage et sans la moindre fougue, car c'est de la sorte qu'avec sa modestie, sa timidité, sa gentillesse, il se présentait à moi les yeux baissés. [...] Enfin, je l'ai vu et entendu moi-même et j'ai ri de mon dessin de sainte nitouche. Gilbert Bécaud, c'est la folie qui est le vrai miracle de l'enfance et que les grandes personnes cachent comme une honte...»(9)

L'époque Cocteau, il est mort le poète
Piaf, Kennedy partis, on va pas oublier
Yé yé yé yé yé
Salut les Copains...
(ET SALUT LES COPAINS - BÉCAUD / DELANOE)

Eté 1963, en Belgique... pleins feux sur la cravate à pois : l'occasion de rencontrer les amis du club belge « Le rideau rouge ». Le fan-club — avant de s'appeler « Les amis de Gilbert Bécaud » (ne pas confondre avec son homonyme et équivalent français) — suit l'idole dans tous ses déplacements. Au Casino de Knokke où les vedettes se succèdent, Bécaud est un des plus cotés et sollicités. Il suffit de regarder quelques contrats et de reprendre les chiffres donnés par Olivier Todd (10) — on parle en nouveaux francs depuis le début de la décennie, enfin, en francs actuels.

Jacques Brel : 5 500 F - Petula Clark : 5 500 F - Sacha Distel : 6 750 F Gilbert Bécaud : 10 000 F - Raymond Devos : 5 000 F - Colette Renard : 4 250 F.

Notre artiste, depuis plusieurs années, rayonne dans le pays du roi Baudouin. Au préventorium marin de Coq-sur-Mer, en juillet, il inaugure une nouvelle piscine et *Monsieur 100 000 volts*, promu Chevalier de l'Ordre de la Couronne, est accueilli sur la musique du *Bateau blanc*. Il reçoit un petit voilier, cadeau collectif des enfants tuberculeux, gage de reconnaissance et de remerciement pour le gala de bienfaisance donné le 6 avril, au Kursaal d'Ostende, pour la réalisation de cette piscine d'eau de mer, destinée à parfaire le traitement de trois cents enfants qui souffrent d'un handicap respiratoire en permettant de pratiquer des massages. Toute la presse belge, particulièrement celle de la Flandre occidentale, souligne cet instant émouvant. Le journal *La Dernière Heure* commente le rallye «rendez-vous avec Gilbert Bécaud» disputé par une pléiade d'artistes pour terminer cette journée. Rapide coup d'œil sur les années quatre-vingt-dix : la piscine existe toujours et s'appelle « Le bateau blanc ». Quant au nom de Bécaud, il figure sur l'un des murs sous forme d'une plaque de remerciements.

« C'est en 1963 que j'ai vraiment pris le départ dans le monde entier. Le Japon, le Canada, le Brésil, l'Espagne, l'Allemagne, la Belgique, l'Italie, le Mexique. L'Allemagne par exemple m'a demandé cinq années d'opiniâtreté et de travail chaque jour. Nous allions chanter avec mon orchestre pour une somme très modeste. Quand les organisateurs me voyaient arriver, chantant pour un très petit cachet avec tout un orchestre, ils me demandaient toujours : "Mais comment faites-vous pour les payer ?" ou bien : "Vous ne mangez pas ou quoi ?" Nous faisions tout cela dans le

but de nous expatrier le plus tôt possible, afin que nos chansons traversent les frontières. Maintenant, lorsque je vais au Japon, je chante certains titres en japonais, au Canada en français ou en anglais, au Brésil je chante en français ou en anglais, au Mexique aussi, en Espagne en espagnol, en Allemagne je parle allemand. Vous ne m'avez jamais entendu chanter en allemand. [...] Moi, quand je m'écoute, cela me fait un drôle d'effet.

Enfin, je suis allé un peu partout dans le monde. Et si j'avais une opinion à donner à de jeunes chanteurs, compositeurs et interprètes qui triomphent dans leur pays, je leur suggérerais d'aller au plus tôt ailleurs, uniquement pour diffuser l'esprit de la chanson française. [...] La Terre entière s'intéresse beaucoup à la France. Je crois qu'elle est la seule à s'ignorer. Dans le monde, on l'aime beaucoup, mais chez nous, on la critique. C'est drôle mais c'est comme ça. »(11)

Retour dans le Midi. L'été de mes quinze ans, le temps des ballades et des slows comme s'il en pleuvait. Après l'enfance, me voilà depuis un certain temps en pleine adolescence, avec une chanson de Bécaud et Vidalin, *Au revoir*.

Adieu l'ami, faut se quitter
Car tout s'arrête avec l'été
L'ami
Les feuilles sont tombées
Sur les routes gelées
L'ami...

Sans savoir pourquoi, je lui conserverai toujours une tendresse particulière dans mon Panthéon personnel. Peut-être parce qu'elle aborde, avec retenue et simplicité, sur une mélodie nostalgique, le thème de l'amitié déchirée par les routes divergentes de la vie, avec la note indispensable d'espoir. Après tout, comme le dit si bien Cocteau :

« Heureux celui qui ne cherche pas à comprendre les choses et qui les admire avec son cœur ».

« Dans les textes de Vidalin, de Delanoë, d'Amade, lorsqu'on aborde des sujets sérieux, on s'arrange toujours pour laisser une lucarne, une demi-fenêtre ouverte, [...] Ce n'est pas par démagogie, c'est par réflexe. Par retenue ? Certainement. Le compositeur est pudique, le chanteur parfaitement indécent. Dans le travail, l'acteur ne doit avoir aucune limite, mais pas celui qui écrit pour moi. On n'a pas les mêmes responsabilités. »(12)

1964

Et voilà qu'un coup de printemps...

NATHALIE - L'AVENTURE - MON ARBRE
PLEIN SOLEIL - L'ORANGE - MA SOURIS DANSE
LES ENFANTS DU VOYAGE - MOURIR A CAPRI
VA SAVOIR - LA PREMIERE FOIS
POURQUOI PAPA - DIS MARIETTE
MON PERE A MOI - ROSY AND JOHN
T'ES VENU DE LOIN
DON JUAN

Une émission de Radio-Luxembourg, interdite aux plus de treize ans, imagine Bécaud en maître d'école fantaisiste et charmant qui n'est pas sans évoquer « L'Instit » des années quatre-vingt-dix. Le jeu dure pratiquement toute la période scolaire. Gilbert s'inspire de son enfance et d'un ancien maître, monsieur Muscat :

« J'étais tout gosse, je me souviens seulement de ma crainte d'avoir à me débrouiller parmi les enfants de la communale et d'être obligé d'apprendre. De mon premier contact avec le monde scolaire, une silhouette émerge avec précision : celle du maître. Un homme charmant. Il s'appelait monsieur Muscat, comme le raisin. Il semblait surgi d'une de ces images d'Epinal où l'on montre une classe laborieuse travaillant sous l'autorité compréhensive d'un bon instituteur. Monsieur Muscat était "épatant". C'est à lui que je dois de n'avoir pas désespéré d'être un jour le premier de mon école. »(1)

Le professeur Bécaud saute sur l'occasion pour parler des punitions et de ses enfants, Gaya et Philippe, dont il surveille étroitement l'éducation :

« Professeur ? jamais. Dompteur, certainement. Nous nous entendons très bien tous les trois. Je ne suis pas trop difficile avec eux, sauf lorsqu'il s'agit de leurs études. Ça peut sembler paradoxal, après mes confessions, mais j'attends des bonnes notes de leur part. Pour le reste... »(1)

Je laisse Bécaud à ses jeunes fauves, pour revenir au chanteur qui déploie, en 1964, une magnifique palette de genres, conjuguant avec bonheur la violence et la tendresse dans des titres forts. Mes préférés... *Rosy and John, Plein Soleil, Mon père à moi*, d'après un poème d'Amade, « promu préfet par les hommes et fait poète par le ciel ».

« Je le revois assis sur un vieux banc de pierre
A l'ombre d'un platane où le vent s'agitait... »

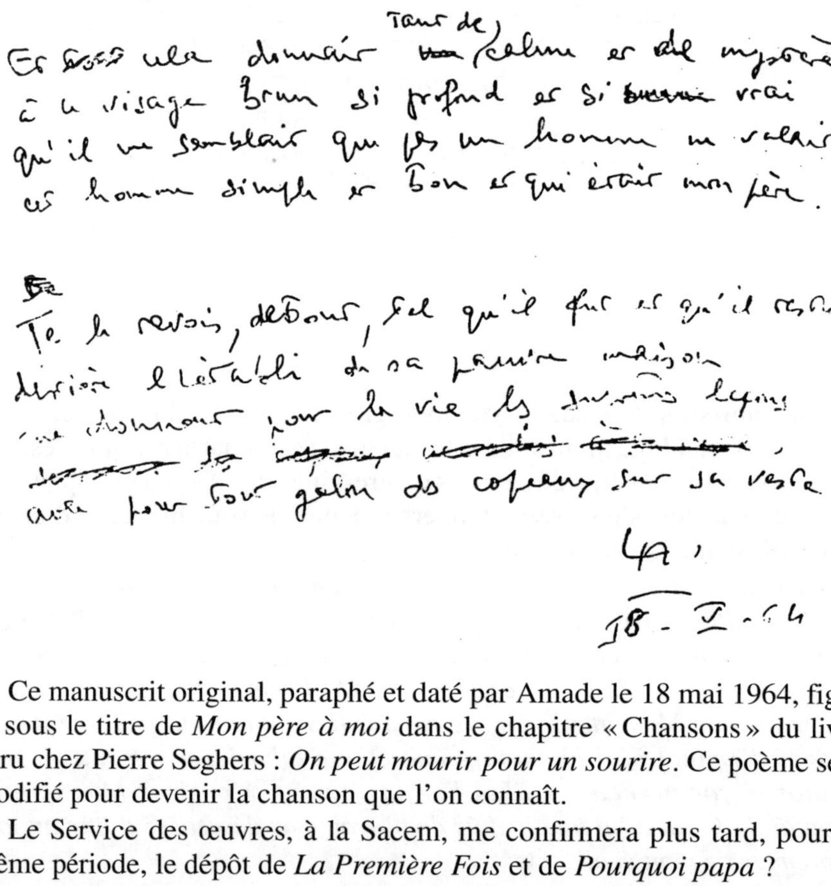
Et il a donnait tant de calme et de mystère
à un visage brun si profond et si vrai
qu'il me semblait que pas un homme ne valait
cet homme simple et bon et qui était mon père.

Je le revois, debout, tel qu'il fut et qu'il reste
derrière l'établi de sa première maison
me donnant pour la vie les divines leçons
avec pour tout galon des copeaux sur sa veste.

18 - V - 64

Ce manuscrit original, paraphé et daté par Amade le 18 mai 1964, figure sous le titre de *Mon père à moi* dans le chapitre « Chansons » du livre paru chez Pierre Seghers : *On peut mourir pour un sourire*. Ce poème sera modifié pour devenir la chanson que l'on connaît.

Le Service des œuvres, à la Sacem, me confirmera plus tard, pour la même période, le dépôt de *La Première Fois* et de *Pourquoi papa* ?

Pourquoi papa a-t-on quitté l'Irlande? En mars, alors qu'il se produit à l'Ancienne Belgique — l'Olympia bruxellois —, Bécaud parle de ses projets, d'un nouveau disque : *Pourquoi papa ?* (de Delanoë, bientôt enregistrée et créée par Petula Clark), *Les Etrangers* ou *L'Etranger*, *Les Jours meilleurs*. Puis, revenant quelques jours en arrière, en février, il vous lâche, sans prétention, tout naturellement, qu'il a chanté en Pologne, en Suisse, en Roumanie, qu'il a passé quarante-huit heures à Hollywood. Heureux comme un gamin, il évoque la réalisation d'un court métrage à

Genève, *A l'état de cendres*, mais n'en dit pas plus et regagne Paris, avant de s'envoler pour Hong-Kong avant la fin de l'année !

Mars 1964. Sylvie Vartan, Franck Alamo et Richard Anthony caracolent en tête du hit-parade. Sur la crête de la vague yé-yé, Bécaud, « surfeur » incongru, crée la surprise avec une chanson aux rythmes venus de l'Est...

« Si j'ai fait *Nathalie*, confiera Delanoë, quelque trente ans après, c'est que j'avais entendu *La Mamma* chantée par Aznavour. [...] Quand je l'ai entendue, je me suis dit : "Quelle bonne chanson, quelle merveille, quelle ambiance ! Elle va mourir la mamma, ils sont venus du sud de l'Italie, ils sont autour de son lit, ils lui apportent des cadeaux... c'est coloré, c'est chaleureux, c'est généreux ! Je vais en faire une moi aussi !" J'ai fait *Nathalie* grâce à Aznavour ; si je n'ai pas Aznavour, je n'écris pas *Nathalie...* »(2)

Lorsque le parolier donne l'argument de départ, Bécaud ne manifeste pas un enthousiasme délirant. L'héroïne se prénomme Natacha. Ratures. Le projet reste dans l'air et traîne plusieurs mois jusqu'à la phrase décisive :

La Place Rouge était vide...

Un court métrage vient soutenir la promotion de la chanson. Distribué par Film-Office, ce clip-vidéo avant l'heure est présenté en partie par Bécaud aux actualités télévisées françaises de treize heures. Très vite, les Pays-Bas, un des premiers pays à adopter *Nathalie*, permettent à notre compositeur de figurer dans les meilleurs classements néerlandais.

« Avec Delanoë, on avait envie de parler de la Russie d'une façon moderne, de celle des gens de vingt ans. On voulait donner l'impression de rapprochement avec des pays fermés depuis longtemps. »(3)

Deux titres de Vidalin accompagnent mes vacances 1964 : *Va savoir* et *Plein soleil.*

Le premier est enregistré par Michel Cogoni, animateur vedette à Radio-Luxembourg. Un inconditionnel de Gilbert. Il suffit de l'écouter. *« Va savoir à quoi ça peut servir d'être un homme... »* Les intonations rappellent tout à fait celles de la voix de son maître. Malgré l'excellent arrangement de Jacques Denjean et une version « remixée » pour les discothèques, *Va Savoir* passe pratiquement inaperçue. Néanmoins, le thème musical et la couleur de ce morceau de Bécaud-Vidalin préfigurent déjà les mélodies de *Mes hommes à moi, Hey mon frère...*

Quelque peu perdu entre Hérault et Tarn, j'avoue que *Plein soleil*, gravée par Gilbert, me fait désirer les plages du Midi.

Plein soleil, plein soleil,
Et le sable est chaud comme un lit
Un grand lit au soleil...

Interprétée par son créateur langoureusement renversé sur le piano et mise en scène par Henri-Georges Clouzot, *Plein soleil* passera merveilleusement la rampe, sur la scène de l'Olympia.

Pourtant, c'est *T'es venu de loin* qui récolte tous les lauriers et le Grand Prix Francis-Carco de la meilleure chanson de l'année. Ecrit en une journée par Amade, dans la chambre de Bécaud au Grand Hôtel de Marseille, ce texte sur le retour de Jésus marquera. L'inspiration était au rendez-vous.

Avec ses nombreuses obligations préfectorales, Louis demeure l'auteur le moins disponible, il ne peut suivre les tournées, contrairement à Vidalin et Delanoë. Dix ans se sont écoulés depuis ce 3 septembre 1952 où Bécaud arrivait dans son bureau de Versailles. Bien plus tard, le préfet-poète confiera, avec son accent rocailleux que les hautes charges n'auront pas policé :

« Au long de cette vie avec Gilbert, avec toutes les chansons que nous avons faites ensemble et qu'il a créées devant moi, il m'a toujours bien souvent surpris par toute la force, tout ce qu'il pouvait apporter dans une chanson, atteignant même des sommets que je n'espérais pas. De toute façon, et je suis précis, à partir de la seconde où Gilbert s'est mis au piano avec le trac qui le pénétrait, et qu'il a commencé : "Mon Dieu, qu'il y en a des croix sur cette terre... Et moi, pauvre de moi...", il n'y a pas un texte que j'écrive sans penser qu'il peut être mis en musique par Gilbert et chanté par lui. »(4)

Quand on le photographie pour la remise du grand prix du Disque français (son troisième, après *Quand tu danses* en 1954 et *C'était moi* en 1960), puis pour le grand prix Francis-Carco de la meilleure chanson de l'année récompensant *T'es venu de loin*, Gilbert prend la pose près de Montand qu'il admire, aux côtés de Simone Signoret.

Le fidèle Gavoty décrit en Bécaud le poète s'élançant « à la rencontre d'un rayon de lune qui va projeter tout au fond de la scène l'ombre du divin Crucifié » :

« Comme elle est belle et respectueuse dans sa hardiesse, cette chanson qui s'intitule : *T'es venu de loin*. Sur un rythme nerveux, Gilbert Bécaud interroge le Christ, s'étonne de sa fatigue, de ses pieds poudreux, de ses mains transpercées. D'où vient-il, ce voyageur ? De très loin... A-t-il des enfants ? Oh oui, beaucoup... A-t-il une mère, et comment s'appelle-t-elle ? Marie... Tout est dans la manière de dire, d'incliner la tête sur l'épaule, de trouver le ton juste, le grain de voix qui émeut, le regard qui suggère. Pas une faute. »

Europe numéro 1 assurant les retransmissions des premières de l'Olympia, je découvre un tout nouveau titre de Bécaud et Vidalin, diffusé en direct pendant la générale du 19 novembre : *Les Enfants du voyage*. Une nouvelle fois, même verdict : jamais déposé, jamais gravé.

Les enfants du voyage
Ça ne peut pas rester longtemps...

A l'avant-première habituelle, à Versailles, Gilbert et son parolier estiment le morceau trop lent et pensent à le changer. Personnellement, j'ai conservé la chanson sur une bande magnétique et plus tard, j'en retrouverai également la trace à la Vidéothèque de Paris.

Pour Raymond Bernard, un seul mot définit Bécaud : excessif !

« Dur avec lui-même et les autres, mais plein d'amour en même temps. Très exigeant dans le travail, paresseux au possible et... travaillant plus que n'importe qui ! Quand Gilbert est très fatigué, après une série de galas, de voyages interminables, il rajoute une ou deux chansons à la fin de son spectacle, alors que d'autres les retirent... Ça c'est Bécaud. Je l'adore, c'est un homme formidable, un frère... »

Autour du chef d'orchestre, Pierre Lemarchand à la batterie, Alix Bret à la contrebasse, Harry Katz à la guitare et un nouveau venu de vingt-six ans, Gilbert Sigrist, à l'orgue électronique.

Plus tard, en 1994, Sigrist se souviendra de ses premiers concerts au Canada avec Bécaud, d'une télévision à Hambourg et me racontera ses débuts sous les couleurs de la cravate à pois :

« J'accompagnais Rika Zaraï et le spectacle qui précédait Bécaud, dans une tournée des Galas aux Etoiles. Un vrai music-hall comme cela aurait dû toujours exister. L'opportunité pour une foule d'artistes avant que les vedettes optent pour la formule récital. Gilbert m'a demandé si je voulais l'accompagner à l'issue de cette tournée. Lorsque je jouais, je l'apercevais dans les coulisses : il m'écoutait. Tout est véritablement parti de là. »

Ayant quelques ennuis (un nodule sur les cordes vocales), la chanteuse se confie un soir à Gilbert qui, pendant deux ou trois secondes, la regarde fixement, avant de répondre :

« Mon petit, il faut chanter, chanter, chanter et encore chanter...! »

La phrase énigmatique étonne Rika :

« A cette époque-là, je suis restée sur ma faim. Je ne comprenais pas. Jeune débutante, j'arrivais en France et j'étais très heureuse de faire partie de cette tournée. Gilbert appréciait mes chansons, tant en français qu'en hébreu. Je connaissais ses disques en Israël et je n'imaginais pas chanter un jour avec lui... J'ai subi une petite intervention chirurgicale, malgré ma peur de ne plus pouvoir faire de scène, et le temps a passé. Pendant plus de vingt ans, j'ai chanté sans problème, comprenant ce qu'il avait voulu me dire : au-delà de toute retenue, il faut garder la trajectoire, voir seulement le but final pour passer au-dessus de tout empêchement. C'est l'énergie que Gilbert m'a transmise. »

En 1974, sur la scène de l'Olympia, Sigrist, le jeune organiste qui répète *Don Juan* (une des nouveautés de Bécaud), ne se doute pas qu'il va partager quatorze ans de complicité avec le compositeur. En l'écoutant jouer, on pense à du Mozart.

« Baissez-moi les violons... faut pas exagérer. »

Bécaud suggère, relève les micros, dirige l'orchestre (Gaya apporte des rafraîchissements, Jean Silly règle minutieusement les éclairages de son frère).

Le Paris des grands soirs... Ce 19 novembre marque son premier passage en récital sur une scène parisienne. Deux parties. L'une accompagnée par la formation de Raymond Bernard, et la seconde par un grand orchestre qui apparaît au lever de rideau, après l'entracte : vingt-cinq violons, pupitres de trompettes, saxos, flûtes, cors, timbales... dirigés par un Raymond Bernard plus efficace que jamais.

En première partie : *Les Enfants du voyage - Les Tantes Jeanne - Don Juan - Viens danser - C'était mon copain - Têtes de bois - Le Bateau blanc - Rosy and John - Alors, raconte - T'es venu de loin - La Corrida.*

En deuxième partie : *Mourir à Capri - Mon arbre - La Grosse Noce - Nathalie -Je t'attends - Quand Jules est au violon - Plein soleil - L'Orange- Le Jour où la pluie viendra - Le Pianiste de Varsovie - Et maintenant - La Ballade des baladins.*

« Les fidèles de Bécaud, écrit Eric Lebègue dans *Le Parisien* du 23 novembre, trouveront dans ce récital de quoi nourrir le second souffle de leur fanatisme. Quelle belle saison de music-hall à Paris où l'on peut voir le grand Brassens et Bécaud en quarante-huit heures ! »

Jacques Pills, Vittorio de Sica, Arthur Plasschaert, Jean-Pierre Aumont, Margherita Wallmann, Roberto Benzi et Jane Rhode viennent également l'encourager.

Le 25 novembre, jouant *Le Pianiste de Varsovie* avec une corde cassée sur le piano, il la montre au public, annonçant :

« Le Pianiste de Varsovie... sans ré ! »

Quelques jours après, pendant son tour du 30 novembre, il présente au public Raymond Devos, présent dans la salle :

« C'est un baladin que vous aimez beaucoup, et moi, tout particulièrement... »

Le soir de la dernière, la voix laissant un peu à désirer, Bécaud se confie à la salle écrasée de spectateurs :

« Je tiens à m'excuser de la mauvaise qualité de ma voix ce soir !... Nous avons beaucoup chanté ces jours-ci... Rassurez-vous, le reste va très bien...! »

Un triomphe. Les spectateurs, debout, ne veulent plus le laisser partir. Dans le brouhaha des coulisses, il murmure, éreinté :

« J'ai envie de dormir... »

En 1964, tout amateur patenté connaît la vie et l'œuvre du maître ! Pourtant, lorsqu'on lance : « Damia a chanté *Ne dis rien* ! », plus d'un reste perplexe.

En 1995, la liste pourrait s'allonger sous forme d'un jeu. Si je vous dis :

L'Amour est mort enregistrée par Jacques Brel
Désirée par Neil Diamond
Le Jugement dernier par Georges Moustaki
Alleluia par Charles Aznavour
Trop beau par Line Renaud
Je t'aime par Dalida
Viens par Claude Piron
La Chine par Eric Charden
Toi et moi par Charles Aznavour, Véronique Sanson
Les Jours meilleurs par Francis Cabrel et Maxime Leforestier
Le Pays d'où tu viens par Frédéric François
Fais-moi un signe par Gérard Palaprat
Je te promets par Jean-Jacques Goldman
La Corrida par Francis Cabrel...

Vous avez percé le mystère ! Effectivement, les titres ont bien été interprétés par ces artistes, mais les chansons n'ont rien à voir avec celles de Bécaud. Devant un tel méli-mélo d'homonymes, la Sacem mérite quelques applaudissements pour son organisation.

En 1964, le club français « Les Amis de Gilbert Bécaud » se transforme et devient « Le Club du Rideau Rouge ».

Sous son nouvel éclairage, *L'Aventure*, composée avec Vidalin en 1963, a des allures de virage incontrôlé. Plus tard, il en reparlera :

« Quand je l'avais créée, les radios l'avaient gentiment écartée. »(5)

Je n'avais plus rien à rêver
Je n'avais plus rien à chanter
Quand tu es venu m'apporter, toi
L'aventure...

Lorsqu'on lui demande si la chanson est osée, Gilbert répond plutôt non :

« Tous les hommes se reconnaissaient trop bien dans l'aventure. »

Et voilà qu'un coup de printemps
M'a réveillé au bon moment
Je l'ai mordue à pleines dents, oui
L'aventure...

Lucien Rioux dans ses *Cinquante ans de chanson française* note la transformation :

« Malgré le goût que Bécaud manifeste pour les chansons anciennes, l'évolution est nécessaire et bien naturelle. [...] Difficile de continuer à jouer les préadolescents lorqu'on frôle la quarantaine.»(6)

En 1993, Roland Ribet enfonce carrément le clou, avec des propos plus caustiques... « L'imprésario aux quarante vedettes » a dû considérer que des titres comme *Desperado, La Vente aux enchères, L'Indien, A chaque enfant qui naît,* ou *Le Pommier à pommes, C'est en septembre, C'est différent la nuit, Du sable dans les mains...*, écrits entre-temps, ne représentent pas une continuation de qualité. Dans les années quatre-vingt-dix, Bécaud, Aznavour, Trenet, Reggiani feront toujours école et Mac Cartney, Hallyday et autres Rolling Stones atteindront la cinquantaine en 1993. N'auront-ils plus rien à dire, à composer ou à chanter ?

L'évolution ? Une évidence.

« C'est d'ailleurs indispensable, confie Bécaud. J'entends qu'il faut faire un pas en avant ou en arrière, mais un pas. »(7)

L'aventure personnifie sa disponibilité, son besoin perpétuel de fuite dans une vie où tout est possible. Bien construite selon le paradigme ternaire — suivant un scénario en trois actes (exposition, conflit et dénouement) —, la chanson se déroule comme un récit cinématographique, et Bécaud, têtu, lui fera passer la rampe quelques années après, avec une nouvelle version publique enregistrée à l'Olympia, réorchestrée acoustique, plus dépouillée.

Cette envie de liberté et de changement ne le quittera jamais. *Vivre, Je partirai, Les Caraïbes, Je m'en vais demain, La Cavale, Mea culpa mea culpa*, etc., le thème se répétera, avec, à chaque fois, une exposition différente.

Tout le reste est littérature
Et la seule vérité qui dure
C'est l'aventure...
(MEA CULPA MEA CULPA - BECAUD / DELANOE)

A la fin des années quatre-vingt, le thème sera toujours d'actualité dans *Fais-moi signe* :

Arrache-moi les feuillets
De ton calendrier
Fais sauter les serrures
L'aventure...

« Mon public est plus ou moins réceptif selon l'époque, la saison, les préoccupations du moment, mais il ne change pas réellement. Parmi les spectateurs, il y a davantage de très jeunes gens. [...] J'ai toujours reçu plus de lettres d'hommes et d'adolescents que de femmes énervées. Quand j'ai débuté, je chantais Les Croix, Viens, L'Absent... *des chansons d'hommes. Je n'ai jamais reçu le même genre de courrier que Luis Mariano ou Johnny Hallyday. [...] J'ai beaucoup de lettres de jeunes qui me confient leurs problèmes, demandent ce qu'il faut faire... La moyenne d'âge de mes correspondants évolue, elle baisse. [...] Ce sont peut-être les jeunes qui mûrissent plus vite... »*(7)

Mûrir ? Je n'aime pas cette expression, mais enfin, c'est ce qui m'arrive en 1964. Le petit pays vert de mes vacances m'attire moins. En quittant une dernière fois Saint-Gervais à la fin de l'été, j'ai la sensation d'y laisser quelque chose d'indéfinissable. Une foule de chansons ensoleillées, mon magnétophone à bandes portable, les pêches à la truite et aux écrevisses, le cresson dans les ruisseaux, une enfance, des images indélébiles.

C'est là que se situe ma rencontre avec Jacques Brel. Fin d'après-midi. Je regarde, discret, le créateur de *Ne me quitte pas*, qui travaille autour du piano avec son complice Gérard Jouanest. Les deux hommes reviennent sans cesse sur le même thème musical. Sur la scène déserte du Casino de Valras-Plage, Jean Corti et son accordéon restent dans l'ombre. De cette période-là naîtra la chanson *Dans les jardins du casino*, un des titres préférés de Brel. Le soir, dans les coulisses, j'observe le chanteur grillant cigarette sur cigarette. Il surveille la première partie, parodiant *Quand Jules est au violon* chantée par les jeunes Annie et Gilles... Sympathique danse improvisée derrière le décor, entre Brel et un de ses musiciens, sur la mélodie de Bécaud, durant quelques secondes. Convivial avant son entrée en scène, le Grand Jacques rencontré ce soir-là n'est pas en proie au légendaire trac qui le caractérise. Pendant l'entracte, derrière le rideau, il se prête bien volontiers à ma séance de photos. Assurer le lever de rideau de Brel n'est pas une sinécure. Avant d'enfiler sa veste, le chanteur résume le public de la soirée, peu réceptif à la première partie, en me lâchant :

« Ce sont des cons ! »

Dans quelques mois, il va jeter son *Amsterdam* en pâture et tous les médias, la télévision en première ligne, mentionneront son Olympia.

Cette télé, on la retrouve dans les propos du Bécaud de l'époque :

«J'en ai fait pendant longtemps, maintenant c'est plus rare. C'est généralement bâclé et pas assez hardi. Il s'agit pourtant d'un moyen de promotion extraordinaire, mais on ne vous donne ni le temps, ni les possibilités. Quand on s'adresse à des millions de gens et que c'est mauvais, c'est grave... »(8)

A la une, un autre visage, celui de Steve Mac Queen, locomotive du feuilleton télévisé *Au nom de la loi*. Josh Randall, la vedette de cette série américaine, est le chouchou des Français. La carabine à canon scié du personnage est célèbre en France et dans le monde, par petit écran interposé. La fameuse Winchester qui fait rêver est adjugée pour quinze mille francs au cours d'une vente aux enchères au profit de l'Association pour les villages d'enfants. L'heureux acquéreur s'appelle Bécaud et les actualités télévisées relatent son insolite rencontre avec le héros de *La Grande Evasion.*

Par la suite, plus discret dans ses actions humanitaires, Bécaud soutiendra des opérations en faveur de l'Arménie à la demande d'Aznavour avec la complicité de Lama, de Sardou, d'Hallyday et de bien d'autres, participant à l'enregistrement de la chanson *Pour toi Arménie* et au tournage d'un «clip», réalisé à cette occasion par Henri Verneuil. Il s'associera à l'initiative «Noël au lit», pour les enfants malades, aux côtés de la Sacem, de Salvador, Duteil, Macias, Delanoë, Tournier, Poivre d'Arvor, Vartan, Roda-Gil...

Il s'impliquera également —il acceptera la présidence du comité de soutien à la recherche— dans l'association France Parkinson, aux côtés du professeur François Lhermitte. Par ses actions au sein du Variety Club, de Care France, des Restos du Cœur, sa participation à la lutte contre le sida, contre le cancer et ses liens étroits avec d'illustres chirurgiens comme les professeurs Barnard et Cabrol, Bécaud sera toujours efficace. En décembre 1992, lorsque son Fan-Club de Mulhouse remettra un chèque important lors d'un *Téléthon*, Gilbert sera là.

Dans le même esprit, à Sète, Serge Lama abandonnera son cachet après son spectacle en faveur du comité de l'orphelinat des Cheminots. La presse reprendra l'information. Et que dire de ce chèque envoyé par Johnny Stark, sur le souhait d'un artiste reversant anonymement son cachet ? Elian Debernardi, un des responsables de l'orphelinat, me confiera bien plus tard que le producteur avait reçu ses directives de Jacques Brel.

Même état d'esprit pour Charley Marouani qui, durant l'écriture de ce livre sur Bécaud, ne souhaitera pas se mettre en avant, préférant les projecteurs braqués sur sa vedette.

Amade, plus loquace, raconte l'histoire de cette petite fan, âgée de dix ou douze ans, atteinte d'un mal incurable :

« Elle n'avait qu'une envie, voir Gilbert et l'embrasser. Je ne sais par quelle voix mystérieuse il l'apprit. Dans l'heure qui suivit, un avion était prêt au départ, bourré de jouets et de disques. Gilbert arriva là-bas sans que personne ne l'attendît. Il resta toute la journée avec l'enfant, chanta pour elle seule ses chansons, puis repartit le cœur brisé. »(9)

En 1976, dans une chanson, Bécaud et Amade évoqueront la solitude de *L'Enfant malade*, un thème très présent dans l'œuvre du préfet-poète.

Une autre fois, déçu par un de ses spectacles dans le sud de la France, Gilbert regagne en voiture la ville où il doit chanter le soir. Le concert s'est bien déroulé, avec le succès habituel, mais il a l'impression, par fatigue ou lassitude, d'avoir malmené son tour de chant. Bien entendu, il a été payé et personne ne s'est aperçu de sa faiblesse. Traversant un petit village, Bécaud s'arrête brusquement devant l'église, fonce à la sacristie, et abandonne entre les mains du prêtre qui ne le reconnaît pas une belle liasse de billets avec ce commentaire :

« Monsieur le curé, vous devez avoir des malheureux dans votre commune, voici de l'argent pour eux. »(9)

Imaginez la tête du père qui veut connaître la source de cette manne céleste. Gilbert ne dit rien, et finalement, le curé, ébloui, accepte et donne à la fois l'absolution et la bénédiction à ce passager de la route. Une récompense du ciel !

Des prix et des consécrations, il va en pleuvoir sur un film français de Jacques Demy, mis en musique par Michel Legrand. *Les Parapluies de Cherbourg* triomphent à Cannes, puis dans le monde entier. Danièle Licari prête sa voix à Catherine Deneuve pour le chant, José Bartel, Christine Legrand, Georges Blanes et Claire Leclerc — associée à Bécaud quelques années plus tôt dans *Le Square Séverine* — doublant les autres personnages.

Année référence pour Gilbert, avec une chanson forte : *l'Orange...*

« Pour les chansons difficiles, organisées comme L'Orange *qui est un petit contrepoint entre les chœurs, l'orchestre et le chanteur, il a fallu noter sur du papier à musique comme si j'écrivais une symphonie ou l'*Opéra d'Aran *: il était absolument nécessaire de la mettre à plat... je n'arrivais pas à faire les différentes voix sur mon magnéto. J'ai dû l'écrire pour l'entendre, comme une petite fugue. Tout seul, je n'y arrivais pas. »*(10)

Qui a volé l'orange
La belle et douce orange
La chère et bonne orange...

Dans sa revue du club, Catherine Renaut, « l'Impératrice », comme la surnomme amicalement Roger Pierre, publie l'intégralité de cette première version de *L'Orange* dont Delanoë, son auteur, dit lui-même : « C'était beaucoup plus un poème qu'une chanson. »

Bécaud commence son dixième Olympia. Simultanément, *Aran* fait doublement l'actualité. A Lyon d'abord où la presse est unanime. Tous saluent l'arrivée de cet opéra, son montage et son succès. Les décors, les costumes sont pratiquement ceux de la création parisienne. La nouveauté vient du choix des interprètes. A Paris, on avait engagé des vedettes étrangères, pour la plupart inconnues en France. Ainsi que le signale Maurice Tassart dans *Le Parisien* :

« Certaines chantaient en français avec un accent qui non seulement gênait leur émission, mais rendait leur texte incompréhensible. D'autres rôles (ou, parfois, les mêmes) avaient été mal distribués quant à la tessiture : des barytons, s'époumonant dans des emplois de basse, étaient pareillement inaudibles. »

Conscient des modifications nécessaires et accusant le coup sans amertume, Bécaud, quelques mois plus tôt, a fait son autocritique. Avec Alain Lombard, l'un des chefs d'orchestre ayant dirigé l'ouvrage à Paris, Gilbert, révisant ses portées, repense musicalement les récitatifs, sacrifie délibérément le vocal au profit de « la vérité parlée ». Il apporte quelques coupures, un air supplémentaire pour le rôle d'Angelo. L'orchestration est également remaniée : Bécaud et Lombard lui consacrent une grande partie de leurs vacances estivales. Quant à la distribution, elle sera essentiellement française.

Fin août 1964, tout est en place, après un savant jonglage entre les calendriers des interprètes. A Christiane Stutzmann, le rôle de Maureen, à Michel Dens, celui de Mickey, sans oublier Huc Santana, Geneviève Macaux (Mara), Jean Angot, Manuguerra, Alain Vanzo, ténor de charme par excellence campant Angelo...

Dans les mêmes décors à transformation de Bernard Daydé (six motifs différents changeant à vue), Louis Erlo, trente-cinq ans, refait la mise en scène pour les représentations des 20 novembre — où la présence du compositeur est annoncée —, 22, 28 et 29 et les deux matinées des 21 et 26, spécialement destinées aux scolaires.

Le soir de la première, un télégramme signé Bécaud arrive dans la loge d'Alain Vanzo :

« Qu'Angelo vous porte chance, comme vous portez chance à Angelo. »

Avignon découvre *Aran* les 10, 11 et 12 décembre. Sous la direction musicale de Paul Ethuin, les interprètes de la version présentée à Lyon sont tous au rendez-vous et triomphent pour cette première audition dans la Cité des Papes.

A son tour, Bruxelles annonce des extraits d'*Aran* pour le gala le plus cher de l'année, à l'Opéra Royal de la Monnaie. Abandonnant momentanément son tour de chant, Bécaud suscite un vif courant de curiosité.

En première partie de la soirée, Maryse Patris, Jacques Doucet et Armand Battel interprètent un extrait du deuxième acte d'*Aran*, précédant Gabriel Tacchino dans le *Premier Concerto pour piano et orchestre en sol majeur* de Maurice Ravel. Avec *Pierre et le Loup*, le poème symphonique de Serge Prokofiev — dans lequel Bécaud, ému, tient le rôle du récitant tout de fraîcheur et de spontanéité —, et la représentation de *L'Enfant à l'étoile*, Bécaud prête bénévolement son concours à cette soirée dont la recette doit contribuer à construire un village pour de jeunes handicapés cérébraux.

En 1994, Jean-Claude Mennessier, populaire animateur à l'époque, témoignera :

« Je m'en souviens très bien. Je lui ai fait lire *Pierre et le Loup*, mais je n'en ai aucun document sonore. Evidemment, il a obtenu un énorme succès. »

Pour l'instant, en 1964, outre le grand orchestre symphonique de la RTB sous la direction d'André Vandernoot, les chœurs des émissions françaises et néerlandaises de la RTB et BRT et une chorale d'enfants (les Rossignols de Bruxelles), sous la direction de Félicien Fries, participent à l'exécution de l'œuvre. Acclamé à la fois comme auteur et soliste, Gilbert doit bisser un des thèmes principaux de sa cantate de Noël.

Après ce « Gala du Cœur » et la participation de Bécaud, *Le Figaro* et *France-Soir* soulignent l'intérêt du roi Baudouin et la sollicitude de la reine Fabiola.

Dernière ligne droite avant l'arrivée en 1965. Souvenez-vous... En URSS, Khrouchtchev limogé, Brejnev devient nouveau secrétaire du parti communiste et Kossyguine chef du gouvernement. Ne cherchez surtout pas un lien avec Bécaud et son engouement moscovite, vous en seriez pour vos frais !

1965

On n'est plus du même rivage
Quand on parle de lui...

CE SONT LES AMOUREUX (LES AMOUREUX DU MONDE)
LA VIE DE GARÇON - IL FAUT MARCHER
QUAND LE SPECTACLE EST TERMINE
L'AMOUR OU LA MORT - TU LE REGRETTERAS
CHANTE-MOI - LES JOURS MEILLEURS
QUAND IL EST MORT LE POETE
OU SONT MES DIX-HUIT ANS - JE T'AIME
FOR EVER - CONCERTO POUR PIANO

Nouvel album. Il s'agit en fait d'un savant habillage autour de quatre titres inédits. *La Vie de garçon* ne laisse pas une marque indélébile. *Quand le spectacle est terminé* et *Ce sont des amoureux* paraissent plus intéressantes. Lorsqu'on regarde de plus près certains albums ou quelques faces « B », il n'est pas rare de rencontrer des petits joyaux du répertoire, oubliés ou ignorés du public et de la profession. Ici, *Nathalie, L'Orange, T'es venu de loin* font office de locomotives mais leur récent succès éclipse totalement les nouvelles chansons. *Quand le spectacle est terminé* sera longtemps diffusée en « play-back » avant les concerts et après, en version chantée, hors spectacle. Jamais frileux, Gilbert l'imposera en scène, la choisissant pour terminer son « show », au-delà des années quatre-vingt.

Nathalie ayant atteint des sommets, une version discographique féminine inattendue, *Grégory* (...!), voit le jour. Dans la foulée, c'est parti pour un nouveau tour de France, jusqu'au 28 mars. Bécaud enchaîne... Bruxelles, du 2 au 14 avril, et Moscou à partir du 24, puis Leningrad, Bakou, Tbilissi... pour terminer près de Paris au Vésinet le 15 mai. Triomphe pour *Nathalie*. Dans les années quatre-vingt-dix, Georges Cravenne, son « public-relation », revivra cette folie :

« Quelques mois après la sortie de cette chanson, Gilbert donnait son tour de chant à Moscou. L'Union soviétique était à ce moment-là très fermée au monde extérieur et l'invitation d'un chanteur de variétés françaises constituait un événement. Au cours d'un déjeuner entre Amade et Delanoë,

Bécaud me dit : "Je voudrais bien que ma tournée là-bas ne soit pas totalement ignorée en France. Est-ce que tu n'aurais pas une petite idée pour qu'on en parle ? C'est une étape importante dans ma carrière et je tiens beaucoup à ce qu'il y ait des répercussions dans mon propre pays."

Je lui ai alors donné l'idée de déplacer pour la première fois le Tout-Paris en Union soviétique. Le projet lui convenant, j'ai organisé le voyage avec l'ambassadeur de l'URSS. Moyennant une participation aux dépenses, j'ai proposé à une cinquantaine de personnalités de passer quarante-huit heures à Moscou. Pour mes invités, cette ville symbolisait l'univers soviétique, le prolétariat, le contraire de l'idée qu'on se fait d'eux. Je dois dire que j'ai rencontré un accueil formidable. Tout le monde était avide de faire un tel voyage, alors assez difficile à envisager pour des étrangers... La Vicomtesse de Ribes, Elsa Martinelli, Pierre Cardin, Hélène Rochas, Curd Jurgens, Marcel Achard, Marcel Bleustein-Blanchet, Gérard Bauer, Régine, etc. On a tous assisté au triomphe de Bécaud dans l'immense salle du Palais des Congrès de Moscou. Notre délégation a même eu les honneurs du ministre de la Culture, Me Furtseva, et des propositions de tournées ont suivi. Un succès fantastique.

Pour agrémenter le voyage, j'avais programmé un déplacement à Leningrad. On se promenait sur la plus grande avenue de la ville, et tout d'un coup, on a aperçu venant du bout de cette artère, une mer de drapeaux rouges, des milliers qui s'avançaient vers nous. Un spectacle extraordinaire et tous mes amis se sont mis à marcher devant. On a alors découvert que nous étions le 30 avril. Les ouvriers, les syndicats répétaient le défilé du 1er mai. Mes invités ont été photographiés en première ligne et la photo de ce Tout-Paris devant les drapeaux rouges a paru dans *Jours de France, Paris Match*, en provoquant un scandale, comme s'ils avaient voulu se moquer des travailleurs soviétiques.

Quelque temps après, à Paris, j'ai rencontré Georges Pompidou, alors Premier ministre, qui m'a dit :

"Alors, c'est vous qui provoquez les scandales internationaux ?"

Je passe sous silence les remarques diplomatiques de l'ambassadeur de l'URSS en France. Gilbert espérait qu'on parlât de ce voyage : notre opération avait atteint largement ses objectifs. »

Il faudra attendre le début des années quatre-vingt-dix et la sortie d'un album de Michael Jackson pour retrouver une telle promotion avec voyage dans les airs à la clé !

A son tour, en 1993, Gilbert rappellera l'aventure :

« Il était un peu étrange et anachronique de voir toutes ces femmes en manteau de vison au milieu de gens si démunis. »(1)

En 1965, *Nathalie* est d'abord considérée avec beaucoup de suspicion par les autorités soviétiques qui prétendent interdire à Bécaud de l'interpréter au cours d'une émission de télévision. Principal invité, il menace de s'en aller et de ne rien chanter du tout, puis finit par obtenir la présence d'un interprète officiel qui dissèque le texte, mot à mot, avant de donner son feu vert.

Treize ans : l'adolescence se conjugue au présent pour Chantal Brel, la fille de Jacques, pendant quatre jours sur la Côte d'Azur avec son père, qui lui présente Bécaud, Salvador... Christophe s'assied auprès de son âme, dans *Aline*, Dalida reprend *Si je pouvais revivre un jour ma vie*, dans son « disque d'or », et France Gall remporte le Grand Prix Eurovision de la Chanson avec *Poupée de cire, poupée de son*, signée Gainsbourg. *Va dire à l'amour*, une mélodie de Raymond Bernard, non sélectionnée dans le tiercé gagnant, permet au chef d'orchestre de Bécaud de poursuivre une carrière parallèle intéressante.

Eté tendresse. Les radios redécouvrent François Deguelt, champion de la chanson de plage et de vacances avec *Le Ciel, le Soleil et la Mer...* Pour Hervé Vilard, le soleil se transforme en pluie et en larmes (*Capri, c'est fini*). Il enregistrera bientôt *L'Amour ou la Mort*, de Bécaud-Delanoë (déposée cette année-là à la Sacem, comme *For Ever*, paroles de Mack David et musique de Bécaud). Dans les salles de cinéma, on note également une autre mélodie de Gilbert dans un film italien d'Antonio Peitrangeli, *Io la conoscevo bene*, avec Jean-Claude Brialy.

Ultime rayon de soleil sur l'été 1965 : une chanson née à Deauville, par un soir pluvieux du mois d'août :

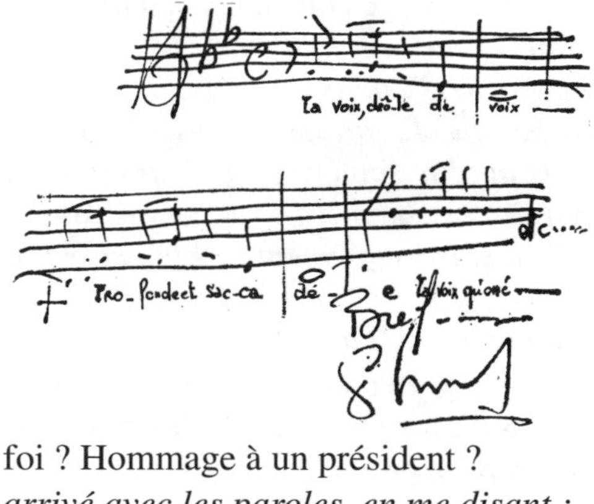

Profession de foi ? Hommage à un président ?

« Delanoë est arrivé avec les paroles, en me disant :

"C'est une chanson sur de Gaulle !"

Il m'a aussitôt rassuré : pas de message ! Je préférais ça, je ne suis pas branché sur la politique politicienne. J'avais pourtant quelques craintes, sortir une telle chanson du vivant du général de Gaulle. A ce moment-là, j'avais avec lui des relations privilégiées ! Pourquoi ? Je ne sais pas, je n'avais pas de raisons, mis à part notre signe du zodiaque en commun ! Mais cela ne suffisait pas pour créer des liens. J'étais personnellement très ami, très lié au Général, comme ça, d'une manière apolitique. Je ne suis pas "militaire" non plus, c'était d'homme à homme. Il m'avait invité gentiment à la Boisserie deux ou trois fois et nous étions tous les trois, madame de Gaulle, lui et moi (avec parfois l'amiral, leur fils).

Quand j'ai composé la chanson, je ne lui en ai pas parlé. Le jour où nous l'avons enregistrée, Jacques Helmann (un garçon qui était dans le "show-business"), est venu dans le studio en nous lançant :

"Vous êtes "gonflés", les gars ! En pleine période électorale !"

Vous me croirez si vous voulez, on ne le savait pas, on ne s'était aperçu de rien ! Au moment de sa sortie, après une seule diffusion à la radio, Tu le regretteras *a provoqué un mini-scandale, un tollé général et les stations l'ont retirée illico...* »

Le quotidien *Paris-Jour* lui offre la une, *Paris-Presse* et Jacques Faizant lui consacrent le dessin du jour.

« La communauté pied-noir était furieuse ! J'avais beau répéter : "Si vous écoutez bien, vous verrez que ce n'est pas une chanson politique, je ne prends pas position, donnant tort ou raison...", le climat restait tendu. J'aurais pu parler de Winston Churchill, de Kennedy. J'avais simplement un rôle de témoin à jouer. Alors, j'ai eu des ennuis, des menaces. Très gentiment, Enrico Macias m'a aidé auprès de ses amis. Je n'ai jamais oublié le service qu'il m'a rendu, car je commençais à avoir des problèmes assez sérieux, des inscriptions sur ma maison... Je n'avais pas véritablement une "protection rapprochée", mais on m'avait envoyé des policiers chargés de protéger ma famille. La presse a grossi l'affaire. Je ne suis pas un homme à scandale. Quand je soulève le petit doigt, on n'en parle pas forcément. Je comprenais très bien les Français d'Algérie, ils avaient mal écouté la chanson. Je disais simplement : "Et tu verras qu'un jour tu le regretteras, tu le regretteras..." Tout le monde était contre lui, et maintenant, en 1995, tout le monde s'en réclame ! »

Au moment de sa sortie, Bécaud en parle assez peu, il faudra attendre quelques années pour qu'il me fasse ces confidences, à bord de sa péniche, ou qu'il lève le voile dans la presse :

« J'ai vu de Gaulle un jour dans sa maison. [...] Je l'ai rencontré à un buffet du Sénat. Il m'a invité plusieurs fois à la Boisserie. Je me souviens que je me servais du cognac, il n'y avait aucun alcool américain chez lui !

Nous avions de très bons rapports. Je lui ai transmis la chanson que je lui ai dédiée en 1965. Il n'a fait aucun commentaire. »(2)

De Serge Lama, qui y fera un jour référence *(« Il s'appelait de France et Bécaud l'avait dit... »)* à Danièle Heymann dans les colonnes de *L'Express* du 13 novembre, les réactions s'enchaînent :

« ... survivre, même à ses gaffes. La plus belle : son hommage à de Gaulle écrit en août 1965 avec Pierre Delanoë et qui eu au moins un mérite : celui d'unir dans un seul élan de fureur vengeresse la gauche et la droite. »

Toi qui es mon ami
On n'est plus du même rivage
Quand on parle de lui...

Voilà que le *New York Times* s'en mêle. Sous le titre « Bécaud's New Song Says of de Gaulle : You Will Miss Him », Thomas Quinn Curtiss commente la chanson événement et la réélection présidentielle du Général.

Sur France-Inter, José Artur invite toutes les célébrités dans le *Pop-Club* :

« J'ai souvent reçu Gilbert dans mon émission dont une où j'avais réuni Bécaud et Barbara qui n'était pas encore devenue cette sorte de gourou de la jeunesse homosexuelle. Elle était alors le modèle d'amour de petites jeunes filles qui l'idéalisaient. Passer au *"Pop"* était une sorte de consécration et je voulais le mélange des genres. J'ai fait se rencontrer Ferré et Hallyday, Vartan et Debout ou Pierre Perret et Montand et Reggiani, ou encore Brassens et Yvette Horner... C'est ça qui m'amusait. Je ne connais pas assez Gilbert dans sa vie privée, mais j'étais parfois dans sa maison, dans sa petite cabane, je l'ai toujours suivi. J'animais aussi une autre émission, un magazine de la jeunesse. Je prenais des grands noms comme les Beatles, Jean Rostand... et je les présentais à un groupe de gosses et d'adolescents avec qui je faisais l'émission. Je me souviens de Gilbert au piano, entouré d'enfants ; il était là, parmi eux, jouant, chantant, en train de les charmer. Il adore les mômes et plaire. On ne fait pas ce métier si l'on n'aime pas séduire, ou alors, on est un déchiré marginal. »

L'inspiration divine de Cocteau était-elle au rendez-vous d'Amade et Bécaud ? A l'écoute de la chanson *Quand il est mort le poète*, on l'admet volontiers. Le compositeur la destine à Marie Laforêt et finalement, sur les conseils d'Amade, Gilbert la garde et l'enregistre. La mélodie et le texte accrochent dès la première écoute et le morceau devient vite un classique du répertoire. Au cours de nos entretiens, Albert Raisner racontera la participation du chanteur à son premier « Age tendre et têtes de bois » et ses chorus d'harmonica improvisés alors autour de lui. Un Raisner très impressionné par son professionnalisme :

« Quand nous avons enregistré *Et maintenant* et *Quand il est mort le poète*, nous n'avons fait qu'une prise, contrairement à bien d'autres chanteurs pour qui il en fallait trente-six... »

Après la soirée au cours de laquelle Gilbert crée la chanson à l'Olympia, Amade repasse tard dans la nuit à son bureau de la Préfecture de police. Sur sa table de travail, une immense brassée de bleuets avec ces simples mots :

« De la part de Jean Cocteau... »

Troublé, Amade rentre chez lui et pleure. Il avait suffi d'un après-midi à Bécaud et Amade pour la composer. Après avoir trouvé assez vite la mélodie sur le texte original, *La Mort d'un poète*, les deux hommes pensent avoir créé « une chanson facile à chanter et à retenir. » L'avenir ne les démentira pas et dans bien des pays, les spectateurs la reprendront en chœur, jusqu'au lointain Japon.

Dans ce grand champ
Dans ce grand champ
Dans ce grand champ des bleuets...
(QUAND IL EST MORT LE POETE - BÉCAUD / AMADE)

« Les Stones et le King font marcher la machine.... »
(ET SALUT LES COPAINS - BÉCAUD /DELANOE).

I can't get no satisfaction... Pendant ce temps, Bécaud suit les pas de géant de son opéra, joué à Montréal à la Place des Arts pour l'Exposition universelle, en attendant d'être interprété l'année suivante à Liège. A la télévision, il interprète son *Concerto pour piano* au cours d'une émission de Maritie et Gilbert Carpentier. Puis, mettant lui-même en vedette l'acteur et le compositeur, Gilbert, infatigable, dirige Bécaud dans un film pratiquement inédit, *Soir d'orage*.

« Bécaud's Singing Captivates New York... »

Sous la plume de Hebe Dorsey, le *New York Herald Tribune* du 2 novembre consacre deux colonnes au succès du chanteur français au Longacre Theater, quelques jours après les passages de Chevalier et d'Aznavour, avec une comparaison savoureuse et étonnante qui restera :

« Bécaud, who's as French as camembert but fortunately travels far better, opened on Broadway last night at the Longacre Theater... »

(« Bécaud, qui est aussi Français que le Camembert mais qui heureusement voyage beaucoup mieux, débutait la nuit derrière à Broadway au Longacre Theater… »)

Avant de boucler 1965, il accueille Bertrand de Labbey au sein du Rideau Rouge. Le jeune passionné, rencontré à Reims à la fin des années cinquante, vient de terminer son service militaire, Bécaud le place à la direction de ses éditions.

Fin novembre, à Paris, changement de décor : sur la scène de la salle Pleyel, Bernard Gavoty présente des extraits de l'*Opéra d'Aran,* pour les Jeunesses musicales de France. Puis, quelques semaines après, Bécaud, animant la soirée du réveillon, éclate sur la première chaîne.

L'occasion de noter les quelques points forts de l'année finissante :

Le triomphe à Moscou, le succès de *T'es venu de loin* et de *L'Orange* en Italie, les vingt-deux semaines de succès en Allemagne pour *Nathalie*, le « french variety singer Gilbert Bécaud » en représentation à New York et *Je t'aime*, une nouveauté de Vidalin qu'il interprète à la télévision, mise en scène par Jean-Christophe Averty.

Quand on dit ça à un fauteuil
Dans une chambre où l'on est seul
C'est effrayant comme on est seul...

Vous trouverez alors l'artiste au mieux de sa forme, à l'instar de la petite dernière, Anne Bécaud, née un 10 décembre, loin de l'hyper-médiatisation du mariage du couple vedette 1965, Johnny et Sylvie.

Dis Mariette, tu te rends compte
Dis Mariette, t'es pas contre au moins ?
(DIS MARIETTE - BÉCAUD / DELANOE)

1966

Je jure sur le sang du monde...

HEY, MON FRERE - MES HOMMES A MOI
LE PETIT OISEAU DE TOUTES LES COULEURS
MADEMOISELLE LISE - VIENS DANS LA LUMIERE
SEUL SUR SON ETOILE - LE PETIT PRINCE EST REVENU
JE PARTIRAI - LES BEAUX QUARTIERS
QU'EST-CE QUE TU ATTENDS LA
DANS LE LIT D'UN HOMME D'AFFAIRES
LES PETITES MAD'MASELLES - LA HOLLANDAISE
MONSIEUR LE PRESIDENT DIRECTEUR GENERAL
ET LE LAPIN

Nouvelle pièce maîtresse dans le jeu, Gilbert Sigrist a pris la direction de l'orchestre. Après un deuil personnel, Raymond Bernard, le complice des débuts, a souhaité passer la main et s'en est ouvert à Bécaud.

Plus tard, Raymond Bernard reviendra sur cette période :

« Je connaissais tellement Bécaud... Quand il me jouait quelque chose, je savais d'avance ce que j'allais écrire. Il finissait par prévoir ce que j'allais imaginer sur sa musique ! D'où la nécessité de se séparer, à un certain moment, pour déboucher sur quelque chose de nouveau, tant pour lui que pour moi. »

S'il est exact que Sigrist prend sa place de pianiste et de directeur musical en 1966, son entrée dans l'équipe des musiciens de Bécaud se situe réellement en 1964. Raymond Bernard va assurer pendant encore plusieurs années la majorité des arrangements en studio, entre autres *A remettre à mon fils quand il aura seize ans*, en 1969, ou *Le Dernier Homme*, *Je t'aime mon frère,* en 1975... D'ailleurs, ses orchestrations seront pour la plupart reprises dans les futurs concerts et lorsque Bécaud aura besoin de lui, il répondra toujours à l'appel.

Je partirai — une chanson que notre baladin fredonne dans les airs, en passant ses degrés de pilotage, à Crans —, *Seul sur son étoile* (qui connaîtra un succès international grâce notamment à la version de Shirley Bassey : *It must be him*), *Le Petit Oiseau de toutes les couleurs* (composée à la naissance d'Anne), *Mes hommes à moi...*

La qualité domine toujours et Gilbert s'efface pour mieux servir un des plus beaux poèmes d'Amade, *Le petit prince est revenu*, très applaudi, en février, à l'Olympia.

O toi de Saint-Exupéry
Dans tes royaumes inconnus...

Dès sa sortie, la chanson est saluée par J. P. Hauttecœur, dans *La Croix* : « Depuis qu'il jongle avec le merveilleux, Gilbert Bécaud devait bien finir par rencontrer le Petit Prince. C'est fait. »

Tu avais demandé qu'on te prévienne vite
Si l'on apercevait l'enfant aux cheveux d'or...

En 1966, Gilbert enfante quelques chansons déroutantes comme *Hey mon frère...* Grève de musiciens dans les studios en France : il faut se rabattre à l'étranger pour terminer les enregistrements avec de nouveaux arrangements inhabituels...

« Cheveux longs, très longs. Propreté discutable. Durée de séjour indéterminée. Port de guitare. Pas de doute pour le douanier : c'est un beatnik. »

Le 18 avril, *L'Express* présente Dylan, le « nouveau prophète », jean rapiécé et pull à col roulé. Le mouvement est à la mode, ce sont les enfants du voyage. Bécaud travaille le sujet avec Delanoë. Résultat : *Qu'est-ce que tu attends*, une chanson témoin d'une révolution pacifique soulignant l'errance et les espoirs d'une nouvelle quête de la vérité, avec des chœurs lancinants qu'on retrouvera plus tard dans *La Cavale*.

Chez Bécaud, l'année 1966 a démarré sur des chapeaux de roues dès le 6 janvier, avec le *Palmarès de la chanson* et *Le Jour où la pluie viendra, Nathalie, T'es venu de loin, Quand il est mort le poète* et *Mes hommes à moi*. Cinq coups de poing dans un gant de velours. Il enchaîne six semaines en Allemagne, puis, le 22 avril, un récital au Lincoln Centre de New York, télévisé en direct. Suit une tournée en Amérique du Sud avant son retour à New York.

En survolant 1966, on découvre Claude Lelouch et son premier succès, *Un homme et une femme*, palme d'or à Cannes. Radio-Luxembourg, devenue RTL, s'offre une nouvelle jeunesse. Le 12 avril, le magazine *Salut les copains* réunit toute la génération des « yé-yé ». Ceci relève de la performance. Seize heures. Toutes les idoles, sans exception, arrivent et prennent sagement la pose. Cest à peine si France Gall remarque Michel Berger. Le cliché entrera dans la légende, symbole des « sixties ». Par la suite, avec les rivalités des « majors », des « managers », une photo-phénomène de cette lignée sera difficilement envisageable...

Marlène Dietrich fait ses adieux à la scène, *Potemkine* de Ferrat est interdite à la télévision et Michel Sardou se produit à Bobino, sa première grande scène parisienne, avant d'être embarqué par les gendarmes pour insoumission. Les postulants au vedettariat sont légion et les adaptations s'enchaînent, ainsi *The ballad of the green berets*, revisitée en français par Amade et enregistrée entre autres par Bernard Tapy, un jeune débutant aux talents prometteurs que sa maison de disques (RCA) compare à Bécaud.

Dans les petits bureaux naissent les grands spectacles, loin du bruit et des images tapageuses, outrancières et si populaires de l'imprésario-type avec ses bataillons de secrétaires et ses légendaires auditions. Mon père et Jean Renzulli, producteur marseillais, en sont les premiers exemples.

En tournée, Claude François s'entoure d'une solide équipe de musiciens, composée notamment de Benjamin Cohen et Fernand Boudou... Dans le milieu des années soixante-dix, ils rejoindront la famille Bécaud, le premier à la batterie, le deuxième aux synthétiseurs.

Une nouvelle génération attend son heure. Julien Clerc, Serge Lama, Michel Fugain, Michel Sardou sont sur les rangs. L'émission télévisée de Raisner s'essouffle un peu. La série favorite des sixties touche à sa fin, les idoles dégringolent. Au cours d'un spectacle, un de ces artistes insiste auprès de mes parents, sollicitant des contrats. J'entends alors la vedette sur le déclin lâcher, désabusée :

«Avant, je ne crachais pas sur mes souliers, maintenant, je prends soin de mes semelles !»

Bécaud a repris son bâton de pèlerin. Boulevard des Capucines, les têtes d'affiche se succèdent. Brel annonce ses adieux à la scène et salue une dernière fois le public de l'Olympia, en compagnie de l'ami Pierre Provence, du 6 octobre au 1er novembre.

Et comme s'il ne pouvait tenir en place, Gilbert repart de plus belle à Budapest. Roger Pierre se souvient de la tornade :

« Après la dernière chanson, il a salué dix fois, vingt fois, le rideau s'est baissé et dans la salle, les lumières se sont allumées. Pendant une heure, le public est resté assis, reprenant *Quand il est mort le poète* ! Il faut remonter à Tino Rossi pour trouver un succès comme ça. J'étais vraiment fasciné par ce garçon et à l'époque, on se ressemblait un peu. J'étais mince, les cheveux noirs comme lui. J'avais, en quelque sorte, un "frère chantant". A ses débuts, je l'ai vu souffrir. J'allais chez lui. Il avait des panaris à tous les doigts... il jouait quand même. Il se cherchait et le succès arrivait. J'ai bien connu l'ascension des trois garçons : Bécaud, Aznavour, Brassens. Bécaud était le plus complet, Brassens pas vraiment scénique, Aznavour sans voix, mais ces trois talents étaient exceptionnels et Bécaud, compositeur et homme de scène, était beau. Jean-Marc et moi, nous avions d'ailleurs le même imprésario, Félix Marouani, également très beau ! Il l'était tellement que lorsqu'il faisait des galas avec Guétary, il sortait à sa place et c'est lui qui signait les photos ! Ah, les Marouani... J'ai connu le premier de tous, Daniel, avant-guerre. C'est lui qui a conduit son petit frère Félix en France. Leur père était porteur d'eau en Tunisie. Et Daniel qui n'avait que trois vedettes à la fin des années trente, Joséphine Baker, Maurice Chevalier, Tino Rossi, disait : "Oh, je n'ai pas besoin de plus, trois artistes, ça me suffit..." »

Chez Bécaud, la fin d'une tournée annonçant invariablement le début d'une suivante, on peut se poser quelques questions sur sa vie de famille :

« Je suis toujours parti. Il y a énormément de monde autour de moi. Ça rentre, ça sort, ça va, ça vient et je ne peux pas avoir de vie tranquille. D'ailleurs, il m'arrive rarement d'être au coin du feu chez moi avec mes enfants mais je garde un contact très suivi. [...] Par exemple, où que je sois, tous les matins avant l'école ou le soir, quand ils rentrent, je les appelle et je dirige leur instruction, leur emploi du temps, mais enfin, on ne peut pas appeler cela une vie de famille. »(1)

Constamment en représentations, il pulvérise les records des spectateurs au Longacre Theatre de Broadway, au Théâtre Philarmonique de Berlin, à l'Arena Maurice Richard à Montréal et au Royal Festival Hall de Londres.

Soixante-six, année des paradis artificiels : c'est la génération hippie, psychédélique et une nouvelle revue qui affiche sa différence, *Rock et Folk*.

Et Bécaud, dans tout ça...? Le revoilà, avec une nouvelle chanson à l'opposé du courant pop music : *Les Petites Mad'maselles*.

« On a beaucoup ri pour monter cette scène du prince Vidalin... Sur le plateau, les musiciens s'angoissent lorsqu'il s'agit de danser ou de jouer la comédie. Croyez-moi, il n'est pas évident du tout de faire danser les musiciens ; s'ils ont le rythme dans les mains, généralement, ils ne l'ont pas beaucoup dans les pieds. »(2)

Effectivement, bien des années après, ses compagnons de scène me commenteront leurs prouesses chorégraphiques...

Obstiné, Bécaud repart pour un nouveau « challenge », la création intégrale de son opéra, pour la première fois en Belgique, le samedi 8 octobre, par l'Opéra de Wallonie au Théâtre Royal de Namur. Ensuite, il envisage un deuxième enregistrement d'*Aran*, plus accessible à un public élargi, rapprochant l'art lyrique et les variétés.

Cette fois, il s'attribue un rôle, succédant au baryton Gottlieb dans un tout autre esprit, sur une orchestration de Raymond Bernard :

« Un grand moment de plaisir dans ma vie de musicien, me confiera celui-ci. J'avais cent personnes à diriger, dans le studio, c'était formidable, unique. »

	1962	1966
Maureen	Rosana Carteri	Suzanne Sarroca
Mara	Agnes Disney	Virginia Vee
Angelo	Alvino Micciani	André Turp
Mickey	Peter Gottlieb	Gilbert Bécaud
Mc Jorry	Louis Maurin	Claude Méloni
Sean, fils de Mara	Frank Schooten	Roger Soyer
Mc Creagh, père de Mickey .	Roger Soyer	
Le curé	Henri Médus	
L'homme à la harpe	Michel Llado	

Où l'on retrouve Virginia Vee que j'ai connue quelques années auparavant dans le trio vocal de poids : Les Peter Sisters.

« J'ai toujours aimé ses chansons. Avec Maurice Vidalin, il m'a écrit *Où sont mes dix-huit ans ?* Avec Raymond Bernard et Pierre Delanoë : *Chante-moi*. Un grand honneur pour moi. En ce temps-là, il était rare pour un artiste de composer ses propres chansons et d'écrire des mélodies pour d'autres. J'ai fait alors quelques télévisions en France et en Allemagne avec Gilbert, puis nous sommes partis ensemble en tournée. Un soir, en compagnie de Pierre, Louis et Maurice, il m'a fait part de son projet de ré-enregistrer *Aran*, me proposant le personnage de Mara. L'expérience était enrichissante et Bécaud dans le rôle de Mickey se montrait brillant. Je peux sans hésitation vous affirmer que travailler avec Gilbert m'a procuré des moments magiques inoubliables. »

Le compositeur ira jusqu'au bout de son grand rêve. L'association de la musique classique et des variétés en une seule composition représente un genre, qui, aux Etats-Unis, est très apprécié (*Porgy and Bess, West Side Story...*).

*« Dans ce nouvel enregistrement d'*Aran*, tous les chanteurs classiques (comme Roger Soyer) sont venus à la variété et nous, avec Virginia Vee, nous avons essayé de chanter d'une façon plus classique. »*(3)

Plus tard, avant de diriger l'Orchestre national de France aux Chorégies d'Orange 1995, Georges Prêtre, commentant cette deuxième version d'*Aran*, choisira la sincérité :

« Là, je crois que Bécaud a peut-être fait une faute. Quant à jouer la carte, il faut la jouer à fond. Il fait du classique : il faut rester dans la carte classique. Ensuite, il a voulu mettre des effets de variétés et je pense qu'il ne faut pas mélanger. Ou on fait un opéra en musique symphonique de jazz, ou alors, il reste comme on l'a créé au début. Gilbert a cru que cela marcherait mieux... Je crois qu'il faut en rester au premier stade. D'ailleurs, il l'a rejoué souvent dans sa première version. J'aime beaucoup Bécaud. Il a une base classique, comme vous le savez, puis la vie a fait qu'après, il a choisi les variétés. Pour moi, conclut le chef d'orchestre, il n'y a pas de différence. Que ce soit classique ou variété, je ne mets pas d'étiquette et de barrière. Gilbert est un artiste avec un grand A.»

1967

T'as pas lavé tes mains...

PETIT JEAN - L'IMPORTANT C'EST LA ROSE
MERCI BEAUCOUP - BIENVENUE PARMI NOUS
LA RIVIERE - LES CLOCHES - BLACK SUNDAY
CE NE SERA JAMAIS TROP - JE REVIENS TE CHERCHER

« J'ai signé un contrat pour une comédie musicale, Woman *: trente-huit femmes sur scène, quinze chansons à écrire en huit mois, ce n'est pas le bout du monde. Deux millions de dollars de budget... [...] Ce sera un show cher. »*

Bécaud l'annonce, en novembre, dans les colonnes de *L'Express*. Raconter le compositeur, c'est prendre en compte l'anticipation qu'il crée volontairement. Parfois, comme ici, rien ne vient répondre à cette prévision. Pour éclairer mes propos, je m'aventure dans le bref récit de ce voyageur de commerce, passant la nuit dans un petit hôtel. Il est réveillé par un client de l'étage supérieur qui a fait tomber par terre une de ses chaussures. Une heure passe et le voyageur n'y tient plus. Il cogne au plafond en criant :

« Pour l'amour de Dieu, ôtez votre seconde chaussure que je puisse me rendormir. »

Certains projets, chez Bécaud, sont, malgré lui, des deuxièmes chaussures qui ne tombent pas. La comédie musicale *Woman* (d'après la pièce créée dans les années trente et reprise par George Cukor pour la MGM en 1939) ne verra jamais le jour. Qu'importe, les Etats-Unis font un triomphe à *What now my love (Et maintenant)*. Un vrai délire, grâce à la version d'Herb Alpert qui atteint le sommet du hit-parade avec une présence de trente-sept semaines. De Sinatra à Presley en passant par Barbra Streisand, la liste s'allonge de jour en jour.

En 1966, puis 1967, les Américains accueillent Bécaud. Est-il besoin de souligner leur surprise à la découverte de cet interprète « survolté » qui chante et les enchante ? Au programme, des adaptations de ses succès et des titres populaires au pays des gratte-ciel comme *More, What kind of fool am I, What to do with Laurie* et *Fly me to the moon*, un classique (repris en 1994 par Frank Sinatra et Antonio Carlos Jobim).

Plus tard, en 1993, Bécaud saluera Sinatra dans *La Balade américaine* :

« Sinatra me doit encore mille dollars. Je casquais pour lui dans certains bars de Manhattan et j'ai trouvé qu'il serait amusant de lui rappeler sa dette par chanson interposée. En reprenant Et maintenant, *Frank m'a remboursé au centuple. Si quelqu'un a une dette, ce serait plutôt... moi. »*(1)

What now my love, en droits d'éditeur, rapporte plus de trois millions de francs actuels. Avec la part des Américains, on peut estimer, au tout début des années soixante-dix, à un milliard de centimes de droits d'auteur ce don du ciel. Une période où de Labbey, aux Editions du Rideau Rouge, s'active particulièrement, entre New York et Paris. L'œuvre du duo Bécaud-Delanoë marque l'ouverture américaine et trace la voie pour d'autres adaptations dans les pays anglo-saxons :

A little love and understanding
Un peu d'amour et d'amitié (Bécaud / Amade / adap. M. Stellmann) - chantée par Bing Crosby, Little Adrian, John Maynes...

If only I could live my life again
Si je pouvais revivre un jour ma vie (Bécaud / Amade-Delanoë / adp. Elly Leighton) - chantée par Jane Morgan...

Sand and see
Plein soleil (Bécaud / Vidalin / adap. M. David) - chantée par Frank Sinatra, Andy Williams, Sandler & Young...

On the road again
Qu'est-ce que tu attends là ? (Bécaud / Delanoë / adap. R. Mc Kuen) - chantée par The Sandels, Rod Mc Kuen...

You'd laugh
Je t'aime (Bécaud / Vidalin / A. Hamilton) - chantée par Tim Rose...

Merci beaucoup
(Bécaud / Delanoë / adap. R. Mc Kuen) - chantée par Rod Mc Kuen...

Where would I be ?
L'Aventure (Bécaud / Vidalin / adap. R. Mc kuen) - chantée par R. Mc Kuen...

Nathalie
(Bécaud / Delanoë / adap. R. Mc Kuen) - chantée par Rod Mc Kuen...

Too good
Trop beau (Bécaud / Amade / adap. N. Gimbel) - chantée par Robert Goulet...

The town
La ville (Bécaud / Aznavour / adap. J. Morisson) - chantée par Charles Aznavour...

Désiré
Embrasse-moi ô mon amour (Bécaud / Delanoë / adap. B. M.Creeny) - chantée par Tony Arden...

Back track
Passe ton chemin (Bécaud / Delanoë / adap. Wilson/Russel) - chantée par Sammy Davis Jr...

Les adaptations sont nombreuses. Il faudrait leur consacrer des dizaines de pages, citer *It must be him* (la traduction de *Seul sur son étoile*), classée deuxième au hit-parade US, première en Angleterre et en Italie. Ce livre n'aurait pas de fin. Une mention spéciale à Judy Garland pour son émouvante interprétation de *Et maintenant*, enregistrée en 1967, deux ans avant sa disparition, sans oublier la version de Liza Minelli, sa fille, gravée dans le double album *Live at the London Palladium.* Autres moments forts, le *What now my love* de Shirley Bassey, sorti en 1991, avec le fantastique accompagnement du London Symphonic Orchestra et le duo Sinatra-Aretha Franklin !

Depuis 1963, année qui a marqué le début des dimensions mondiales de sa carrière, Bécaud a entrepris de vastes tournées, au Japon (1963), en Allemagne (à partir de 1964), en Pologne, en URSS (en 1965), aux Etats-Unis (à partir de 1966)...

Londres l'aime et le désire. Christian Barbier, qui assure la retransmission des spectacles du chanteur au Royal Albert Hall pour Europe numéro 1, se souvient :

« Pour travailler à Londres, j'ai connu quelques difficultés (les problèmes de syndicats). Gilbert s'était arrangé pour que j'aie une petite place. Grâce à son intervention, j'ai pu faire mon émission assis parmi les spectateurs, à la limite de l'interdit. Il y avait des lois et un étranger ne pouvait pas toucher à la technique comme ça. On habitait à l'hôtel, le Savoy. J'avais été assez surpris : il y avait un piano dans sa chambre, un piano droit qu'il faisait suivre pour pouvoir continuer à travailler et composer. La scène du Royal Albert Hall est particulière : les spectateurs sont devant, sur les côtés et derrière. Pour Bécaud, parfaitement bilingue, l'accueil fut extrêmement chaleureux. L'anglais étant à la limite "sa langue maternelle", ça c'est passé vraiment sans aucun problème. D'autant qu'à cette époque-là, les Français qui se produisaient à Londres étaient peu nombreux : il n'y avait que Bécaud, Aznavour et Distel. Pour Gilbert, ce fut vraiment fabuleux. Je crois, termine Barbier, qu'il avait même prolongé, deux ou trois soirées au lieu d'une. »

Je t'appartiens se classe en deuxième position, derrière *Et maintenant*. Avec l'adaptation de Curtis, très éloignée des paroles mystiques de

Delanoë, la chanson devient *Let it be me*, une ballade sentimentale enregistrée par les Everly Brothers.

Qui est le détonateur ? La chanson ? Les Everly Brothers ? Quoi qu'il en soit, Bécaud et Delanoë prennent leur revanche, le titre étant resté confidentiel jusque-là en France.

Comme pour *What now my love*, la liste des interprètes est aussi impressionnante (Dylan, Sam and Dave, etc.) et Presley à nouveau présent.

Bécaud précise : *« Je l'ai vu deux fois, mais avec Presley, les rapports étaient coincés. On a bu un coup ensemble, dans un studio où Bing Crosby enregistrait* Un peu d'amour et d'amitié. »(2)

En 1969, Tom Jones chantera *Let it be me* dans un album aux côtés de titres signés Sinatra, Lennon et Mc Cartney. La chanson pulvérise de nouveaux records aux Etats-Unis et dans de nombreux pays de la planète. Je fais une réserve sur les îles Andaman, au cas où un fou dangereux tenterait de m'épater en me ramenant une version de Port-Blair, et j'en reviens aux auteurs français.

Plan rapproché sur Frank Thomas qui cosigne *Petit Jean* avec Pierre Delanoë. Il a déjà travaillé pour d'autres vedettes, Michel Polnareff, Eddy Mitchell entre autres. La chanson, véritable petit bijou, n'aura pas le succès qu'elle mérite. Elle existe seulement sur l'album enregistré en direct à l'Olympia.

Le travail d'écriture peut durer quelques minutes ou des années, avec des abandons, des reprises. Et Sprengers me rapporte le cas surprenant de *L'important c'est la rose :*

« L'inauguration de la Maison de la Radio par le général de Gaulle vient de se terminer. Amade raccompagne un de ses collègues de la préfecture de la Seine. En quittant le quai Kennedy, l'aile avant-droite de la voiture qui les précède heurte un massif de fleurs et une rose blanche tombe. Un jeune gardien de la paix règle la sortie des véhicules. Il accroche au mousqueton de son ceinturon son bâton blanc et ramasse la fleur, puis canalise la circulation à l'aide de cette rose.

Le collègue d'Amade lui dit : "Tu as vu le gardien ?" et il ajoute : "Oui, c'est bien, mais il n'empêche que si un gars est en infraction, il lui collera un PV."

C'est à ce moment-là qu'Amade, amusé, lance à son interlocuteur : "D'accord, mais l'important c'est la rose !" Et le soir venu, le texte que vous connaissez était écrit. »

En fait, le poème original a été terminé en août 1965 pendant les vacances d'Amade, au mas de la Fage, à Saint-Laurent-de-Cerdans, et figure, en 1966, dans le recueil *L'Eternité plus un jour*(3).

L'auteur se souvient : « J'avais écrit au départ qu'il est dans la vie des choses essentielles et, entre autres, une fleur qui se promène sur le temps, pour nous faire croire et espérer. Ensuite, j'ai pensé qu'il valait mieux dire : "L'important c'est la rose" afin de donner à l'expression plus de force ».

Le texte sera modifié en quelques minutes :

« Nous écrivîmes *L'important c'est la rose* pour nous amuser, en une demi-heure, dans la cabane du Chesnay. Le lendemain, nous passâmes une autre demi-heure à la revoir. [...] Il était fort tard dans la nuit. Lorsque ce fut terminé, Gilbert me dit : "Faisons maintenant une vraie chanson..." La vraie chanson, c'était bien celle que nous venions d'écrire comme on fait une blague. »

Les enfants grandissent dans la vaste maison du Chesnay. Gaya, quatorze ans, déjà plus grand que son père, et Philippe, onze ans, le musicien...

Une journée comme une autre : retour du studio. Vingt heures. Direction la cabane. Rythme immuable...

« Bécaud siffle. Un coup strident. Impératif. Un peu gangster. C'est le signe de ralliement des hommes. Deux coups de sifflets répondent, de l'extérieur, [...] Gaya et Philippe. [...] Peu de mots sont échangés mais trois paires d'yeux sombres se disent des choses qui ne regardent personne . »(4)

Vingt et une heure trente : la machine retrouve sa cadence.

*« Mon fils cadet, Pilou, donne des signes avant-coureurs d'éveil à la musique. Quand il a un moment, il est toujours à son piano. Lorsque je composais l'*Opéra d'Aran*, en rentrant de l'école, il courait jusqu'à la cabane, prenait du papier à musique, écrivait des notes, composait quelque chose. Tous les jours, il fait ses deux heures de solfège. [...] C'est difficile, mais je pense que je vais en faire un musicien. Le pauvre ! »*(5)

Le régime de création de Bécaud va encore s'accélérer avec *Je reviens te chercher*. Dalida la prend et l'enregistre, puis, à son tour, le compositeur trouve la chanson à son gré, la grave et la balade à travers le monde aux côtés d'un nouveau bébé : *Mademoiselle Lise*.

« Je ne peux pas vous dire dans quelle peau je me sens le mieux. [...] Il est beaucoup plus facile de chanter une chanson dramatique qu'une comique qui requiert une attention à chaque seconde. Tenez, par exemple, La Grosse Noce, Les Petites Mad'maselles *sont difficiles. Alors qu'on pourrait s'imaginer que* L'Orange *est une des plus épuisantes. Eh bien, pas du tout !* Mademoiselle Lise *est éreintante, les paroles vont vite et sont compliquées à mettre en place. Il faut vraiment une minutie, un travail de Romain pour déclencher un rire de bonne qualité, alors qu'un drame passe toujours plus facilement. »*

« Bizarrement, lorsqu'on entre en scène avec l'envie de s'amuser, ce sont les chansons tristes que l'on chante le mieux ! » confie-t-il à Francine Arnaud, la fille du directeur de la radio belge, lors d'une émission pour la RTB.

A la télévision, le public regrette l'émission d'Albert Raisner rayée des programmes, remplacée par des parodies hystériques. Les deux chaînes nationales sont toujours en noir et blanc. Le procédé couleur Sécam doit démarrer en octobre. Des productions tournées pour cette nouvelle technique sont diffusées stupidement en noir et blanc, perdant une partie de leur attrait. La palme va à la comédie musicale de Serge Gainsbourg, *Anna*, mise en scène par Pierre Koralnik. Anna Karina et Jean-Claude Brialy chantent et se croisent dans les couloirs du métro, avec ballet accéléré au milieu des fumées. Inspiré par Gainsbourg, Brialy retrouve les mêmes intonations que *l'Homme à la tête de chou*.

Il arrive que, gâtées par leur triomphe, certaines vedettes reçoivent leur poids de nougat, de sucre, de chocolat et autres denrées. Bécaud n'échappe pas à la règle. A Düsseldorf, où il se produit en mars, les édiles de la ville lui offrent une sculpture abstraite (en acier) pesant la bagatelle de soixante kilos : ce que vaut sur la balance le bon Gilbert. L'objet a des contours bizarres.

« Si l'on s'attarde tant soit peu sur ce visage d'acier, il paraît néanmoins qu'on reconnaît Bécaud ! »(6)

De A comme Adamo à Z comme Zaraï, mon père programme le sud de la France. Dans un tel environnement, il n'y a qu'un pas à faire et après six ans d'études musicales, il suffit de quelques soirées de répétitions avec des amis musiciens pour tromper la peur et affronter la première scène. J'emprunte quelques chansons à Aznavour, à Barrière, *Merci beaucoup, La Route*, *Nathalie* à Bécaud et le tour est joué. Pour un lycéen discret, se retrouver sous les projecteurs dans des premières parties avant Roger Pierre et Jean-Marc Thibault, Claude François, Dassin, Cordy... est assez déroutant mais tout se passe bien. Un matin d'hiver, je découvre ma photo avec Petula Clark dans le quotidien *Midi Libre*. Au lycée où je n'avais jamais dévoilé cette activité, c'est un événement !

Etudes et spectacles alternant, me voilà en Ardèche au Casino de Vals-les-Bains, dans la loge de Bécaud. Je regarde et j'écoute, me baladant entre quelques serpents à pois pendus à un cintre et plusieurs uniformes d'alpaga bleu sous des housses entrouvertes. Allez dire à un chanteur que vous l'admirez ! Ce n'est pas tellement évident. Et lorsque j'entends mon père parler de son fils, je cherche le trou pour m'y cacher. A dix-neuf ans, bizarrement, j'éprouve moins de trac à me retrouver seul en scène qu'avec

Bécaud en face à face. Il m'accueille pourtant avec une grande gentillesse, nous évoquons ma passion du spectacle et il m'accorde son parrainage artistique, le plus naturellement du monde.

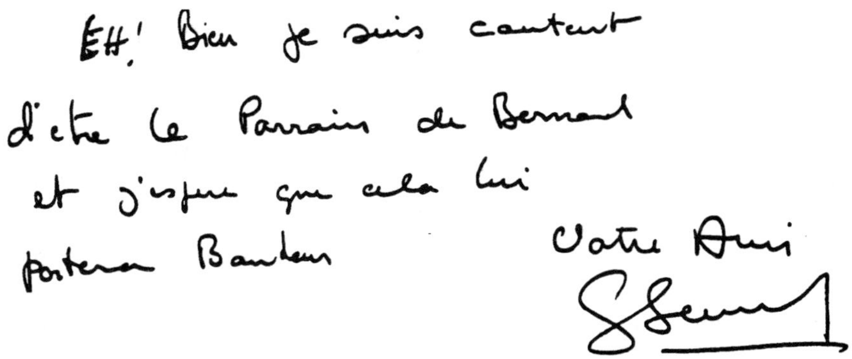
EH! Bien je suis content
d'être le Parrain de Bernard
et j'espère que cela lui
portera Bonheur
Votre Ami

Flashes, quelques mots d'encouragements. Je suis intimidé, tel le Silly de vingt-cinq ans dans le bureau préfectoral d'Amade. Plus tard, lorsque je le connaîtrai mieux, tout me semblera différent et plus facile. Dans l'immédiat, Bécaud va se produire sur la scène du casino. Une solide et sympathique poignée de mains, des vœux de bonne chance soulignés par un tutoiement inattendu, « la star » va rejoindre le public qui la réclame. Je l'accompagne dans la descente des marches séparant les loges de la scène. Près du podium, à l'abri de la foule, un coupé Mercedes. Bécaud profite de cette proximité pour attraper un paquet de cigarettes négligemment posé entre les deux sièges de la voiture. Les musiciens l'attendent. C'est son moment. Par la suite, je l'ai souvent rencontré, mais par pudeur, je ne lui ai jamais rappelé ces instants de complicité dans les coulisses de Vals-les-Bains.

Des années après, Frida Boccara soulignera la chaleur humaine du chanteur et « la sensation qu'on éprouve face à quelqu'un d'important. »

Cette présence, Odette, la sœur de Bécaud, l'évoquera constamment : « On a toujours l'impression que dans ses yeux, dans ses silences, il y a sans cesse ce quelque chose, cet au-delà qu'il cherche et qu'il ne peut atteindre. »(7)

« Vous vous trouvez parfois avec n'importe qui, bombardé vedette, poursuit Frida Boccara, et puis, en parlant avec lui, vous vous dites : "Il ne fait pas le poids !" Certains artistes confient qu'en dehors de la scène, ils n'ont rien à vous apporter... C'est déjà bien qu'ils s'en aperçoivent ! Avec Gilbert, c'est tellement autre chose. »

En cette fin août 1967, près du rideau de scène du Casino de Vals, j'assiste au tour de chant. A côté de moi, une rose. Pendant le concert, Bécaud me rejoint, récupère la fleur et retourne sur le plateau enchaînant — évidemment ! — *L'important c'est la rose*. La chanson, toute nouvelle, est l'une des plus applaudies. Conscient du succès actuel de ce titre en France, il n'imagine pas le futur triomphe international de sa *Rose*.

Un mois s'est écoulé depuis la soirée ardéchoise... Le temps nécessaire pour organiser une fête le 23 septembre et célébrer le mariage d'un jeune couple : Annie et Bernard. Les premières notes de *Crois-moi ça durera* ouvrent la soirée des héros du jour : « Monsieur et Madame Bernard Réval... »

Un été se termine. Un de moins, un de plus pour Bécaud qui reprend la route. Plus d'une fois, je me retrouve au tout premier rang ou dans les coulisses, applaudissant *La Rivière*, un morceau de roi, qu'il bisse, selon son habitude.

T'as pas lavé tes mains
Qu'est-ce que t'as, t'as pas faim ?...

Une chanson-comédie, un petit chef-d'œuvre méconnu de Vidalin qu'il interprète sur le devant de la scène, assis sur un tabouret. Le public réclame *Nathalie*, insiste et en redemande.

« Non, elle est vieille... », répond Gilbert.

Plus tard, Dinnat, son régisseur, me soulignera cette réserve pour les titres anciens :

« Vous voyez Bécaud dans un spectacle ne pas chanter *Et maintenant, La rose, Le poète, Nathalie...* Le spectateur ne serait pas satisfait, il veut ça. Gilbert, lui, ça l'embête un peu. Quand il compose son tour de chant, je l'ai souvent entendu soupirer sur le choix de *Nathalie*. Il y a des jours où il préférerait l'oublier mais il la met, le public le souhaite. »

Pourtant, cet automne 1967, l'homme tiendra bon, les spectateurs ne connaîtront pas les délices du *chocolat de chez Pouchkine...*

Salut, parrain... ! A dix-neuf ans, faudrait se réveiller et assurer. Entre ces premiers mois de mariage et mon départ à l'armée, je chante, comme dirait Trénet, et seconde mon père à l'agence.

A quelques semaines près, l'année se termine par un douzième Olympia pour Bécaud à partir du 17 novembre, avec, à nouveau, une première partie de music-hall et des titres rodés pendant la tournée. Pour *Petit Jean*, définitivement adoptée, et *Les Cloches, La Rivière, Je reviens te chercher*, c'est le baptême parisien. Raymond Bernard dirige le grand orchestre, entourant Gilbert Sigrist et l'équipe de musiciens habituels.

Le 30 novembre, lors du palmares annuel de la Sacem, Amade reçoit la médaille d'or Albert-Willemetz. Bécaud, visiblement ému, assiste à la cérémonie, encourageant son complice de toujours.

Changement de décor : le département de l'Aude, quarante-huit heures avant Noël. Le souffle des Marouani atteignant toujours le Midi, me voilà à Quillan, avec Pascal Danel, poulain des éditions du Rideau Rouge. En dernière minute, l'artiste se désiste. A sa place débarque un débutant avec des chansons peu connues : *Bip bip, Ça m'avance à quoi...*, et des airs « country » de l'Ouest sauvage américain. Joe Dassin entre sur l'échiquier.

1968

Brahms au bandonéon...

LES CERISIERS SONT BLANCS
LA CINQUIEME SAISON
LA GRANDE ROUE - MA PETITE LUMIERE
LE BATEAU MIRACLE - SUR LE PONT DES INVALIDES
ON PREND TOUJOURS UN TRAIN POUR QUELQUE PART
AU MAGASIN D'ANTIQUITES
LA BALLADE DES APOTRES

Après *Le Bateau blanc* en 1962, Gilbert récidive et s'embarque dans *Le Bateau miracle*. La chanson, sur un texte de Vidalin, a la particularité d'être présentée dans le cadre de la campagne mondiale contre la faim. Dans le même quarante-cinq tours, quatre versions différentes : l'anglaise par le Golden Gate Quartet, l'africaine par Miriam Makeba, l'espagnole par Los Wawanco, le compositeur se réservant la française. Bécaud contribue ainsi à l'action humanitaire, avec une chanson d'espoir aux tonalités musicales hippies, entre les chemins de Katmandou, le psychédélisme et le « Peace and Love ».

Pour nos frères lointains
Qui souffrent de faim
Dans d'autres pays
Chacun apportera
Du blé ou du vin
Du sucre ou du riz...

Un message ?

« Complètement contre. On n'a aucune leçon à donner au public. [...] En plus, on prend toujours les chanteurs pour des gens intelligents. Ce n'est pas automatique, c'est souvent le contraire. Je dirais même que lorsqu'un artiste de génie chante quelque chose d'intéressant, il n'est pas forcément extraordinaire en dehors de son métier... »

« Les Français sont assez grands pour ne pas avoir de leçon à recevoir. »(1)

Malgré ses intentions méritoires, *Le Bateau miracle* n'aura pas un intérêt capital dans le répertoire, tout comme *Sur le pont des Invalides* et *Ce ne sera jamais trop*, destinées à Mireille Darc. La même année, *Ma petite lumière* (une mélodie candide) et *La Cinquième Saison* ont pour moi plus d'attrait.

Toi qui te désespères
De vivre les misères
De nos quatre saisons...
(LA CINQUIEME SAISON - BECAUD / AMADE)

Sous sa propre et nouvelle étiquette, Dimensions, distribuée par Pathé-Marconi, Bécaud sort la chanson sur un super quarante-cinq tours regroupant également *La Grande Roue, Ma petite lumière* et *Les Cerisiers sont blancs*.

Les cerisiers sont blancs
Et c'est très énervant
Dès qu'on est un peu grand...
(LES CERISIERS SONT BLANCS - BECAUD / VIDALIN)

Sur la pochette du disque, un oiseau-lyre symbolisant la musique et la liberté. C'est la fin d'une époque : les prochains quarante-cinq tours (deux titres dans une fade enveloppe de papier courant) me feront regretter les superbes couvertures glacées.

On prend toujours un train pour quelque part, diffusée dans toutes les gares de France avant les annonces ferroviaires, donne aux départs des trains une petite note bien sympathique. C'est au cours d'une conversation amicale entre un délégué du secrétariat général de la SNCF et Amade que celui-ci annonce la naissance de cette chanson. L'idée fait son chemin et, le temps d'un été, Bécaud devient ainsi une sorte de chef de gare invisible. Pour associer le disque à cette opération, un concours est organisé à Toulouse, Nice, Lille, Grenoble, Deauville et l'interprète choisit Nice, la ville de son enfance, pour participer à l'une de ces manifestations. Le quai numéro un est en ébullition. Jacques Médecin, député-maire, une foule d'admirateurs, Paris-Inter, Radio Monte-Carlo, une haie d'honneur formée par un bataillon de majorettes, on a sorti le grand jeu. Le soir, au théâtre de verdure, le public déchaîné fait un triomphe à l'enfant du pays et à la nouveauté :

On prend toujours un train pour quelque part
Un grand train bleu, un grand train blanc,
un grand train noir...

Comme un train à crémaillère, le scénario n'arrête pas de se mettre en place et de monter. Plan sur l'enregistrement de la chanson : se retournant vers la cabine son, Gilbert aperçoit une tignasse sombre et bouclée. Il croit reconnaître Gaya. En fait, il s'agit de Julien Clerc, alors illustre inconnu, amené par Bertrand de Labbey. Ce dernier, toujours à la direction des éditions du Rideau Rouge, avait engagé le jeune chanteur et fait écouter, une première fois, *Ivanovitch* à Bécaud qui s'était montré très intéressé.

Profitant de la séance de *On prend toujours un train pour quelque part*, de Labbey provoque ainsi la rencontre aux studios Pathé-Marconi. Cette rapide entrevue renforce la curiosité et une sympathie immédiate s'établit. Après avoir écouté deux fois les premières chansons, Gilbert lui lance :

« Je n'y comprends rien, mais c'est bien, je te prends avec moi. »

Et il lui offre le lever de rideau de son prochain Olympia. Les mots d'Etienne Roda-Gil et la musique de Julien Clerc, mis en valeur par les orchestrations de Jean-Claude Petit avec la présence d'instruments souvent insolites, étonnent Bécaud. Gilbert, on le sait, aime être surpris et prendre des risques. L'aventure Clerc passera donc par les éditions du Rideau Rouge et Charley Marouani.

Et on se love love dans le Peace and Love, et puis...
A moi la Californie et les fleurs de Hippies...
(ET SALUT LES COPAINS - BECAUD / DELANOE)

C'est aussi l'année où, dirigé par le typhonesque Jean-Christophe Averty, Bécaud tourne dans les studios de Joinville(2). Le « show » en couleurs, produit par Michèle Arnaud, doit représenter la France au prochain festival de la télévision à Montreux. Vingt chansons filmées, vingt hommages à la peinture moderne. Décor Pop Art pour *Mademoiselle Lise*, Picasso pour *Les Petites Mad'maselles*, Modigliani pour *Je reviens te chercher*, Kandinsky et Miro pour *Les Cloches*, Vasarely pour *Le Pierrot qui danse*.

« Ça marche entre nous, affirme le réalisateur, parce que nous n'avons pas vraiment besoin l'un de l'autre. Plus un chanteur a du talent et plus c'est facile. La pellicule ne se laisse pas impressionner par la nullité. »

Dans *L'Express*, Danièle Heymann, relatant le tournage, rapporte les propos de Bécaud :

« Ça marche entre nous parce que Jean-Christophe ne copie jamais Averty, il prolonge. Il fait sérieusement son métier, sans se prendre au sérieux. A la télévision française, en général, on ne travaille pas, on sauve les meubles. »

Et Averty de soupirer : « Dès qu'un cinéaste polonais pisse quelques mètres de pellicule, on se pâme. La télévision est pourtant le seul moteur intellectuel d'un pays. Moi, je fais de la télé. Les autres, tous les autres, ils font des constats d'huissier. »(3)

Sur le plateau, on tourne *La Grande Roue*. Un inconnu se présente, recommandé par Félix Marouani : Jacques Dinnat (le chanteur d'opérette des années cinquante dans les spectacles de mon père). L'homme totalise quatre ans de régie pour Roger Pierre et Jean-Marc Thibault et trois ou quatre mois chez Distel :

« Je ne m'entends pas trop avec Sacha et en janvier, je le quitte. Félix Marouani me rappelle le 1er février en m'annonçant : “Tu pars demain avec Bécaud !” On m'avait dit que Bécaud était un type difficile, compliqué, coléreux... J'avais une certaine appréhension en me présentant à lui. Dès les premières minutes, il m'accueille par un :

“Toi, tu es mon régisseur !”

Je n'ai pas l'intention de le tutoyer mais Gilbert m'envoie le “tu” à la figure ; je le tutoie à mon tour, puis il me lance :

“Demain, tu pars avec moi...”

Quelques heures après, on est donc partis faire l'ouverture des Jeux Olympiques de Grenoble. Le 2 février 1968. »

Jusqu'à cette période, Jean s'est occupé du chanteur, beaucoup plus que de la régie : entre frères, rien de plus naturel. Sur un petit différend, ils se séparent et Dinnat prend le relais, n'imaginant pas qu'il va y consacrer quinze ans de sa vie.

Lorsque fin février, Gilbert prépare un nouveau *Palmarès de la chanson*, Dinnat a bien entendu trouvé la vitesse de croisière. Toute l'équipe vit pendant trois jours au théâtre 102 de la Maison de la Radio, pour les répétitions, sous la houlette de Guy Lux, le maître des lieux, avant le direct du 1er mars. Cent trente-cinq musiciens, trois orchestres pour lui tout seul ! Des musiciens en noir pour son œuvre symphonique (Orchestre national de l'ORTF), des musiciens en blanc pour ses succès (Raymond Lefèvre) et enfin d'autres, en bleu, pour les nouveautés (Raymond Bernard). A noter la présence de Vanessa Redgrave interprétant *Quand il est mort le poète...* Bécaud exulte !

Le 16 mars, après les représentations d'*Aran* à Liège, Bécaud se produit au Théâtre des Champs-Elysées, Amade préface le programme de la soirée :

« Le rideau rouge va frissonner un peu. Des notes. Une voix. La mise en place. Puis lui. Costume bleu. Cravate à pois. Egal. Le courant passe de la scène vers la salle. [...] Ici, il y a eu *Aran* et son rêve immense. Aujourd'hui, il se poursuit d'une autre façon. Achète-toi un rêve et tu seras guéri. Voici que t'arrive la cinquième saison. »

Mai 1968. Les étudiants parisiens donnent le ton avec les premières barricades. La grogne gagne tout le pays, paralysé pendant plusieurs jours. De Gaulle en difficulté, Pompidou, son Premier ministre, fait face... Je traverse le Quartier latin, quelques heures avant l'explosion. Le premier reportage sur les événements, réalisé par Georges de Caunes, ne m'atteint guère. Je traîne dans Paris... Le retour dans le Midi me ramène à la réalité, avec les viticulteurs, les étudiants, les CRS sous mes fenêtres et les annulations enchaînées des spectacles. La chanson *Mai 68*, composée plus tard par Bécaud, me rappellera mes vingt ans. Nostalgie, nostalgie... !

« Gilbert adopte un profil bas durant les événements de 1968. »

Cette affirmation (!?) de Jean-Pierre Pasqualini — il signera en août 1993 un article étonnant dans *Platine* — intrigue et mérite un bref commentaire. Lorsque le journaliste précise : « Ce n'est qu'en 1969 que Bécaud revient avec quelques succès moins historiques, *Les Créatures de rêve* et *Monsieur Winter go home* »... il fait l'impasse sur *Les Cerisiers sont blancs, La Grande Roue, La Cinquième Saison* sortis en 1968. Curieusement, EMI reprendra ses propos et les incluera dans la pochette d'une réédition.

Quelques semaines après, et sans relation avec mai 1968, Pompidou, reprenant Nietzsche, s'écrie à l'Assemblée nationale : « Dieu est mort. »

Delanoë estimera « que cette phrase terrible pouvait faire l'objet d'une chanson. [...] Un truc bizarre où je refais carrément la Genèse. Mais ce n'est pas la naissance de l'homme qui est en cause, c'est celle de Dieu. »(4)

La musique arrive sous les doigts de Bécaud. C'est *L'un d'entre eux inventa la mort*, une folie métaphysique de six minutes, un conte fantastique qui va figurer dans le prochain album. Chanson-procès de Dieu, en toute simplicité, ou parabole signifiant qu'« Il » redescendra sur terre et sera de nouveau crucifié. Delanoë se substitue ici à Amade, « intermédiaire exclusif jusqu'à présent de la foi sincère de Gilbert Bécaud ».(5)

Depuis ce matin à l'aurore
Dieu est mort...

« C'est l'histoire du Paradis terrestre, transposée, celle des progrès de l'homme sur le chemin de la vérité, celle aussi de la désaffection de ces mêmes hommes pour leur Dieu, qu'ils contestent. D'où *Dieu est mort*. Chacun peut l'interpréter comme il le veut, mais, pour moi, c'est un reproche à Dieu de faire joujou avec les hommes, les fourmis que nous sommes pour lui. »

« Blasphème ? »

Danièle Heymann pose la question :

« Peut-on, en une heure et vingt chansons, réconcilier les midinettes et les chrétiens du blasphème, passer des tartines de confiture à l'immortalité de l'âme, être à la fois Arlequin et Lorenzaccio, cocardier et gauchisant ? Bécaud, en tout cas, le croit ou feint d'y croire. Avec son irrésistible ingénuité, il interroge :

"Ne peut-on pas tout dire avec des chansons ?" »(5)

Fin juin. Le calme est revenu. Philips lance le cassétophone (ancêtre du baladeur), le soleil se couche sur le pays audois et Castelnaudary s'apprête à accueillir Distel et Dassin, réunis dans un même spectacle. Le premier, qui doit terminer la soirée en vedette, musarde entre les chaises vides, assistant, curieux et intéressé, à la balance du nouveau concurrent. Le soir, *Siffler sur la colline, Viens voir le loup*, *Les Dalton* laissent présager le succès que vous connaissez.

Voyages autour du monde, avec cravates à pois jetées au public ou costumes bleus à qui Bécaud en demande un peu trop, voilà qui nous ramène à l'univers de Dinnat :

« Gilbert aime bien la foule, saute dans la salle. Quand il revient, il remonte sur scène à pieds joints et souvent, son pantalon craque ! Il se retrouve les fesses à l'air. On va vite en chercher un autre dans sa loge et en fin de chanson, il sort de scène, se change et revient sur le plateau. Le public sourit, ça passe comme ça, c'est sympa... Les cravates ? Elle lui reviennent assez cher. Je lui disais : "Ecoute Gilbert, tu ne jettes pas ta cravate ce soir !" Il la sacrifiait quand même bien sûr, alors je l'engueulais ! »

Et le régisseur de ponctuer sa phrase d'un éclat de rire inimitable.

Une autre fois, ce sera une chute sur les spectateurs des premiers rangs, qui entraînera quelques jours de repos forcé ! Jean-Claude Lassère, à la console son, s'en souviendra, au-delà des années quatre-vingt-dix.

Profitant d'une pause dans les tournées de Bécaud, Gilbert Sigrist accompagne Barbara pour une série de galas dans les maisons des jeunes et de la culture :

« Le beau Romanelli était à l'accordéon. C'était l'époque où Barbara tournait *Frantz*, avec Jacques Brel. Elle souhaitait que je reste toujours avec elle et mon retour chez Bécaud me faisait tomber en disgrâce. Lui non plus n'était pas tendre : "Alors, tu pars avec ta mante religieuse ?", me disait-il ! »

A Châtelet, le costume bleu voit rouge. Pour Sigrist comme pour Dinnat, cette petite ville belge possède une triste réputation, celle d'être le festival de la tomate ! L'an passé, Claude François est descendu en pleurant du podium, idem pour Jean-Jacques Debout... Après une première partie émaillée d'incidents — sonorisation fonctionnant mal, remarque désobligeante d'un musicien sur les Flamands —, la température monte et lorsque Bécaud apparaît, la première tomate jaillit. La tradition est respectée. Gilbert Sigrist et ses musiciens s'arrêtent et l'homme à la cravate à pois fixe le public. Va-t-il se fâcher ou considérer qu'il ne s'agit là que d'un acte isolé ? Il reprend *Il fait des bonds le pierrot qui danse*, sa chanson d'entrée... Cette fois, le projectile vient heurter de plein fouet son épaule. L'œil de Bécaud vrille l'assistance :

« Puisque tu as le grand courage de me prendre pour cible, viens le faire ici, sur le podium ! »

Sans réponse à cette invitation, il revient à son spectacle, et, par cette attitude ferme, ramène instantanément le calme pendant la durée de son tour de chant. Nicoletta, qui enchaîne, n'a pas la même chance. Une dizaine de tomates pleuvent, une l'atteint en pleine figure. Deux ou trois notes, puis la chanteuse s'évanouit. Dans un charivari général, le présentateur local fait appel à la foule, allant jusqu'à promettre une prime de mille francs à celui qui amènerait le perturbateur. Quelques minutes après, un jeune homme est molesté, dans le public d'abord, sur le podium ensuite, où son visage déjà couvert d'ecchymoses reçoit une couche vengeresse de peinture rouge, devant les spectateurs dépassés par cet incroyable barbouillage.

« Aberrant, me raconte Dinnat, c'était un plaisir comme un autre de balancer des tomates. Inimaginable. Evidemment, on a tous relégué l'incident au rayon des mauvais souvenirs. »

En 1968, plus sérieusement, on reparle du théâtre des Champs-Elysées, avec des adieux émouvants à quatre-vingts berges. Maurice Chevalier, en pleine possession de son talent, est acclamé par une foule d'admirateurs, Fernandel en tête. Depuis ses débuts en 1900, à douze ans, au Café des Trois Lions, Momo incarne la gentillesse et la gouaille de Paris dans le monde, en particulier aux Etats-Unis où il chante et enregistre *Et maintenant*, une version peu diffusée chez nous.

Parallèlement, Bécaud retravaille la musique de *La Ballade des apôtres*, sur un poème d'Amade, ébauchée en 1957 :

Que longtemps nous avons dû marcher
Pouvez pas savoir
On était douze et on le suivait...

En juillet, Julien Clerc et *La Cavalerie* me précédent jusqu'au départ pour Barcelonnette et sa caserne. Sur le quai de la gare de Montpellier... les premières mesures de *On prend toujours un train pour quelque part.* Merci la SNCF. Ce « quelque part » ne me passionne guère. Sur cette mélodie, la vie civile m'abandonne. Dans un coin des Alpes, je cours apprendre le temps de refroidissement du fût d'un fusil.

A quelques milliers de kilomètres, les chars soviétiques vont bientôt faire leur entrée dans Prague... Août 1968. Le président de l'Assemblée, Smorkowsky, prononce une brève allocution : quelles que soient les contraintes que le peuple tchèque aura à subir, la seule chose qui ne pourra cependant lui être enlevée demeurera l'espérance. Sur la demande du président, les ondes de la radio de l'ancienne capitale de Bohême diffusent, en français, une chanson de Bécaud :

Dans ta veste de drap blanc
Il fait froid comme en Bohême
Tu as le coeur comme en carême
Et pourtant
L'important c'est la rose...

1969

J'écrirai avec mes ongles...

L'UN D'ENTRE EUX INVENTA LA MORT
LES CREATURES DE REVE - BADABING, BENG, BONG
SILLY SYMPHONIE - MONSIEUR WINTER GO HOME - VIVRE
MON GRAND-PERE LE MILITAIRE
LES ENFANTS DU DIMANCHE - IL S'EN VA MON GARÇON
MOI JE M'EN VAIS DEMAIN - TU M'RECONNAIS PAS
LA CAVALE - JE T'AIMERAI JUSQU'A LA FIN DU MONDE
A REMETTRE A MON FILS QUAND IL AURA SEIZE ANS
LA FIN D'UN GRAND AMOUR C'EST D'ABORD LE SILENCE

Quelques bémols sur les chansons nouvelles. Mon repli est involontaire : la vie militaire me laissant assez peu de liberté, j'ai tendance à occulter une des meilleures productions du chanteur. Malgré ces variétés mises entre parenthèses, je relève les orchestrations de Jean-Claude Vannier, personnage unique, marginal et précurseur. Il orchestre avec maestria *Monsieur Winter go home, Il s'en va mon garçon, La Cavale, Vivre*... En 1993, lors de mes investigations, j'apprécierai sa gentillesse.

Les Enfants du dimanche, présentée l'année précédente dans un film de Louis Carrière (*Bruno, l'enfant du dimanche*), se retrouve insérée dans la nouvelle cuvée. Blanche comme l'innocence, mais sans grand intérêt, à mon sens, hors de son contexte cinématographique. Manquait-il une chanson dans l'album ? Bernard Gérard en assure l'orchestration, fort honorablement, comme pour *La fin d'un grand amour... c'est d'abord du silence.*

Dans cet environnement musical, Raymond Bernard doit innover et il y réussit particulièrement avec *L'un d'entre eux inventa la mort* et *Badabing beng bong,* deux titres références. Du travail d'orfèvre. Je considérerai toujours cette production, excepté deux ou trois titres, comme une des plus intéressantes dans le répertoire.

Monsieur Winter go home sera reprise par l'attachante Frida Boccara et enregistrée en public au Canada. Curieusement, la chanteuse interprète beaucoup Bécaud sur scène, avec sa touche personnelle, mais — hormis *Monsieur Winter...* — n'enregistre aucun de ses titres :

« Si c'est pour chanter de la même façon que Gilbert, me confie-t-elle, ce n'est pas la peine. J'ai choisi ma manière avec une seule condition : y mettre la même intensité. »

Avant la rentrée parisienne, petit ballet de concerts en tournée, avec, du 6 au 16 février, le passage inévitable à l'Ancienne Belgique, le music-hall brasserie où coulent à flots bière et chansons. Une fois de plus, le public belge a la primeur de la brassée 1969. *Perruquées, bottées jusqu'en haut dans un bel emballage cadeau, les créatures de rêve* de Delanoë côtoient *le petit Robinson désencrusoé* du *Monsieur Winter go home* de Vidalin.

En première partie, avant Virginia Vee, Julien Clerc essuie les plâtres du nouveau spectacle avec *Ivanovitch, Jivaro Song, La Cavalerie, Yann et les dauphins*. Edité désormais par Bécaud —jusqu'en 1972—, le futur Claude de *Hair* commence à faire parler de lui. Et celui qui ne cesse d'affirmer qu'il ne faut surtout pas écouter les conseils des autres se surprend à en prodiguer au débutant :

« N'essaie pas d'être Johnny Hallyday ou Claude François ; ils l'ont déjà fait avant toi, et le font mieux... Toi, tu as tout dans la gueule et les mains... Alors bouge le moins possible et oblige les gens à regarder ta gueule et tes mains. Comme ça, tu seras Julien Clerc. »(1)

Le 20 février, treize degrés à l'extérieur et chaleureux accueil pour Bécaud et sa première à l'Olympia. Comme annoncé, Clerc fait partie du spectacle, se limitant, malgré lui, à quatre chansons, après Mélanie et son succès *Bobo's party...* Quelques mois après, classée troisième au « Cash Box », Mélanie se souviendra de l'aide de Gilbert et confiera à Bertrand de Labbey et aux Editions du Rideau Rouge les droits de toutes ses chansons pour la France.

Le 28 mars, Europe numéro 1 diffuse *Campus*, de Michel Lancelot, une émission « spéciale Bécaud », dans laquelle il chante *Daphné*. Il s'agit en réalité de l'enregistrement de cette chanson, réalisé en 1962, qu'il présente ce jour-là comme une nouveauté.

A l'armée, les jours s'écoulent comme des mois et les mois ressemblent à des années. L'époque est propice aux fausses permissions : je me retrouve consigné à la caserne au son d'un transistor diffusant *Lindberg* par Robert Charlebois et quelques chansons de Bécaud (*Il s'en va mon garçon*— la traduction fidèle des sentiments éprouvés par Delanoë au départ de son fils pour la faculté de Strasbourg—, et *Badabing beng bong*, de Vidalin, qui met en scène un prisonnier politique).

Ma peine est bien légère et la cellule qui m'est attribuée ne ressemble pas à celle décrite par Bécaud. De la mienne, on ressort, heureusement...

Oui, j'écris ce qui me plaît,
J'écris ce que je veux,
Mais quand j'écris Liberté,
Ça les dérange un peu...

L'important c'est... la liberté, un des sujets favoris de Bécaud :

« En Afrique du Sud, me racontent Jacques Dinnat et Jean-Claude Lassère, Gilbert chante dans plusieurs salles, pour les blancs. Nous sommes très surpris : pour monter le spectacle, tout le personnel technique est de couleur et le jour du gala, exclusivement blanc. Un noir n'a pas le droit d'être sur scène pour toucher au matériel ou voir la vedette. Ça nous choque tous, et Gilbert en premier. Bécaud a un chauffeur noir qu'il veut inviter au spectacle mais les organisateurs lui interdisent l'accès à la salle. S'il passe outre, le concert est annulé. Gilbert insiste pour que son chauffeur occasionnel se fasse tout petit, se mette en coulisses. Ils ne veulent rien savoir. Il faut le vivre pour le croire... On se balade dans les rues de Johannesburg, dans les parcs. Sur tous les bancs publics, on lit : "european only". Exclusivement pour les blancs. Aucun pour les noirs, ils doivent s'asseoir par terre ! Pareil pour les bus. Les commerces séparés en deux, côté blanc, côté noir. »

Avec les années, et en dépit des accords signés entre le président Frederick de Klerk et le leader noir Nelson Mandela enfin libéré au début des années quatre-vingt-dix, puis placé à la tête du pays, la violence ne s'éteindra pas en Afrique du Sud.

« Notre premier dimanche là-bas nous surprend. Personne ne nous ayant informés, nous trouvons les restaurants, les magasins fermés. Ce jour-là, nous n'avons rien mangé. Le dimanche suivant, au Cap, l'équipe se retrouve... avec des provisions au bord de la mer ! Bécaud chante en français et quelques titres en anglais, la langue du pays. Pour ces récitals en Afrique du Sud, Gilbert bien entendu compose judicieusement son répertoire, oubliant certaines chansons qui peuvent prêter à polémique. [...] Une autre fois, nous sommes dans une boîte européenne un peu bizarre, assez spéciale... Gilbert s'amuse, puis on danse tous les deux ensemble. On fait les imbéciles. On se retrouve tous entre nous, on a besoin de ça, loin de chez nous. »

« Se retrouver entre nous » revient systématiquement dans mes entretiens avec tous les membres de la tribu, avec quelques moments marquants comme les soirées-caviar, en URSS, où, après le concert, l'équipe se regroupe dans une chambre, pour boire, pour parler de la politique du pays. Des moments forts, fraternels.

En 1969, Catherine Renaut, la petite fan des années cinquante, se rapproche un peu plus de l'univers des étoiles :

« Je commençais à m'occuper de bricoles pour Gilbert, le verre d'eau entre deux chansons, les coulisses... Je suivais toujours, mais je n'y allais plus en stop. Bécaud avait demandé à Jacques Dinnat de me prendre avec lui. Je n'ai pas fait partie de l'équipe officiellement, mais j'ai suivi toutes les tournées, j'allais où je pouvais, même au Japon ! C'était fantastique. Maintenant, pour tous ses Olympia, je m'occupe de sa loge. Il a un régisseur bien sûr... Mon rôle ? En fait, je ne suis rien. C'est assez difficile de répondre à cette question. Il arrive assez souvent que des admirateurs un peu trop pressants arrivent jusqu'à sa loge. On n'a pas le droit de les renvoyer : c'est son public et Bécaud a besoin de lui. Il faut être correct, diplomate, surtout lorsque Gilbert veut être un peu tranquille. Ça se passe toujours très bien. Louis Amade m'a demandé un jour de l'accompagner à la radio pour raconter mon aventure. Je n'ai jamais voulu. Dès le tout début, j'étais "fan", vraiment "fan" à l'époque des idoles et... je le suis toujours. »

Vendredi 25 avril 1969 : une journée particulière. En roulant dans l'allée du parc de l'Elysée, vers la porte Marigny, une voiture a l'habitude de marquer un arrêt, et chaque fois, au bord du plan d'eau, madame de Gaulle descend et donne à manger aux canards :

« Ma femme a des manies », précise le Général.

Cet après-midi-là, les canards regardent filer la DS qui ne s'arrête pas.

Il est treize heures quinze et de Gaulle quitte l'Elysée. Il n'y reviendra plus. Le drapeau tricolore qui flotte sur le toit central du palais est amené. Il sera hissé à l'arrivée d'Alain Poher qui assurera l'intérim. Ce jour-là, tout le monde l'a compris, de Gaulle tourne lui-même une page de l'histoire de la France... Les canards restent sur leur faim...

8 mai. La campagne électorale bat son plein. Georges Pompidou va être élu président. Ma nouveauté, c'est un autre arrivant. Il se prénomme Laurent et mes parents deviennent grands-parents (la maman se porte bien, merci !). C'est vraiment mon é-vé-ne-ment de l'année, la vie, la vraie vie qui te fait planer et te transporte dans les nuages.

Armstrong éprouve-t-il la même joie quelques semaines après, un 21 juillet, à trois heures cinquante-deux, heure de Paris, en sortant de l'engin qui l'a déposé sur la mer de la Tranquillité ? Lentement, il descend les barreaux de l'échelle. A trois heures cinquante-six, il pose son pied gauche sur le sol lunaire. La réalité vient de rejoindre l'imaginaire d'Hergé : on a marché sur la lune. Les télévisions du monde entier retransmettent les premiers pas et Bécaud devient spectateur.

« Le jour où Armstrong a marché sur la lune, j'étais en concert je ne me souviens plus où, et j'avais tout suivi à la télévision, dans ma chambre de l'hôtel. »(2)

« Je me sens concerné par tous ces fantastiques progrès techniques. Et je ne me lasserai jamais de voir une fusée décoller. Croyez-moi, si n'importe qui pouvait aller sur la lune, j'aurais un trac fou, mais je serais l'un des premiers passagers... »

L'été. « Travelling » sur le Midi...

A Toulon, on attend la foule des grands jours pour la formule Bach-Bécaud qui a fait ses preuves l'année précédente, à Aix-en-Provence, et l'on sait déjà que, succédant à Gyorgy Cziffra, l'homme à la cravate à pois et l'Ensemble instrumental de France feront opéra comble.

A Béziers, la « Feria » bat son plein. Pour la première fois depuis bien longtemps, les arènes sont bondées. Douze mille personnes applaudissent Joe Dassin, au faîte de sa gloire. Lucide, la nouvelle idole est toujours inquiète :

« L'avenir m'angoisse, parce que rien n'est plus difficile que de survivre à des titres : il faut toujours en faire de nouveaux et meilleurs. »

Pendant le long « week-end » du 15 août, Claude François électrise Palavas, Edouard Balladur devient conseiller du président Pompidou... A deux heures de voiture au nord de New York, des centaines de milliers de jeunes américains forcent l'entrée d'un mégaconcert, où, pendant trois jours, dans la boue et sous la pluie, sous le signe de la paix et de l'amour, vont se produire les plus grandes stars du rock. Un quart de siècle plus tard, Woodstock restera le symbole de cette génération qui, en cette fin des années soixante, manifeste contre la guerre du Viêt-nam.

Si je veux, je peux m'en aller
A Wight, à Woodstock ou ailleurs
Et y retrouver des milliers
Qui chantent pour avoir moins peur...
(LA SOLITUDE ÇA N'EXISTE PAS - BÉCAUD /DELANOE)

Le phénomène hippie, à son apogée, a rejoint celui du début des « sixties » et, sur les routes de France, les festivals se multiplient. Les kilomètres, Bécaud et moi, on connaît. Lui, aux quatre coins du pays, moi, coincé au camp du Valdahon, dans le Doubs, puis à l'Ecole d'application de l'infanterie à Montpellier où je n'arrête pas de divaguer sur les plans de transport à dactylographier. Pas d'autorisation de sortie le dimanche 10 août. J'enrage ! Ce jour-là, Bécaud chante à quelques minutes de ma caserne, à Sète, aux Cheminots, en vedette d'un programme plutôt copieux affichant Richard de Bordeaux, Daniel Beretta et Régine. Sur le grand podium installé sur le parking de la gare, *Monsieur Winter go home* a les senteurs des nuits méditerranéennes.

Septembre 1969. Ma libération et le retour à la vie civile. Le prochain rendez-vous avec Bécaud est programmé en décembre. Là, je vais retrouver Roland Hubert et ses Galas aux Etoiles pour une énième Nuit du Feu à Narbonne.

Avant d'entamer la tournée, Bécaud accueille Amade à Crans-sur-Sierre, en Suisse, afin de composer quelques chansons, dans son chalet familial. Le 13 novembre, ils terminent :

Je t'aimerai jusqu'à la fin du monde
D'un tel amour jusqu'à la fin des mondes...

A Crans, Amade et Bécaud reviennent sur le texte du *Fracas des victoires*, apportant quelques modifications à la première ébauche de 1957, tout en travaillant sur un nouveau poème : *A remettre à mon fils quand il aura seize ans* (Sur les rochers de Sainte-Hélène, Napoléon, exilé, fait don des vestiges de sa gloire, comme des échecs de son existence, à son fils qu'il ne reverra jamais).

Napoléon a toujours fasciné Bécaud, au même titre que de Gaulle. S'il affirme souvent son admiration pour ce dernier, sa passion pour l'Empereur est plus discrète, il en parle peu. Et l'on apprend ainsi avec étonnement que lors d'une escale, à bord de son bateau *Aran II,* à l'île d'Elbe, il manifeste le plus grand intérêt pour le passage de Napoléon dans ces lieux.

Ne le voit-on pas également, lors d'un concert à la Louvière, à quelques kilomètres de Waterloo, se recueillir juste avant son récital, sur la butte qui surplombe la morne plaine ? Ce jour-là, troublé, Bécaud se présente au théâtre une demi-heure à peine avant le spectacle.

1969, année du bicentenaire de la naissance de Napoléon. Amade a écrit, quelques mois avant, un poème en alexandrins. Bécaud porte son choix sur ce texte, la transcription rimée du « Mémorial de Las Cases », modifiant seulement quelques lignes du début (et de la chute) :

Mon nécessaire d'or des heures de bataille
dont je me suis servi aux matins exaltants...

La nouvelle chanson *A remettre à mon fils quand il aura seize ans,* ne figure pas dans le spectacle de début décembre, à Narbonne. Par contre, j'ai toujours en mémoire la présentation de deux inédits : *Je t'aimerai jusqu'à la fin du monde*, avant la sortie du disque (ce que Bécaud précise, sur scène), et *La Cavale,* de Delanoë. Chansons cadeaux pour le public venu l'applaudir en nombre dans la cité audoise.

LE PAYS D'OU JE VIENS

MUSIQUE: GILBERT BECAUD — PAROLES: LOUIS AMADE

Gilbert avec Louis,
son père

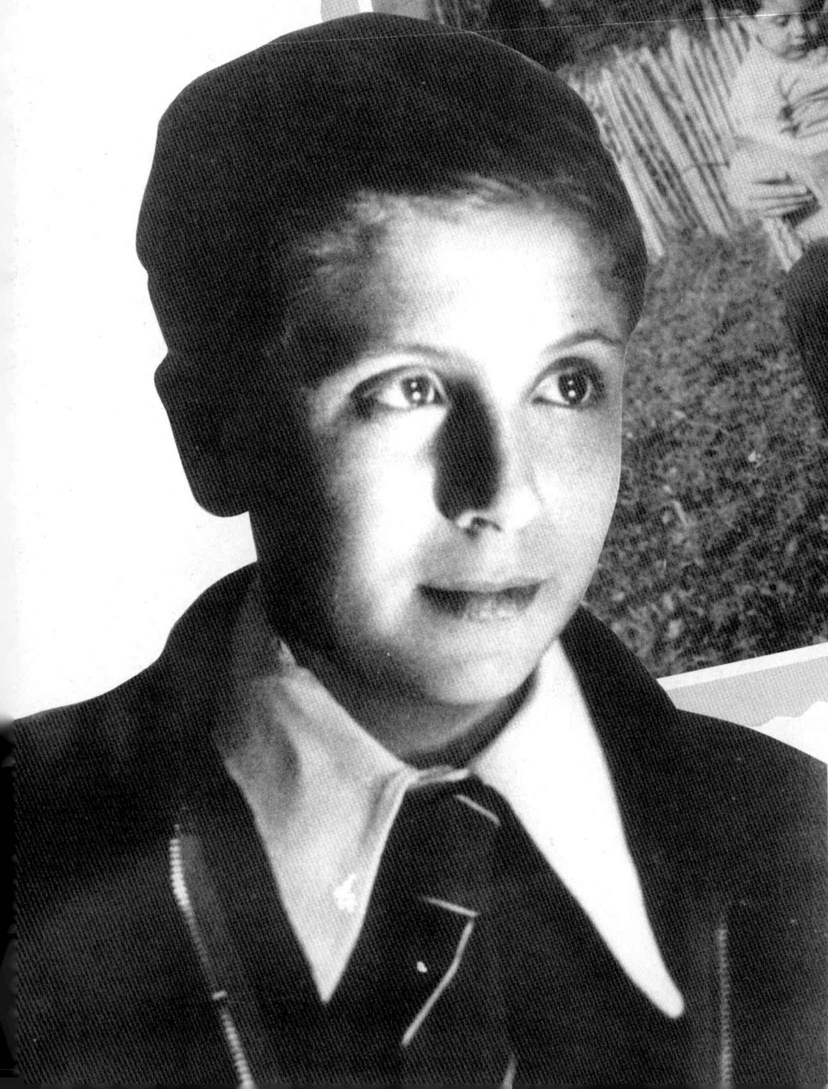

Quand t'es petit
dans le Midi…

Un microsillon en chocolat pour Bécaud et Cocteau (grand prix du Disque Paris 1953)

EMILE HEBEY

présente

GILBERT BÉCAUD

accompagné au piano par

RAYMOND BERNARD

choisira son programme parmi les œuvres suivantes :

Paroles de Pierre Delanoë

Cartes postales
A midi sur les Champs-Elysées
Fraîcheur de la mer
T'es une belle petite môme
Il fait si beau
Quand tu danses
Il faut bâtir ta maison
Madame Pompadour
Le monde est gentil
Mes mains
Laissez faire, laissez dire
Que toi
Passe ton chemin
Il aime rêver
Je suis folle
Vous qui l'avez connue

Paroles de René Vernadet

Formidable

Paroles de Pills

Vol de nuit
Je t'ai dans la peau

Paroles de Louis Amade

La Ballade des baladins
C'était mon copain
Les Croix
Ding-dong, sonnez
Moi je sais
Accroche-toi à ton étoile
Ah ! dites-moi pourquoi je l'aime
Les Enfants oubliés
T'as raison, mon ami

Paroles d'Edith Piaf

Ça gueule ça, Madame
Elle a dit

Paroles de Charles Aznavour et Vernadet

Un nouveau printemps tout neuf

Paroles de Charles Aznavour

Viens
Mé qué, mé qué
Donne-moi
Je veux te dire adieu

Paroles de Jacques Dutailly

Moi je me méfie des anges

Musique de Gilbert Bécaud

Vedette des Disques

1er Olympia en vedette - 17 Février 1955

Aznavour et Bécaud
en tête-à-tête

Scènes de coulisses
avec
Marcel Reval

1967,
avec
Bernard Reval :
accord pour
un parrainage

L'homme et la musique

Avec Romy Schneider et John Travolta

Avec le roi Baudouin et la reine Fabiola

Repos mérité pour Julien Clerc,
après le succès de Hair.
Une plage en France…

Communion avec le public

Sur la péniche
avec Annie
et Bernard Reval

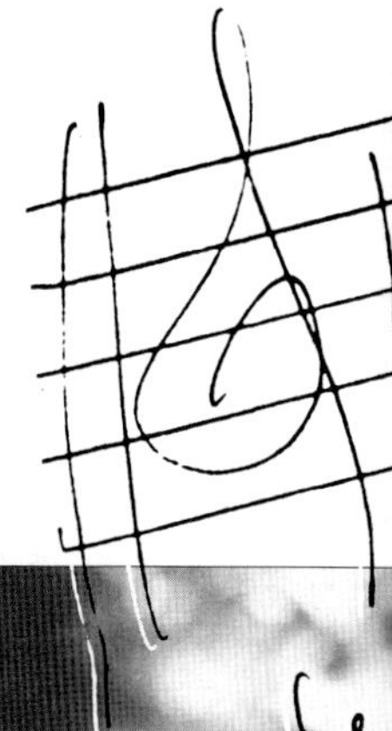

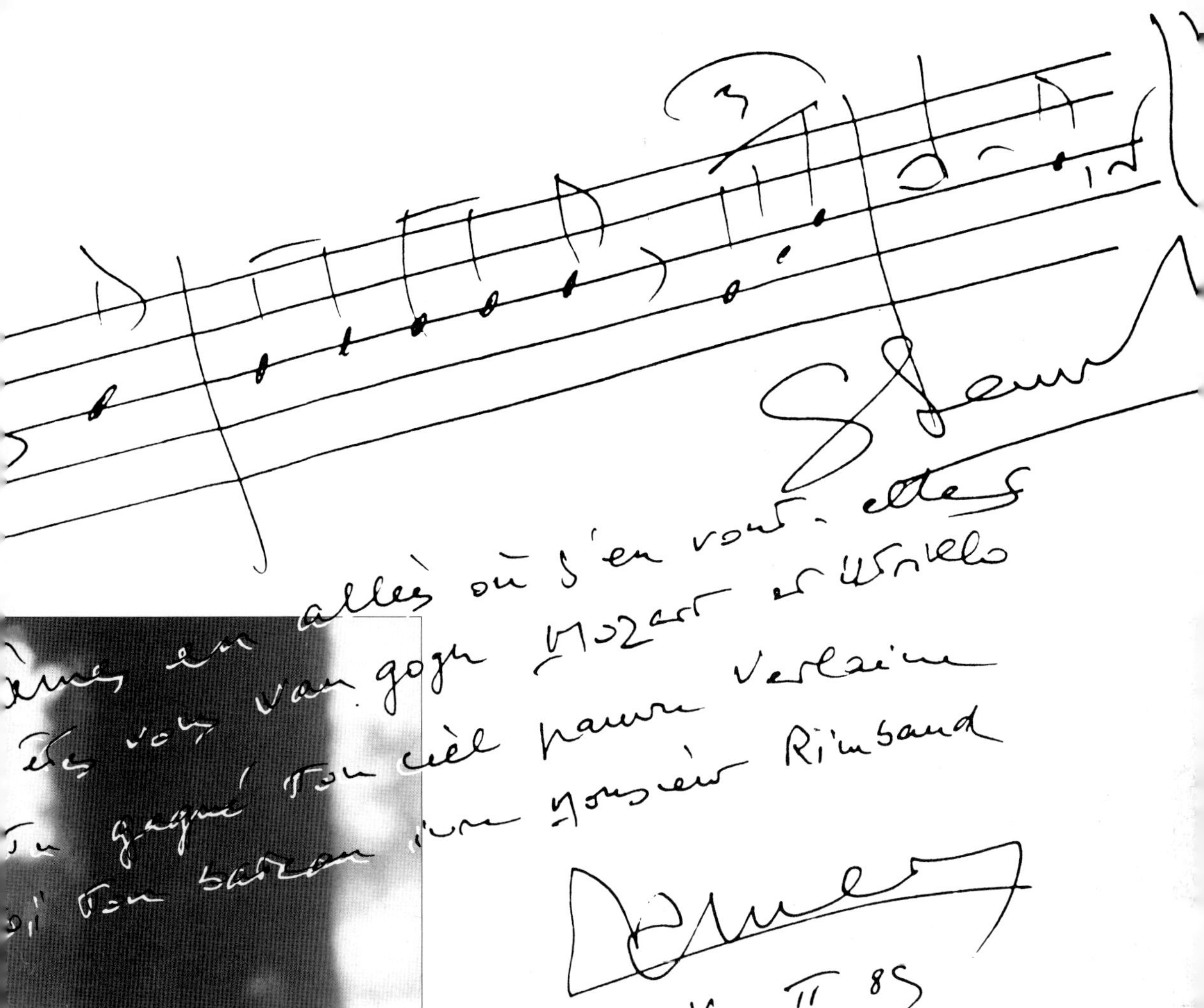

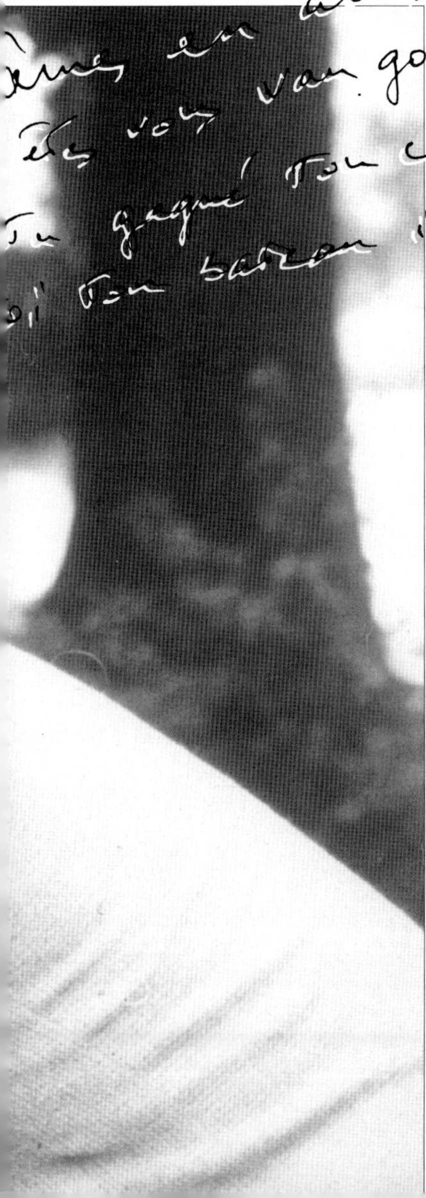

Autour de Louis Amade, le compositeur, Claude Lemesle, Pierre Delanoë et Maurice Vidalin

Trénet
en visite
dans la loge
de «l'homme
à la cravate
à pois»

Pas besoin de gros barreaux
Ni de gardien ni de bourreau
Ni de la Guyane...

Soirée vraiment inhabituelle pour moi puisque, pour la première fois, j'administre un spectacle, entre Roland Hubert et le Capitaine Babou, commandant le corps des sapeurs pompiers de la ville et co-organisateur. Installation scénique, coulisses, arrivée des musiciens et des artistes. J'échange quelques mots avec Sigrist et les musiciens. Dinnat, le nouveau régisseur, est sympa et Roland Hubert, parfait, égal à lui-même. La balance... bientôt la soirée.

Il faudrait inventer des mots pour décrire les ovations du public audois. Une presse excellente. *L'Indépendant* décrit le « show » au programme tout à fait complet, comme il n'en existe plus. Depuis la jeune et débutante Isabelle de Funes, l'imitateur Jean Courtil, Frida Boccara après sa victoire au Grand Prix Eurovision jusqu'à « l'artiste à scandale » du moment, Julien Clerc (après *Hair*). A Narbonne, l'homme à la cravate à pois prend le relais jusqu'à 1 heure du matin, devant trois mille personnes enthousiastes.

« On n'avait pas vu le temps passer. C'est le meilleur compliment que l'on puisse faire à ce spectacle qui sortait vraiment de l'ordinaire, un Bécaud communiant pleinement avec son public et paraissant aussi heureux qu'au soir de ses débuts. »(3)

Quand le spectacle est terminé, les bravos retombés... Place au cocktail d'honneur aux artistes. Tradition, tradition...

Retirés près du bar de l'Europe, je parle boutique avec Roland Hubert, puis je me retrouve dans le salon de l'hôtel-restaurant, assis sur un canapé, tout à côté d'un Bécaud fatigué mais ravi. Savourant le moment présent, il n'est pas pressé de s'en aller, la compagnie est bonne. On déshabille la soirée, on échange souvent des banalités, des vérités premières. Plus de deux ans se sont écoulés depuis la soirée de Vals-les-Bains. Bécaud se sent bien et apprécie. Le champagne coule à flots, tout-le-monde-il-est-content, le capitaine des pompiers en tête, après le don d'une importante partie du cachet de tous les artistes aux Pupilles de la Nation et aux bons vieux de la cité sociale. Y'a d'la joie à Narbonne cette nuit-là. *« On a du mal à se quitter. »*

Les années passeront... Frida Boccara se souviendra :

« Le gala de Narbonne a été tellement particulier, dans le cadre de la tournée. On a fait des coups pendables avec les musiciens. Que ce soient les miens, ceux de Julien ou de Gilbert, nous étions complètement fous. Tous les soirs, la police nous retirait nos passeports, nous les restituant le lendemain matin pour que nous poursuivions la route. On faisait des ravages dans les hôtels. C'était incroyable, on changeait les meubles dans les étages... tout un déménagement : c'était absolument affolant. A tel point que lorsque l'année après, Adamo est arrivé avec ses musiciens pour la tournée suivante des Galas aux Etoiles — je pense qu'il y avait des musiciens de Julien, ou du moins des éléments qui avaient fait ces folies avec nous —, chaque fois, la direction de l'hôtel leur lançait :

"Encore vous ! Je ne vous veux pas dans mon établissement !"

Cela n'était pas tellement du goût de Roland Hubert, le tourneur de ces spectacles. Avec ses gants, ses sentiments, il ne se mêlait pas à ces folies. Malgré tout, il éclatait de rire le lendemain matin, en nous lâchant :

"Quelles bêtises avez-vous encore faites cette nuit ? Quand même, la réputation des Galas aux Etoiles !" »

Et Frida d'enchaîner : « Un homme charmant, bien élevé. Je l'ai toujours aimé. Je voyageais avec ma sœur qui s'occupait de ma régie, Roland était tout seul et nous étions dans sa voiture. Chaque fois, il nous arrêtait dans les restaurants les plus extraordinaires — il y avait toujours des bourgognes merveilleux —, tout en jouant le style :

"Chère amie, vous prendrez bien quelques belons..." »

1969, l'Eurovision de la Chanson remporté par Frida Boccara, une période intense pour la chanteuse : le Festival de Rio, Bobino avec Brassens, la tournée des Etoiles avec Bécaud, une autre avec Macias en Afrique.

« Je vais vous avouer une folle soirée. Depuis le temps a passé et le pot-aux-roses a été découvert, on peut en parler... Ma chambre était juste à côté de celle de Roland Hubert. Gilbert vient me voir et me dit :

"Est-ce que tu permets que, dans l'après-midi, j'installe des micros de ta chambre jusqu'à celle de Roland, tout en passant par les balcons ? Je veux lui faire une farce monstrueuse : lui qui est à cheval sur les principes, on va lui envoyer une putain de grosse Rosy et on va enregistrer tout ça ! Ce que je te demande, pendant qu'on écoutera tous dans ta chambre, c'est de téléphoner à Roland, en lui disant que tu as très mal à la tête et que tu voudrais aller chez lui prendre de l'aspirine."

Bécaud paye le portier pour trouver une fille qui veuille bien se prêter au jeu, Lassère installe en secret un micro indiscret... et me voilà, après le gala, appelant Roland Hubert qui venait d'ouvrir sa porte à la visiteuse embarrassante...

"— Allo, cher Roland, il m'arrive une chose épouvantable, je ne parviens pas à fermer l'œil. Si je ne dors pas, ce sera affreux, je serai enrouée demain soir. Il me faut absolument des cachets d'aspirine. Je viens les prendre chez vous !

—Mais non, mais non, chère amie, je vous les apporte, ne vous dérangez pas.

J'insistai alors :

—Je suis sûre que vous êtes pratiquement déshabillé, vous devez être en robe de chambre, vous n'allez pas vous promener ainsi dans un couloir d'hôtel !"

J'insistai encore lourdement et lui ne voulait vraiment pas. Il est donc venu m'apporter le remède-miracle. Bécaud ne s'est pas montré bien entendu ! On a enregistré toute la conversation, mais on a fait chou blanc. De ma chambre, on entendait :

"Mais non, mais non, ma chère amie, vous ne savez pas à qui vous vous adressez."

C'était cocasse. Généralement, ce sont les femmes qui disent : "Vous ne savez pas à qui vous parlez." La fille était trop collante et il s'était aperçu que quelque chose n'allait pas. Il voulait la payer, pourvu qu'elle parte, mais elle ne voulait pas s'en aller, elle faisait durer le délire pour Gilbert...

On a passé une soirée absolument délirante et mémorable : mettre une femme de mauvaise vie dans le lit de Roland Hubert, fallait le faire ! Le lendemain, il nous a lancé : "Vous avez dû bien rire sur mon dos."

Ça, c'est signé Bécaud ! »

Chaleureux en scène, mais généralement discret dans la vie, Gilbert venait écouter toute la première partie, debout à côté du rideau, observant, prenant un peu la "température". « J'ai rarement vu ça chez d'autres artistes, me confie Frida, et nous, avec Julien, on était là, ensuite, en coulisses, baba, à le regarder. »

A cette période, Clerc a tendance à perdre son identité, intégrant les thèmes musicaux de *Hair* à son propre répertoire, s'habillant pendant la tournée d'une extravagante chemise rose, allant jusqu'à établir de longs monologues, face au public, à propos du message à percevoir dans la pièce qu'il vient de terminer. Bécaud va remettre les pendules à l'heure. Dans son *Roman de Julien Clerc*(4), Marc Robine rapporte la mise au point :

« Il prend Julien entre quatre yeux. Ce qui n'est jamais une partie de rigolade, quand on connaît le regard de Bécaud. Son discours se réduit à peu de choses, mais elles sont exprimées avec vigueur :

"Maintenant, ça suffit ! Dans cette tournée, tu ne fais pas ton métier. Tu as ton style, tes chansons, tu es Julien Clerc, ne l'oublie pas !" »

La leçon portera pour toujours. Les conseils, Bécaud les donne souvent malgré lui :

« Il m'a appris l'humour, se souvient Frida Boccara, comment chanter une chanson drôle, dans le style de *Quand Jules est au violon* ou *Mademoiselle*

Lise. J'ai vraiment piqué ça à Bécaud. En travaillant avec lui, Brel, Brassens et Aznavour, j'ai pu multiplier les styles pour faire un vrai tour. Si vous chantez pendant vingt-cinq chansons : "Ma mère est partie ou mon grand-père s'est cassé la jambe..." ce n'est pas drôle et ça devient vite lassant. Son intensité dramatique m'a beaucoup frappée dans des morceaux assez durs comme *Mes hommes à moi*. »

Le 25 décembre, le revoilà sur la première chaîne de l'ORTF dans une émission télévisée des Carpentier. Au programme, entre autres, *La Ballade des Apôtres*, achevée avec Amade, à Crans, le 13 novembre dernier :

Avec un signe sur un front
De ses deux doigts il savait rendre
Sa part de vie au moribond
Sa part de soleil à la cendre...

Le titre ne sera jamais gravé. Peut-être qu'un jour... ?

A Bruxelles, une jeune admiratrice frappe à la porte de la loge :

« Gilbert, je voudrais t'envoyer des photos que j'ai prises de toi. Peux-tu me donner ton adresse ? »

L'artiste regarde l'inconnue qui s'est aventurée dans les coulisses, jusqu'à sa porte, lui sourit et répond :

« Ecris à Gilbert Bécaud. France. Ça arrivera ! »

3e PARTIE

LES ANNEES 70

« Il est l'un des artistes qui, en notre temps, auront maintenu au plus haut la chanson française, et en cela, il aura aidé à la diffusion de notre langue et au renom de notre pays. »

Maurice Druon

1970

Tu m'avais quitté symphonie...

UN PETIT TOUT PETIT MIRACLE - LE BAIN DE MINUIT
CHARLIE T'IRAS PAS AU PARADIS
LA VENTE AUX ENCHERES - L'HOMME ET LA MUSIQUE
LA SOLITUDE ÇA N'EXISTE PAS

Le thème de la solitude, abordé très différemment par Amade dans *L'important c'est la rose* et par Vidalin dans *Seul sur son étoile*, inspire Delanoë qui affirme : *La solitude ça n'existe pas*. Bécaud lira avec stupeur les quelques mots griffonnés sur un carton par un spectateur de l'Olympia :

« La solitude ça n'existe pas ? Pauvre con ! »

« Le type avait pris ça au premier degré. Il n'avait rien compris alors que pendant toute la chanson, je ne cesse de répéter : la solitude ça existe ! On a fini par en rire, mais c'est quand même très frustrant de se rendre compte à quel point on peut ne pas être saisi. C'est ça aussi, la solitude. »(1)

Dans ses orchestrations, Jean-Claude Petit s'attache à recréer une atmosphère spécifique. Tournant le dos aux arrangements pseudo-américains, il fait des merveilles sur les harmonies de Bécaud, notamment celles de *La solitude ça n'existe pas* et *Charlie t'iras pas au paradis*, avec soixante choristes dont Juanita, ex-comédienne de *Hair*.

Ce n'est pas la première fois que des voix féminines participent aux enregistrements. Dans *L'Orange, De l'autre côté de la rivière* et les récents *La fin d'un grand amour c'est d'abord le silence, Les Créatures de rêve, L'un d'entre eux inventa la mort*, etc., Gilbert a toujours favorisé les chœurs. Néanmoins, avec *Charlie t'iras pas au paradis* et la participation en solo de la jeune Noire américaine (quelques phrases en anglais), Bécaud innove.

Petit signe aussi l'orchestration 1970 de *Je t'appartiens*. Exhumation d'une ancienne chanson et clin d'œil aux nouveaux rythmes à la Chicago Transit Authority ? Ce dernier titre, exporté depuis sa création par les éditions Raoul Breton aux Etats-Unis, a fait un véritable tabac et les reprises ne se comptent plus depuis plusieurs mois. Outre une confortable manne financière, *Je t'appartiens* et son adaptation, *Let it be me*, raflent un « Award », l'équivalent de l'« Oscar » pour le cinéma.

On imagine l'auteur et le compositeur ravis, mais on comprend assez mal l'attitude de Delanoë lorsque, dans un élan de modestie, le parolier évoque leur réaction :

« Ni Gilbert ni moi n'avons eu le temps de nous rendre à Nashville (Tennessee), haut lieu du rock, pour y recevoir notre trophée. »

Le morceau étant couronné dans la catégorie « country western », l'auteur comblé conclut par un étonnant :

« On peut tout faire avec n'importe quoi. »(2)

Fort du succès américain, Gilbert replace *Je t'appartiens* dans son répertoire, Petit assurant les nouveaux arrangements musclés. Il faut bien convenir que, depuis 1955, l'original avait grandement besoin d'un bon coup de printemps. Avec le temps, la chanson connaîtra une nouvelle dimension, notamment grâce à deux autres « Awards » en 1982 et 1983 et par une troisième orchestration collective de ses musiciens, sur scène.

Dans la chaleur d'une nuit aoûtienne, stade Richter à Montpellier, je redécouvre *Je t'appartiens*, au cours d'un récital ponctué par un incident anecdotique, un accroc au pantalon, que Bécaud utilise astucieusement lors de son interprétation de *Je reviens te chercher*, gestes à l'appui : *J'ai l'air bête sur ce palier...* Autre chanson doublement de circonstance : *Le Bain de minuit...* de Vidalin :

Quand on aura beaucoup dansé
Beaucoup trop dansé
Quand on aura beaucoup fumé
Beaucoup trop fumé...

Le concert (incluant *Le Jour où la pluie viendra*) vient à peine de se terminer que des trombes d'eau s'abattent sur la ville et la banlieue montpelliéraine. Les spectateurs refroidis dans leur enthousiasme par le grondement du tonnerre bénissent Bécaud, ce sorcier aux talents cachés, et son incantation si malvenue.

Autres nuages, évoqués plus tard par Jean-Claude Lassère, ceux de Bruges, avec la pluie que l'on n'attend pas :

« L'après-midi, la rumeur s'amplifiait : la météo annonce un énorme orage pour le soir. Et pourtant, fin de journée superbe, il était impossible d'y croire. La première partie se déroule sans problème, nous scrutions un ciel toujours serein. Et puis, tout d'un coup, les vannes se sont ouvertes. Le matériel replié en catastrophe par des musiciens déguisés en marins bretons. La marchande d'imperméables avait prévu la catastrophe. Quant au piano — le Yamaha bleu au pied coupé —, il y a laissé sa peau. Bruges et ses canaux ? Pour nous, c'est plutôt Bruges cité lacustre ! »

Même temps lourd, ce 9 novembre 1970. La nouvelle tombe : l'oiseau des tempêtes, « le grand voilier que ses ailes de géant empêchent de marcher », s'est envolé. Les canards de l'Elysée se sont habitués à un nouveau président.

« La solitude était ma tentation, maintenant, elle est mon amie... »

Sous cette affirmation au goût d'éternité, de Gaulle a choisi sa fin.

Cet homme légendaire au milieu des vivants
Le jour où on l'enterre je te parie cent francs...
Que tu le regretteras...
(TU LE REGRETTERAS - BECAUD / DELANOE)

Depuis sa création en 1965, Bécaud n'a jamais présenté la chanson sur scène. Plus tard, avec le recul, il sera moins réservé et soulignera alors son admiration pour le « monument historique » :

« Vous savez, de nos jours, il n'y a pas beaucoup de types de ce genre ! Alors quand il s'en présente un et surtout s'il est français, il vaut mieux ne pas le rater. D'ailleurs, pour finir d'ôter toute équivoque sur ma démarche, je vous signale que le jour de la mort du Général, j'ai fait enlever le disque des magasins, pour que les gens ne s'imaginent pas que je voulais faire de l'argent avec son nom. »(3)

Deux semaines et quatre jours dans l'espace : la cabine Soyouz-9 et ses cosmonautes sont de retour sur Terre. Se laisser porter vers les grandes clartés sidérales : un des thèmes favoris de Bécaud, qu'on retrouve dans *L'un d'entre eux inventa la mort* ou dans les futurs *Barbarella reviens, Sur terre rien de nouveau*, sans oublier sa vision apocalyptique du *Jugement dernier*, un texte concocté par Delanoë et passé totalement inaperçu au début des « sixties ».

« Dimensions », l'étiquette de Bécaud, disparaît. Désormais sous l'enseigne Columbia, le compositeur de *Nathalie* demeure toutefois dans le giron Pathé-Marconi. En octobre, après une tournée avec les Troubadours en première partie, il triomphe pour son quatorzième Olympia, accompagné par un grand orchestre dirigé par Jean-Claude Petit avec, en prolongement, un trente-trois tours en public sous une accroche ambiguë : « le meilleur Bécaud depuis dix ans ».

En 1970, *La Vente aux enchères* est sans aucun doute « sa » chanson. Elle marque l'entrée en piste d'un personnage hors du commun, un musicien québécois surnommé « Pointu », parce qu'il leur affirmait souvent : « La vie est triste, mais le bonheur est pointu »...

Bécaud lui dit : *« On ne t'appellera plus "Pointu". Tu seras "Monsieur Pointu"... »*(4).

Le nom est resté et on appelle maintenant sa femme Madame Pointu...

En juillet 1994, à Berre, au cours d'un repas amical, sous les pins, entre chant des cigales et vin du pays, Gilbert me reparlera de sa chanson :

« Le public l'appelle tout bonnement "Monsieur Pointu". Le personnage est si pittoresque que le spectateur a oublié le titre exact. Il a retenu seulement le surnom. De même, certains me demandent souvent "Dieu est mort" (le raccourci de L'un d'entre eux inventa la mort*), "la chanson sur Jésus" (*T'es venu de loin*), "Les Baladins", "Tu as volé l'orange", "Le poète", "La rose", "Charlie"... »*

Depuis 1970, lorsque Bécaud parle de ses chansons, on note toujours une préférence pour *La Vente aux enchères* dont la connotation théâtrale est évidente :

*« Avec Maurice Vidalin, on avait souvent une «technique» pour écrire des sujets un peu étranges (*La Rivière, Jules, Lise...*). Des chansons très spectacle.* La Vente aux enchères, *c'est une improvisation de Maurice qui, après quelques bières, délirait, mouchardé par un petit magnétophone. Quand il partait se coucher, je relevais tous les bons mots, je les mettais de côté et je faisais la musique après. Quand tout était fini, il réparait techniquement certains changements de temps qui ne collaient pas, ce qui était trop flou, mais le jet, le plus important, se faisait dans le "bordel". Vidalin n'écrivait pas, il dérivait !* L'Indien, La Grosse Noce, Les Tantes Jeanne, *etc. ont été, au départ, "improvisées" et ensuite "maîtrisées", bien sûr. Si vous les écoutez bien, vous trouvez des trucs assez bizarres qu'on n'écrit pas sur le papier, des images scéniques qui sortent comme ça, qui frappent mais qui n'ont pas tellement de relations entre elles.*

La Vente aux enchères *est une chanson très agréable à chanter. On peut l'interpréter de trois façons totalement différentes : vous pouvez en faire deux escrocs, la vie et la mort, ou du kabuki (avec des positions). En la bougeant, elle peut changer de signification par l'interprétation. C'est très rare. Si vous chantez* L'important c'est la rose, *quelle que soit votre intention, elle sera toujours* L'important c'est la rose. La Vente aux enchères *est le seul morceau d'acteur que je connaisse qu'on puisse bouger comme ça, d'une atmostphère drôle à une très grave ou alors complètement dingue, bizarre ! Je n'en vois pas un autre comme ça, même chez mes camarades. D'abord, ce n'est pas une chanson, on appelle ça "un truc". Elle peut varier entre cinq minutes et un quart d'heure. Vous vous rendez compte, on a dix minutes d'élastique... de silences, de réflexions, des volte-face, des envols, des blancs comme ça qui jettent une espèce d'angoisse. De plus, quand on a un bon partenaire comme Monsieur Paul Cormier (Monsieur Pointu), c'est formidable. Vous savez, Vidalin, Amade,*

Delanoë ont tous la technique de pouvoir vous écrire quelque chose d'intéressant. Maurice, son efficacité ne se révélait totalement que lorsqu'il était véritablement sincère. Pour cela, il fallait lui enlever le crayon et le papier. »

Personnellement, je suis plus séduit par *A remettre à mon fils quand il aura seize ans* (enregistrée avec la participation exceptionnelle des Tambours de la Garde républicaine), *Un petit tout petit miracle*, plus légère, une chanson de scène avec l'amicale complicité des musiciens, sans oublier la nouvelle version de *L'Aventure*. Mais finalement, peut-on comparer lorsque les genres diffèrent à ce point ?

Mariano s'en va, Mike Brant arrive avec *Laisse-moi t'aimer*. Là aussi, les genres varient, pourtant, quelque part, il y a continuité. C'est également *Besoin de personne*, un premier succès pour Véronique Samson, réalisé par Michel Berger. Nicoletta chante *La Solitude* de Bécaud et sur la scène du théâtre de la Porte-Saint-Martin à Paris, Gérard Lenorman, succèdant à Julien Clerc, reprend le rôle principal dans *Hair*.

Dans les coulisses de Bécaud à l'Olympia, en début d'année : Monique Franco. Depuis 1959, son admiration est sans faille. Désormais, tout comme Catherine Renaut, Monique est parmi les familiers de Gilbert, aux côtés de Mamico. Elle se tient derrière le rideau, avec une cigarette et un verre d'eau... Pendant cet Olympia, souffrante, elle ne peut assister à la deuxième représentation. Néanmoins, le troisième soir, elle assiste au récital, à sa place auprès de Mamico :

« La station debout, toute la soirée, a raison de ma faiblesse et j'ai un court malaise. Gilbert, qui s'en est aperçu entre deux chansons, prend de mes nouvelles à chacune de ses sorties de scène et me fait conduire dans sa loge pour que je me repose, pendant que les deux mille spectateurs de l'Olympia crient, applaudissent et le rappellent. A l'issue du concert, malgré sa fatigue, très fraternellement, il s'occupe de moi et me donne un comprimé de Coramine-Glucose, pour me remonter... Je n'oublierai jamais. Plus tard, amusé, il m'adressera une photo avec cette symphonique annotation : "Coramine-Glucose, à Monique... !", en me précisant :

"Ainsi, tu auras une dédicace comme personne...!" »

Même succès au plat pays pour Bécaud. Une opportunité pour la RTB de filmer pour la seule et unique fois *Le Buste de ma chambre*, sortie des oubliettes. Ailleurs, en France, la vie de tous les jours continue et la télévision, en folie, s'offre une troisième petite sœur.

1971

La petite sœur du Carmel...

LA CHINE - LIBERACAO - KYRIE - LA MAISON SOUS LES ARBRES (THE HOUSE UNDER THE TREES - LES ÉCLUSES - JILL'S PANIC JILL'S TEARS - THE ACCIDENT - THE APARTMENT - MAZARINE STREET)

Bécaud travaille les thèmes musicaux du nouveau film de René Clément, *La Maison sous les arbres*, avec Faye Dunaway, Frank Langella, Barbara Parkins, Karen Blanquernon, Maurice Ronet et Raymond Gérôme au générique.

« Ce fut une véritable épopée. Il arrivait à Clément de me téléphoner jusqu'à seize fois dans la même journée pour me donner des indications sur des images qui n'étaient pas encore tournées. »(1)

A la demande de Bécaud, Christian Gaubert réalise une nouvelle orchestration d'un des thèmes et Delanoë juxtapose quelques vers à la mélodie. Résultat : *La Chine*. Dans ses colonnes consacrées aux « tubes », *L'Express* du 16 juillet 1973 mentionnera la tentative, établissant un parallèle entre *Nathalie* et la nouveauté.

Yang Tchou-Kiang est venu de loin
Yang Tchou-Kiang arrive à Pékin...

Gilbert l'enregistre et le petit disque rouge inonde les bacs.

« Vous savez, lorsque j'ai écrit Le Pianiste de Varsovie, *certains ont imaginé que je me prenais pour Chopin... Quand j'ai chanté* Nathalie, *ils ont dit : "C'est une chanson communiste". Pour* La Chine, *ils ont affirmé que je glorifiais Mao... »*(2) Entêtés, Bécaud et Delanoë, associés à Guy Carlier, reprendront en 1989 la même idée dans *China song*... Dans l'immédiat, peu de chansons nouvelles. Suffisamment pour remarquer l'enregistrement public de *Kyrie* de Louis Amade :

Dieu vient de rappeler
Sœur Marie
Kyrie, kyrie...

et les arrangements plus intimistes du thème principal de *La Maison sous les arbres*, reprise plus tard par Jacqueline Boyer.

Pour Catherine Renaut et son fan-club, 1971 marque une évolution :

« Nous avions changé le titre du journal du club et troqué le *Tout neuf tout neuf* (qui ne l'était plus tellement) contre *Croquemitoufle*. Louis Amade m'avait, avec beaucoup de gentillesse, envoyé un acte de naissance ainsi rédigé :

Je te baptise Croquemitoufle
au nom du père (moi)
du fils (Gilbert)
du Saint-Esprit (Pierre)
et de l'Ainsi soit-il (Maurice).

Entouré de cinq musiciens dont notamment Jean-Pierre Dorsay, Julien Clerc étonne avec *Le Cœur volcan* (*la lave tiède de tes yeux...*), sur un texte d'Etienne Roda-Gil. Et lorsque le disque arrive à Europe numéro 1, Pierre Delanoë, alors codirecteur des programmes avec Lucien Morisse, questionne :

« La "lavetière" de tes yeux... ils charrient, quand même ! Qu'est-ce que ça veut dire la lavetière de tes yeux ? »

Cherchant une signification, en long, en large et en travers, Delanoë mettra deux semaines avant d'oser poser la question à Etienne qui s'en amuse encore.(3)

La variété française, c'est Bécaud chantant en février au Royal Bose, à l'Americana, à New York, pendant quatre semaines. C'est aussi la prolifération des festivals en France, un vrai fantasme de Woodstock. Les jeunes suivent les concerts, mais les pertes financières sont plus importantes que les bénéfices. Pas facile pour les organisateurs qui commencent à remettre le phénomène en question... La période dorée des festivals se termine, et le fiasco de nombreuses fêtes dans le Sud annonce le déclin de la pop music.

Loin du fantôme américain, nous voici au nouveau studio des Buttes-Chaumont, le plus grand de l'ORTF (neuf cent cinquante mètres carrés, douze mètres de haut, près de un million de watts). De quoi satisfaire largement « Monsieur 100000 volts » qui enregistre sa prochaine émission. La première partie de ce « show » à épisodes produit par Maritie et Gilbert Carpentier est diffusée le 9 octobre 1971 sous le titre : *Gilbert*. La deuxième, programmée le samedi suivant, s'intitule : *Bécaud*, en toute simplicité ! Son cheval de bataille : *La Répétition*, un mini-opéra, une symphonie policière de treize minutes, sur un livret de Vidalin. Dans ce combat qui ne doit avoir qu'un vainqueur, la musique, Bécaud, chaleureux, passionné, grave, méditatif, lyrique, confie aux soixante-dix musiciens de l'orchestre qu'il dirige qu'il vient d'assassiner sa femme. Vrai corps à corps du chanteur avec sa musique, cette réalisation d'André Flédérick prendra le chemin de l'INA, qui en possède toujours l'enregistrement.

Pour le retrouver sur une scène parisienne, il faudra attendre quatre mois. Quatre mois de concerts au Japon, à la Martinique, à la Guadeloupe, en Amérique du Sud... Et les enfants grandissent. Et Gilbert en reparle :

« Pas question pour moi de négliger ma famille. Entre deux tournées et deux récitals, je m'arrange toujours pour me ménager quelques jours de calme. Souvent, en été, nous nous réfugions en famille, ma femme Kiki, mes deux garçons, Gaya et Philippe qui ont maintenant dix-neuf ans et quatorze ans, et la petite Anne, cinq ans, dans notre grand chalet de Crans-sur-Sierre, en Suisse. Nulle part il n'y a autant de soleil, nulle part l'air n'est aussi léger, et les gens aussi merveilleusement discrets. »(4)

Quand on le voit, déchaîné dans le décor du studio d'enregistrement, battant la mesure d'un pied ou atterrissant sur le tabouret de son piano, aussi fringuant qu'au temps d'un de ses films des années cinquante (*Casino de Paris...*), on a du mal à l'imaginer dans la peau d'un père de famille.

L'été dernier, la tribu Bécaud s'est offert ses premières et vraies grandes vacances depuis vingt ans : cinq semaines, une folie.

*« Nous sommes partis en mer, avec Gaya et Pilou, sur mon chris-craft, l'*Aran*, début juillet, dès que Gaya a passé son bac. Et nous n'avons touché terre que vers le 15 août. »*(4)

« Je peux très bien rester cinq semaines sans travailler, et même plus que ça. Sans problème. La musique, c'est dedans, là, elle ne me quitte jamais... »

Bronzé, le visage reposé, Gilbert part vers de nouvelles aventures :

« Dans ce métier, ce sont surtout les choses extérieures, les travaux préparatoires, les rendez-vous, les obligations de toutes sortes qui sont harassants. Moi, j'aime composer et chanter. Si l'on pouvait se borner à ça ! »(4)

1972

Je te promets des soirs de fête...

ET LE SPECTACLE CONTINUE
LA REPETITION
CHANTE - HI HAI HO - UN PEU D'AMOUR ET D'AMITIE
LES ENFANTS NOUS REGARDENT

Maurice Chevalier disparaît... *Et le spectacle continue.*

Piaf est irremplaçable, Chevalier aussi. Comme l'affirme Delanoë : « Maurice était le plus fameux de tous les fameux, sa place vide ne peut être comblée, il faut passer à autre chose. [...] C'est à lui que je dois *Et le spectacle continue.* Je ne sais pas d'où vient cette expression que certains prétendent d'origine anglaise : "The show must go on", je pense qu'elle vient du cirque où les accidents étaient autrefois fréquents. »(1)

La mort d'un funambule n'empêchant pas la représentation de continuer, en janvier, vingt-trois musiciens, choristes, ingénieurs du son, entourant l'homme à la cravate à pois, font étape à Roubaix, Abbeville, Liège, Tournai, Bruxelles, Anvers...

L'Olympia à l'horizon, le rodage habituel s'impose pour les vingt-deux chansons dont les inédites (*Et le spectacle continue* et *Chante*, qu'il enregistre en dirigeant trois cent cinquante choristes bénévoles). Depuis plus de dix-sept ans, Bécaud ne cesse de recommencer, les bravos éclatent comme un orage trop longtemps contenu : le spectacle n'est jamais terminé... Il continue, à guichets fermés. A quarante-quatre ans, il veille sur tout, un œil sur les lumières, afin que que le bleu ne soit pas « trop bleu... » Chanter en toute liberté sur scène, reconnaître les lieux l'après-midi, marcher sur le plateau, l'écouter, et, le soir, retrouver son public, c'est sa vie.

Chaque jour, dans la chambre d'hôtel, le piano est prévu, l'inspiration n'a pas d'heure. Gilbert y compose avec un de ses trois paroliers :

« On ne fait pas les enfants par téléphone. »

Les matins se ressemblent, les réveils sont toujours un peu difficiles. Pour être précis, c'est la voix qui ne suit pas... A ces heures-là, il ne répond jamais au téléphone.

« Ma voix dort plus longtemps que moi. Je ne la réveille qu'en début d'après-midi. »

Le 2 février, à Paris, le soir de la première : dix-neuf rappels !

« Il m'arrive de chanter plus ou moins bien d'un soir à l'autre, et aussi d'être mauvais quelquefois, surtout les soirs de première. Je suis toujours anti-premières ; tous ces gens qui ne sont pas le public et pour qui il faut être parfait à un moment précis... impossible ! Demandez à Braque ou à Picasso de faire un tableau génial à une heure précise : c'est impossible. C'est pour cela que ces soirs-là, je travaille beaucoup sur la technique parce que j'ai peur, parce que je ne suis pas naturel, alors que le lendemain, en matinée, le public est là, on est en contact, on est heureux, on est fiancés, on est mariés. »(2)

La presse souligne ses vingt ans de carrière. Dix-huitième ou seizième Olympia pour certains, douzième pour d'autres, on ne sait plus. Pendant cette querelle de chiffres, la veille de cet anniversaire, Ionesco fait son mea culpa au micro d'Europe numéro 1.

A la station de la rue François 1er, le baladin bondissant est toujours le bienvenu : dans l'émission *Moi, j'aime le music-hall*, Gilbert raconte et Bécaud chante. Les longs entretiens sont entrecoupés d'extraits de chansons, regroupés dans un disque intéressant et introuvable depuis. Vingt ans défileront avant qu'il ne reprenne ses propos et n'écrive *Une vie comme un roman...*

Aux quatre coins de la planète, la valse des œuvres françaises continue. Bécaud est toujours bien placé, la Sacem souligne sa présence :

« En Amérique, dans les vingt premiers titres, on relève dix Ravel, [...] un Saint-Saens, un Debussy, un Francis Poulenc, deux Bécaud-Delanoë, devant *Les Feuilles mortes* et *Que reste-t-il de nos amours* ? »(3)

Un peu d'amour et d'amitié... Transposition d'un poème d'Amade paru dans *Les Métairies lointaines*, « Pour toi tout seul », écrit en pensant à *SOS Amitié*, la nouveauté parle d'amour, d'amitiés complices, apportant le rêve et l'évasion indispensables à celui qui est seul. Souligné par le tutoiement si caractéristique de Gilbert, l'enregistrement, sorti quelques jours avant Noël, remporte un vif succès. Une chanson allégorique pour les futurs *Fin de siècle, Macadam journal* et autre *Antitox*, les publications des SDF des années quatre-vingt-dix.

Toi qui es seul et qui réclames
Un peu d'amour et d'amitié...

Sur cette lancée, les éditions de Bécaud continuent leurs activités — musique contemporaine, œuvres orchestrales, enseignement —, notamment *Chante avec Bécaud*, un recueil pour deux ou trois voix égales de jeunes, petits groupes ou chorales, par Pierre Max Dubois, avec

L'important c'est la rose, Chante, Sur la plus haute colline, Quand il est mort le poète et *Le Petit Oiseau de toutes les couleurs.*

Mouvements au Rideau Rouge et péripéties de carrière, avec le départ de Bertrand de Labbey (démissionnaire, après sept ans de direction), qui va fonder ses propres éditions, Sidonie, et, dans la foulée, s'occuper plus encore du catalogue de Julien Clerc. Les choses ne se passent pas aussi facilement qu'on pourrait l'imaginer. Marc Robine(4) donne des échos de cette période assez difficile :

« ... Clerc qui, il y a à peine trois ans, faisait le lever de torchon des spectacles de Bécaud, monte seul au créneau pour affronter la colère du patron. [...] Les deux hommes s'expliqueront en tête à tête et l'entretien sera effectivement particulièrement houleux ; mais Julien ne cédera pas d'un pouce. [...] Dans les semaines qui suivent, l'affaire finira bien par se tasser un peu et l'on évitera le procès. Mais chacun reste sur ses positions de principe et, deux ans plus tard, dès que son contrat arrive à expiration, Julien passe chez Sidonie, avec armes et bagages. »

Avec le temps, cette période semblera oubliée et les deux chanteurs se retrouveront parfois, particulièrement à la télévision, dans une émission consacrée à Piaf(5). Entre-temps, Bécaud aura minimisé son rôle dans l'ascension de son poulain :

« La seule chose que j'ai faite pour lui, c'est de l'imposer en première partie de mon spectacle à l'Olympia. [...] Et c'était un peu pour moi car cela me garantissait un bon début de spectacle. »(6)

Si l'année 1972 marque le départ de Bertrand de Labbey, elle accueille Monique Scherrer dans le giron bécaldien. Après son passage chez Pathé-Marconi dans la période 1960-1972, Gilbert l'appelle à son service. Elle y restera jusqu'en 1989, assurant le secrétariat personnel du chanteur et dépendant directement de lui. Bien qu'elle ne soit jamais employée par le Rideau Rouge, Bécaud lui confie, au siège de ses éditions, un bureau qu'elle occupera pendant près de dix-sept ans.

Autre transfuge de chez Pathé où il est resté pratiquement dix ans, Alain de Ricou prend le relais de Bertrand de Labbey :

« Ma première rencontre professionnelle avec Gilbert se situe en août 1972, sur la Côte d'Azur, en présence de Maurice Vidalin, de Fernand Raynaud et de la dernière née de la famille, Emilie Bécaud, qui devait avoir un ou deux mois. »

Pour de Ricou, les premiers mois aux commandes des éditions du Rideau Rouge sont soulignés par le succès de *Un peu d'amour et d'amitié.*

Claude François est toujours à son zénith. Je le rencontre dans le Sud-Ouest, à Puylaurens. *Y'a le printemps qui chante* n'est vraiment pas d'actualité. Pluie, coulisses inondées... décidément, la déveine le poursuit et la mauvaise humeur aussi ! Dans ce spectacle tarnais, je découvre un débutant en solo : Alain Chamfort, présenté en supplément de programme par son patron-vedette.

Dans l'ensemble, la chanson française se porte bien. A Cannes, le Midem accueille Dassin, Sardou, Trenet, Brant, Amont, Lenorman, Fugain et son tout nouveau Big Bazar. Des chanteurs heureux pour la suprême récompense, le « disque d'or » : la rançon du succès. Bécaud et Aznavour n'y échappent pas avec une satisfaction bien partagée par les Delanoë, Vidalin, Amade, Garvarentz and Co.

Le grand « souci » de Bécaud avant de terminer 1972, c'est d'enfermer vingt ans de sa vie en six triples albums. Cette intégrale que commence à publier Columbia, c'est, comme dans plus d'un bilan, à la fois un point d'arrivée et un point de départ, une certaine nostalgie et une liste ahurissante de succès à vous flanquer le vertige. Deux cent quatre chansons dans leur version originale, avec quelques inédits, le tout dans une présentation de grand luxe.

Comme toujours dans de telles circonstances, quelques réalisations brilleront par leur absence. Dommage pour *Les enfants nous regardent*, esquissée en 1961, qu'il termine et qu'il chante à Saint-Tropez pendant l'été 1972 — exactement le 18 juillet — avec une diffusion sur Europe numéro 1, ou qu'il interprète en studio, sur la même station, dans une émission de Jacques Ourévitch, en s'accompagnant au piano :

Les enfants vous regardent
Ils regardent les grands...

Ce texte de Vidalin, comme tant d'autres inédits, ne sera pas dans l'intégrale annoncée.

Dans toutes ses chansons qui sont autant de petites comédies ou de drames, et dans ses films musicaux des années cinquante, Bécaud a toujours révélé ses talents de comédien. Pourtant, dans *Un homme libre*, le long métrage qu'il tourne à partir du mois de septembre, il refuse de chanter. Si le nom de Roberto Muller, le réalisateur, m'échappe un peu, celui de Claude Lelouch à la production et ceux d'Olga Georges-Picot, de Christiane Minazzoli, de Charles Gérard, de Pamela Huntington, de Clotilde Joano dans la distribution, soulignés par la musique de Francis Lai, éveillent ma curiosité.

« Je suis bon dans la spontanéité. Quand j'essaie d'être intelligent, je suis foutu. »(7)

Pendant les six semaines des prises de vues du premier film de Muller,

Bécaud remet tout en question, ne vit plus au Chesnay avec sa femme et ses trois enfants (Gaya, Pilou et Emilie), mais à Paris. L'homme de la nuit se lève de bonne heure. S'enfonçant totalement dans le rôle du film — celui d'Henri Lefèvre, un architecte névrosé en proie à mille et un problèmes, qui se cherche et ne se trouve pas —, il est bien conscient qu'il ne s'agit plus de jouer comme il y a quinze ans des films musicaux avec scénario ficelé tout exprès pour lui :

« J'étais amoureux, j'offrais des fleurs. C'était barbant. »(7)

Cette fois, le héros de quarante-cinq ans, au physique d'acteur américain, est plutôt mal dans sa peau :

« Un personnage aussi loin de moi que possible. Si on ne surprend pas, on n'intéresse pas. [...] J'aurais préféré commencer par de petits rôles au cinéma pour habituer les gens à me voir autrement. Mais voilà, on m'a tout de suite proposé grand. Il faut vivre debout ou couché, c'est le destin de l'homme. [...] Je crevais d'envie de jouer quelqu'un qui ne soit pas moi .»(7)

Comme le souligne Monique Pantel dans *France-Soir* :

« Cette fois, c'est du cinéma, du vrai, sans chansonnettes. C'est l'épreuve de force. Quand cet *Homme libre* sortira dans les salles, si les spectateurs découvrent un nouvel acteur, ce sera gagné. Si, au contraire, ils ne voient dans ce film qu'une fantaisie de leur chanteur favori, ce sera perdu. "Mais, je ne raterai pas", affirme Bécaud, du haut de ses vingt ans de carrière folle et intrépide de chanteur qui a toujours fait ce à quoi on ne s'attendait pas. »

Le film ne rencontrera qu'un succès d'estime. Mais n'anticipons pas... En cette fin 1972, le music-hall paraît bien loin... Aux journalistes qui le questionnent sur ses activités scéniques, Bécaud adresse la même réponse :

« Cela me fait bizarre que vous me parliez de chansons. »

Comme si on le réveillait en plein sommeil...

1973

Je suis un Indien, je n'existe pas...

TANGO - L'INDIEN
LA SAISON DU DESAMOUR - MARIE QUAND TU T'EN VAS
UNE PETITE FILLE ENTRE NEUF ET DIX ANS
MOI QUAND JE SERAI GUERI - BARBARELLA, REVIENS
LES COCOTIERS - L'ADDITION SVP OUAIS MONSIEUR - L'ENFANT DU CIEL
VIVE LE ROI CARNAVAL - GABRIELLE
(CHEER UP MADAME, IF I COULD CHOOSE ONE DAY,
THE LITTLE GIRL, ON NIGHT, WAITING...)

Le tournage terminé, Bécaud, devenu plus « fréquentable », pense s'associer avec Aznavour dans la production d'un spectacle les réunissant. Les directeurs des meilleures salles de spectacle se frottent les mains. Les deux chanteurs l'envisagent sérieusement, mais les projets étant faits pour aboutir ou pas, je resterai sur ma faim... Sur un quarante-cinq tours, le tandem accouche de *Marie, quand tu t'en vas*, que Delanoë, étranger à cette affaire-là, tient pour un chef-d'œuvre. Sur ces années soixante-dix, je conserve toujours la même sensation : le compositeur et le parolier de *Rentre chez toi et pleure* et de *C'est merveilleux l'amour* sont plus créatifs l'un sans l'autre.

L'Indien. Dans cette nouvelle chanson d'acteur totalisant presque six minutes, vingt ans avant le film *Danse avec les loups*, il prend parti pour les Indiens d'Amérique, victimes de l'envahissement et de l'égoïsme blanc.

Les confidences de Robert Sprengers sur les débuts de cette chanson sont intéressantes :

« Si *L'Indien* a été mis sur disque, je crois sincèrement que c'est à Félix Marouani, agent et ami de Gilbert, que nous le devons. Parce que c'était une chanson que Bécaud et Vidalin étaient sur le point d'abandonner, et par bonheur, Félix a été le témoin de cette écriture dans une chambre d'hôtel aux Etats-Unis. C'est à ce moment que Marouani entend aux informations des commentaires sur la révolte des Indiens. Evidemment, ça a fait "tilt" dans sa tête et il a fait l'impossible pour que la chanson soit reprise, terminée et enregistrée. »

Quand on lui parle de cette période, Jacques Dinnat, le compagnon de régie, vous répond :

« Max Gros-Louis, un grand chef de tribu des Indiens hurons, un ami de Gilbert. Pas du tout un vieil indien mais un homme impressionnant, très grand, carré. »

Lors des rééditions, les chansons, d'un coup d'aile, se rappellent à notre souvenir. *L'Indien* est oubliée dans l'intégrale Pathé-Marconi, ce qui provoque « l'émoi » dans les colonnes du journal *Croquemitoufle,* au Club du Rideau Rouge :

« Homme blanc, dans grand tipi plein de vinyl, avoir langue fourchue ! CD être mauvaise médecine pour nos frères? Aigle Noir convoquer chefs de tribus amies et déterrer hache de guerre ! Hugh ! »

Excepté *L'Indien,* peu de titres populaires : *Tango* (sur un texte de Vidalin), *Vive le roi carnaval*, que personne ne connaît, et qu'Amade même ne voulait pas reconnaître...

Olympia rimant toujours avec *Musicorama*, Bécaud s'offre une soirée hors du temps, dans un Paris au mois de mars. Au programme, quelques inédits, comme *La Saison du désamour* (enregistrée seulement par Isabelle Aubret). En 1973, le *Désamour* meurt avec l'hiver et la chanson disparaît tout aussi vite. Dommage ! Malgré sa ressemblance avec *Le Jour où la pluie viendra*, elle aurait mérité une seconde chance.

Bécaud a aujourd'hui quarante-cinq ans. L'âge où l'on se penche sur son passé. Où l'on commence à jeter un œil discret vers les honneurs. Vers les panthéons. Mais il s'en défend :

« On ne s'installe jamais. Il est préférable de faire un pas en arrière que de s'arrêter. »(1)

Un pas en arrière... Pour certains, la réédition de ses chansons s'entend ainsi. Pourquoi cette intégrale qui fait dire à ses détracteurs : « Il n'a plus de talent, il n'a que du métier » ? Pourquoi ce *Tout-Bécaud* qui ressemble à un « check-up » ?

Il répond :

« Parce que le public en avait besoin. »

Mais au fond, il n'en croit rien. Ce qu'il voulait, c'était dire adieu à son adolescence. Tout recommencer. Faire sa révolution. Aller un peu plus loin.

« Quitte, dit-il, *à me casser la gueule. »*(1)

Le premier album de cette réédition vient de sortir et déjà, Gilbert est ailleurs... Après son personnage d'Henri Lefèvre, l'architecte mal dans sa peau, l'an dernier, dans le film de Muller, *Un homme libre*, il enchaîne sur un Lelouch *(Toute une vie)*, avec Marthe Keller dans le rôle d'une fille à papa riche et gâtée face à André Dussolier qui campe un petit voyou. Charles Denner, Carla Gravina et Charles Gérard complètent la distribution. Francis Lai, membre de la tribu du cinéaste pour l'éternité, signe quant à lui les thèmes musicaux du film, sauf les interventions musicales de Gilbert : *Ah ! dites-moi pourquoi je l'aime, Dimanche à Orly, Et maintenant, Galilée, L'Orange, Chante.*

Vingt ans après, en pleine promotion de son film *Tout ça pour ça* et pendant la préparation de ses *Misérables*, Lelouch reviendra sur cette période :

« Lorsque j'ai tourné *Toute une vie*, j'avais effectivement besoin d'un chanteur qui joue un rôle important dans le film et de bonnes chansons. Evidemment, j'ai tout de suite pensé à Gilbert, que je suis allé voir. Entre scorpions, on s'est tout de suite compris. Je l'ai dirigé dans une ambiance formidable et j'ai utilisé les chansons que j'adore et qui sont la marque de son grand talent. Je n'ai tourné avec Bécaud qu'une fois parce qu'il a une carrière de chanteur qui lui prend beaucoup de temps, mais je ne désespère pas un jour de le reprendre comme comédien. »

Pour l'instant, en 1973, le tournage de *Toute une vie* s'achève. En attendant la sortie du long métrage, le chanteur entre à nouveau en scène :

« Il se passera quelque chose... Ça va déménager ! »(1)

Concrètement, ce seizième Olympia de sept semaines constitue un mauvais souvenir qu'on retrouve dans certaines chansons de l'enregistrement public réalisé les 25 et 26 octobre : gêné par des polypes, Bécaud doit jouer les funambules avec ses cordes vocales.

« Il fume comme un sapeur, il boit comme un trou, s'étonne Coquatrix. On se demande comment il fait pour chanter encore. »(2)

Exploit, performance, les qualificatifs sont toujours de mise. Pourtant, la presse émet une réserve sur les six chansons nouvelles « pas rodées », sans tenir compte de l'importance de la tournée allemande qui a précédé l'Olympia où Bécaud, cent fois sur le métier, a remis ses nouveautés.

Année de transition ? Des morceaux signés Delanoë, *Une petite fille entre neuf et dix ans, Moi quand je serai guéri*, un thème tout à fait nouveau, décrivant l'univers hospitalier, peuplé d'infirmières et de médecins — une atmosphère abordée une première fois en 1967. Ce blues du malade, sur fond de jazz rock, est mal reçu dans le récital, au même titre que *L'addition, s'il vous plaît..., Tango, Les Cocotiers*. La préférence du public va à *Un peu d'amour et d'amitié* et à *L'Indien*, plus porteurs.

Avec *Barbarella, reviens*, le climat est différent, surprenant, et la musique tout aussi étonnante : dans un monde oppressant, inquiétant, il redevient comédien, moitié humain, moitié robot, dans des jeux de lumières futuristes.

*« Encore vingt ans de chansons. Je me demande d'ailleurs ce que je ferais si cela devait s'arrêter. La musique, c'est ma vie. Le soir, quand je ne chante pas, j'ai le trac à huit heures et demie : un réflexe conditionné... Et je dors mal la nuit, je suis irascible, nerveux. Quand je chante, c'est le trop-plein qui f... le camp et je suis bien. De toute façon, maintenant, je suis décidé à prendre de plus en plus de risques. Dieu sait pourtant si j'en ai pris : l'*Opéra d'Aran *en pleine vague yé-yé, notamment. »*

Comme le note astucieusement Jean-Marc Faubert, lorsque Bécaud prend des risques, « son entreprise est toujours couronnée de succés. Alors personne ne s'aperçoit de la performance. C'est sans doute le comble du talent. »(3)

« Il m'arrive souvent de descendre dans la salle, mais ce n'est pas pour faire un effet spectaculaire. C'est parce qu'à l'endroit où je suis, pour chanter cette chanson-là, à ce moment précis, je ne me sens pas bien, les ondes ne passent pas et je ne suis pas dans le bon axe audiométrique. [...] Et je vais à l'autre bout de la scène, où l'éclairage n'est pas prévu, je suis dans le noir (heureusement il y a un arc qui suit), ou bien je descends dans le public, ou bien... je ne sais pas ce que je vais faire. Si je pouvais me mettre sous le piano sans faire rire, je le ferais. »(4)

Rue de Valois, au ministère des Affaires culturelles dirigé par Maurice Druon (depuis les dernières législatives), la décision est prise : Bécaud sera fait Chevalier de la Légion d'honneur. Situation paradoxale pour Gilbert qui a souvent « malicé » l'appartenance d'Amade à la Préfecture de police.

Changement à vue, mouvements en direction du Corte Ingles à Barcelone... Au rez-de-chaussée, une montagne impressionnante m'attend : la bande originale de *Jonathan Livingston Seagull*, de Neil Diamond, d'après le roman de Richard Bach, culmine. En écoutant le prologue musical de la quête solitaire de Jonathan, ce goéland singulier, et *Be*, le thème principal, on pense à du Bécaud et à l'ouverture symphonique de l'*Opéra d'Aran*. Mais, pour l'instant, pas de rencontre Diamond/Bécaud à l'horizon...

1973 se termine sous le signe de *L'Enfant à l'étoile*, à la télévision et, cette fois, en Mondiovision. Avant la diffusion de sa cantate sur les images du cloître Saint-Trophyme, le compositeur français anime une veillée de Noël dans une grange à Crans-sur-Sierre, en Suisse. La soirée se poursuit par une messe de minuit télévisée dans douze pays, dont le Brésil, partiellement composée et interprétée par Gilbert, dans la petite église valaisanne d'Icogne. Les textes lyriques dits par Amade pour la radio à RTL se superposent à la diffusion de cette messe du petit village des Alpes suisses.

L'Enfant du ciel vous a peut-être échappée dans les chansons énumérées en début d'année. En fait, c'est le titre définitif de la chanson *Alleluia*, un texte d'Amade, que Bécaud crée lors de cette messe.

Le monde des vivants craque de toutes parts
Chacun a peur de tous tous ont peur de chacun...

« Qui d'entre les téléspectateurs ne se souvient du violoneux Monsieur Pointu menant à travers les neiges, vers cette petite église de bois, le cortège des enfants et des villageois ? »(5)

J'évoque brièvement *Gabrielle*. Pas celle qui brûle l'esprit d'Hallyday, mais celle de Bécaud, inédite en France. Cette comédie musicale, inconnue à la Sacem, présente des textes de Jason Darrow sur des musiques de Bécaud : *Cheer up madame, Gilbert Bécaud Home, If i could choose one day, The little girl, On night, waiting...*

Le projet pourrait ne pas aboutir... Détrompez-vous. *Gabrielle* est bien créée aux Etats-Unis, à Buffalo. Le disque trente-trois tours trente centimètres « Mon copain Gilbert Bécaud » (New York, 1983) comporte à ce propos, sous la signature de Didier Delaunay, le commentaire suivant :

« He has written a Christmas cantata, *L'Enfant à l'étoile*, which received its world television premiere in 1973. The following fear *Gabrielle* a musical written with Jose Quintero, received its American premiere at the Studio Arena in Buffalo, with a cast headed by Tommy Grimes, Laurence Guittard and Marilyn Cooper. »

1974

Il est né là-bas en Pologne...

IL Y A DES MOMENTS SI MERVEILLEUX
FELICITATIONS - L'HIRONDELLE - LE BAL MASQUE
CE MONDE T'ATTEND
LE GITAN QUI RIT TOUT LE TEMPS

14 janvier, sur la scène de l'Olympia. Louis Amade, au nom du président de la République, accueille son filleul avec les rites solennels d'usage. Un témoignage d'amour et d'amitié du préfet-poète :

« Tu redoutais d'instinct cet instant et au cours d'une conversation, tu m'avais dit il y a quelque temps, regardant malicieusement cette rosette qui, depuis vingt ans et plus, fait partie de ma tenue civile et de ma tenue d'uniforme :

"Si je devais être fait un jour Chevalier de la Légion d'honneur, il faudrait que ce soit le plus tard possible, ça me ficherait un coup de vieux..."

Non, Gilbert, ça ne fiche pas un coup de vieux à quarante-six ans, crois-moi. Car à quarante-six ans, on est un jeune Chevalier puisqu'il faut au moins vingt-sept ans de services civil et militaire pour avoir la croix. Il faut donc avoir commencé sa vie très jeune. Ce que tu as fait... »

De retour à Crans-sur-Sierre, le baladin de la nuit recharge ses accus. Début d'année difficile sans voix ou presque : après l'alerte de l'Olympia, l'automne dernier, il a fallu agir sans tarder. Trois polypes à extraire, ce n'est pas le bout du monde, mais l'opération inquiète Gilbert qui redoute dans cette intervention la perte de la couleur de sa voix. Le geste chirurgical effectué, il doit attendre trois semaines avant d'émettre le moindre son. Pendant cette période de convalescence, inutile de lui demander de rester muet ou de parler à voix très basse !

Georges Auric et Gilbert Sigrist venant d'adapter les poèmes d'Amade inspirés de l'Ancien et du Nouveau Testament, Bécaud décide de leur donner un sérieux coup de pouce et propose de mettre en scène ce mystère moderne, *La Plus Belle Histoire*. Répétition à l'église de La Salpêtrière. L'homme conseille, dirige efficacement le montage, à mi-voix ou par gestes, avec un intérêt non dissimulé, cherchant à se placer en marge du texte, tout en respectant le caractère de ferveur et de méditation de l'œuvre.

Revenir sur cette création, c'est souligner l'initiative de Félix Marouani. Plus qu'un agent, plus qu'un ami : un admirateur. Il n'hésite pas à écrire à des hebdomadaires pour marquer son indignation. Un journal publie un reportage sur la chanson française, sur la qualité des textes, sans citer Amade : inévitablement, dans le courrier des lecteurs, on trouve, quinze jours après, la lettre vengeresse de Félix Marouani, qui, comme me le signifiera Sprengers, est un des éléments de base de la franc-maçonnerie Gilbert Bécaud.

« Marouani est le cerveau de cette entreprise, me confirme Sigrist. C'est lui qui nous a contactés, Auric, Amade et moi, demandant à Gilbert de faire la mise en scène. »

Fort bien entouré — Janette Woollacoot a la responsabilité des mouvements des artistes —, Bécaud est secondé dans la mise en scène par Claude Tissier. Christian Gaubert assure la direction musicale, maîtrisant parfaitement ses arrangements et ceux de Christian Chevalier et d'Hervé Roy.

Le 23 avril, à Paris, sous les voûtes de l'église Saint-Roch, la série de quinze jours de représentations prévues démarre sous les applaudissements du public. Un succès pour les comédiens qui chantent : Céline, Mary Cristy, Caroline Grant, Jean-Louis Rolland, Gérald Wagner, Michel Petit. Les interprètes ont vingt ans à peine, l'âge des Apôtres.

Des souvenirs pour Yves Duteil, alors jeune débutant, qui prête sa voix à l'enregistrement d'un des airs principaux, *Les temps viendront* :

« Je n'ai pas participé au spectacle, je réalisais alors mon premier album. J'avais été très impressionné lors de l'enregistrement des *Temps viendront* car Gilbert Bécaud était dans le studio, derrière la console et qu'il avait été l'un de ceux que j'ai le plus souvent chanté à mes débuts, à la guitare, *Nathalie, L'important c'est la rose* et bien d'autres... J'ai toujours eu pour lui beaucoup d'admiration. »

Dinnat, enthousiaste, me cite quelques alexandrins d'Amade et fredonne ce thème musical, tout à fait dans l'esprit de la mélodie de *Autant on emporte le vent* :

« C'était beau et très bien fait. Gilbert avait recouvré sa voix et interprété la chanson de Sigrist sur scène, ce qu'il ne fait jamais, puisqu'il chante exclusivement ses propres musiques. »

Bécaud dirige, conseille les participants, six danseurs vêtus de collants et de cagoules noires et six chanteurs drapés de longues robes de bure blanches, dans un spectacle destiné à être présenté d'église en église. La mise en scène étonne : évocation de la table de la Cène par une toile tendue entre les mains de deux danseurs agenouillés, projection de diapositives reproduisant les compositions religieuses du peintre Guy Cambier.

Fidèle à lui-même dans son amour du travail bien fait et sans jamais succomber aux tentations financières que provoquent les modes, Cambier, présenté par Félix Marouani, réalise là un ensemble de toiles qui marquera dans son œuvre picturale. Le président du Variety Club de France ne tarit pas d'éloges sur l'œuvre de cet artiste poète et musicien, handicapé depuis l'enfance, aujourd'hui l'un des peintres les plus recherchés par les collectionneurs et les marchands de tableaux du monde entier.

« Lorsque mon ami Félix Marouani m'a dit : " Gilbert Bécaud cherche un peintre talentueux et pourtant assez dingue pour réaliser une trentaine de toiles illustrant le martyre de Jésus en l'espace d'un mois ", j'ai immédiatement compris que j'étais désigné d'office, car me connaissant bien, il savait que mon courage à peindre et mon inconscience lui garantissaient ma collaboration amicale et généreuse ! Il n'était pas l'impresario inspiré de Gilbert Bécaud pour rien ! Je trouvais l'aventure excitante, — trente tableaux ! Le sujet était à la mesure de mes rêves mégalomaniaques d'artiste et mon admiration pour Monsieur 100 000 volts me faisait espérer un contact tonifiant. Projet quasi insensé qui mettait une fois de plus Jésus en vedette à Paris et ceci malgré la concurrence tout à fait inopinée et déloyale des acteurs d'une grande campagne électorale... C'est ainsi que l'on put voir sous la couronne d'épines que j'avais composée pour l'immense affiche du spectacle le visage totalement insolite du candidat à la présidence de la République, placardé irrévérencieusement par quelques colleurs pirates fâcheusement inspirés.

Le spectacle fut néanmoins superbe en cette église Saint-Roch. Un regret pourtant, dû à la brièveté du chemin parcouru en compagnie de Gilbert Bécaud qui nous priva, faute de temps, du plaisir de partager notre amour commun pour la musique. Il ignore encore que c'était là, pour moi, une autre manière de peindre. Cette passion commune nous eût, je crois, permis un échange plus profond et peut-être, pourquoi pas, plus fécond. Je profite d'ailleurs de ces quelques confidences et de l'avantage qui m'est offert de collaborer, si modestement soit-il, à cet ouvrage qui lui est consacré, pour témoigner ici de mon admiration pour son immense talent... »

Bécaud se livre peu et sa présentation du magicien de la peinture figurative contemporaine est révélatrice :

« Les chemins qui conduisent la multitude vers la vie peuvent être rocailleux et semés d'embûches. Je salue en Guy Cambier d'abord l'exaltateur de l'existence, celui qui malgré tout a su rester confiant et garder son sourire ouvert à la lumière. Puis, je salue le peintre à la palette arc-en-ciel, distributeur de rêves pour lui et pour les autres... »

La Plus Belle Histoire retrace dans ses principaux épisodes l'aventure de l'humanité, de notre vie depuis la création du monde jusqu'à Cap Kennedy. A son grand étonnement, le spectateur découvre les commentaires du Chemin de Croix assurés, dans le plus pur style reportage, par Léon Zitrone ! Gilbert Sigrist signe sa première œuvre. Quant à Georges Auric, est-il nécessaire de le présenter ? Sur les seize poèmes d'Amade réunis, il compose quatre chants de facture classique, Sigrist assurant les autres thèmes dont *Les temps viendront* évoqués par Yves Duteil.

Outre les chants et les contre-chants, le critique Clarendon (Bernard Gavoty) souligne dans *Le Figaro* la mise en scène de Bécaud :

« Une progression dans l'imagerie, un luxe de trouvailles scéniques », faisant la part belle à « l'invention visuelle provoquant une musique de qualité... »

Cette œuvre, gravée sur un disque trente-trois tours, fera l'objet d'un tournage réalisé par la télévision canadienne dans les studios de Montréal et sera présentée en 1976 aux téléspectateurs sur toutes les chaînes francophones, la Radio Télévision Belge, TF1, Télé Monte-Carlo, la Suisse Romande, etc. En 1974, les représentations se terminent en pleine campagne électorale, après la disparition du président Pompidou et avant l'élection de Valéry Giscard d'Estaing.

Peu de temps après, les cordes vocales au top niveau (tous ont pu s'en rendre compte pendant *La Plus Belle Histoire*), Bécaud se retrouve dans les studios Pathé-Marconi, pour enregistrer les petites dernières, *Félicitations* et *Il y a des moments si merveilleux,* d'Amade, créée l'année précédente lors de la messe de minuit à Icogne :

Il y a des moments si merveilleux
Qu'on voudrait que le temps s'arrête...

L'enregistrement du *Gitan qui rit tout le temps*, du *Bal masqué* et de *L'Hirondelle*, orchestrées par Gabriel Yared, viendront dans quelques mois. Sous la signature associée de Bécaud et Aznavour, *Ce monde t'attend* est également à l'ordre du jour, sans oublier *L'Enfant du ciel*, sur un texte du fidèle Amade, créée en décembre 1973 et déposée à la Sacem en 1974.

« Tous mes morceaux n'ont pas été des succès... Parfois, on a fait des faces A qui n'ont pas marché et des faces B qui ont eu plus de chance. On n'est pas des usines à chansons, on ne sait jamais si ça va marcher, il n'y a pas de loi. L'essentiel, c'est de "chanter vrai". J'ai interprété L'Aventure *parce qu'elle avait de très belles paroles, mais on ne peut pas dire qu'elle ait été un succès.* La Rivière, Le Pianiste de Varsovie, La Corrida, *etc. ne sont pas vraiment des chansons mais permettent à l'acteur de se défendre... »*

Quelques semaines avant le Festival de Cannes, Claude Lelouch se lance dans la promotion de *Toute une vie*, tourné l'année avant :

« Je considère Toute une vie *comme mon premier vrai film... »*

Après *Un homme et une femme, La Bonne Année, Le Voyou*, le film sur les Jeux Olympiques... on attend beaucoup du réalisateur et certains, comme Jacqueline Michel dans *Télé 7 jours*, accueillent les cent cinquante minutes du film avec modération, critiquant les trop nombreux passages de Bécaud qui retrouve son personnage de chanteur, les interviews et les films dans le film. C'est pourtant un long métrage du magicien Lelouch à voir comme un spectacle.

« C'est assez facile de se laisser diriger, canaliser, par un Lelouch, un Carné, un Barma... Tout dépend bien entendu du metteur en scène, du rôle que vous jouez. Même s'il a certaines exigences, le cinéma n'atteindra jamais la dureté du music-hall ou du cirque. La scène, c'est plus compliqué. En général, les acteurs qui viennent du music-hall sont meilleurs, l'inverse n'est pas prouvé. Bien sûr, quand je chante, je suis mon propre maître. Devant une caméra, c'est autre chose, mais ça ne me dérange pas, et lorsque je donne ma confiance à un réalisateur, j'aime bien être dirigé.

Avec Lelouch, vous avez une liberté dans le dialogue. Aucun metteur en scène ne m'a mis plus à l'aise qu'un autre. Je ne suis jamais mal dans ma peau. Je joue avec la caméra, j'ai un don pour ça, je la connais, je la sens...

Il m'est arrivé d'être dans des situations astreignantes. Là, c'est assez dur pour les nerfs, particulièrement quand la scène est risquée, osée, comme dans une séquence du film Un homme libre *de Roberto Muller. J'ai d'ailleurs demandé d'édulcorer des scènes d'amour qui allaient très loin. Ça, c'est difficile à tourner. Il n'y a pas de sincérité bien entendu, sinon... où va-t-on ?* (éclats de rire...). *Ce sont des scènes précises au millimètre, très fatigantes :*

"Non, ne te penche pas, ne l'embrasse pas comme ça... Non, plutôt comme ça... Encore un petit peu... Là, voilà ! Plus haut le bras... Non, de trois quarts ! Tu me la refais ..."

Ça prend beaucoup plus la tête que le reste... ! »

« Il n'y a pas d'erreur possible, on est bien en France. » Cette petite phrase, dans un film où sont fustigés intolérance, racisme et mesquinerie, donne le ton : Bertrand Blier présente *Les Valseuses* avec un trio de choc Patrick Dewaere, Miou-Miou, Gérard Depardieu et la complicité de Jeanne Moreau. On est bien loin de l'univers poétique d'Amade. Scandale, verdeur de langage, un ton nouveau, hors des sentiers battus, du train-train du cinéma français, le style fera école.

Le chanteur reprend ses droits. Clerc est en vedette à l'Olympia et Lama au Palais des Congrès... A la télévision, les émissions du couple Carpentier font le succès des variétés françaises. Les *Top à...* mettent en scène les artistes qui chantent, dansent, jouent des sketches, hors des circuits habituels de promotion. Maritie et Gilbert Carpentier ont une prédilection pour les ballets d'Arthur Plasschaert autour des invités et Bécaud participe souvent à ces productions.

A la même époque, mon père se consacre exclusivement à ses activités scéniques, me laissant le soin de créer à mon tour un secrétariat, après l'obtention de ma licence ministérielle. Julien Clerc, en accord avec Charley Marouani, est ma première programmation, dans le cadre de sa tournée d'été, à Quillan et à Vias. Dassin, Guichard, Distel, Lenorman, Dave, Cordy et sa *Bonne du curé...* suivent rapidement. En 1974 encore, je note les chansons de Bécaud dans un film de James Frawley, *The muppet movie* avec la super star Miss Piggy... ! et dans *Stardust*, un long métrage de Michael Apted, les Straycats chantent *Let it be me*.

Le manège est reparti, et Frank Thomas y prend sa place...

1975

La crosse de l'évêque
Frappe par deux fois
La porte aux clous d'or...

LE DERNIER HOMME - JE T'AIME MON FRERE - LAISSEZ ALLER
UN HOMME HEUREUX - LA PREMIERE CATHEDRALE - LE CIEL

Depuis 1967 (l'expérience de *Petit Jean* pour Bécaud), la signature de Frank Thomas a ponctué les carrières de bon nombre de célébrités. La quasi-totalité des deux premiers trente-trois tours de Dassin, *Le téléphone pleure* pour Claude François, *Dites-moi* et le premier album de Michel Jonasz, c'est lui.

Solitaire ou collaborant avec Rivat, Delanoë, Barbelivien, voilà près de dix ans que le parolier collectionne les succès pour toute la profession. Auteur, directeur artistique, réalisateur, Thomas, futur grand prix de la Chanson française 1994 décerné par la Sacem, dans la catégorie créateur, raconte Bécaud :

«Je l'ai rencontré un dimanche après-midi. Il habitait alors vers l'Etoile dans un grand appartement avec un piano et je me suis retrouvé devant. J'étais assez impressionné. Les artistes, maintenant, font beaucoup plus de promotion que de grandes chansons. Gilbert m'a dit une phrase terrible :

"Est-ce que vous avez des idées majeures ?"

J'avoue qu'on ne m'avait jamais posé cette question. De toute façon, les trois qui étaient passés avant moi —enfin, les réguliers— avaient tout fait. Et puis, on oublie un peu les autres auteurs qui ont collaboré avec lui, Broussolle, Aznavour, Dutailly. Avec Gilbert, je voulais commencer le travail sur certaines bases, mais tout avait été fait et génialement. Quand il partait en tournée, Bécaud emportait trois dossiers et dans sa chambre d'hôtel, devant son piano, "il ouvrait un dossier...". Il était toujours en plein travail. Je suis resté avec lui pendant deux ans, on a fait deux Olympia et le jour où j'ai rencontré Francis Lalanne, je me suis servi de ce que j'avais appris : les entrées de scène, les sorties... J'avais travaillé avec d'autres artistes avant, des vendeurs de disques, mais je n'avais jamais rencontré un véritable artiste créateur. Je ne sais si maintenant les gens se rendent compte que l'arrivée de Bécaud dans la chanson française représentait une grande turbulence. Je pensais qu'il fallait tout reprendre. Pas une fenêtre qui n'ait pas été ouverte avant moi... Je lui ai proposé *La Cathédrale*, ensuite, on a fait *Le Rhône*, puis *L'amour c'est l'affaire des gens...* »

Le 22 octobre, Thomas assiste à sa rentrée parisienne. Pour *La Première Cathédrale*, les couleurs s'enchevêtrent et fusionnent, symbolisant la construction de l'édifice.

« Bécaud et moi, nous avons fait la guerre ensemble ! », s'exclame Coquatrix.

Sur scène, un Bécaud avec ses cent mille volts à fleur de peau (et un nouveau batteur... Benjamin Cohen) ; dans les coulisses, un Coquatrix serein en apparence mais tirant nerveusement sur son cigare.

Ainsi que le souligne Robert Mallat dans *Le Point* du 27 octobre : « L'enfant prodigue revient honorer le seul contrat que l'on n'ose jamais rompre, celui de l'amitié ! »(1)

« J'ai fait rénover la scène, dit Coquatrix. Conçue en arc de cercle, elle a nécessité la disparition de cent cinquante fauteuils. Je devais bien ce cadeau à Gilbert. »(1)

Parmi les nouveautés : *Le Ciel*, superbement soulignée, musiciens pétrifiés sur nuages mouvants. A l'issue de la première, Romy Schneider, éblouissante, offre une rose à Bécaud, comblé, sous le regard enthousiaste de Claude Lelouch.

Que c'est bon de vivre... Pour sa récente rentrée à Bobino, Joséphine Baker, entourée de boys et de girls emplumées, a choisi *Vivre* (Bécaud/Delanoë). Tout un symbole pour un de ses derniers titres sur scène. Une véritable histoire d'amour entre le public français et la chanteuse.

Trenet annonce qu'il s'apprête à quitter la scène, au désespoir de ses inconditionnels. Françoise Arnoul y fera référence, en 1993 :

« Bécaud et Aznavour sont tous deux, dans la grande lignée, les héritiers de Trenet. Ils ont fait des chefs-d'œuvre. C'est inscrit dans l'histoire de la chanson française. »

Jean-Michel Boris, Jean-Pierre Dorsay, Jack Lang et bien d'autres évoqueront le même parallèle entre le créateur de *Fleur bleue* et le compositeur de *Viens danser*. En 1961, Trenet avait déclaré à Jacqueline Joubert puis à Paul Giannoli pour *Paris-Presse* :

« Quand je suis tout seul, je chante les chansons des autres. Si vous entendiez les concerts que je donne le matin dans ma salle de bains. Il y a très peu de Trenet ! Mes auteurs de salle de bains, c'est Brassens, Léo Ferré... les chansons d'Amade et de Bécaud, les chansons d'Aznavour. »(2)

Hallyday tourne avec son complice Michel Mallory et les Love Machines... Dassin est à l'affiche avec Marcel Zanini, et le jeune Yves Duteil récolte ses premiers succès pendant que Sardou promène son spectacle avec Carlos, Pierre Billon, Marianne Mille et Maurice Dulac. Sylvie Vartan, également en tournée, signe un récital à Agde qui ne se concrétisera pas...

Me voilà avec Claude François, à Ille-sur-Têt :

« Le Père Noël descendu du ciel », murmure une jeune admiratrice.

La vie d'artiste n'est souvent qu'illusion. J'ai en mémoire l'image d'un pantin blond, bondissant dans les coulisses d'un concert à Castelnaudary pour recevoir une piqûre de remise en forme, avant de se jeter à nouveau dans l'arène comme une marionnette dont on aurait tourné la clé !

Sur ma route, je retrouve René Coll, les Gold-Fingers — le futur groupe Gold —, Lenorman, et quelques autres noms comme Jacques Hélian, à bout de souffle, et une tournée organisée par Ino Saada avec Michèle Torr, en haut de l'affiche, et un tout nouveau, Michel Jonasz, discret, promis à un bel avenir.

Avant de basculer dans 1976, le roi Juan Carlos, en Espagne, succède à Franco. A la télévision, Bernard Pivot présente son premier « Apostrophes ». Milos Forman dirige Jack Nicholson dans *Vol au-dessus d'un nid de coucou* et Bécaud est filmé par Gaya. Dans ce document intitulé *L'homme et la musique*, réalisé pendant sa tournée Etats-Unis et Canada, il interprète des classiques, entre autres, *Et maintenant* et *The masquerade (La Grande Roue).*

1976

Seul au milieu de l'Atlantique…

L'ENFANT MALADE - HEUREUX COMME UN POISSON DANS L'EAU
LA GUIMAUVE ET LE VIOLONCELLE - LE RHONE
PRENDS-MOI SUR TON BATEAU « MONSIEUR COUSTEAU »
CE SOIR JE TE DIS TOUT - LES JOURS HEUREUX
MA COPINE ET SON ENFANT - L'AMOUR C'EST L'AFFAIRE DES GENS
LES CARAIBES - DEUX CENTS ANS APRES
PLEURE PAS PETIT FRERE - LORSQUE VIENDRA LE DERNIER JOUR
LA LEGENDE DE L'ESKIMO ET DU MIMOSA
ON A TOUS UN COIN DE TERRE - AMOUREUSE DE LA VIE

« Qu'est-ce qu'on fait ? », lance Bécaud à Pierre Grosz :

« Ça ne faisait pas longtemps que j'écrivais. Il a eu envie d'avoir un auteur d'une nouvelle génération. Je venais de travailler une chanson avec Jean Ferrat... Gilbert a toujours eu beaucoup d'intérêt pour Ferrat, me soulignera plus tard Grosz. Il savait que j'avais fait des premiers textes pour Jonasz, *Les Vacances au bord de la mer*. Je n'en ai jamais parlé avec lui, mais je pense que c'est pour ça qu'il a souhaité me rencontrer. »

Cette collaboration de six mois entre les deux hommes va leur permettre de mieux se connaître et de s'apprécier. Leur première composition : *Monsieur Cousteau,* où l'on retrouve en filigrane les idées annonciatrices d'écologie. « C'était d'ailleurs très en avance, se souvient Grosz. On ne parlait pas beaucoup de sauver la planète à ce moment-là. »

A propos de *Ma copine et son enfant...* : « On se voyait sans idée préconçue. L'orchestrateur Christian Chevallier, qui avait fait une grande partie de cet album, était là pour une chanson de Maurice Vidalin, *Ce soir je te dis tout*, un sujet assez grave :

> *Ce soir, je te dis tout*
> *Ecoute-moi, ne réponds pas*
> *Je vais mourir avant l'été*
> *Ils me l'ont dit, et c'est vrai...*

Bécaud et Chevallier avaient décidé de faire l'enregistrement en juin, dans l'église Saint-Roch. Un ensemble extraordinaire de quatre-vingts cordes avait été convoqué. Ce jour-là, en faisant la connaissance de Vidalin, ce dernier m'avait pris à part en me chuchotant :

"Je peux te parler ? C'est bien joli, on est bien content que tu viennes travailler avec Gilbert, mais surtout ne laisse jamais tomber ton copain Jonasz."

J'avais trouvé ça très bien car Michel n'était pas très connu à cette période-là. En fin d'après-midi, au moment de se quitter, l'orchestrateur avait dit :

"Vraiment, c'est dommage de rassembler tant de monde pour une seule chanson."

En blaguant, avec un clin d'œil, Bécaud me lance :

"Justement, Pierre Grosz est là, on va en faire une deuxième, tu l'auras demain matin !"

Christian Chevallier parti, Gilbert me redit :

"Alors, qu'est-ce qu'on fait ?"

Et j'ai eu cette idée qu'on pouvait écrire une chanson sur une naissance. L'autre texte de Vidalin était un thème très noir et j'avais là un sujet plus rayonnant, une fille qui avait un enfant sans être mariée. On a travaillé jusqu'à l'aurore du jour suivant et Chevallier nous a envoyé un coursier pour prendre la cassette. »

Toute ensommeillée
Et puis toute ensoleillée
Et puis toute émerveillée
De l'enfant qu'elle a fait...

« *Ma copine et son enfant* a été ainsi enregistrée dans la foulée du titre de Vidalin. Lors de cette collaboration avec Gilbert, la nouveauté pour moi, me confie Grosz, est d'avoir beaucoup travaillé dans des endroits inhabituels, comme des hôtels, pendant les tournées. »

Dans le chœur de Saint-Roch, les caméras de la SFP filment les deux chansons pour diffuser l'enregistrement à la rentrée dans une émission de Maritie et Gilbert Carpentier. A la première écoute de cette cuvée 76, j'éprouve une sensation indéfinissable, comme une cassure. Avec *Le Ciel, Le Rhône, Les Caraïbes, Monsieur Cousteau,* Bécaud aborde des thèmes jamais travaillés : nouvelles sonorités dans les mots et dans les orchestrations, même si *Le Rhône* évoque quelque peu la ligne mélodique de *A remettre à mon fils quand il aura seize ans* ou de la plus récente *Première Cathédrale*.

Pas d'Olympia, en revanche les bonnes habitudes ne se perdent pas... Pendant ses concerts autour du monde, Gilbert reste très attaché à l'immuable cérémonial : écrits sur le sol du plateau, quelques mots des chansons récentes, griffonnés au feutre noir. Tout est bon pour braver l'heure du danger et sa peur d'oublier, de se tromper. Sur son piano, sur un projecteur, sur un morceau de carton : le programme de la soirée, des lambeaux de chansons neuves, « scotchés » souvent en dernière minute, pendant la balance. Des points de repère...

« Pendant ces années, les soirs de première à l'Olympia, se souvient Dinnat, c'est moi qui donnais le top pour le démarrage du spectacle. Gilbert me dit :

"Je suis prêt. Tu me dis quand on peut démarrer."

Je vais dans le hall et à l'entrée, vers les guichets, je reçois le feu vert pour commencer. Je reviens derrière la scène, je fais rentrer les musiciens. Roulement...

"Mesdames, Messieurs, Gilbert Bécaud !"

Pendant son entrée sur le plateau, des personnalités, des artistes s'installaient encore au balcon...

"Assis, assis"

Un vacarme infernal. Il s'est arrêté net, comme un piquet sur scène et a dit au public :

"Quand le calme sera là, je reviendrai..."

Et il est parti, un soir de première ! Et moi, qu'est-ce que j'ai pris ! Gilbert est un type adorable, charmant, mais pour le spectacle, il est intransigeant, il se dépense, se dépasse, aime les choses bien faites. Il veut que ce soit parfait. Un soir important, même Gilbert fait son signe de croix avant d'entrer ! »

La collaboration Bécaud/Grosz donne également naissance à *La Légende de l'eskimo et du mimosa*.

« Je venais de lire l'ouvrage de Jean Malaurie sur les Esquimaux. Ce livre m'a beaucoup frappé et j'en ai fait part à Gilbert. J'étais étonné de voir qu'une société humaine avait choisi d'aller vivre dans un endroit aussi terrible. Je pensais faire une chanson un peu ethnographique, racontant la dureté de la vie de ces gens, et finalement, on est parti dans l'opposé. On en a fait une chanson comme un jeu, avec un autre éclairage. C'était plus réaliste, parce que pour les Esquimaux, vivre leur vie ne représente pas un exploit extraordinaire. Je lançais une idée à Gilbert. Bien qu'il n'écrive pas les mots, Bécaud provoque et appelle une écriture qui va lui ressembler. Quand il est excessif, quelquefois, c'est par timidité. Beaucoup d'hommes publics sont comme cela. On n'y pense pas assez. Pudeur et timidité avec, à la fois, l'énergie, le côté solaire, la puissance... »

Après avoir fredonné les refrains du passé chez Guy Lux dans *Système 2*, et fêté Noël avec le *Show Salvador*, Gilbert a, dès le début de l'année 1976, continué sa rentrée fracassante sur les écrans de télévision, tout en jouant l'acteur de roman-photo dans *Un week-end bien tranquille*, pour l'hebdomadaire *Télé Poche*. Dans les années cinquante-cinq - soixante, il s'est essayé à ce mode d'expression, notamment pour le magazine *Nous Deux*. Cette fois, Mario Padovan, le réalisateur, le transporte dans un monde de gangsters et de trafiquants, aux côtés de Julie Jeampierre et Tania Busselier.

C'est l'année de *Beautiful Noise, Lady-Oh...* pour Neil Diamond, futur complice américain de Gilbert. Des heures passionnantes pour Alain de Ricou :

« A cette époque, j'étais chez Pathé-Marconi, je représentais Diamond et je faisais de nombreuses versions françaises de ses chansons, pour Nana Mouskouri, Eddy Mitchell, Serge Lama... Lorsque je suis parti de chez Pathé, Neil Diamond, en fin de contrat, a souhaité me rejoindre. J'étais au Rideau Rouge. Il m'a dit : "Je viens chez toi !"

Un ou deux ans après, devant se produire en concert à Paris, il m'a téléphoné une nuit à trois heures du matin et j'ai profité de son appel pour lui conseiller de rencontrer Bécaud qui était en fait, par mon truchement, son éditeur en France. Neil avait déjà chanté une de ses chansons en anglais (*Let it be me*). Je les ai réunis, ça c'est passé au France, tout en haut de l'immeuble, sous mes yeux. Au bout de vingt minutes, je me suis fait virer. Bien gentiment, mais virer quand même. Ils sont restés tous les deux. A partir de là, ils ont commencé à écrire ensemble. »

« C'est difficile de faire l'amour devant quelqu'un... » me confiera Gilbert, amusé, tout en allumant une énième cigarette, confirmant ainsi, dix-huit ans après, les propos de de Ricou.

« Neil est un personnage assez caché, comme Bob Dylan, un peu sombre. Un type avec qui je m'entends vraiment bien, un très bon copain. »

Pour l'instant, pas de nouveautés Diamond/Bécaud, il faudra patienter quelques mois pour en savoir plus et connaître les premiers succès... En 1976, on relève des mélodies de Gilbert, confidentielles, comme ce curieux *Heureux comme un poisson dans l'eau*, déjà cité. Ne cherchez pas la chanson dans la discographie, elle n'y figure pas. Il s'agit tout simplement d'une musique originale composée pour Pastis 51 anisette : « 51 aime la musique », sous l'égide de RTL et de RMC !

Gilbert s'implique totalement dans sa vie privée, comme dans sa vie professionnelle. On pourrait penser que, frappé du complexe de Peter Pan, Bécaud renâcle à convoler à nouveau. Une fois de plus, c'est mal le connaître. 1976 marque son union officielle avec Kitty Saint-John. Pour ne pas se perdre dans ce dédale, quelques éclaircissements s'imposent. Kitty était déjà la marraine de Jennifer, née de Janet Woollacoot, la marraine d'Emily. Bécaud se lance parfois dans cette équation assez ardue. En réalité, la marraine d'Emily est Helen Banks, la compagne de Sigrist (« *une marraine fantoche...* »). Difficile de s'y retrouver !

A l'approche de la cinquantaine, Bécaud s'est offert, quelques mois auparavant, le septième ciel au quarantième étage. Plus d'un évoquera l'ascension spectaculaire de son piano à queue au sommet d'un immeuble de La Défense, par hélicoptère, avant la pose du toit : un gratte-ciel pour trois enfants, Gaya, vingt-trois ans, Philippe, dix-huit ans et Anne, dix ans :

« La petite dernière, qui se passionne, entre deux devoirs scolaires, pour les exploits télévisés de Shaft. Gaya a réalisé un film sur moi, Bécaud in touch, *ou la solitude d'un chanteur de fond. Un homme qui se remet, entre béton et bitume. Des fatigues professionnelles qui sont autant de bonheurs, même si elles se répètent, six soirs par semaine, pendant plus d'un mois... »*(1)

Une autre fois, revenant sur son Olympia 1975 (*« Un des meilleurs que j'aie jamais faits »*) et son opération chirurgicale devenue en quelques mois un sujet de plaisanteries :

« Polype secours... Restez polype... On les a toutes faites ! Mais grâce à cette opération, j'ai retrouvé ma voix de vingt ans ! »(1)

En braquant les projecteurs sur Dalida, on découvre parfois certaines compositions méconnues comme *Amoureuse de la vie*, sur un texte de Pierre Grosz et une musique de Bécaud.

Jamais déposée à la Sacem, *Deux cents ans après* est à classer dans les particularités. Sous la signature insolite de Pierre Salinger, son interprétation a pourtant été fort remarquée à Washington, le 18 mai, lors de la célébration du bicentenaire des Etats-Unis.

« Monsieur le président, pourquoi avez-vous demandé à Gilbert de chanter *Quand il est mort le poète* et *L'important c'est la rose* ?

— Parce que ce sont les deux chansons contemporaines que je préfère. »

La réponse vient de Valéry Giscard d'Estaing, à l'issue de la soirée donnée à l'ambassade de France à Washington. Durant ces années à la tête du pays, le président confirme son admiration pour le chanteur, le sollicitant pour cette réception devant Gérald Ford, son homologue américain. Bécaud n'ayant pas présenté les deux chansons favorites de Giscard, ce dernier le prie de les interpréter, ce qu'il fait aussitôt, suivi par toutes les personnalités reprenant en chœur...

Cette image appartient déjà au passé. Depuis, celui dont on dit qu'il est à la chanson, par son éternelle jeunesse, ce que Gérard Philipe était au cinéma, a repris la route. Et Mamico suit la carrière de son génial paladin du music-hall. Le 3 décembre 1976, dans une lettre adressée à Robert Ruffin, elle parle de ce fils chanteur, commentant une de ses photos :

« Mon garçon a de très belles révérences... si penchées qu'on se demande s'il va bientôt remonter. Ça m'amuse toujours et me plaît énormément. [...] J'attends avec impatience notre prochain Olympia. »

Parfois, Bécaud défraye la chronique. L'acquisition d'une ferme dans la Vienne entraîne les gros titres dans les quotidiens...

« Ça s'est pourtant passé très simplement, dans la bonne humeur. Les journalistes ont tellement gonflé l'affaire que j'avais l'impression d'avoir tué quelqu'un. Je trouve normal de laisser la terre à ceux dont c'est le métier de la cultiver.

Je me suis contenté d'acheter deux bâtiments en ruine et quelques champs où j'avais l'intention de faire de l'élevage. La campagne, c'est mon antidote à moi. Pour le moment, je couche à l'hôtel et je pique-nique, car il va falloir tout restaurer. »(1)

« Le Poitou ? Je ne peux pas tellement vous en parler, me dit Gaya, car l'installation de mon père a coïncidé avec le début de mes activités professionnelles à Paris. Gilbert est un Bécaud des chants, je suis un Bécaud des villes ! »

Le 24 décembre, loin de son havre poitevin, le « pierrot qui danse » bénéficie d'une nuit de Noël unique : Gilbert se trouve cette fois en évidence sur le parvis de Notre-Dame-de-Paris, devant les notables réunis autour d'Anémone Giscard d'Estaing. Un cadre exceptionnel, hors du temps, pour sa chanson *La Première Cathédrale*. Séquence émotion...

« Jamais on n'a approché de si près les étoiles... »

1977

Tourner, planer, folie, génie, sa vie...

L'INDIFFERENCE - ON A BESOIN D'UN IDEAL
MY EMOTION - THE SKATER (LE DANSEUR)

*« En tournée, je me trouve parfois en concurrence avec mon opéra. Je chante au palais des sports, on le donne au théâtre municipal... Quand on se retrouve au bistrot, les chanteurs m'appellent maître. [...] J'ai même un trente-trois tours, unique, de l'*Opéra d'Aran *que j'ai fait réenregistrer à ma façon et à mes frais : cent dix-huit artistes, onze séances. Un luxe. »*(1)

En 1977, on connaît les principaux thèmes musicaux de la nouvelle version revue et corrigée par Bécaud en 1966. Néanmoins, il faudra attendre quinze ans pour la sortie de cette production dans son intégralité... Gilbert veillera sur son opéra avec une attention de tous les instants et plus d'une fois, dans les années 1993, 1994 et 1995, il ne manquera pas de me souligner l'importance d'*Aran* dans sa vie. Pourtant, sur la fin de la décennie 1970, les propos sont souvent contradictoires :

*« Je ne suis pas la carrière d'*Aran... *Vous allez finir par me croire très négatif, mais c'est pourtant la vérité. Vous écrivez un opéra, vous y mettez toute votre peau —je ne parle même pas d'argent—, vous y investissez tout votre amour, toute votre haine, tout vous-même. Vous y mettez le paquet et une fois qu'il vit sa propre vie, une fois qu'il est sur scène pour la première représentation, hop ! vous prenez la première à gauche et vous changez. Vous allez dans un parc respirer lentement près d'une fontaine. A partir de cet instant, on ne se retourne plus vers ce que l'on a fait, on ne va pas s'en gargariser ou se réécouter avec délices, on passe carrément à autre chose. »*(2)

Dans la rubrique « Manque de reconnaissance », le livre d'Alfredo Montadori, *L'opera repertorio della lirica dal 1597*(3), est éloquent. Cet ouvrage référencie tous les opéras créés jusqu'en 1977, mais ignore totalement *Aran*. Monteverdi, Chopin et ses doigts tordus, Bizet et son *Carmen* jugé dissonnant, Brahms renvoyé sur les bancs de l'école, tous ont eu, de leur temps, leur lot de détracteurs. A la fin des années quatre-vingt, Bécaud reparlera d'*Aran*, en particulier sur TF1 où le producteur Gérard

Louvin diffusera un extrait de l'œuvre. Pendant l'émission *Sacrée soirée*, le compositeur, visiblement troublé, retrouvera alors les principaux interprètes de son opéra...

En 1977, comme toujours, les projets ne manquent pas. Certains se perdent dans le temps. Vérifier toutes les informations lancées auprès des médias n'est pas une mince affaire. Ainsi, cette collaboration annoncée « avec l'américain Larry Wise pour une comédie musicale à créer l'année prochaine, à Broadway... »(4)

« Bécaud a des tas de défauts et de qualités comme tout le monde, me murmure Catherine Renaut, mais il a tout en plus. Les qualités sont plus grandes et les défauts également. Professionnel et responsable, il est aussi parfois d'une naïveté déconcertante. Je me souviens, lorsque nous étions plus jeunes, il me donnait parfois cent francs pour acheter une baguette de pain, en me disant : "Est-ce que tu auras assez...?"

Lorsque Gaya parle de son père, les propos diffèrent :

« C'est quelqu'un de prévoyant. Il l'a dit souvent, c'est un enfant de la guerre. Il a attendu d'avoir pour acheter directement. »(5)

Point de vue opposé de Gilbert, qui déclare :

« J'ai été souvent obligé d'emprunter à des copains, car je n'étais pas assez riche pour m'acheter une folie. »(5)

Prévoyant, frappé du syndrome d'Harpagon ? Bécaud, véritable kaléidoscope, s'en défend, même s'il rejoint, finalement, les propos de son fils :

« Je n'ai pas amassé, je ne suis pas riche, j'ai des maisons, je me suis bien amusé », tout en terminant toujours par une pirouette de pierrot dont il a le secret : *« Attendez, ce n'est pas fini ».*

Visiblement, dans la famille Bécaud, la cigale a engendré la fourmi. « C'est papa qui chante et Gaya qui compte ! »(5)

« Un jour, me raconte Catherine Renaut, j'arrive chez lui au Chesnay, il dort. On va faire une télé. Je le réveille avec du café en lui disant :

"Pour une fois, on sera exact, on a rendez-vous dans une heure."

Gilbert se lève, et venant de sa chambre, entre dans le salon au moment où je lance, regardant la télévision :

"Là, un pingouin !"

Il se précipite vers la baie vitrée ouvrant sur le parc, pour trouver l'animal et je lui dis alors :

"Non, Gilbert, pas dans le jardin, le pingouin est là, dans la télévision...

— Ah aussi, je me disais, c'est bizarre, mais pas vraiment impossible, après tout, un pingouin dans mon jardin, pourquoi pas, ça pouvait se faire." »

Bécaud est comme ça !

Dans le milieu des années quatre-vingt-dix, près de Gênes, en Italie, je me trouve face à un Gilbert inattendu, vingt-quatre heures avant un concert. En pleine conversation amicale, mais néanmoins sérieuse, sur son opéra, la sonnerie du téléphone retentit... Dérangé par l'intrus (qui insiste... !), Bécaud décroche tout de même et le ton change à la seconde où il prend l'appareil : une jambe en équilibre (tel un funambule sur son fil), sur un ton enfantin, mâtiné d'un superbe accent italien, il lance à la correspondante :

"Lé signor Bécaud, il est dans son bain... On né peut pas lé déranger... Capisce ? Dans son bain... Rappélez-lé pui tardi !"

Visiblement satisfait de son mensonge, il me rejoint et nous continuons alors notre entretien, comme si de rien n'était !

Pour Jean-Marie Proslier, qui l'a souvent présenté sur la scène de l'Olympia, « c'est un éternel enfant, un éternel jeune homme, souvent inconscient, fragile — quoi qu'on en pense —, toujours émerveillé et imprévisible ».

Une des histoires favorites de Bécaud :

« Maman, questionne un petit cannibale, en regardant en l'air, qu'est-ce que c'est que cette chose là-haut ?

— C'est un avion, mon chéri.

— Un avion, c'est quoi ?

— Hé bien, c'est comme un homard, lui répond sa mère. On ne peut manger que l'intérieur ! »

Déjà, en 1956, Jean Cocteau soulignait cette naïveté naturelle :

« Gilbert Bécaud est venu me voir ici. Nous sommes devenus très amis et un jour, intrigué par une lampe de chevet fabriquée pour moi par Picasso, il m'a demandé : "Picasso, quel genre de type est-ce ?

J'ai répondu : — Un génie !

Il est resté un moment silencieux avant de dire :

— Pourquoi tant de critiques ! les gens sont vraiment méchants..." »(6)

« En Belgique, me confie le fidèle Dinnat, dans une ville dont je ne me souviens plus, une petite fille à robe bleue à pois blancs lui porte sur scène un bouquet. Elle grandit. D'année en année, de récital en récital, sa robe grandit avec elle. Un jour, je lance le pari de mettre moi-même la robe et de porter les fleurs à Gilbert. Et je le fais ! La femme de Bécaud me maquille et me prépare. Quand j'arrive sur le plateau, je lui tends le bouquet (après *Nathalie*). Il me regarde, un peu perdu, et je lis dans son regard :

"Mais, je le connais..."

Puis Gilbert part d'un éclat de rire. Tout heureux, il m'arrache la perruque et me présente au public... Dans la même folie, il m'a toujours dit qu'un jour, il se présenterait nu, complètement nu, avec pour tout vêtement une cravate, une grande cravate à pois qui cacherait... Mais ça, vous le devinez, on l'attend encore ! »

Robert Sprengers évoque Bécaud, l'enfant espiègle, « les coupures de presse avec leurs légendes et leurs vérités »... En 1994, lorsque je ferai sa connaissance, j'aurai devant moi un docteur en droit tout aussi passionné qu'aux premières heures, un enfant spirituel d'Amade qui me soutiendra dès le début de nos contacts, apportant toute son énergie et mettant à ma disposition une documentation impressionnante.

Les témoignages d'admiration sont parfois malvenus :

Un jour, au volant de sa voiture, le chanteur perd le contrôle de son véhicule et atterrit dans le fossé. Un brave homme passant par là vient lui porter secours. En l'apercevant, Gilbert, coincé dans sa voiture, espère des mots rassurants. Peine perdue, la première phrase prononcée par son sauveteur le laisse sans voix :

« ... Mais, vous êtes Gilbert Bécaud ! Vous pouvez me signer un autographe ? »

L'Indifférence, sur un texte de Vidalin, est incontestablement son succès de l'année.

« J'ai secouru l'autre jour un blessé sur la route, les assurances me l'ont reproché, alors, j'ai voulu le crier en chanson. »

Dès sa sortie, le quarante-cinq tours s'envole vers les sommets, s'appropriant la première place à Europe numéro 1 et de très bons classements ailleurs. La ville de Paris lui décerne l'Oscar de la Chanson française. Toutefois, aucun adaptateur américain ne viendra butiner le texte original. En l'écoutant, on peut se demander pourquoi. La musique est efficace, dans le style traditionnel de *Et maintenant, Comme d'habitude* ou *Ne me quitte pas*, toujours recherché par les Anglo-Saxons. En 1977, la chanson reste dans l'Hexagone et Gilbert lui accorde une place privilégiée. Plus tard, il enregistrera deux adaptations, l'une, dans la langue de Goethe (*Das Große Nichts*), l'autre dans celle de Cervantes (*La Indiferencia*).

Dans son livre sur Aznavour, Yves Salgues confirme « la brillante rentrée de Bécaud sur la scène de l'Olympia »(7). Pour évoquer son dix-huitième passage boulevard des Capucines, il suffit d'ajouter cinquante bougies à ses 100 000 volts. Autour de lui, pour fêter l'événement, Thierry le Luron, Nicole Calfan... L'occasion de découvrir l'album trente-trois tours (enregistré en public).

Immédiatement, une chanson s'impose sur scène : *Le Danseur,* sur des paroles originales de Norman Gimbel et une adaptation française de Delanoë. Elle sera magnifiquement illustrée, quelques années après, par

Jacques Drapeau, danseur canadien, lors d'un «show» pour la télévision près de Montréal. Gimbel a par le passé signé des versions américaines de chansons de Bécaud, notamment *Trop beau (Too good)*, gravée par Robert Goulet, une voix prestigieuse aux Etats-Unis, sans oublier une série d'adaptations de titres de Michel Legrand.

Avec Bécaud, Gimbel écrit : *My emotion*. Dans l'adaptation française réalisée par Patrick Loiseau, la voix de Demis Roussos donne un relief particulier à la chanson, mais cet enregistrement passe plutôt inaperçu, Philips, la maison de disques du chanteur grec, favorisant un autre titre.

Dans un coffret pas vraiment original (gros plan sur la cravate à pois...) mais symbolisant parfaitement notre homme, des extraits de six Olympia sont proposés (1956 — en fait, c'est 1955 —, 1963, 1966, 1967, 1970 et 1972), avec des curiosités retrouvées : *La Route, L'Aventure, La Maison sous les arbres*, en public.

Gilbert laisse à d'autres le soin de comptabiliser les quelque deux cent trente-six chansons écrites avec ses auteurs français et enregistrées jusqu'en 1977 :

Delanoë : 83 et 18 en co-auteur avec d'autres paroliers; Vidalin : 47 et 4 en co-auteur; Amade : 62 et 4 en co-auteur; Aznavour : 15; Grosz : 6; Thomas : 3; Philippon : 4; Lemesle : 2; Dutailly : 1; Broussolle : 1; Vigneault : 1; Roger Pierre et Jean-Marc Thibault : 1.

Dans mes références pêle-mêle de l'année, Yves Duteil chante *Le Mur de la prison d'en face* pendant qu'en Corrèze, l'accordéoniste Jean Ségurel met le pied à l'étrier du jeune Patrick Bouteau avec des timides et premières imitations face à un vrai public. Michel Sardou lance sa *Java de Broadway*, entouré d'un grand orchestre, celui de René Coll, le jeune saxo en cuir noir du début des « sixties ». Mention spéciale aux radios néerlandaises et à leur engouement pour la chanson de Bécaud et Thomas, *L'amour c'est l'affaire des gens*.

Au fil de mes programmations, je rencontre des artistes bien différents, alliant la même gentillesse, du jeune Didier Marouani au plus ancien Tino Rossi. S'économisant, le créateur de *Marinella* arrive à l'hôtel Fusies, à Lacaune, accompagné de sa femme, pour un de mes spectacles tarnais vingt-quatre heures avant la date de son tour de chant et ne repart que le lendemain de la représentation. Pour une de ses dernières apparitions dans la région, Tino attire toujours les foules nostalgiques. Soutenu par l'accompagnement musical de Pierre Spiers, il triomphe. Le charme opère indéfiniment.

Brel, de son côté, évoque la tristesse d'*Orly* (*avec ou sans Bécaud...*), une chanson de solitude, une séparation, la fin d'un amour. L'album va atteindre des records. Marqué par la maladie, le grand Jacques a fui Paris et c'est des lointaines îles Marquises, en compagnie de Madly, qu'il regarde voguer ses ultimes compositions.

Pour Diamond et Bécaud, leurs premières écritures communes, *Mama don't know* et *September morn*, augurent une fructueuse complicité. Chez Diamond, la sortie européenne se faisant en 1979, Bécaud prendra bientôt les devants, alternant récital, écriture et vie de famille.

Une tribu qui bouge...

« Gilbert, surnommé Gaya, vingt-quatre ans déjà, est producteur. Philippe, le second, est musicien, comme moi (je viens d'enregistrer avec lui). Ajoutez les quinze ans d'Anne, la moins grande de mes "grands" et deux plus petits que j'aime beaucoup, des débutants dans la vie. »

Le chanteur les voit trop rarement, et dans ses entretiens avec les journalistes, il ne manque pas de le souligner :

« Je ne cesse de voyager, je pars tout le temps ! [...] J'ai besoin, c'est vrai, de chanter en public, c'est ma drogue... »(8)

Maintenant, cette dépendance vis-à-vis de la scène paraît s'atténuer, Gilbert espaçant volontairement ses étapes parisiennes. Les textes de certaines chansons sont devenus plus graves. Récemment, auteurs et compositeur se sont penchés sur des thèmes de société (*La Solitude, L'Addition, L'Indifférence...*), en abordant certains sujets plus délicats telle l'exclusion dans *L'Indien* ou la mort dans *Ce soir, je te dis tout*. Assistons-nous à une remise en question ?

Plus que jamais voyageur de la Terre, Bécaud brouille les pistes et repart de plus belle, évoquant les deux plus grandes salles qui l'aient accueilli jusqu'ici : le théâtre de plein air d'Athènes, soixante mille spectateurs, et le théâtre populaire de Tbilissi, en Géorgie, quatre-vingt mille personnes. L'équipe saute de pays en pays, toujours sous la direction musicale de Gilbert Sigrist, avec quelques changements du côté des éditions du Rideau Rouge, Alain de Ricou retournant chez Pathé-Marconi.

Vigilante, Mamico garde un œil sur son fils. « Un amour, me confient Catherine Renaut et Monique Franco. Une véritable fan. »

Des moments pénibles pour Monique, jeune maman : « Mon petit garçon tombe et se fait une fracture du crâne. Devant l'inquiétude de mon mari et des miens, Gilbert, qui chante à cette période-là à l'Olympia, me demande de lui donner des nouvelles de Patrice, mon fils, tous les jours. Cet accident s'avère moins grave que nous ne l'avions craint, mais je tiens à souligner combien Gilbert nous a soutenus à cette occasion. Il n'aime pas que je mentionne ses qualités d'homme chaleureux et bon, préférant toujours la discrétion. Pourtant, je veux vous apporter ce témoignage d'affection. »

Raconter un chanteur, c'est évoquer inévitablement ses racines, sa famille. Et que dire des yeux de l'amour, ceux d'une autre mère, Chouffa, devant son idole de fils ? En pleine période disco, Claude François, plus attractif que jamais avec *Alexandrie Alexandra*, collectionne les succès. Celui qu'on persiste à surnommer « Cloclo » fourmille d'idées et les projets remplissent le plan de travail de l'année à venir. En Amérique, Presley a fait le dernier saut... Chez nous, le créateur de *Comme d'habitude*, en pleine promotion, fonce vers son destin.

1978

T'as vu les yeux de l'infirmière ?...

UN INSTANT D'ETERNITE - QUAND JE S'RAI PLUS LA
C'EST EN SEPTEMBRE
SUR TERRE RIEN DE NOUVEAU
MAMA DON'T KNOW - HEY LOUISE
LES BANDES CHANSONNEES - LE TRAIN DE LA VIE
DE QUOI DEMAIN SERA-T-IL FAIT ?
C'EST DIFFERENT LA NUIT - LE TRAIN D'AMOUR
QUAND ON N'A PAS CE QU'ON AIME

« Cette année, je vais chanter un peu moins et composer davantage. Je ne suis pas encore arrivé au bout de mes possibilités, il me manque beaucoup plus de temps que d'imagination. »(1)

Après sa transcription par Vidalin, les adeptes découvrent *September morn/C'est en septembre*, la chanson écrite en collaboration avec Diamond, où l'on devine la saisissante Baie des Anges, les calanques de pierre blanche de Cassis, les forêts de pins du cap Ferrat et les plages surpeuplées, avec, en toile de fond, l'incarnat des Maures.

En été, mon pays à moi
En été c'est n'importe quoi
Les caravanes le camping-gaz...

« Pour moi, la Provence, c'est extrêmement important : ce sont mes racines. Quand je retourne là-bas, je reprends l'accent immédiatement. Ce n'est pas difficile, je n'ai qu'à écouter ma mère. [...] Pendant les tournées, le soir avant de m'endormir, je m'offre par la pensée un petit tour chez moi. Malheureusement, lorsque j'y vais, c'est plein de touristes. [...] La Côte d'Azur en été, ce n'est plus une région, c'est un grand hôtel en plein air... »

Les propos sont actuels ? Détrompez-vous, ils ont déjà quelques années. On les relève dans *L'enfant du pays*, une émission télévisée d'André Blanc et Claude Chebel, sur FR3, en 1973. Ces réflexions sont significatives et laissent présager nettement le thème de *C'est en septembre*. Le succès de Diamond peut largement constituer un tremplin pour le lancement français de la chanson. Mais Bécaud a le goût du risque, il relève le défi de l'Américain et donne à la version française le même impact que son équivalent outre-Atlantique. Comme Diamond, il réussit avec facilité, plaçant *C'est en septembre* en première position dans le nouvel album. Etablir un duplex par satellite, sur un plateau de télévision, avec le concours de la Nasa, constitue une innovation de taille. Pour la première fois, ce procédé est établi dans une émission de variétés françaises. En direct, la conversation s'engage entre les deux vedettes qui fredonnent ensemble leur succès, séparées par quelques milliers de kilomètres et un océan. Merci aux Carpentier pour ce *Numéro un* vraiment très spécial !

Pierre Philippon, nouveau parolier dans l'équipe, signe quatre titres, *C'est différent la nuit, Le Train de la vie, Quand on n'a pas ce qu'on aime, Les Bandes chansonnées*. Chacun perçoit les chansons diversement, selon les bonheurs, les soucis, l'évolution. A cette période, *C'est différent la nuit* me touche tout particulièrement. La chanson ouvre la seconde partie du récital de Gilbert, après un superbe solo musical. Je n'oublie pas l'insolite *Train d'amour*, en association avec Serge Lama, interprétée à la télévision par nos deux lascars habillés en Bécaud : costume bleu, cravate à pois... L'uniforme !

En découvrant cet album —tiens, où est passé Delanoë ?—, on peut constater une recherche évidente dans les sons, les techniques musicales, avec notamment la présence de Stella Vander (la femme de Christian Vander, du groupe Magma), et souligner les percussions, les parties de guitares aux tonalités hard et rock progressif dans *Sur Terre, rien de nouveau.* Le journal de treize heures sur TF1 assure un reportage sur l'enregistrement. Bécaud s'est entouré d'une sacrée équipe qui se mêle aux musiciens attitrés. On y rencontre des pointures de taille comme André Ceccarelli, Claude Engel, Jean Schultheis, Tony Bonfils, Bernard Lévitte, Sam Kelly, aux côtés de Benjamin Cohen, Pierre Dor'ragon..., avec une folie aux claviers : Gilbert Sigrist, Raymond Bernard et Rachid Bahri réunis.

Image d'un Bécaud, admiratif, pendant une prise, face à Claude Engel, guitariste compositeur et collaborateur de Richard Gotainer :

« Qu'est-ce que tu joues bien !... »

Jamais Gilbert n'a jamais cherché une reconnaissance de hit-parade, mais quand Radio Monte-Carlo propulse votre album à la première place, pourquoi ne pas citer la station ?

C'est l'année de la tournée Serge Lama, avec, en première partie, Patrick Sébastien et Alice Dona. Souvenirs de Ganges et d'Alignan-du-Vent avec une fin de soirée inhabituelle : tous les artistes et musiciens de la tournée se retrouvent à deux heures du matin, dans un restaurant voisin, servis par de ravissantes créatures sur patins à roulettes. Décidément, là aussi, *on a du mal à se quitter...*

Pendant l'été 1978, au cours d'une répétition, Gilbert Sigrist, le chef d'orchestre de Bécaud, est victime d'une terrible électrocution. J'y reviendrai plus longuement, cet accident constituant une cassure ressentie diversement selon mes interlocuteurs. Sigrist restera longtemps éloigné des scènes, mais non de la musique, composant des thèmes pour le cinéma, des chansons sur des poèmes d'Amade. L'album référencé en début d'année est le dernier élaboré par le compositeur de *Et maintenant* avec le musicien de *La Plus Belle Histoire*. Point final à la longue collaboration du tandem Bécaud-Sigrist.

Un disque d'été est sur les rails. Deux titres sont annoncés, dont *Un instant d'éternité*, d'après un texte original allemand de Michael Kunze, et *Black sunday*, écrit au départ en anglais, en 1967, et enregistré en allemand sous le titre *Schwarzer Sonntag*, quelques années plus tard, sur un texte signé Feltz.

Un instant d'éternité n'occupe pas une place prépondérante, mais permet l'entrée en piste de Kunze, un auteur généreux, et favorise l'arrivée de Claude Lemesle, par le biais de l'adaptation.

« Bécaud, raconte Lemesle, m'a appelé, sur les conseils de Pierre Delanoë. Il était en concert à Bruxelles. Je suis allé le rejoindre deux jours. On est descendu à l'Hôtel Amigo. Comme d'habitude, il avait un piano dans sa chambre et on a commencé. Comme Gilbert travaille dans plusieurs pays, il démarre parfois avec un auteur allemand, anglais ou français. En définitive, ce ne sont pas des adaptations, on ne suit pas toujours le texte original. C'était mon premier quarante-cinq tours avec lui. La face « B » de ce disque s'appelait *Quand je s'rai plus là* et celle-là, c'était une originale. On l'a écrite tout en haut de la Tour de France, où il habitait dans ces années-là. »

10 mars 1978, Leysin, dans le canton de Vaud, en Suisse. Claude François enregistre ses nouvelles chansons en anglais, des titres inédits. Après la séance, raclette pour tous ; le repas se termine un peu tard. A l'aéroport de Genève, Cloclo est attendu sur la piste réservée aux petits avions de tourisme. Le chanteur arrive in extremis pour décoller à vingt et une heures cinquante-neuf. La piste de l'aéroport fermait à vingt-deux heures... Une minute gagnée qui permet au créateur *d'Alexandrie, Alexandra* de retourner à Paris, chez lui... Soixante secondes qui vont tout faire basculer.

Le lendemain, un « flash » spécial d'information annonce l'électrocution et la mort de l'idole. Etrange sensation pour toute une génération : des tranches de vie, des images de l'enfance et de vacances. Dans le film retraçant la vie du chanteur disparu, Bécaud évoquera ce confrère et sa forme physique, en haut de l'affiche pendant presque vingt ans. Souvenirs d'un duo télévisé inattendu, entre Cloclo interprétant *Le Jour où la pluie viendra, Et maintenant, La solitude...* et Gilbert enchaînant *Y'a le printemps qui chante, Comme d'habitude... !*

Depuis la mort de Piaf, on n'a jamais rencontré en France une telle émotion à la disparition d'un artiste. Près de dix mille personnes lui rendent un dernier hommage devant l'église d'Auteuil. Six cents personnalités assistent à la cérémonie, dans un parterre de milliers de fleurs envoyées par les amis, Hallyday, Vartan, Bécaud, Mouskouri, Roussos, Adamo... mais aussi déposées avec ferveur par le public. La France pleure un chanteur d'aujourd'hui.

Le 21 mai, inspiré par les images télévisées des funérailles de Claude François, Amade écrit *La petite fan pleurait* et soumet le poème à Bécaud pour qu'il en fasse une chanson, mais ce dernier estime l'idée inopportune à plus d'un titre...

On enterrait l'idole
Et la petite fan pleurait
L'église était pleine et croulait
De gerbes de couronnes...

« Louis écrivait, écrivait, écrivait. Il m'envoyait soixante poèmes d'un coup. Regardez ces dossiers, près du piano. J'ai des "intouchables", quarante, cinquante textes. Il a certainement écrit ces paroles, mais je ne m'en souviens plus... »

Pour beaucoup, 1978 rime avec désespoir. En particulier pour Madly, l'ex-claudette, qui perd en quelques mois son ancien patron, Claude François, et Jacques Brel, son compagnon du bout du monde.

Lorsqu'on demandait au créateur de *La Valse à mille temps*, quel était, selon lui, le plus grand chanteur français, il citait Brassens. Pourtant, dans le début des années soixante, c'est Bécaud qui l'attire. C'est lui qu'il côtoie, particulièrement pendant le tournage du show télévisé réalisé au Théâtre Américain proche des Palais du Heysel. Chez les Brel, Gilbert est le bienvenu. Parfois, jusqu'à cinq heures du matin, les deux hommes s'affrontent sur l'existence de Dieu. Lorsque Bécaud, croyant, défend le mariage et condamne l'avortement, Brel prêche l'amour libre.

Souvenirs d'un projet de chanson :

C'était Versailles, c'était Berlin...
A l'enterrement de notre amour, Paris sera Berlin...

« Non, attends... On était Versailles... Je ne sais plus... Je ne me souviens pas de la suite. On a fait des tas de projets, mais on ne se connaissait pas bien. Nous étions assez loin l'un de l'autre. Pas du tout le même "feeling". Un jour, il était venu me chercher à l'Olympia, un dimanche (le lundi était jour de relâche). On s'est rencontrés à côté, au Bar Romain où on a passé la nuit, puis toute la journée du lundi et la nuit du lundi au mardi ! Au bar... ! On y est restés pendant deux nuits et trois jours ! C'était "trrrrès..." spécial ! D'ailleurs, là-bas, ils s'en souviennent encore : "Ces deux-là, ils sont raides !" On a refait le monde trois ou quatre fois. Facile ! On a dû épuiser tous les sujets. Puis on ne s'est plus revus. Salut ! Salut ! Au revoir ! Au revoir ! »

En 1978, Patrick Dewaere fredonne *Le Jour où la pluie viendra*, dans *Série Noire*, d'Alain Corneau.

Pour Bécaud, outre ses premières compositions avec l'auteur germanique Kunze, l'année est marquée par le succès considérable de *Die Insel nirgendwo* en Allemagne, avec passages en radio et télévision, à Munich, Hambourg, Berlin...

Show Magazine présente, comme tous ses confrères, un numéro spécial sur Claude François. Sur la même couverture, Barclay annonce la nouvelle chanson française avec Daniel Balavoine. Comme le disait Aznavour dans les années soixante : « Une idole se meurt, une autre prend sa place... » Le chanteur blond s'en est allé...

Laurent, mon fils, se passionne actuellement pour Casimir, de *L'île aux enfants*, et sa petite sœur, Caroline, vient de voir le jour, à Béziers, pendant que je programme Claude Nougaro sous un chapiteau voisin...

1979

Il fume de la musique et part pour New-Delhi...

Prenant la succession de Gilbert Sigrist, Jean-Pierre Dorsay assure désormais la direction musicale de l'orchestre :

« Bécaud est comme nous, il se laisse guider par ses sentiments personnels, mais ce qu'il fait est extrêmement réfléchi. Je l'ai rarement vu se laisser aller. Malgré ses quatre-vingt-dix-neuf pour cent de réactions sensitives, il prend toujours un temps de recul pour les choses importantes. »

Pour le nouveau chef d'orchestre, la course folle de sept ans ne fait que commencer.

« Toujours parfaitement organisés, ces galas à l'étranger sont la plus grande partie de notre vie. Chaque fois, un accueil merveilleux, une aventure extraordinaire, un livre à écrire... Le Koweit, le Japon plusieurs fois. Je me souviens particulièrement d'un de ces voyages, assez irréel. Un chapitre à lui tout seul. Nous étions partis pour un jour au Japon, faire un récital, engagés par la marque L'Oréal. Pour m'aider à supporter le décalage horaire, j'avais emporté avec moi des cachets d'Halcion, un somnifère avec un effet hypnotique secondaire (ce que je ne savais pas...). J'ai pris mon comprimé au départ. Je me suis effondré dans l'avion et tous les musiciens, me voyant dormir comme un bébé, pensaient : "Ce médicament est super." On est arrivés au Japon, je continuais toujours à dormir. J'ai fait le gala comme un somnambule.

Lorsqu'on est revenus, quelques heures après, il était plein jour et j'ai voulu faire ma nuit. J'ai pris un autre cachet. Pierre Dor'Ragon, mon complice guitariste, a voulu m'imiter pour passer ce voyage qui durait quinze-seize heures. J'étais bien habitué à ce médicament très puissant, mais Pierre non. Il est tombé dans son plateau-repas, le nez dans les haricots verts, à la grande joie de Gilbert, de tous les musiciens et des passagers de l'avion. Quant à moi, continue Dorsay, comme c'est un hypnotique, un musicien me disait, dans mon sommeil, que j'étais chez moi, à la maison. Je me suis mis tout nu dans l'avion et je me suis réveillé à Roissy, avec toutes mes affaires au grand complet, en boule, à mes pieds, avec une petite couverture d'avion sur moi pour seul vêtement. Dessous, j'étais vraiment tout nu. Tout le monde m'a applaudi. Gilbert était mort de rire ! »

En cette fin des « seventies », Bécaud, toujours en vadrouille, se fait rare sur les scènes françaises. Je rejoins d'autres artistes, pratiquement les mêmes d'une année à l'autre, Lenorman, Dassin, Nougaro, sans oublier Hervé Vilard, dans la foulée de son succès *Nous*, avec fin à six heures du matin, près de Montpellier, aux Réganéous, le point de chute des gens du « show-business ». Là, je me retrouve entre Hallyday, Plastic Bertrand, Yves Mourousi et Vilard devant quelques bouteilles de whisky. A l'heure où le soleil se lève, au moment où certains « fusillent les fusibles » et refont le monde, ces élucubrations arrosées du petit matin n'empêchent nullement mes interlocuteurs de parler métier, tournées, droits, Sacem, éditions !

Pour Bécaud, l'écriture en cours est importante. Il en parle, se partageant entre ses auteurs, les Etats-Unis et sa nouvelle propriété du Poitou. C'est le moment où CBS annonce enfin la sortie européenne d'une production de Bob Gaudio pour Diamond, avec *September morn* et *Mama don't know*, sur les musiques de « l'homme à la cravate à pois », aux côtés de *Dancing in the street* et autres titres dans le plus pur style de la star américaine. Y'a du brouillard dans les radars, Gilbert n'enregistrera pas *Mama don't know* et les projets d'adaptation annoncés pour Hallyday ne verront jamais le jour.

La sortie de cette dernière chanson mérite quelques lignes. Le temps d'évoquer la collaboration avec Stevie Wonder. Les noms de Diamond, Bécaud et Wonder se trouvent effectivement réunis ici et mélangés par la presse. On ne sait plus vraiment qui a écrit quoi. Finalement, CBS crédite Bécaud/Diamond sur l'album de ce dernier : le nom de Wonder a disparu.

Depuis cette période, Gilbert évoque souvent son ami Stevie :

« Un jour, j'étais dans un studio avec lui. On le cherchait partout, dans l'affolement général. Pour un aveugle, les jours et les nuits se mélangent... Il dormait sous la console de son ! Moi, j'étais venu de Beverly jusqu'à ce studio qui était presque au Mexique. [...] Je l'ai laissé dormir, et prenant ma voiture, je suis reparti dans l'autre sens. Le lendemain, j'ai vu deux ombres à côté de mon bungalow à Beverly Hills. C'était lui, avec son secrétaire. Il venait avec une bouteille de bordeaux, un bouquet de fleurs et une petite chanson en cassette pour s'excuser. »(1)

Au seuil de 1980, Bécaud n'arrête pas. Les années « pat'd'éph » derrière lui, il est déjà loin, entre Etats-Unis et France. Vous le croyez dans le Poitou ? Il est en concert en Allemagne. On le suppose à Paris ? C'est la

Belgique qui l'accueille avec Roland, Léa, Dany et les amis du fan-club.

Pause émotion, souvenirs et chansons dans les allées du cimetière du Père-Lachaise... Le 4 avril, Gilbert est en deuil : Bruno Coquatrix est parti vers les lointains théâtres de l'autre vie, rejoindre Piaf et Brel. Bécaud, silencieux, suit le cortège.

Que retenir de ces dix années passées ? *La Vente aux enchères, La Solitude, Un peu d'amour et d'amitié, L'Indien, La Première Cathédrale, Les Caraïbes, L'Indifférence* ou *C'est en septembre* ? C'est-y pas du bon cru tout ça ? Chansons références, chansons à travailler pour les petits nouveaux dans l'équipe musicale, Daniel Carlet (repéré à Bobigny, par Jean-Pierre Dorsay) et Léonard Raponi.

C'est également Dorsay qui présente Raponi à Bécaud :

« Nous jouions dans un club à Paris, avec Jean-Pierre. A cette époque-là, je me dispersais. Des petits gains, rien de très sérieux, je faisais des arrangements pour les uns et les autres. Je me suis retrouvé bassiste, chez Bécaud. Là, au début, je n'avais pas mon mot à dire, simplement à exécuter ce que Dorsay me demandait de faire. Je découvrais ce nouvel univers avec curiosité... »

4e PARTIE

LES ANNEES 80

«Si *Madame Roza* marche, j'écrirai une autre comédie musicale. Si *Madame Roza* est un échec, j'écrirai aussi une autre comédie musicale...»

Gilbert Bécaud

1980

Une chanson ça vient comme ça Tombe du cœur, tombe des doigts...

MAI 68 - MOI JE VEUX CHANTER - SONGS OF LIFE
LE POMMIER A POMMES - LES GENS - CREDO
LE CHEVAL BLEU - A CHAQUE ENFANT QUI NAIT
SO FAR AWAY FROM COURBEVOIE - TOI ET MOI
MANANA C'EST CARNAVAL - VIENS NOUS AIDER
LA CHANSON DU COCU - ON THE ROBERT E. LEE
Y'A PAS D'LAPIN DANS MON CHAPEAU
SUMMERLOVE - LOVE ON THE ROCKS

« J'ai voulu faire autre chose, c'est la musique que j'aime aujourd'hui. »(1)

Le Bécaud des années quatre-vingt arrive dans les premiers jours de janvier. Dans un album très « country », reflet de ses voisinages de cœur avec Diamond et de ses nombreux séjours aux Etats-Unis, il affiche son évolution avec *So far away from Courbevoie* et *Le Pommier à pommes* (deux textes de Delanoë).

Comme le lance Robert Mallat dans Le Point : « L'important, c'est l'avenir ». En mars 1980, à cinquante-deux ans, le chanteur écume l'Hexagone. Comme en 1960, une grande lessive se prépare. Nouvelle génération, autre style, mots différents, face à Bécaud qui s'écrie :

« L'avenir n'arrête pas de commencer. »(2)

Un avenir que Gilbert semble bien maîtriser, poussant à l'extrême son don d'ubiquité : à La Défense, son quartier général au quarantième étage d'une tour, dans le Poitou, sur les routes de France et d'ailleurs, à Los Angeles avec Neil Diamond.

En Amérique, ils viennent de composer les thèmes musicaux du film de Richard Fleischer, *The jazz singer*, avec Laurence Olivier et Diamond en têtes d'affiche.

« Aux Etats-Unis, je fonctionne sur pile, en France, sur courant continu. Tant que je me sens français en Californie, tout va bien. Le jour où je m'aperçois que je pense américain, je retourne chez moi. J'y recharge mes accus. »

Dans *A chaque enfant qui naît*, la machine fonctionne au quart de tour. Avec une longue introduction de Daniel Carlet, à la flûte, ce nouveau morceau rappelle le thème musical de Hazel O'Connors, *Will you*, sorti au même moment. Plagiat ? Pas du tout, l'intro de Carlet était déjà jouée l'hiver précédent...

Une tournée en France devient indispensable. C'est la première depuis sept ans :

« J'ai toujours aimé prendre la route, remettre les choses en question, que ça bouge.... »(3)

Entre février et mars, les villes se succèdent. De Dunkerque à Monte-Carlo en passant par Genève et Bruxelles, le chanteur heureux traîne dans son sillage ses musiciens tout neufs.

Dorsay évoque son arrivée :

« Je pense que Bécaud m'avait peut-être remarqué chez Clerc ou Polnareff. Je ne sais plus. Quoi qu'il en soit, j'ai suivi. Il souhaitait alors un responsable pour se faciliter le travail. Il a oublié des choses, c'est sûr, mais il a des éclairs de génie. Il demeure un des rares artistes à n'avoir absolument pas besoin de chef d'orchestre. »

« Il n'y aura pas d'Olympia à l'issue de la tournée que j'effectue actuellement en France. Comme ça, on ne pourra pas dire : il rode son spectacle pour les Parisiens. Et puis, il ne faut pas perdre de vue que hors de la capitale, il y a cinquante millions de Français. C'est pour eux que je chante cette année. »

Jean-Marc Faubert rapporte les propos dans *Sud-Ouest* sous le titre insolite : « son piano, ses légumes, ses tournées »... Effectivement, Gilbert a quitté la ferme poitevine pour courir les routes de France, mais il ne perd pas pour autant l'idée d'exploiter les produits naturels de sa propriété :

« Ce n'est encore qu'un projet, mais j'espère ouvrir deux boutiques d'aliments à Paris et à Bordeaux vers la fin de l'année. Je sais bien que cela fait jaser beaucoup de monde, mais on a déjà dit tellement de choses sur moi, que j'étais franc-maçon, pédé, alcoolique ! Alors, on peut dire, si l'on veut, que je joue les Mességué : l'important pour moi est de proposer de la qualité, qu'il s'agisse de chansons ou de produits de ma terre. »(4)

Avec cette tournée, Bécaud inaugure un piano, inclinant de façon insolite l'énorme instrument qui semble plonger dans le public... Il lui suffit d'une seconde de folie ou de génie pour imaginer le scénario. Aidé par Dinnat, Gilbert enlève le pied du piano et le remplace par quelques bottins et dictionnaires. Ce qui entraîne la réflexion du fidèle régisseur à l'accent méridional :

« Non, ça va pas, les pédales vont toucher... »

« Et bien, non, elles ne touchaient pas, [...] mais, le clavier évidemment penchait aussi... »(5)

Bécaud résout vite le problème et un superbe piano bleu le précède désormais dans tous ses déplacements. Quelques modifications viendront encore et l'original instrument, revu et corrigé, rejoindra définitivement la panoplie, au même titre que la fameuse cravate.

Pour l'instant, l'homme au piano penché retourne aux Etats-Unis. Voilà quelques mois que Diamond a dépassé les deux millions d'exemplaires de *September morn*. Le moment semble opportun pour écrire une comédie musicale. Bécaud l'envisage sérieusement et évoque une nouvelle collaboration avec l'Américain, tout en avançant le nom de Bob Dylan pour le livret de l'adaptation d'un roman d'Emile Ajar sur le roi Salomon.

Avec les années, le projet va évoluer vers une autre œuvre d'Ajar : *La Vie devant soi.*

« Le jour, je travaille avec Diamond et la nuit avec Stevie Wonder. »(6)

Au menu, ballades, rock, blues et ébullition. Entre deux gitanes et un mini-whisky, il parle du Japon, de la Nouvelle-Zélande et de chansons nouvelles qui marchent bien en Allemagne. A cette minute, Bécaud n'imagine pas les obstacles qui vont surgir périodiquement, interminablement, sur la route de la comédie musicale annoncée. Le producteur et metteur en scène américain, Hal Prince, un grand du métier, va imposer sa loi. Diamond et Dylan ne feront pas partie de l'aventure.

Entre avions et continents, Gilbert joue les filles de l'air du côté des favelas avec *Mañana c'est carnaval.*

Durant cette absence aux couleurs brésiliennes, je programme Sylvie Vartan dans le Midi, en accord avec Charley Marouani, à Uzès, puis à Quillan pour l'ultime concert de la tournée estivale... Ce soir-là, dans la nuit du 14 au 15 août, un énorme gâteau et un fantastique bouquet de roses accueillent la chanteuse à sa sortie de scène. Nuit différente, soirée anniversaire : le champagne coule à flots. Dehors, mises entre parenthèses quelques heures, la Rolls et les raquettes de tennis de Sylvie attendent...

Retour à Paris avec une rengaine bien connue : « Une année sans Olympia n'est pas une année normale ». Avec un brusque revirement, Bécaud revient sur ses propos de l'hiver dernier et s'annonce boulevard des Capucines. Après avoir inauguré le 27 septembre l'émission de Michel Drucker, *Stars*, au Pavillon Baltard à Nogent, il retrouve sa scène fétiche trois jours après, pour cinq semaines, avec une nouvelle chanson : *Mai 68.*

Un Olympia sans Coquatrix derrière le rideau rouge et une dédicace : *« A mon ami Bruno qui m'attend... »* sur la chanson *Au revoir* (un poème de Vidalin), composée en 1963 et réorchestrée depuis par Gilbert.

Entre l'Olympia, Coquatrix et Bécaud, c'est une longue histoire d'amour :

« Ça veut tellement dire de peur derrière le rideau rouge, que l'onde de choc pourrait en soulever le monde. C'est aussi tant de joies, d'émotions, de fraternité partagées avec Paulette, Bruno, Patricia, Jean-Michel et le public aussi que seuls les oiseaux avec leurs plumes pourraient l'écrire et je ne suis qu'un homme. »(7)

Bécaud retrouve le monde magique de l'Olympia.

« Comment voulez-vous expliquer ça en deux mots, commente Paulette Coquatrix sur France-Inter. Avec le même artiste, il se passe quelque chose de différent tous les jours ; c'est une maison, c'est une famille, c'est un tout, et je crois qu'aussi bien l'artiste sur scène que le public dans la salle, tout le monde est heureux. »

Bécaud est le « recordman » de l'Olympia, plus personne ne l'ignore.

En 1994, Jean-Michel Boris, neveu et successeur de Coquatrix, évoquera ses nombreux passages :

« A un moment donné, il passait pratiquement tous les ans, ce qui à mon avis n'était pas tellement bon. Je pensais qu'il fallait laisser reposer, se faire désirer, mais il avait envie de se retrouver sans cesse sur cette scène. »

« En coulisses, c'est un type toujours détendu, me rapporte Christian Barbier, alors que sur le plateau, il est extrêmement nerveux. On ne peut pas parler du trac qui caractérise tous les autres. Sur scène, ce garçon est comme électrifié, d'où son surnom. La cravate ? Il en avait un paquet dans sa loge. Comme ses costumes bleus. Les soirées terminées, c'était toujours le petit dîner dont je faisais partie, avec une trentaine d'amis, tous ceux qui avaient participé de près ou de loin à l'élaboration du spectacle. Gilbert est un type extrêmement chaleureux, sans aucun problème, toujours partant pour de nouvelles aventures. »

Ce que Paris compte de personnalités, toutes chapelles confondues, scande le nom de Bécaud le soir des premières, reprend des chansons comme *Le poète, La rose* ou frémit aux premières notes des *Baladins*.

Inutile d'évoquer le célèbre rideau rouge qui s'est ouvert sur les récitals Bécaud, au fil des années, avec *Le Petit Oiseau de toutes les couleurs, Les Enfants du voyage, Y'a plus de lapin dans mon chapeau, Chante* ou *Monsieur winter go home... Un nouveau printemps tout neuf, Je me balance, Heureusement y'a les copains* furent, elles aussi, successivement chansons d'entrée en un temps où le rideau y était vraiment. En effet, pour ses récitals, Bécaud le fit assez rapidement supprimer (il sera rétabli lors des Olympia 1988 et 1991). Ces « rideaux » des fins de spectacle ont toute une histoire et Boris y fait souvent référence : « Il y a même des fois où je trouvais qu'il en faisait un peu trop. Je le lui ai dit d'ailleurs. A un moment, dans les bis, je trouvais qu'il exagérait. Qu'il double deux ou trois chansons sans que les spectateurs le demandent, c'était vraiment trop. Il l'a parfaitement saisi. Faire mousser les rideaux, je trouve ça très bien, c'est un champion du genre, il sait faire applaudir comme personne. »

Bécaud à l'Olympia vu par Frank Thomas :

« En 1975, j'ai suivi tous les soirs les chansons, en coulisses. Je peux vous dire que c'était absolument étonnant, et je ne dis pas ça en mettant une confiture sur le front de Gilbert. La scène, c'est l'endroit où il est le meilleur, infiniment heureux. Les détracteurs vous disent que c'est du mécanisme. Ce n'est pas vrai ! Bécaud n'a aucune recette quand il chante. Il n'a jamais rien appris. Gilbert est un homme qui répète dans sa tête, et sur scène, il invente. Il a créé le bis, ce n'est pas le public, il l'a imposé. »

L'Olympia et *Les Ames en allées*, l'ombre des Piaf, Brel, Brassens. Un lieu « habité » où Bécaud se promène continuellement. Les bains de foule dans les travées entre les spectateurs ravis, la loge, les couloirs... Les cigarettes, les angoisses, appelez ça comme bon vous semble... le trac quoi !

« Ce qui se passe ne se voit pas... C'est un peu la réflexion de Saint-Exupéry dans Le Petit Prince *: "L'essentiel est dans l'invisible". Ce qu'il faut, avant tout, c'est réaliser le contact électrique avec le public. On utilise pour cela une chanson ou deux, ou dix, mais l'on y parvient ; d'ailleurs, on pourrait utiliser autre chose pour établir ce courant : s'asseoir, marcher, faire du baratin ou à la rigueur, rien ! Seulement regarder ! Peu importe, il faut arriver à dominer complètement la salle. Le patron de la soirée, c'est moi ! »*(8)

« Gilbert, se souvient le neveu de Coquatrix, a toujours essayé de trouver des idées pour que son spectacle soit différent. C'est vraiment un des artistes qui soigne le plus sa mise en scène. Le premier, il m'a fait rajouter un praticable devant le plateau. Chez nous, on appelle ça « le camembert de Bécaud ». Il prend quarante-quatre places. On le fait vraiment parce qu'on sait que Gilbert y tient. Il veut bien pénétrer la foule. Une fois, on avait fait une longue passerelle qui atteignait le milieu de la salle et, assis sur un fauteuil en plastique, il allait comme ça chanter au milieu des spectateurs. Bécaud est indiscutablement un homme de contact. Il aime se sentir entouré et même, à certaines occasions, il y avait derrière lui une estrade où le public avait pris place. Ces admirateurs assistaient au concert dans un angle insolite. Pendant le récital, Gilbert allait vers eux, tournant le dos au public.

"Qu'est-ce qu'on peut faire ?"

La question revient avant chaque rentrée. Une fois, on a fait venir un orchestre de quarante-cinq musiciens. Contenir ce monde-là sur la scène de l'Olympia a tenu de l'exploit. On a aménagé tout un étalement d'estrades. Un autre jour, il a invité une chorale. Puis, il est tombé dans la magie : tout un système pour lui permettre de s'envoler tout d'un coup dans le ciel. La poésie du spectacle. Toujours l'enrichir d'un plus. »

Cet automne 1980, la course habituelle et folle reprend, depuis le réveil à l'Hôtel Méridien où il s'installe pour une bonne dizaine d'années — les délices des nuits en péniche ne sont pas encore révélées — jusqu'à la fameuse scène. Cette générale a été pareille aux précédentes :

« L'épouvante ! J'étais mort de trac. A ne plus pouvoir sortir un son. J'ai eu vingt minutes de rappels. Quand le rideau s'est fermé, je me suis aperçu que j'avais encore envie de chanter. »(9)

Après la descente dans le hall de l'hôtel à quatorze heures, direction le Bar Romain, rue Caumartin, à côté de l'entrée des artistes. A deux pas de son dix-neuvième Olympia, la halte du chanteur. A la direction du bar, Lucien et Jeanine Papillon voient passer tous les grands à leurs tables :

« Ils étaient chez eux, rien ne transpirait. Pendant trente-huit ans, me confiera Lucien Papillon, nous les avons tous vu défiler, depuis leurs débuts. J'avais pris certaines notes pour écrire et à mon départ du Romain, j'ai tout déchiré... Bécaud, sûr, je le connais bien, sa ferme est à La Bussière, où est née mon épouse... »

Ecroulé dans son fauteuil, près du bar, Gilbert lance :

« J'accuse la fatigue ! Comment vais-je pouvoir chanter ce soir ? Je ne chanterai pas ! »(9)

C'est l'entrée de Gaya. Il règle le son des spectacles paternels. Il annonce son âge :

« Vingt-huit ans le matin, cinquante-trois le soir !

— *Moi, c'est le contraire.* »

Le père et le fils éclatent de rire. Bécaud devient sérieux :

« La bête est fatiguée. La bête n'en peut plus. Ce qui est rassurant, c'est que, même à vingt ans, j'étais épuisé... Et la fatigue m'a toujours rendu agressif. »(9)

Puis, il commande son énième café et allume sa énième Gitane.

A quelques mètres de là, l'Olympia, la loge. Christian Barbier lui tend un micro pour Europe 1 :

« Mes chansons sont des chansons d'humeur. Quand je compose, je ne réfléchis pas. Et puis, est-ce qu'on demande à une fleur de parler botanique ? [...] Mon public change, il a rajeuni avec moi, il est plus aiguisé. »(9)

Fidélité de l'homme, soulignée par Barbier :

« J'ai dû faire une dizaine de premières à l'Olympia et quelques autres à Londres, au Royal Albert Hall. Je l'ai connu ici à Europe 1 à l'époque où je faisais le journal. C'est un ami fidèle. Il était intervenu pour que je continue d'assurer ces premières. Europe 1 étant mariée à l'Olympia, la station a fait tous les *Musicorama* jusqu'en 1972-1973. [...] Par la suite, quelques difficultés se sont présentées entre notre maison et Coquatrix. Divorce est un bien grand mot, disons qu'il y a eu des problèmes dans l'exclusivité. Assurant ces reportages, j'étais un peu le point de mire, le prétexte à la séparation. Avant une des dernières retransmissions, Gilbert avait dit :

"Si ce n'est pas Barbier qui fait la première, on verra comment on fera !" »

L'heure du spectacle approche. Celui qui connaît bien Bécaud sait ce que représente cette attente. L'homme s'agite, se lève, se rassoit, virevolte, ne tient pas en place. Dans les coulisses ou sur la scène, le chanteur garde la même énergie. Il aime bouger tout simplement, jusqu'à l'arrivée d'Amade, puis de Mamico, quatre-vingt-deux ans, toujours fidèle et présente aux Olympia de son fils, avec chaque fois un appartement loué près du théâtre...

Gilbert entre en scène, chante *Y'a plus d'lapin dans mon chapeau*, puis présente son orchestre sur le deuxième titre, *So far away from Courbevoie*. C'est parti pour plus de deux heures avec des moments forts comme les mises en scène du *Pianiste de Varsovie*, de *La Solitude* ou de *L'Orange* et d'autres, sympathiques, comme *Le Train d'amour* où les musiciens sont tous rassemblés autour du piano.

Pour certains, l'album enregistré en public, gravé et distribué en deux jours (un exploit) n'a pas la qualité technique habituelle. Néanmoins, « sonnant vrai », allant à l'essentiel, sans fioritures, il restera la seule trace vivante de cette rentrée.

Quittant la capitale, je laisse Gilbert à son succès parisien, à sa nouvelle chanson locomotive, *Credo*, en prise directe avec l'air ambiant. Boudée par les radios (excepté RTL), la petite dernière, naturellement, est bissée sur la scène du boulevard des Capucines. Coup de projecteur sur les cavaliers de mestrance, cités dans une nouveauté d'Amade (d'après un manuscrit original remanié par le poète), *Le Cheval bleu*, confidentielle, et sur un autre titre, *Moi je veux chanter*, une profession de foi qui aura les faveurs de la promotion.

Je m'en retourne dans le Midi, pour présenter, en accord avec les productions Camus-Coullier, Bernard Lavilliers, le 18 octobre, à Lautrec, un petit pays du Tarn. L'occasion de retrouver Michel Gaucher, au saxo, après ses années aux côtés de Bécaud.

Pendant ce temps, les cinq semaines de récital à l'Olympia défilent à vitesse grand V, ponctuées notamment par RTL qui diffuse le spectacle dans l'émission de Max Meynier, *Les routiers sont sympa*. Drucker commente, stupéfait, la performance.

Tous les critiques sont unanimes pour saluer la modernité des arrangements, plus spécialement dans *Viens nous aider (Apocalypse now)*, qui nous replonge dans l'univers de *T'es venu de loin*. Bécaud, précurseur, constatant la cruelle évolution du monde, lance un appel au gars de Galilée: Pourquoi ? A quelques jours de là, c'est le drame de la rue Copernic, un attentat d'une violence inouïe. Le « pourquoi » revient immédiatement à l'esprit.

Le 9 novembre, il retourne dans sa ferme du Poitou pour se remettre au travail et continuer la comédie musicale qu'il veut créer en octobre 1981 à Broadway. Annoncés à travers les médias, les projets se précisent. A cette période, Gilbert mentionne pour la première fois *La Vie devant soi*, d'Emile Ajar, et l'adaptation qu'il mitonne dans sa cabane, près de Saint-Pierre-de-Maillé, parallèlement aux dernières chansons en préparation, après les petits et les grands, les cons et les intelligents, les chauves et les poilus... bref, *Les Gens* — de Vidalin —, qu'il a rodée cette année, totalisant jusqu'à neuf versions (textes) différentes, avant la création sur scène.

Pour l'heure, l'aventure américaine le passionne. Fort du résultat d'un sondage, — plus de soixante-dix pour cent de son public annonce moins de trente ans —, il multiplie les galas, mais c'est vraiment la comédie musicale qui mobilise toutes ses pensées. Une fixation irréversible, une frénésie feuilletonesque ! Le compositeur en parle sans arrêt, cherchant tous les prétextes pour évoquer sa nouvelle folie.

1981

Chaque matin qu' tu vois
C'est un matin que tu r'verras plus...

L'AMOUR EST MORT
VAHINE DES VAHINES - CHAQUE MATIN QUE TU VOIS
BONJOUR LA VIE - MUSICIEN DE JAZZ - LES GENS
UN SACRE BATEAU A ROUES - LES CHANSONS DE TA VIE
JE NE FAIS QUE PASSER
JE ME FOUS DE LA FIN DU MONDE - DIEU MECREANT

Dorsay évoque son septennat :

« Il y a eu souvent le meilleur et rarement le pire. Avec cet extraordinaire voyageur, on a partagé beaucoup de joies, de fatigues, d'émotions autour du monde. En Tchécoslovaquie, on s'enfermait tous dans une chambre, avec une bouteille ou deux, on rigolait comme des fous... En Yougoslavie, on s'est fait arrêter avec l'orchestre par la police et on ne pouvait pas se rendre au gala. A cette période-là, j'avais ma carte de garde-pêche, avec, sous mon nom, la mention : police. Grâce à ça, j'ai réussi à faire libérer mes amis musiciens et le récital a eu lieu, mais sans ce document, je me demande encore comment cela se serait terminé... »

Voyage, voyage... C'est la valse des tournées et des succès aux quatre coins de la planète. Si l'on en croit les Chiliens, *Et maintenant* est leur chanson préférée.

« La tournée allemande, par exemple, ou la tournée nippone, c'est tuant. On commence le matin à huit heures trente par une conférence de presse. On ne s'arrête que le soir après le spectacle... En Amérique du Sud, c'est l'enfer : il m'arrive de faire jusqu'à dix-huit radios pirates par jour ! »(1)

« On a tous partagé quelques galères, me confie Léonard Raponi, le bassiste de Gilbert. Le mot "galère" est un peu fort. Tout de même, on s'est retrouvés en Amérique du Sud, loin de nos familles, en plein hiver, alors qu'en Europe, c'était l'été. On a enchaîné le Japon, le Mexique, l'Allemagne. Jean-Claude Lassère, atteint de claustrophobie, envisageait même de sauter de l'avion au-dessus de Madrid ! Trois mois sans rentrer chez nous ! On a fêté des anniversaires ensemble, dans les airs, et Gilbert participait à ces grosses rigolades. Je n'aurais jamais imaginé aller un jour travailler avec un chanteur dans les Emirats arabes ! »

« Nous vivons dans l'anecdote. C'est monnaie courante. Quand il ne se passe rien, c'est là l'anecdote ! Des feux à l'Olympia, des publics qui s'excitent, une alerte à la bombe en Allemagne, une en Italie (revendiquée par les Brigades rouges). On ne quitte pas la salle pour autant. Vous nous voyez partir en courant ? Nous sommes tout de même responsables des gens qui viennent nous voir. Vous savez, je pense que tout m'est arrivé : le plafond qui tombe, le balcon qui s'écroule sur le parterre, toute une rangée de projecteurs qui aterrit devant les musiciens (quatre cents kilos d'un coup !), des gens qui tombent du balcon, un de mes chefs d'orchestre qui prend une décharge électrique. C'est comme si vous demandiez à un pilote s'il ne lui est jamais rien arrivé. S'il a trois mille heures de vol, il a dû traverser des moments bizarres et difficiles. Ce sont les aléas du métier. »

L'incessant va-et-vient entre la France et les Etats-Unis se répète. Néanmoins, Bécaud prend le temps d'adapter, avec Vidalin, les chansons du film de Diamond, mais ne les chante pas toutes.

Song of life devient, en toute logique, *Les Chansons de ta vie... On the Robert E. Lee, Un sacré bateau à roues*, et *Love on the rocks*, la chanson solo de l'artiste américain, se transforme en duo, *L'amour est mort*, pour Bécaud et Ireen Sheer.

« Petit à petit, je commence à me permettre une musicalité plus musclée. Pas de rapport avec la sonorité de Nathalie. *»*(1)

« Gilbert, confie Vidalin, c'est notre patron. C'est notre provocateur, notre catalyseur. Quand on s'installe ensemble dans la cabane, on fait semblant d'être bien, on met nos chaussons, mais il y a des cactus dedans. On boit. On s'engueule souvent. Mais on est amis toujours et pas concurrents. Pourquoi ? Parce qu'il est sans doute plus facile de rester copains dans la victoire que dans la défaite. »(2)

« Quelquefois, il m'arrive de partir en voyage avec mes auteurs. [...] Nous allons par exemple en Allemagne ou en Amérique. L'autre jour, Vidalin est venu avec moi à New York. Nous avons réussi là-bas à obtenir une solitude à deux. Le spectacle terminé, on attendait sans se dire un seul mot mais en suivant par la pensée le même chemin. On était sur une chanson. C'est très agréable. On peut tout à coup éclater de rire ou avoir une sorte d'intuition ensemble. Avec Louis et Pierre, c'est pareil, la solitude est physique mais l'esprit marche en même temps. »(3)

Vidalin, Delanoë et Amade sont vraiment les piliers de la fondation Bécaud...

« Amade, c'est un roc. Solide, indestructible, inébranlable. Il m'apporte le calme, la maîtrise de soi, la stabilité, la sécurité, toutes les qualités dont la nature ne m'a guère doté. Avec lui, on n'a peur de rien, ni de la critique, ni de l'opinion publique, ni de l'échec. On fonce. »

Le poète méridional, catalan de vieille souche, prend souvent des risques, chaque fois suivi par Gilbert, son complice, sur les voies les plus périlleuses :

« Parfois, les paroles de ses chansons me paraissent exagérées, ésotériques et même à la limite du ridicule. Mais en composant la musique et en les chantant, je m'aperçois toujours que tout peut se dire, quand on y croit. Et tant pis si personne ne comprend. Pour saisir, il faut savoir pénétrer dans le domaine mystérieux du poète, un monde plein de soleil et qui sent la Provence, un paradis peuplé d'enfants, de roses, de princesses et d'étoiles... »

Qu'elle est lourde à porter, l'absence de l'ami... Saint-Gely-du-Fesc, près de Montpellier, un 29 octobre, vers vingt-trois heures, le dernier souffle de Georges Brassens. Le poète a rejoint Paul Valéry. Respectant ses dernières volontés, une cérémonie sans fleurs ni couronnes. Le chanteur est sorti de la vie comme s'il sortait de scène. Rencontre ratée pour les deux compositeurs : Bécaud, dans les années soixante, exprime son désir d'écrire avec Brassens.

« Je le connaissais très peu. Avec lui et Brel, nous passions dans le même établissement (La Villa d'Este). On nous appelait d'ailleurs «les trois B». Georges, Jacques et moi, on se rencontrait dans la cuisine, derrière :

"Tu passes quand, toi ?"

Le patron de la boîte nous laissait assez libre :

"Vous y allez quand vous voulez !"

Brel nous disait :

"J'ai rendez-vous au bordel avec une copine, si ça ne t'ennuie pas, je chante maintenant..."

Et il se produisait avant moi ou avant Brassens, on s'amusait comme ça. On buvait beaucoup de vin rouge... déjà !

Georges, je ne l'ai pas vraiment connu. Vous savez, chez les chanteurs, chez les acteurs, c'est assez difficile de se livrer. J'ai passé trois jours avec Brel mais je ne prétends pas le cerner. Il y a une sorte de timidité entre nous. Je ne sais pas comment vous dire cela... : seuls les perroquets parlent et ce ne sont pas des oiseaux de haut vol ! Quand on est ensemble, on évoque notre discipline mais avec une certaine pudeur. Un compositeur exprimera mieux son état à un médecin ou à un plombier qu'à un de ses camarades. Je ne sais pas pourquoi, c'est comme ça. Aucun acteur n'apporte vraiment quelque chose à l'autre. Ce n'est pas un jeu d'équipe, on est seul, on travaille seul et on meurt seul. En général, quand un chanteur rencontre un autre chanteur, il faut qu'ils se connaissent depuis très longtemps pour échanger des confidences et partager, sinon, ils n'échangent que des "esbroufes".

Brassens, tout le monde aurait voulu écrire avec lui, comme avec Brel, Bécaud, Aznavour et bien d'autres... Dans les médias, on se balance des souhaits et parfois, une demi-heure après, on n'y pense plus. Là, c'est vrai, j'aurais bien aimé travailler avec Brassens... »

Georges parti, Gilbert continue sa route, avec la promotion habituelle à la sortie d'un album. Occupation azimutée du petit écran. Il joue avec les caméras. Mention à *Musicien de jazz, Les Chansons de ta vie* et *Je ne fais que passer*, autobiographique, mais rappelant étrangement *J'ai oublié de vivre*, la chanson de Pierre Billon pour Hallyday.

Depuis longtemps, Amade envisage un texte reflétant la vie trépidante de son complice pris dans un cyclone permanent. Ecrit l'an dernier, dans la lignée du *Rideau rouge* ou de *Il fait des bonds*, ce poème exprime les émerveillements du chanteur, ses passions, ses paniques, son besoin évident de se ressourcer dans sa ferme parmi les herbages au milieu des rires de ses enfants, avant de repartir (le même thème figurait dans une autre œuvre d'Amade, deux ans plus tôt, sous le titre *Complet bleu et cravate à pois*).

« Franchement, confie Bécaud, quelques mois après la naissance de Je ne fais que passer, *je ne me souviens plus si nous avons modifié ou si nous avons gardé l'original. L'osmose est telle qu'on ne sait plus qui a fait quoi. »*(4)

Nostalgie pour *Je me fous de la fin du monde*, sur un texte de Claude Lemesle, avec les trois ans de Caroline, ma fille, qui se mêle bien naïvement et quotidiennement aux chœurs de la chanson, lors de sa diffusion :

Je me fous de la fin du monde
Mais j'aim'rais pas la fin de toi...

Bonjour la vie, de Lemesle, est favorisée. Apparemment installé dans l'équipe, le parolier a fait ses preuves. Bien plus jeune que le trio d'auteurs de base — il est né en 1945 —, Lemesle écrit parallèlement pour d'autres interprètes comme Dassin, Reggiani, Alice Dona, etc., ce qui lui vaut quelques compliments audacieux dans l'ouvrage *Cent Ans de chansons*.(5)

Le rêve de Gilbert se prolonge depuis presque trente ans :

« En ce moment, par exemple, j'ai une sciatique. Eh bien, je ne me sens jamais en meilleure forme qu'à partir de l'instant où je répète sur scène, avec les lumières, le micro branché. [...] J'agis, je suis un commando de la

poésie, je me sens plus au front qu'à l'arrière, beaucoup plus actif qu'historien.»(6)

10 mai 1981, aux côtés de Guy Lux en animation à Graulhet. C'est de cette ville que je découvre à vingt heures, comme tout bon français devant son poste de télévision, l'effigie du nouveau président. Giscard s'en va, les années Mitterrand commencent, avec Jack Lang à la Culture... Un ministre particulièrement attentif et bienveillant. Son témoignage recueilli au milieu des années quatre-vingt-dix est révélateur :

> «Rares sont les grands de la chanson française qui aient trente Olympia à leur actif. Un monument dans le monument. La quête d'un monde meilleur à inventer, présente dans de nombreux textes, sa prodigieuse vitalité scénique, son aptitude à restituer la nostalgie du music-hall... autant de signes que Bécaud est farouchement, viscéralement, un éternel adolescent.
> A côté des premiers fauteuils cassés au cours de ses spectacles des années cinquante, parce qu'il était alors en prise avec la jeunesse de son temps, il est une autre image d'un Gilbert Bécaud électrisant : celle d'un ambassadeur formidablement juvénile de notre patrimoine à l'étranger.»

Retour en arrière, avant l'élection présidentielle : le candidat Mitterrand sillonne le pays, prêchant la bonne parole. Gignac fait partie des étapes héraultaises. La sonorisation prévue pour son allocution s'avérant trop faible, l'orchestre de la fête populaire met son matériel à disposition. Le chanteur de Rétroscopie, la formation musicale en question, s'appelle Franco..., Gérard Franco. Mitterrand sait évidemment trouver le bon mot pour remercier les musiciens de leur aide improvisée. Pendant son discours, il les cite, individuellement, provoquant les sifflets des socialistes au nom de Franco. Et le futur président de déclarer, haut et fort :

«Celui-là, il ne tue pas, il chante !»

1982

Tu caches ta peur derrière ton rire...

POWER TO LOVE
DESIREE - LA FRANÇAISE

A mille cinq cents kilomètres au nord de Montréal, dans la région de la baie James, la partie méridionale de la baie d'Hudson, l'un des plus importants complexes hydroélectriques du monde est en construction ; un chantier dont la superficie représente la moitié de la France et qui emploie des milliers de travailleurs. C'est là qu'au début juin, Bécaud vient chanter. Il fait encore très froid (les lacs sont à peine dégelés) et les chansons sont filmées avec une mise en scène réaliste, dans les décors naturels, sur la crête du barrage... Jouant la règle du jeu de l'exposition, Bécaud traverse les images, tout en communiquant sans en avoir l'air des informations sur le site, le pays, les habitants. Si je devais retenir une seule télévision, je choisirais sans un soupçon d'hésitation cette réalisation de Bernard Picard.

Dans cette émission hors norme, Gilbert, avec ses bandes orchestrales, chante dans les conditions du direct, autour de son piano déposé sur les falaises rocheuses par un hélicoptère.

Malicieux, Jacques Dinnat revient sur une nuit insolite lors d'un précédent séjour au Canada :

« Alerte à la bombe. La direction de l'hôtel nous réveille tous. Affolés, nous rejoignons le car et nous nous éloignons de l'établissement. Au bout de quelques minutes, je commence à demander aux musiciens : "Et Gilbert, quelqu'un l'a prévenu ?" Visiblement, Bécaud n'est pas avec nous dans l'autobus. Personne n'a tapé à sa porte pour le réveiller. On retourne à l'hôtel : plus d'alerte, terminée. Gilbert dort toujours, avec Kitty. Le lendemain, quand on lui raconte l'histoire, inutile de s'apesantir sur son "Merci les gars !" C'était vraiment indépendant de notre volonté. Je ne sais plus ce qui s'est passé dans nos têtes. Chacun a pensé à soi. Avec le recul, ça nous a fait drôle tout de même. Une bombe aurait explosé, nous aurions eu un sacré problème de conscience ! »

Désirée est à l'ordre du jour... Bécaud me raconte :

« Kunze l'a écrite en allemand ; ensuite, Lemesle l'a reprise, mais sans

connaître le texte initial. Je l'ai seulement dirigé vers la même idée. On s'est mis au piano tous les deux et c'est parti ! La spontanéité est sauve, même si quelquefois l'histoire varie ! »

Désirée marque la mémoire collective, comme l'avaient fait *Et maintenant* et *Nathalie*. Ce succès monopolisant l'intérêt du public, *Power to love* passe totalement inaperçu et enchante seulement les amateurs. Bécaud, Kunze et Lemesle, également impliqués dans cette chanson, bénéficient néanmoins de la fantastique vente de *Désirée*.

Je ne retrouve pas dans ce succès la même veine que dans *La Corrida, Nathalie, Le Pianiste de Varsovie* ou le plus récent *Desperado* et je ne suis pas surpris lorsque je découvre l'article incisif de Véronique Mortaigne dans *Le Monde* :

« Bécaud a commis quelques catastrophes majeures vendues à plus d'un million d'exemplaires chacune (*Désirée* en 1982). »(1)

La Française : voilà une réalisation qui restera totalement inconnue en métropole :

Moi de Provence et toi des Landes
Qu'est-ce qu'on a sur le bout de la langue
La langue d'Oïl la langue d'Oc...

Sur un texte de Delanoë et destinée à la promotion de notre langue, *La Française* se conjugue avec Bécaud et les chœurs de Radio France, pour une série d'émissions encouragée par Jack Lang. La francophonie revient sans cesse dans les discours officiels. C'est une patrie sans frontière, représentant le quart des Nations unies, cinq cents millions d'habitants...

Elle se parle, elle s'écrit
A Terre-Neuve, en Cochinchine...

Radio France International diffuse la chanson et notre compositeur, déjà occupé ailleurs, évoque une nouveauté pour Diana Ross et Julio Iglesias : *Air amour*. La presse reprend l'information, mais le projet ne sera jamais concrétisé.

Toujours pressé, c'est tout juste s'il prend le temps de recevoir la Médaille d'or de la Sacem pour l'ensemble de son œuvre et un nouvel « Award » pour *Let it be me* qui caracole en tête des succès. Le Japon, l'Union soviétique, la Tchécoslovaquie, l'Amérique du Sud l'attendent.

Quand on lui demande quels sont les pays parcourus, Gilbert vous répond :« *Je crois que je devrais plutôt vous dire quelles sont les régions où je ne suis pas encore allé : la Chine populaire, l'Alaska, la terre Adélie, les Indes.* Puis il se reprend : *Ah si les Indes ! deux fois, mais il y a très longtemps.* »(2)

Bécaud termine en vous avouant, plus tard, comme ça, que sa grand-mère est née à Pondichéry. Contradictoire et déroutant, le bonhomme !

« Ça fait vingt-neuf ans que ça dure et je n'en ai pas encore eu marre une seule fois. Si ça arrivait, je crois que je m'arrêterais, mais je pense plutôt qu'il faudra qu'on me flanque à la porte. »

Michel Raybaud rapporte la confidence dans le journal *Croquemitoufle* et les propos ne peuvent que ragaillardir le public parisien qui attend un récital.

L'automne, la saison des adieux et des retours : dernier triomphe de Tino Rossi au Casino de Paris et réapparition d'Henri Salvador à la Porte de Pantin. Pas de véritable rentrée pour Gilbert, mais un seul et unique spectacle à l'Olympia, dans le cadre de la Ligue contre le cancer. A cette occasion, il chante *Ce soir, je te dis tout*, qu'il n'avait jamais osé créer sur scène. Un texte difficile, à vivre intensément jusqu'au frisson. Une chanson terrible, sur le refus de la maladie et l'espoir dans le combat.

En cette fin d'année, alors que les productions C. C. (Jean-Claude Camus et Gilbert Coullier) annoncent, en accord avec Charley Marouani, sa prochaine tournée en France du 15 janvier au 1er mars 1983, le voilà à nouveau en concert en Belgique. Parallèlement, *Aran* tient la route. En fait, son opéra est constamment à l'honneur au pays du roi Baudouin. Les reprises en 1969, 1970, 1971 et 1975 ainsi que les triomphes remportés à Poznan (Pologne) en mars 1968, à Bucarest (Roumanie) en septembre 1969, à Aix-la-Chapelle en octobre 1969, à Nancy en janvier 1970 et à Diekrich dépassent les soixante-dix représentations.

Ce mois de septembre 1982, *Aran* est programmé plusieurs jours au Théâtre Royal de Liège, à Verviers et à Mons. Dans ces années-là, Danielle et Jacques Senocq hébergent souvent les musiciens chez eux.

Charleroi marque l'ultime régie de Dinnat, après quinze années de bons et loyaux services autour du monde. Passation de pouvoirs entre Dinnat et Eric Jutard, la relève. Depuis son café Le Trianon à Lunel, ponctuant ses propos de longs silences, l'ex-régisseur évoque avec nostalgie cette période :

« En 1982, ma dernière année avec Bécaud, j'avais, avec Jacques Val Despinosa, le jeune Eric Jutard à qui j'apprenais la régie et le fils de Maurice Vidalin aux lumières. Quand je pense à Bécaud, je n'ai qu'un regret, c'est de l'avoir quitté. C'était nécessaire. J'étais fatigué, avec la perspective d'une opération des deux jambes. Gilbert m'a obligé à prendre cette décision. L'homme ? C'est un type merveilleux, extraordinaire, sensationnel. Tous les mots qu'on peut dire. Je l'adore comme s'il était mon propre frère. »

Et après un long soupir... : « C'est Bécaud. »

Au cours de mes entretiens, j'ai rencontré des interlocuteurs passionnés, mais Dinnat reste le plus émouvant. Je n'oublierai pas cet homme simple et touchant, évoquant quinze années de vie dans l'entourage de Bécaud, des sanglots dans la voix, des larmes sur les joues.

1983

Rappelle-toi, la place était vide...

LA DEMOISELLE DU 23 - ADIEU L'IDIOT
LA FILLE DE NATHALIE - DESPERADO

« Je choisis Noah, toi Wilander... ! »

Les paris sont ouverts. Devant leurs télévisions respectives, Bécaud et Vidalin se passionnent pour la rencontre au sommet de l'année, diffusée en direct de Roland-Garros. Pendant la partie, ils n'arrêtent pas de se téléphoner, et entre chaque set, échangent leurs impressions... Super Noah !

« Allo Maurice... J'ai gagné mon pari ! »

Et Gilbert part amadouer son nouvel amour, un piano translucide, signé Schimmel, à l'épreuve des tremblements de terre et des chocs violents sur le clavier...

« Ce sont les Allemands qui me l'ont fabriqué. Vous avez vu ? Les roues et les boulons sont en or. »

Notre musicien en joue en alternance avec son piano bleu, aux pieds surbaissés à l'avant. Fin août, avant le prochain Olympia, Chantal Gibert (*Sud-Ouest*) pose la question : « Comment Bécaud tient-il ? »

Coup d'œil à la mallette métallique :

« Là-dedans, j'ai des vitamines C, du Sargenor et du whisky. »(1)

Au studio d'enregistrement, invariablement, il arrive, suivi de son attaché-case engrangeant une panoplie de quelque soixante kilos — minimum ! — :

« Deux tournevis (dont un cruciforme), trois lampes de poche de différents formats, vingt-trois cassettes usagées, un cable électrique (non identifié), deux vieilles piles, deux Walkman (au cas où !), deux agendas (l'année en cours et l'année prochaine), deux mini-bouteilles de scotch (format avion), un haltère de cinq kilos pour faire les muscles à ceux qui portent la valise. »(2)

Cet inventaire du parfait Bécaud, répertorié par Gaya pour *VSD*, pourra surprendre l'amateur non éclairé...

Dans sa ferme, à une cinquantaine de kilomètres de Châtellerault, pas de superbe limousine, mais deux tracteurs !

« Ce sont ceux des voisins. Les nôtres sont cassés. Après avoir brisé les pianos, aujourd'hui je démolis les tracteurs ! »

Isolée au milieu d'une forêt qui domine une charmante rivière, la maison dont il a dessiné les plans, aidé par sa femme, Kitty, et quelques architectes.

« Vivre dans une tour, j'avais trouvé cela amusant, et puis, très vite, ça a été l'angoisse. Les enfants faisaient du patin à roulettes sur le parking, ce n'était plus possible. Ici, on est bien, c'est un autre mode de vie. »

Le monde de l'agriculture biologique, *« pour avoir la qualité des produits à défaut de la quantité »*, de longues promenades à cheval, au milieu des bois, avec les chiens.

« Nous allons bientôt récupérer des animaux du zoo de Jean Richard. Un couple de girafes et leur girafon vont venir nous rejoindre. »(3)

Revenons à nos moutons... Dans cette nouvelle cuvée 1983, je retiens les textes de Lemesle : *La Demoiselle du 23, Desperado* et les réflexions d'un auteur sur la construction d'une chanson.

Point de départ, Bécaud ? Lemesle ?

« Ça dépend, c'est lui, c'est moi. Parfois, Gilbert m'apporte une musique toute faite, avec une idée comme pour *Desperado*. Souvent, on cherche ensemble : lui trouve un départ de mélodie ou moi les premiers mots d'un texte, l'un colle sur l'autre, c'est très variable. Il n'y a pas un système auquel on se tienne perpétuellement. Au contraire, il faut faire la surprise, changer les méthodes, varier les plaisirs, ne jamais démarrer de la même façon. En ce qui concerne *Desperado*, c'est vrai qu'il avait la musique entièrement composée et le mot *Desperado*. Et à partir de ça, j'ai écrit mon texte. »

Dans des spasmes de néons
Pleure un bandonéon
Ses larmes de tango...

Planté près de son piano, Bécaud défend la chanson sur la scène de l'Olympia à partir du 30 septembre, avec un final-bandonéon de Jean-Pierre Dorsay :

« Gilbert m'avait donné les grandes lignes de ce qu'il désirait et je trouvais qu'il était sympathique de m'associer. C'était une excitation d'avoir mon nom à côté de celui de Bécaud. »

Depuis son arrivée, Dorsay a adapté plusieurs titres à la scène, *A chaque enfant qui naît, Toi et moi...*, et orchestré, seul ou avec ses musiciens, des chansons exclusivement enregistrées en public : *Y'a pas de lapin dans mon chapeau, Viens nous aider (Apocalypse now), Adieu l'idiot, La Fille de Nathalie...*

A l'Olympia, cette dernière fait mouche. Tout près de moi, j'ai vu des yeux mouillés. Dix ans plus tard, oubliant cet accueil, Bécaud confiera :

« La fille de Nathalie n'a pas marché, elle était pourtant belle. Je pourrais la reprendre, mais il est difficile de faire deux fois la même chose. »(4)

Dimanche 7 novembre après-midi, j'assiste à la dernière de ce vingtième Olympia. Comme toujours, l'artiste, sur scène, est chez lui. Il ne travaille pas, il vit. Le public, conquis, applaudit très longtemps. La série des rappels a commencé. Pour refléter exactement l'ambiance du récital, il faut citer *Désirée*. La construction musicale s'approche un peu trop d'un ancien titre de Barry Rian (*Eloïse*). Qu'importe, *Désirée* est bien perçue. A tel point qu'une version « remixée » sort pour les discothèques. Sur la scène de l'Olympia, les titres s'enchaînent, au rythme infernal de la course du Bécaud à travers chants : *Je t'appartiens* s'offre un troisième et superbe rajeunissement avec une orchestration collective et novatrice de Bécaud et de ses musiciens, sous la direction de Dorsay ; un arrangement coup de poing qui vous tombe dessus, sans crier gare, admirablement reçu à en juger par les bravos.

Après d'interminables rappels, notre homme demande au public de rester assis : *« Du premier rang d'orchestre au dernier rang du balcon, vous aurez tous du champagne ! »*

Surprise : autour de Gilbert, musiciens, ouvreuses sillonnent la salle avec des magnums, offrant un verre à chacun des mille deux cents spectateurs. Il faut attendre le lendemain pour apprendre par la une de *France-Soir* que Bécaud fête, outre la dernière de son spectacle, la décoration qu'il vient de recevoir : une médaille de commandeur de l'Ordre des Arts et des Lettres, remise avant son entrée en scène, en présence de son épouse, de deux de ses cinq enfants et de Jack Lang, ministre de la Culture.

Après la fête, on éteint les lampions et on met la clé sous la porte. Retraite ? Gilbert va bientôt la chanter et en parle très sérieusement... Il le dit, le jure, mettant une ribambelle de bémols à sa carrière... mais, bon sang ne saurait mentir ! Gaya (trente et un ans), qui se définit volontiers comme un « généraliste en communication », connaît bien son père :

« La race des Bécaud est tout à fait particulière. Un Bécaud rêve plus que la normale, dort moins que la normale. Beaucoup plus gai et beaucoup plus triste aussi. Bref une sorte d'extraterrestre qui serait né sur la Terre. Je suis fier de faire partie de ces spécimens peu nombreux des petits du Bécaud. »(5)

Le mutant s'envole pour New York, auréolé pour la troisième fois d'un « Award » pour *Let it be me* et pas peu fier de *Et maintenant*, jouée dans le film encensé d'Ettore Scola, *Le Bal*.

Le projet de comédie musicale sur *Cousin cousine* est tombé dans l'Atlantique. En 1995, Gilbert m'en reparlera, glissant sur la moquette de sa péniche, nonchalamment appuyé contre son divan de cuir noir, enchaînant cigarette sur cigarette :

« *Les Américains m'ont demandé de faire une comédie musicale avec* Cousin cousine, *de Jean-Charles Tachella. Je m'étais fait projeter le film, mais je n'avais rien trouvé à "bouffer" là-dedans qui soit vraiment intéressant. On appelle ça : la "viande"... Il n'y avait pas assez de "viande" pour faire une comédie musicale. De plus, Tachella, ayant promis la pièce à des acteurs "off Broadway", était assez embêté. J'ai donc cherché un autre sujet. J'avais les producteurs, l'argent, il nous manquait une belle histoire ! Je suis tombé sur* Madame Roza, *j'ai vu le film. On n'a pas eu tellement de temps entre la fin de l'écriture et la production. Tout est allé très vite, puisqu'on avait eu les producteurs avant la pièce !* »

En 1995, Gilbert n'évoquera pas les péripéties de cette aventure. Il ne dira pas qu'il a persuadé les Américains d'acheter les droits du roman de Romain Gary, alias Emile Ajar. Malheureusement, les problèmes affluent : Gary meurt avant d'avoir résolu le problème de cette cession et la polka des avocats va aller bon train. Quand on l'oriente sur le projet, dans ces années-là, Bécaud est inépuisable.

L'investissement atteint six millions de dollars (environ quarante-huit millions de francs) pour cette *Vie devant soi* devenue *Madame Roza.* Devant une telle somme, un véritable enjeu économique, la réflexion des investisseurs s'impose et elle n'en finit pas : un flop peut faire perdre cinq millions de dollars en un jour !

« *Madame Roza,* qui devait débuter à Broadway en septembre 1983, ne sera finalement créée qu'au début du printemps 1984. Et à Londres, au Lancaster Théâtre. »

C'est du moins ce qu'annoncent les médias, tout en prédisant son arrivée à New York un an plus tard.

« *Trajet normal. C'est le sort de tous les spectacles de Broadway. On les rode ailleurs auparavant. L'important était de mettre le doigt dans l'engrenage. Ça y est !* »(6)

Pas tout à fait, mais qui peut le savoir ? La création de *Madame Roza*, l'histoire de cette ancienne prostituée, reconvertie dans l'adoption temporaire, n'est pas encore pour demain. Apparemment, tout semble me contredire, en ce mois d'octobre 1983, lorsque Robert Mallat (*Le Point*) annonce :

« Le voilà pourtant arrivé presque au bout de sa tâche. Et trois ans finalement, ce n'était pas trop pour que Bécaud et l'adaptateur de *La Vie devant soi*, Julian More (*Irma la douce* et *Carmen* en anglais, c'est lui !), parviennent à conjuguer leurs notes et leurs mots. »

« Tout était nouveau pour moi, je devais écrire une musique qui reste fidèle à l'esprit du livre. Du coup, je me suis penché sur le folklore juif et arabe. J'ai hanté pendant des semaines la Goutte-d'Or, chère à Momo. Bécaud, là-bas, on connaît. »

L'Olympia terminé, Gilbert se replonge une fois de plus dans la bataille américaine avec son entêtement sans demi-mesure. Volontairement, il détourne le rituel juif méditerranéen (sépharade) vers le yiddish (rituel ashkénaze). Il sait que c'est le seul moyen de se faire comprendre du public américain. Tout semble prêt pour que l'enfant voit le jour : *Life is ahead of me, Moon like a silver window, Lola's ceremony, Is me...*

La couleur de certaines phrases de *Roza*, mêlant mélodie arabe et accordéon, et le climat musical d'une grande partie du film avec Diamond, *The jazz singer*, entraîneront dans quelques mois l'écriture d'une chanson : *Mustapha Dupont...*

Pour *Roza*, Gilbert espère toujours Broadway, la Mecque de la comédie musicale. Ce kilomètre carré de néons, de théâtres, de restaurants ouverts à toute heure l'excite et l'obsède.

« Bécaud a un défaut, me souffle Dinnat : il s'engage précipitamment et après il regrette, mais ne peut plus reculer. Il a tellement envie de réaliser son projet qu'il l'annonce un peu vite, en affirmant : "Je le fais". Il se lance à fond, et pour arriver à ses fins, il dépensera une fortune. Il rencontrera parfois des contretemps, des empêchements... »

Ces années quatre-vingt sont celles d'une obstination exemplaire et d'une pugnacité non dissimulée. Les calculs de la raison, très peu pour lui... Bécaud fonce, bouscule. Tous les éléments bouillonnent dans l'esprit du compositeur qui imagine même Bette Midler dans une version filmée de sa « yiddish mama » et des personnages de sa comédie musicale : Momo, Madame Lola, transsexuel en cours d'opération et travesti...

En France, un autre passionné, Claude Lelouch, raconte *Edith et Marcel*. La chanson de Bécaud et Pills, *Je t'ai dans la peau*, est de la fête...

Pendant ce temps, la tournée qui suit l'Olympia s'achève le 14 décembre, à Montargis. Une année presque comme les précédentes...

Vingt-quatre heures sur vingt-quatre, les musiciens voyagent avec Bécaud. Dorsay n'est pas prêt d'oublier les Fernet-Branca du matin à Orly, pour tenir le coup :

« Ah, les nuits à l'étranger. On se retrouvait tous vers deux heures du matin dans une chambre à faire les fous et à rigoler. Nous étions souvent une quinzaine de personnes entre les musiciens, les techniciens et Gilbert.

Dans ces années-là, lors d'une tournée au Mexique, nous avions couché à Guanajuato. Une nuit invraisemblable. Les portes s'ouvraient, les tiroirs sortaient, on se serait cru dans le film *L'Exorciste* ! Cette tournée au Mexique, nous ne l'oublierons pas. »

Ici, Bécaud enfonce la touche « pause ». Après l'Olympia, les Etats-Unis et une série de récitals en France (au revoir ou adieu ?), il passe Noël avec ses enfants à la montagne, dans le chalet familial, à Crans, rechargeant ses batteries pour repartir, plus agité et exaspéré que jamais, vers cette arlésienne de *Madame Roza*, rebaptisant presque sa chanson *Rosy and John* : *Roza and Gilbert* !

Dans la propriété du Poitou, entre écorchures et autre « gnons » divers dus à l'élagage des arbres ou à la coupe du bois pour l'immense cheminée du salon, la scène le démange... Piano et compositeur se retrouvent alors avec le même plaisir, enfantant les premières notes des prochaines chansons, des thèmes souvent sociaux mais pas politiques...

« Au retour de mes voyages, j'aime mieux le chant des oiseaux que les marteaux-piqueurs pour me réveiller. Et puis, c'est une façon de vivre que j'adore. Je ne suis pas un intellectuel. Quand je ne compose pas, je préfère faire de la maçonnerie qu'écrire mes mémoires... »(7)

1984

Merci Air France...

*ON ATTEND, ON ATTEND - LA RELEVE - LES AMES EN ALLEES
L'ARCHANGE DU GOLF DROUOT - LOVE SUPERSONIQUE
AU BOUT DE LA ROUTE - LA RETRAITE - LA CHANSON DES POMPOMS
LITTLE RED BOY - MUSTAPHA DUPONT*

Mustapha Dupont
Il est né entre Constantine et Joinville-le-Pont...

Plusieurs fois, Bécaud a évoqué le racisme. Dans les années quatre-vingt, ce phénomène de société fait toujours l'actualité et la chanson *Mustapha Dupont* est significative. Malgré les bonnes volontés des gouvernements successifs, l'évolution joue à l'escargot. Points chauds : les banlieues des grandes villes, heurts, violence. Sujet toujours sensible, la guerre d'Algérie ravive les passions, écorche à vif ceux qui ont vécu le drame et réveille la nostalgie. Communauté des rapatriés... Intégration des harkis... Intégration ! Le mot revient dans les discours comme un contrepoint à celui d'immigration, loin des polémiques et des statistiques.

Dans quelques années, que répondra Fatiah Hafid, fille de harki, née en France, lorsque son fils lui demandera :

« Maman, on est français ou on est arabes ? »

L'intégration est une longue route. La vérité doit se trouver au bout du chemin pour la troisième génération, mais la future loi du 22 juillet 1993 réformant le code de la nationalité — la fin du « droit du sol » automatique — apportera-t-elle une réponse à la question du fils de Fatiah ? Aux abords de l'an 2000, atteignant les seize-vingt et un ans imposés, pourra-t-il manifester sa volonté de devenir français ?

Instigatrice de plusieurs ouvrages en Algérie traitant d'une littérature encore ignorée en France, Christiane Chaulet-Achour ne connaît pas la chanson *Mustapha Dupont*. Il faudra attendre 1993 et mon intervention pour qu'entre deux cours et dans une ambiance citadine pesante, ce professeur à l'institut des langues étrangères de l'université d'Alger réussisse à me faire parvenir ces propos :

« On ne demande pas à la chanson la densité et la complexité d'un poème même si, par certains aspects, ils adoptent les mêmes "techniques".

Destinée à un large public, elle a une existence sociale spectaculaire, surtout lorsqu'elle est portée par une personnalité artistique aussi médiatisée et consacrée que Gilbert Bécaud. *Mustapha Dupont* me semble vouloir contribuer à l'acceptation de l'intégration des "Français" d'origine étrangère. Il n'y a pas acceptation des différences, mais simplement d'un certain patchwork apprivoisé, "francisé". L'intégration des différences. Les moyens que prend la chanson pour transmettre ce "message" sont simples et efficaces.

D'abord, le fond musical type "oriental", puis la conjugaison de prénoms arabes (que le chanteur tente de prononcer "à l'arabe", signe de respect) et de patronymes français : les uns et les autres bien stéréotypés.

C'est ça les couleurs de l'équipe de France
Entre bleu d'outremer et Provence
Tu prends un lillois un peu marseillais,
Un rital un peu polonais...

L'argumentation continue sur les thèmes de base développés pour plaider pour l'intégration : les pères morts pour la France en 1944, la formation sur les bancs de la communale. Une petite audace : ces Français " colorés " peuvent faire partie de la diplomatie française... Audace bien circonscrite par le refrain qui semble substituer au tricolore le polychrome et transforme la nation en équipe sportive du *bleu d'outremer et de Provence au rouge, orangé, jaune, vert, bleu...* ; mais qui revient à ce tricolore par l'affirmation finale du chanteur qui s'implique dans le choix d'appartenance en jouant sans trancher vraiment sur droit du sol, droit du sang. »

Mustapha Dupont, peu diffusée, demeure inconnue du grand public et mal-aimée du Guide 1995 du compact-disc... Une évidence renforcée par les propos de Delanoë, en 1994 :

« Bécaud et moi avons loupé complètement notre coup [...] On ne peut pas trouver mieux pour illustrer ce qui se passe actuellement. Nous avons eu le Prix de la Licra... un point c'est tout. »(1)

Et pourtant, cette actualité sociale perdurera au-delà des années quatre-vingt, dans la rue et dans les écoles. On pourra même imaginer, en 1993, les propos choquants d'un professeur de français prenant à partie deux élèves de quinze ans, une jeune fille blonde au teint clair et une autre plus typée :

« Quand il y aura un choix à faire, sur le marché du travail, qui croyez-vous qui sera prise ? »

Problèmes ethniques, le sujet ne s'estompera pas et l'Afrique du Sud, malgré des efforts évidents et quelques prix Nobel, en témoignera, notamment par les cinquante-cinq morts qui ensanglanteront les trois premiers jours de 1994.

Dix ans avant ce triste palmarès de violence, le 2 janvier 1984, Bécaud pense-t-il à *Mustapha Dupont* ? Il doit s'envoler pour New York rejoindre *Momo, Madame Roza...* L'année de la création pour sa comédie musicale ? Gilbert l'espère et parle de partager l'affiche, dans la ville américaine, puis à Londres, avec Angela Lansbury.

Navette permanente entre les deux métropoles. Fatigué, lui ? Jamais ! Et lorsque Chantal Gibert lui rappelle pour *Sud-Ouest* que, sur les quatre grands de la chanson française, Brel, Brassens, Aznavour et lui-même, deux ont disparu, il répond, sans forfanterie : *« S'il n'en reste qu'un, je serai celui-là... »* suivi d'un grand éclat de rire.

En attendant *Roza*, Bécaud présente *La Relève* à la télévision. Les musiciens, toujours habillés de noir, sont alignés de part et d'autre du chanteur... Des souvenirs pour Eric Jutard :

« A Los Angeles, nous avons "loué" une colombe. Le soir de la première, je passe l'oiseau plutôt fatigué à Gilbert. Il chante son morceau, les mains tenant la colombe derrière le dos, puis à la fin, la libère et la lance vers le public. Allez savoir pourquoi, ce jour-là, le pauvre animal tombe, mort, dans les premiers rangs. Imaginez le malaise et nous, à quatre pattes, au bas de la scène, pour la récupérer... ! »

La Relève, c'est aussi un excellent montage vidéo, réalisé par Gaya, bien utilisé pendant la promotion, sans oublier *La Retraite* (à écouter les soirs de déréliction), *Love supersonique*, et *Les âmes en allées*, peu diffusées.

Une originalité : la chanson *Little red boy*, issue d'un poème d'Amade, publié en 1984 chez Seghers, dans le livre *Moi, je passais.*

Le jour où la pluie viendra se retrouve sous les feux des projecteurs, pour le film de Martin Scorcese, *The color of money*, avec Paul Newman, et la chanson de Bécaud est utilisée en fond sonore, sur un arrangement de Gil Evans...

En France, où l'on vit à l'heure de la privatisation, la télévision accueille une nouvelle chaîne, Canal Plus. Dès la première heure de diffusion, Depardieu et moi sommes de la fête. Lui, devant la caméra, moi, devant le petit écran. Voilà le « top 50 » et le monde de la chanson se réduit aux seuls cinquante premiers de la classe. La « break dance » atteignant la vieille Europe, je traverse le printemps avec ces nouveaux rythmes, aux commandes de l'Office méditerranéen du spectacle, avec un groupe issu de l'émission *Hip Hop*. Je rencontre Michel Denisot et son *Radio Circus*,

Jean-Pierre Foucault, Michel Leeb, etc. Les balades avec Léon Zitrone entre aéroports et présentations de festivals fantastiques me laissent quelques souvenirs savoureux. Arrivés sur le lieu des animations, c'est incroyable : un chef d'Etat ne serait pas mieux reçu. Il faut avouer que Zitrone est un personnage. Il le sait et en abuse parfois.

Malgré quelques complications, Bécaud persiste. Angela Lansbury, pressentie l'an dernier pour le rôle de *Roza*, réserve toujours sa réponse. L'agenda de l'actrice anglaise est plutôt rempli, surchargé par une nouvelle série télévisée en vogue aux Etats-Unis depuis le 30 septembre, avec plus de deux cents épisodes de *Munder She Wrote* à tourner, futurs records d'audience dans le monde entier. Il suffit de visionner un de ces téléfilms, *Le Don de double vue*, pour apprécier les multiples facettes de la Lansbury et l'imaginer tout à fait dans la peau de *Roza*. Le succès télévisé de *Munder She Wrote* atteindra la France, quelques années plus tard, avec la programmation sur la 5 d'*Arabesque*. Alors, une nouvelle fois, la question se pose : quand sonnera l'heure de *Madame Roza* ?

1985

Gare de Lyon, le jour se lève...

ENCORE UNE FOIS
LES ROIS DU MONDE

Entracte dans sa comédie musicale. Bécaud s'offre l'Olympia, en janvier, avec la complicité magique de Gérard Majax. Fernand Baudou, Jean-Pierre Dorsay sont aux synthétiseurs, Jean-Claude Lassère et Gaya à la sonorisation.

L'artiste en répétition, vu par Dorsay :

« Gilbert plante le décor de la chanson. Il délègue ses pouvoirs à son chef d'orchestre, moi en l'occurrence, pour toute la partie technique. J'écris les arrangements et je dirige les musiciens. Je me trouve souvent devant un travail considérable ; dans ce cas, Daniel Carlet et Léonard Raponi me secondent. Ce sont tous les deux d'excellents arrangeurs. On répète la chanson jusqu'à ce qu'elle soit vraiment parfaite, en modifiant parfois l'orchestration, puis Gilbert l'essaye sur le public ou en studio. La "routine", ça n'existe pas ! Chez Gilbert, c'est un mot qui n'a pas sa place. La mécanique, il la laisse aux autres. En répétition, me confie Dorsay, ses rapports avec les musiciens sont chaleureux, il nous offre un petit coup de scotch, nous fait livrer des sandwiches, toujours très aimable, détendu. Par contre, sur scène, il est tout à fait différent, il est Bécaud star, et là, tout redevient extrêmement sérieux, on n'a pas le temps de rigoler ou de faire des blagues. »

« Bien sûr, ajoute Dinnat, des éclats de voix, j'en ai entendu. Parfois, il n'est pas content du spectacle, d'un technicien qui fait une bêtise ou d'un musicien qui se distingue. Ce sont des choses qui arrivent, mais en général, c'est toujours très correct. Sur scène, il accepte les surprises, mais à condition que ce soit bien fait. Par exemple, un jour, à l'Olympia, à la fin de son tour, les musiciens ont attaqué *Joyeux anniversaire* et j'ai fait descendre des plafonds une gerbe immense, pendant que Mamico rentrait sur scène et que, traversant la salle, les placeurs de l'Olympia portaient à six un gâteau géant à partager avec les spectateurs. Avec sa maman, je ne l'ai jamais vu en colère, il sortait de scène, en lui demandant toujours :

" Ça va, maman, ca va ?..."

Les mauvais soirs, poursuit Dinnat, c'est moi qui prenais tout et ça bardait ! Dans le fond, ses colères contre nous étaient normales : c'était pour le public, pour qu'on soit mieux le lendemain. »

« Effectivement, me confie Raponi, Gilbert n'aime pas trop les gros gags, sur scène, sauf si c'est lui qui les provoque. Parfois, il vient nous chercher... Le spectateur ne remarque rien, cela reste entre nous. Des petits coups d'œil, malins, des gestes furtifs. »

Il faut comprendre l'artiste dans sa perception de la scène ; ce n'est pas un combat gagné d'avance, plutôt un acte sensuel vers le grand noir, avec ce public qu'on ne voit pas mais qui palpite à l'unisson dans une communion amoureuse.

« L'intéressant, c'est d'arriver à tendre le cordon tellement fort, c'est un combat dans la tête. Purement électrique, mental, comme pour dire au gars du balcon : "Tu ne vas rien dire, qui que tu sois. Tu vas me donner le silence total, et moi, je vais tirer au mmmaximum... jusqu'à l'accident" »(1)

Avec *Encore une fois*, Didier Barbelivien tente une incursion dans l'entourage du chanteur. Bécaud la présente à *Nulle part ailleurs*, sur Canal Plus (texte sous les yeux). Changeant ses habitudes, il a mis la chanson en boîte à Abbey Road, un studio londonien bien connu des inconditionnels des Beatles.

Dans la foulée, Lemesle retrouve Delanoë pour *Les rois du monde*, avec la participation du duo Les Etoiles. Pratiquement ignoré, ce titre constitue un premier pas vers un thème qu'il développera plus tard dans *Star qui rit, star qui pleure*.

Mais en réalité, seule compte *Roza*. Le scénario de cette aventure sans fin doit en principe mener Bécaud à un dénouement imminent, comme l'achèvement d'un cycle. Reste évidemment le plus difficile : la création.

1986

« Je suis là, Madame Rosa, je suis là... »

Création mondiale de MADAME ROZA
(BOUILLABAISSE PEOPLE - HAPPINESS - MAX'S VISIT
DIFF'RENT IS ME - N' DA'S LETTER
GET THE LADY DRESSED HAMIL'S BIRTHDAY
BRAVO BRAVO - MOON LIKE A SILVER WINDOW
MERCI - HOUSE IN ALGIERS
N' DA'S SALESPITCH - ROZA'S YIDDISH HIGH - YUSSEF'S VISIT
LIFE IS AHEAD OF ME - LOLA'S CEREMONY
DON'T MAKE ME LAUGH - LIVE A LITTLE - FINALE)

Plus que jamais, la comédie musicale est à l'ordre du jour... Ce sont les Américains qui en auront la primeur. Il le dit, il le clame, confiant. On attend une date... Pendant le montage final, Bécaud apparaît sur TF1, dans *Le jeu de la vérité*. Présentée par Patrick Sabatier, l'émission comporte les risques du direct. Déstabilisée durant son passage télévisé, Chantal Goya, invitée précédente, mettra de longs mois à effacer la désastreuse image de sa prestation. A son tour, le chanteur est sur la sellette. Il sait l'exercice périlleux. En début de soirée, Bécaud jure de répondre sincèrement à toutes les questions. Avec professionnalisme, il va faire face aux sempiternelles interrogations bon enfant, parfois maladroites : âge, whisky, cigarettes, Piaf... les grands thèmes habituels. Des années après, durant mes entretiens, plus d'un professionnel reviendra sur cette émission-malaise.

Partager la compagnie de vingt-trois millions d'individus, toute une soirée, ça n'arrive pas tous les jours. Soulignant la participation importante du public à des chansons comme *Chante, Le poète, La rose*, un téléspectateur le qualifie de cabotin : Bécaud s'économiserait-il ?

« Le cabotin, tel que l'a précisé Aznavour dans une chanson, fait partie de ce que nous sommes. [...] Quand le public reprend avec moi les refrains et que je chante de moins en moins, comme vous dites, c'est parce qu'il a besoin de s'exprimer aussi. Alors, que ce soit en Allemagne, au Chili, à Stockholm, il y a une communication, c'est une petite messe, une sorte de communion. [...] Lorsque j'interprétais C'était mon copain, *les gens n'arrêtaient pas de me dire : "C'est du mélo". Oui, monsieur, c'est du mélo.*

Oui, parce que mélo n'est pas péjoratif. Et cabotin pour moi, si vous le permettez, cela n'est pas péjoratif, c'est pour vous servir, monsieur ! »

Madame Roza occupant toute son énergie, le passage de Georgia Brown dans l'émission est son moment privilégié, le plus important et le plus fragile à la fois, le point d'orgue dans cette soirée télévisée. Les questions fusent, Bécaud répond, mais il paraît ailleurs :

« Il m'est arrivé, avec Roza, *de faire l'aller-retour dans la même journée : partir le matin en Concorde, arriver à New York, travailler là-bas et revenir en France avec le même avion. [...]* Madame Roza *est une pièce écrite en anglais, produite par des Américains et tout un monde extraordinaire. [...] Je voulais vous donner une exclusivité à vous, ici : c'est une œuvre française écrite par un compositeur français et qui se passe à Paris... »*

On sent l'homme sous pression et on aimerait en savoir plus lorsqu'il lance :

« Pourquoi les Etats-Unis m'ont-ils choisi ? [...] Je ne sais pas... mais j'aurais préféré que ce soit mon pays ! J'espère qu'un jour, Roza *reviendra en France, et en français... »*

Commentaire de Georges Prêtre, grand connaisseur du milieu classique américain et européen :

« Il n'y a aucune raison pour que la comédie musicale ne se joue pas ici. Problème de présentation dans notre pays ? Ce n'est pas la France : c'est Paris et un millier de personnes à la grosse tête. Ces gens-là font quelquefois la loi et n'y connaissent rien. Ils voient les journalistes, ils parlent, ils parlent trop. Gilbert et moi, on ferait une tournée aux quatre coins du pays, ce serait le succès ! »

Néanmoins, tout n'est pas rose aux Etats-Unis, on l'a bien vu dans ces années de persévérance et de difficile combat avec les Américains.

Retour en arrière : à Los Angeles, comme un débutant, Brel auditionne devant l'auteur et le librettiste de *L'Homme de la Mancha*. Quelques mois plus tard, après les représentations à Bruxelles et à Paris, il marque une grande lassitude devant les exigences américaines et certaines demandes des syndicats d'acteurs. Il ne reprend pas son rôle outre-Atlantique... La route de *L'Homme de la Mancha* est semée d'embûches.

Comme Brel, et peut-être même davantage, Bécaud va au bout de ses envies et de ses folies. L'obstination trouve sa récompense, mais l'inquiétude est au bout du chemin : la ville de Baltimore annonce la création de *Roza* en décembre... Il y fait constamment référence et ne songe qu'à cela, malgré ses galas en France et ailleurs. Toutes ses pensées l'entraînant vers sa comédie musicale, une question se pose alors, à propos de l'émission de télévision : ce *Jeu de la vérité* était-il indispensable ?

« Autant, me confiera Jean-Michel Boris, c'est un type génial sur une scène, autant lorsqu'il est interrogé par un journaliste, c'est une catastrophe. Il devient vite agressif. Je n'ai jamais pu le lui dire, c'est difficile. Chaque fois que je vois ça, je me dis : "Bon sang !..." »

Evoquant certains épisodes de cette émission, en particulier celui de Sigrist — développé plus loin —, le directeur de l'Olympia se livrera avec une franchise singulière :

« Il s'est fait du mal, les gens ont trouvé ça scandaleux. Et pourtant, lorsque j'ai eu mon infarctus, il a été adorable avec moi. Bien sûr, ce n'est pas une compensation... En fait, à la télévision, il perd parfois ses moyens. A mon avis, ce garçon doit être timide, d'une certaine manière. Il devient maladroit. »

Neil Diamond se distingue aux Etats-Unis, au Madison Square Garden, la plus grande salle de New York. Cent vingt mille spectateurs assurent la pérennité du succès de l'Américain, battant ainsi les précédents records d'affluence, Elton John en 1976 et Billy Joël en 1984. Du 24 au 31 juillet, durant les huit « shows » dans la métropole américaine, *September morn* triomphe.

Gigantesque espace de spectacle à New York avec Diamond et dimensions plus humaines à Sète pour Bécaud aux premiers jours de l'été... Juin se termine et, avec lui, la troisième édition des Journées internationales Georges-Brassens affiche sa soirée de clôture. Un samedi insolite dans le théâtre de la ville : un écran géant a été tendu devant la scène : la France est qualifiée pour les demi-finales de la Coupe du monde, face au Brésil. Michel Platini manque son tir, mais Luis Fernandez arrive et brise d'un seul coup les espoirs brésiliens...

Après la retransmission du match, remise des prix des journées Brassens, sur scène, en présence de Jean-Pierre Foucault, sorti directement de son émission télé du moment, *L'académie des neuf*, et du président Delanoë entouré des membres du jury, Claude Lelouch, Sabine Azéma, Juliette Gréco... Pour la chanson, le lauréat 1986 s'appelle Karim Kacel.

Little red boy avec un sax haut-perché, *De quoi demain sera-t-il fait, Les Ames en allées, Desperado...* Après le bain de foule habituel, Bécaud passe le micro à Nana Mouskouri, spectatrice du premier rang, le temps d'un refrain dans *L'Important c'est la rose.*

La presse régionale, dithyrambique, salue le succès de la soirée sur cette terre d'Oc :

« Pour un triomphe, souligne le quotidien *Midi Libre*, ce fut un triomphe. Rarement, ce mot prend tout son sens, mais le spectacle, proposé samedi soir par l'association "Les Copains d'abord", fut une petite merveille qui a valu des applaudissements nourris pendant quatre heures et demie. Avec le regard fier, arrogant même, du vainqueur, Gilbert Bécaud est entré sur la scène, un ballon de football sous le bras que d'un coup de pied magistral il envoya dans la salle. »

Reculant son spectacle de près de trois heures, le chanteur salue ainsi la victoire des Français. En coulisses, Bécaud retrouve Dinnat, son ancien régisseur ; et lorsque la vedette de la soirée souhaite un ballon de foot, le désir est vite exaucé. Quelques secondes suffisent à l'efficace Dinnat et le tour est joué. Dès l'entrée en scène de Gilbert, le ballon part dans la foule. L'artiste, piaffant et visiblement heureux, ne ménage aucun effet. Que ce soit au piano, debout, assis, sur la scène ou se baladant au milieu des spectateurs, le chanteur-comédien bourré de talent explose, à l'image de ses prédécesseurs sportifs d'un soir, « Bats and Co ».

Retrouvailles avec Lelouch, treize ans après leur complicité cinématographique :

« Bécaud a accompagné ma vie, me confiera le réalisateur, et je vais le voir souvent dans ses récitals, à l'Olympia. Piaf, Brel, Bécaud, Aznavour, c'est tout mon univers. Gilbert évoque l'énergie et quand il chante, on a le sentiment qu'il le fait toujours pour la première fois, avec un enthousiasme qui se dégage de lui en permanence. Je crois qu'il est de plus en plus "Monsieur 100 000 volts". Sur le plan artistique, Bécaud nous a tous influencés, c'est sûr. »

Coluche, disparu quelques jours avant, se retrouve, ce soir-là, dans le texte des *Ames en allées*. L'humoriste humaniste des « Restaurants du cœur » n'a jamais tourné devant les caméras de Lelouch et l'opportunité ne se présentera plus. Le vent dans les sables du désert et une route au sud de la France peuvent être aussi meurtriers. Film d'une fin, à quelques mois d'écart, Daniel Balavoine et Michel Colucci ont rejoint le Panthéon des saltimbanques.

Il est toujours difficile, en France, de mener deux carrières de front, certains s'y sont essayés avec succès, alternant celle de chanteur et celle de comédien. Gilbert a toujours favorisé la première. Il le confirmera en composant bientôt *Chanter c'est ma liberté*.

Retour en force de *Et maintenant* dans « Le disque des records » produit par Paul Lederman. Une des plus fortes ventes de la décennie... Le trente-trois tours provoque une tension nouvelle entre les « majors ». *Show Magazine*, le journal professionnel de l'industrie musicale titre : « La guerre des super-compils est déclarée » et ce phénomène va aller crescendo...

Alors que la variété française roule à la vitesse du « top 50 », les années Mitterrand s'offrent une variante — cohabitation oblige —, avec un nouveau Premier ministre. Plus tard, avant les présidentielles de 1995, Jacques Chirac témoignera :

> « J'ai bien sûr beaucoup de plaisir à évoquer la puissante et très attachante personnalité de Gilbert Bécaud qui est plus qu'un ami, que je respecte et que j'admire. J'éprouve tout naturellement aussi beaucoup de nostalgie.
>
> Avec Gilbert Bécaud, c'est quarante ans de chansons qui me reviennent en mémoire, et beaucoup de souvenirs. Toute une atmosphère.
>
> *Mes mains, Je t'appartiens, La Ballade des baladins* ont bercé mon adolescence. *Quand tu danses* accompagna mes vingt ans, dans un rythme nouveau pour l'époque. *Nathalie*, brisant un tabou, chantait les charmes d'une Russie amie, curieuse d'Occident. *T'es venu de loin*, où un enfant dialogue avec Jésus, est certainement l'une des chansons les plus fortes et les plus émouvantes. *Tu le regretteras*, qui évoque la figure du général de Gaulle, m'a aussi profondément marqué. Et tant d'autres : *Les Marchés de Provence, Et maintenant, L'Orange, Quand il est mort le poète, L'important c'est la rose, Le Petit Oiseau, La Solitude*... chansons chocs ou tendres qui toutes furent d'immenses succès. »

A la Culture, Jack Lang cède sa place à François Léotard. Loin des bouleversements politiques et des sondages, Bécaud poursuit sa route.

A quoi peut-il penser, le 18 août, avant son entrée sur la scène prestigieuse du Sporting-Club de Monte-Carlo ? A *Roza* ? C'est probable. Michel Drucker présente cette soirée au profit de la Société protectrice des animaux en présence du Prince Rainier et de Stéphanie. Ce public, souvent blasé, est réputé difficile. Bécaud ne l'ignore pas. Cette bataille, il peut la gagner, il doit la gagner. A vingt-trois heures, l'orchestre attaque *On attend*. Minuit est largement dépassé : à la fin de son concert, Bécaud repart vainqueur et pas peu fier de la performance, sous une pluie de roses lancées par les convives de la soirée. Durant les deux prochaines journées, toujours au Sporting, le charme va agir à nouveau, avec les mêmes ovations saluant *Nathalie*.

Malgré les départs de Jean-Pierre Dorsay et de Patrick Rousseau, les musiciens assurent.

« L'an dernier, au moment de l'Olympia, me confie Léonard Raponi, Dorsay, débordé, m'avait demandé de faire des arrangements avec Daniel Carlet, pour le soulager. Gilbert a vu que cela se passait bien, que je n'étais pas un “manchot”, que je ne savais pas que jouer de la basse. Petit à petit, j'ai pris un peu d'importance. Il y a eu des changements au sein de l'orchestre. Au départ de Jean-Pierre, il a fallu déléguer les responsabilités. Et ce qui aurait très bien pu arriver à Carlet m'est tombé dessus. Je me suis occupé de la direction musicale et des arrangements scéniques. Daniel est un gars super, mais très occupé par son affaire musicale (studio de répétition, location de “backline”), il était moins disponible que moi, par rapport à Bécaud. »

Après l'été, l'aventure passe à la vitesse supérieure, avec les vols en partance pour les Etats-Unis et les répétitions de *Roza*, jusqu'au 17 décembre. Baltimore. Enfin ! La générale. Bécaud, Julian More, l'auteur du livret, Hal Prince, le metteur en scène qui s'était illustré avec *Le Violon sur le toit* et *Evita,* sont acclamés. Mais le triomphe est pour Georgia Brown. Interprète de Shakespeare et de Brecht, cette anglaise a vécu un temps à Paris. Et pour ceux qui ont vu *La Vie devant soi*, le film de Moshe Misrahi, elle fait presque oublier Simone Signoret.

« Roublarde, finaude, astucieuse, elle virevolte, incomparable sur la scène, de la cour au jardin, du comique au pathétique. Les critiques la surnomment Roza Brown. »(1)

Et pendant que la comédie musicale fait ses débuts à Baltimore, la vieille Europe retrouve *L'Enfant à l'étoile*. La Belgique, qui, depuis les débuts, a adopté l'homme à la cravate à pois, remonte la cantate pour les fêtes de Noël. Au fil des mois, l'Opéra Royal de Wallonie a mis sur pied une véritable chorale d'enfants fort remarquée sur la scène du Royal à l'occasion des représentations de *La Bohême*, de Puccini, du *Roi et moi* et d'*Othello*. Sous la direction d'Edouard Rasquin et dans une présentation d'Armand Battel, qui reprend ici le rôle de soliste de Bécaud, les enfants et les choristes stagiaires de l'Opéra Royal offrent une nouvelle jeunesse à *L'Enfant à l'étoile.*

Né à Paris en 1924, entré officiellement dans la grande famille de la Sacem le 19 janvier 1953, Vidalin succombe à une crise d'asthme et s'endort pour des nuits et des jours sans fin.

Celui qu'on appelait le voyou de la plage
Qui vivait tout l'été, jambes nues, cheveux fous
Qui ne payait jamais ni les gaufres ni les glaces
Qui te jetait de l'eau des algues et des cailloux...

Un parolier assez imprévisible, alliant avec bonheur le rire, le mouvement dans des « chansons de scène », comme, par exemple, *Les Petites Mad'maselles* ou *La Grosse Noce*.

Avec une émotion non dissimulée, Dinnat revient sur ces années :

« Vidalin ? Un homme simple, effacé, comme Amade. On pouvait discuter avec lui au comptoir d'un bar et boire une bière ensemble. Un gentil garçon. On n'aurait jamais pensé qu'il était un des principaux auteurs de Bécaud. Delanoë, un homme droit, fier... qui en impose un peu. C'est un homme qui rentrait dans la loge de Gilbert, venait l'embrasser et m'ignorait totalement parfois, alors que Maurice n'est jamais passé devant moi sans me saluer, sans me serrer la main. Louis me pinçait la joue, me demandait comment j'allais, en roulant ses "r". Vidalin, c'était le plus humble de l'équipe et le plus près de nous. Des gens formidables. Pierre, c'est autre chose. »

Quand on courait sur les chemins
Pavés de fête, mouillés de vin
L'ami
Nos chansons nous disaient
Que cela durerait la vie...

(AU REVOIR - BÉCAUD / VIDALIN)

1987

C'est le meilleur moment du voyage...

LE RETOUR - LA REVOLUTIONE - COMME RAMBO
MA CHANSON LILAS - MARIE-PIERRE
LA FILLE DE LA PUB - LES CARTES ONT CHANGE
MARIA EST DE RETOUR

Devant le succès à Baltimore, Hal Prince, qui avait longtemps douté, transporte *Roza* sur la scène du Mark Taper Forum à Los Angeles. Changement à vue : les happy few de LA succèdent aux prolétaires de Baltimore. Carton plein : même accueil, loin du bruit, de la fureur et des pressions du théâtre new-yorkais, le Mark Taper ne désemplit pas. Pour parvenir à Broadway, *Roza* a pris le chemin des écoliers.

Les cartes ont changé. Sous ce titre, une fois n'est pas coutume, Bécaud s'associe à Lemesle dans le texte d'une chanson :

« J'étais d'ailleurs assez surpris moi-même qu'il me demande de cosigner, me souligne l'auteur. Il lui arrive souvent de me donner des idées, comme ça et de ne pas signer. Là, il me l'a demandé, je suppose que cela lui faisait plaisir et j'ai accepté bien volontiers. »

Le thème est inédit, la musique intéressante, mais, malgré l'orchestration percutante de Dominique Perrier, on ne peut pas dire que *Les cartes ont changé* marquera. Prudence : il suffit d'une adaptation, d'un thème aux antipodes et d'un peu de chance pour qu'un titre rebondisse de façon imprévue.

Triomphe au Châtelet pour Barbara, reprise de la route enchantée par Trenet et nouveau tour médiatique pour Bécaud.

Dans le même temps, l'aventure américaine se poursuit et les vingt-huit chanteurs, les cinquante choristes, les vingt-cinq musiciens, la reconstitution du quartier de la Goutte-d'Or, bouche de métro comprise, ne l'arrêtent pas. Bécaud, brûlant de toutes les ardeurs, se donne à fond pour convaincre les producteurs de leur participation via Broadway. Le montage financier de sa comédie musicale, quatre millions de dollars, est impressionnant.

Gilbert espère Broadway, mais Broadway attend-elle *Roza* ? Les Américains se perdent dans les subtilités et se montrent de plus en plus exigeants. Malgré les succès à Baltimore et à Los Angeles, on doit refaçonner le livret, épluché jour après jour par l'état-major de *Roza*, ce qui entraîne un travail d'écriture considérable. Le perfectionnisme américain ne laisse rien au hasard.

« Si une pièce se ramasse aux Etats-Unis, c'est la faute du destin, pas celle des auteurs. »(1)

Des interprètes prestigieux sont réunis autour de Georgia Brown, mis en valeur par les orchestrations de Michael Gibson, avec Fernand Boudou aux synthétiseurs : Neal Ben-Ari, Yamil Borges, Manny Jacobs, etc.

Certes, le fantôme de Simone Signoret hante toujours les mémoires — l'actrice est venue à Hollywood recueillir l'oscar du meilleur film étranger décerné à *La Vie devant soi* —, mais la transformation opérée par Georgia Brown est époustouflante. Certes, le décor magnifique et étonnant, implanté sur la scène du Royal Theatre, comporte des escaliers branlants, des lits en pente raide, un poste de télévision qui débite les reportages du Tour de France (en français), mais ce sont les exigences d'un Broadway Show et Bécaud semble bien s'en accommoder.

1er octobre. Si la presse new-yorkaise l'attend au tournant, le public de la première l'ovationne :

« Bravo, monsieur Bécaud ! »

« Le compliment était français, l'accent ne l'était pas. Les applaudissements ont alors redoublé. La salle s'est levée. La troupe, elle aussi, a battu des mains. Georgia Brown, “Madame Roza”, a essuyé une larme furtive. Et là-bas, dans les coulisses, Gilbert Bécaud, tempes grises et teint bronzé, a poussé un soupir d'aise. A lui maintenant de se diriger vers la scène, d'un pas tremblant. Comme un débutant. Comme un néophyte. »(1)

Vingt-six ans après la première d'*Aran*, tapi dans un palace de Manhattan, le compositeur retrouve la même émotion, rare, étouffante. Est-il inquiet ? Passé un certain seuil de stress, Bécaud retrouve son calme. Il sait l'importance de cette soirée et les « previews », les avant-premières qui « marchent à fond le tiroir-caisse » depuis le 14 septembre, ne parviennent pas à le rassurer tout à fait. Robert Mallat (*Le Point*), développe cette sensation :

« Des places payantes achetées par des new-yorkais bon teint que le bouche-à-oreille avait attirés au Royal Theatre (dans la 53e Rue), conquis d'avance, séduits d'emblée. Mais, quand même, une première, à Broadway, c'est souvent casse-gueule. Les critiques sont là, sourcils froncés, crayon au poing. »

Le lendemain, à longueur de colonnes, c'est la mise à l'honneur — cinq ans de vie pour *Cats* —, ou la mise à mort, le rideau qui tombe en moins de huit jours — la fin pour *Rags*.

« Dans le premier cas, ça baigne. Les locations enflent. Tous les soirs, on refuse du monde. Dans le second, on n'a plus qu'à remballer le matériel, casser le décor et faire sa valise. Les néons s'éteignent. »

Le père, plutôt satisfait des premiers pas de son enfant, a baissé sa garde et se montre plus décontracté. La presse new-yorkaise ne le rate pas. Blessure d'amour propre, le choc est rude. Bécaud en a vu d'autres... Apparemment, les critiques ne l'atteignent pas :

« L'Amérique de New York est au courant de l'accueil que nous avait réservé l'Amérique de Baltimore ou celle de Los Angeles. Roza *continue. On n'arrête pas un spectacle qui marche... »*(1)

« Et puis, quoi, remarque Robert Mallat, cette *Roza*, une vieille prostituée juive, retraitée de bordels sordides d'Afrique du Nord, qui, dans son taudis à trois étages de Barbès, recueille enfants perdus et âmes naïves, on aurait pu aussi bien la rencontrer à Brooklyn, avec son opulente chevelure rousse... »(1)

Quant aux chansons (*Merci* par Momo et Moishe déguisés en clowns, *Bravo Bravo, House in Algiers* et les autres), il est impossible de deviner que c'est un français qui les a composées. Et que dire de *Don't make me laugh*, le duo Roza-Lola ? Ce sont toutes des graines de « tube ».

« Mais il y a les lawyers, les avocats. En Amérique, ils tiennent le haut du pavé. Ils ergotent, ils discutent. Jusqu'à la fin. Ils remettent même les contrats en question huit jours avant la générale. Il faut tenir bon. Pour la gloire ? Certainement pas ! Pour l'argent ? J'ai de quoi vivre ! Non, par orgueil !... Les auteurs des Misérables, *Boublil et Shoenberg, bénéficiaient de l'aura de leur producteur, Cameron MacIntosh. Moi, je suis un homme seul. J'ai refait mes classes. Si je dois patienter à nouveau sept ans pour ma prochaine comédie musicale, j'en aurai au moins soixante-sept. A mon âge, le temps passe vite. »*

Le temps, Bécaud l'emploie fort bien et le journaliste du *Point* le note une nouvelle fois.

Prémonition ? Coïncidence ? Sept ans plus tard, en 1994, à soixante-sept ans, Gilbert travaillera au montage de *Roza* à Paris !

Au lendemain de la générale de Broadway, il reprend le Concorde pour la France, via Issoudun où, le 13 octobre, il ouvre la saison du centre culturel Albert-Camus. Un récital à guichets fermés couvert par le quotidien *Le Berry Républicain*. Après les refrains repris en chœur par les spectateurs, les ovations de la cité indraise s'enchaînent à celles de Broadway.

Les musiques ne connaissant pas de frontière, *It must be him/Seul sur son étoile*, interprétée et enregistrée par Vikki Carr, s'affiche au générique de *Monnstruck*, un film de Norman Jewinson, avec Cher. Au même moment, le 14 octobre, Bécaud chante *Le Retour* (Claude Lemesle est passé par là...) dans *Sacrée soirée*. Sur le petit écran, la diffusion tient vraiment du matraquage. L'équipe chargée de promouvoir le nouveau titre assurant un travail formidable, la chanson tourne bien.

Les autres, *Comme Rambo* (Delanoë), *Ma chanson lilas* (Kunze, adaptation de Barbelivien), *Marie-Pierre* (Delanoë) — un sujet délicat (le viol), des mots difficiles à dire, des mots difficiles à chanter —, *Maria est de retour* (Kunze, adaptation de Lemesle), présentent des textes individuellement intéressants, les musiques aussi, mais leur juxtaposition me laisse sur ma faim.

En revanche, *La Fille de la pub*, construite sur le principe de *Désirée*, a tous les ingrédients pour sortir du rang et obtenir une bonne audience. Toutefois, ultime production avant la fin de contrat chez Pathé-Marconi, la chanson ne connaîtra pas le succès de son modèle, malgré un thème actuel, un texte accrocheur de Lemesle et une orchestration de Dominique Perrier.

La Revolutione, pour sympathique qu'elle soit, heurte un peu l'oreille par sa prononciation.

La télévision, elle aussi, est en constante « révolution ». Suite logique des privatisations, plus de statut public pour la première chaîne : le grand chambardement, avec le lancement de la 5 et de TV6, en attendant leur formulation définitive, « La Cinq » et « M6 ».

Gilbert vit à toute allure et auditionne les quatre troupes qui doivent sillonner l'Amérique avec *Roza*. Des contrats l'attendent en Europe, il paraît insaisissable.

« Souvent, me confie Catherine Renaut, je lui transmets des courriers, mais il me dit sans cesse :

"Ne m'écris pas, envoie-moi un fax.

Ce à quoi je rétorque :

— Quand tu me réponds, tu l'écris tout de même ton fax...

— Mais ce n'est pas pareil !"

Alors nous continuons à nous envoyer des fax ! Ça, c'est vraiment Bécaud, toujours pressé. »

A noter, au milieu des années Mitterrand, le retour de *Tu le regretteras* en scène, avec, en relief, bien présente désormais, la voix du général de Gaulle. Evoquant les habitudes de Gilbert, Amade fait quelques confidences :

« Il tutoie toujours tout le monde au bout de quelques minutes d'entretien. Le seul qu'il n'osa jamais tutoyer cependant fut le général de Gaulle qui lui portait une grande tendresse. J'étais présent à certains de leurs entretiens. »(2)

Quels sujets ont été abordés par les deux hommes réunis ? Seul, dans les années quatre-vingt-dix, Bécaud pourrait le dire, mais il ne le fera pas, se bornant à quelques généralités :

« Tu le regretteras *n'était pas une chanson politique ; cela ne m'intéresse pas. Qu'importe si les gens sont verts, rouges ou bleus ! Il faut s'occuper du monde et de son avenir.* »(3)

L'agence de Charley Marouani le sait, Bécaud a toujours refusé de se produire dans le cadre des fêtes politiques.

« *Je n'ai pas beaucoup voté dans ma vie, car je voyage souvent. [...] J'ai ma carte d'électeur, mais je suis comme de nombreux français, je ne sais vraiment pas où j'en suis. [...] Je n'aime pas les artistes qui donnent leur avis sur tout avec une assurance totale. Moi, je n'arrête pas de douter. N'attendez pas de réponse de moi !* »(3)

Avec le temps, les médias présentent Bécaud comme un « monument ». La mythologie de la cravate à pois, très peu pour lui ! Pourtant, quand la respectabilité vous rejoint, il est difficile d'y échapper.

Un premier prix décerné à ses débuts par l'Académie du Disque et remis par Vincent Auriol alors président de la République. Chevalier de la Légion d'honneur en 1974, promu officier de la Légion d'honneur en 1985 par François Mitterrand, président de la République. Décoration de commandeur de l'ordre des Arts et des Lettres en 1983 par Jack Lang.

Même intérêt chez François Léotard, ministre de la Culture dans les années de cohabitation, qui souligne également la forte personnalité de Bécaud :

> « Très attaché à la chanson française et donc à la personnalité de Gilbert Bécaud, qui en est un des très rares et précieux ambassadeurs, j'apprécie son talent et la poésie de ses chansons. Son répertoire transcende les générations et les modes : c'est le propre des artistes. »

Comment ne pas accepter les témoignages de « profonde admiration » de Claude Pompidou, tout en naviguant entre des « Grand Prix du Disque de l'Académie Charles-Cros », oscar de la Chanson française ? La Dagverdienstkreus, la distinction la plus élevée en Allemagne, la médaille d'or de la Sacem en 1982 pour l'ensemble de son œuvre et autres récompenses pour le « rayonnement de sa musique et sa contribution au rapprochement des peuples... »

A la lecture de ce panégyrique, on peut penser qu'on se trouve en présence d'un personnage inoxydable, dinosauresque, de quoi alimenter la rédaction du *Nouvel Observateur*.

« Je ne veux surtout pas être considéré comme un monument. Je n'aime ni les panthéons ni les musées. Je préfère me remettre en cause, me lancer un défi personnel et perpétuel. C'est cela qui me passionne. Il est bon d'être inquiet, de vivre sur le fil du rasoir imaginaire. C'est tellement mieux que de devenir bedonnant et rassis ! »(4)

A l'horizon de l'an 2000, la musique en France est une gigantesque pulsation de boîtes à rythmes, de batteries. Et Maurice Jarre, le compositeur à succès des films *Lawrence d'Arabie, Docteur Jivago, L'Année de tous les dangers*, souligne la dérive :

« Les gens ne savent plus écouter, ne savent plus ce qu'est le silence, [...] alors qu'on a des auteurs et compositeurs formidables, de Marguerite Monnot, Maurice Vidalin à Pierre Delanoë. [...] Et vous savez qu'aux Etats-Unis, on dit toujours : "Ah, les belles chansons de Bécaud, de Brel, de Piaf, de Montand !" Paradoxalement, c'est là-bas qu'aujourd'hui j'entends parler de chansons françaises. »(5)

Sur Terre, rien de nouveau... La télévision voyage. D'aéroports en foires-expositions, je poursuis mes activités, accueillant Christophe Dechavanne, sympathique nouveau papa, inquiet avant son entrée en scène, et Michel Drucker, très professionnel, apprenant les notes préparées en coulisses par son collaborateur Philippe Alain. « Christophe...! Michel...! » Les foules s'agglutinent autour des podiums, afin d'admirer pour « de vrai » les champions de l'empire cathodique.

Dernières références 1987 : Hallyday Junior affirme *He's my girl*. L'enfant roi de la *Ballade pour un sourire* a bien grandi. Avec Bruel qui va exploser, les deux jeunes chanteurs sont au départ. Le train d'une nouvelle génération d'idoles vient de quitter la gare. « Daviiiiid... ! Patriiiiick... ! »

1988

On a tous un pied de l'autre côté du miroir...

Le « Métier » bouge, les mentalités changent. Bécaud va le souligner fréquemment. Même sensation chez son complice présentateur de l'Olympia, Jean-Marie Proslier, qui évoque les années passées :

« A ce moment-là, les contacts étaient plus faciles et plus amicaux qu'actuellement. Je vis maintenant à la campagne, tout à fait en dehors du métier, mais j'avoue que pour ceux qui aujourd'hui travaillent dans ce milieu, c'est compliqué. Il faut passer par trente-six personnes alors qu'avant, on se rencontrait dans les coulisses, on dînait ensemble, c'était la grande famille. »

« La grande famille », pour Bécaud, c'est aussi son public, en manque de nouveautés. Rupture de stock ? En fin de contrat avec sa maison de disques, Gilbert compose, mais EMI Pathé-Marconi n'en verra pas la couleur. On n'en a plus en magasin... Les amateurs doivent se contenter, dans l'immédiat, d'un substitut baptisé pompeusement « Bécaulogie », comprenez une réédition de tous les titres depuis 1953, en neuf disques compact-laser. La quasi-totalité des albums originaux étant épuisée depuis des lustres, l'initiative tombe à pic.

Mais voilà, la réédition n'est pas aussi complète qu'on voudrait nous le faire croire. Annoncer une intégrale et ignorer plus de cent vingt titres, entre autres, *La Rivière, Mes hommes à moi, L'Indien, Seul sur son étoile, Credo, La Relève, Don Juan, Le Petit Prince est revenu, Mon arbre, Les Beaux Quartiers* — pour n'en citer que quelques-uns —, il y a de quoi vous laisser perplexe.

« Dis donc, cher Monsieur Pathé EMI, prends-tu réellement les fidèles de l'homme à la cravate à pois (et les autres) pour une masse de crétins décérébrés ? Qu'est-ce que c'est ce fourre-tout ? »(1)

Vous avez remarqué les guillemets ?... Je ne me permettrais pas ! Catherine Renaut, la créatrice du Club du Rideau Rouge a engendré un sacré numéro et son Robin de fils ne fait pas de détour, mais peut-on lui en vouloir ?

Petit Jean —encore un oublié ! —, a vingt ans déjà. Le temps va vite, comme l'écrit Delanoë. Frank Thomas commençait alors sa collaboration avec Bécaud. Du travail d'orfèvre. Vingt ans après, on parle d'une nouvelle approche :

« Vous savez, me confie Thomas, il ne faut rien provoquer, les gens savent toujours où vous êtes. Lorsque j'ai découvert Gilbert, j'étais adolescent, puis un jour, je me suis retrouvé derrière son piano. Ce sont vraiment les surprises de la vie. Toutes ses chansons, je les connaissais par cœur. Je suis comme tout le monde, et ce n'est pas différent à Montpellier, Cherbourg ou ailleurs. Quand vous passez beaucoup de temps avec un compositeur, vous ne faites pas que des chansons : on se promène, on discute. Gilbert n'a aucune prétention, il lui arrive parfois d'être tout ébloui de se retrouver sur la scène dans le monde entier, avec des artistes pour qui il a une immense admiration. Il a parfois ce côté de caractère emporté, mais ce n'est pas important. Il est beaucoup plus pudique qu'on peut penser. »

Pour le *Grand échiquier*, oubliée la pudeur, il parle à cœur ouvert. Dixième année de l'émission de Jacques Chancel, un record de longévité à la télévision. Toujours pas de chanson véritablement nouvelle, seulement des anciennes et des récentes, avec en prime annuelle un énième tour de piste pour *Let it be me*, version Everly Brothers, dans *Buster*, un film de David Green avec Phil Collins.

Mouvements du côté de Bertelsmann Music Group Company, plus précisément rue Duphot, chez BMG Music Publishing France, à qui Gilbert cède les Editions du Rideau Rouge (la gestion des droits de la majorité de ses œuvres composées jusqu'en 1988, y compris les chansons de ses débuts, éditées à l'époque chez Raoul Breton). A noter également la création des Nouvelles Editions Gilbert Bécaud pour les prochains titres, précédant de quelques mois les Nouvelles Editions du Rideau Rouge gérées par Alain de Ricou, l'ami et le conseiller.

Pendant que Caroline, ma fille, apprend en CM2 *Le Petit Oiseau de toutes les couleurs*, les kilomètres défilent au compteur. Notre voyageur connaît l'ultime étape de sa tournée 1988 : le boulevard des Capucines, avec deux récitals en alternance : le spectacle rouge, le spectacle bleu. Un choix de chansons différentes un soir sur deux, des orchestrations nouvelles, bien ficelées, sur des mélodies sorties des oubliettes. Beckie Bell et Yvonne Jones sont aux chœurs, Jennifer Bécaud seconde son père dans les coulisses.

C'était moi, Le Bateau blanc, Le Rideau rouge, Le Mur, Croquemitoufle... Le public retrouve une seconde jeunesse dans les arrangements inédits. Il suffit d'écouter par exemple la version 1988 du *Bateau blanc*. Depuis sa création en 1963, la chanson n'a pas pris une ride. Une sélection enregistrée en public sort chez EMI Pathé-Marconi et les éditions Proserpine gravent le double spectacle sur vidéo-cassettes. Avec la mobilité de Gilbert et le nombre impressionnant de caméras réquisitionnées, on peut imaginer qu'en régie finale, le montage n'a pas dû être très aisé.

Spectacle rouge, spectacle bleu, totalement différents pour son vingt-deuxième Olympia. Il suffit de choisir la couleur. Bleue ? Rouge ? Beaucoup prennent les deux. Auquel assisteriez-vous ?

Spectacle rouge ?

Mes mains
Les Tantes Jeanne
Le Pays d'où je viens
Quand il est mort le poète
Le Bateau blanc
Les Marchés de Provence
Seul sur son étoile
Alors raconte
Têtes de bois
La Maison sous les arbres
Dimanche à Orly
Croquemitoufle
Le Pommier à pommes
Les Petites Mad'maselles
Marie, Marie
C'était moi
On prend toujours un train pour quelque part
Désirée
Quand tu danses
La Grosse Noce
Le Retour
Quand Jules est au violon
C'était mon copain
Au revoir
Un peu d'amour et d'amitié
Charlie t'iras pas au paradis
Je t'appartiens
La Corrida
Nathalie
Le Pianiste de Varsovie

Spectacle bleu ?

La Vente aux enchères
Le Rideau rouge
Le Pierrot qui danse
Monsieur Winter go home
C'est en septembre
L'important c'est la rose
Le Jour où la pluie viendra
Salut les copains
L'Absent
Chante
L'Amour c'est l'affaire des gens
Mañana c'est carnaval
L'Indien
Je reviens te chercher
Pilou Pilou hé
Mademoiselle Lise
Les Cerisiers sont blancs
Les Croix
La Fille de Nathalie
Le Bal masqué
Le Petit Oiseau de toutes les couleurs
Rosy and John
La Solitude ça n'existe pas
L'Orange
Le Mur
Mon père à moi
Le Bain de minuit
Et maintenant
Les Caraïbes
L'Indifférence
La Ballade des baladins

Pas facile. J'en connais qui ont communié plusieurs soirs en rouge et bleu et qui en redemandent encore, allant jusqu'à regretter l'absence de bien des titres et à espérer un spectacle vert ou jaune !

« A quel moment Bécaud a-t-il commencé à me faire confiance ? », s'interroge Léonard Raponi :

« En fait, je suis passé d'une période où j'étais exécutant, à une autre où je suis devenu directeur musical. Un marquage dans une vie. Dans la mesure où l'on devient plus responsable, on ne perd pas le sens de l'humour, mais presque. C'est un sacré morceau... Le premier Olympia dont je me suis occupé, il avait un peu moins confiance en moi que maintenant, et c'était tout à fait normal. J'avais bien travaillé, tout était prêt, "trois-quatre", en temps et en heure. Il l'a remarqué... »

Gilbert vient de terminer ses années *Roza*. Toujours pressé, c'est tout juste s'il prend le temps de déposer sa comédie musicale à la Sacem. J'aurai la surprise lors d'un entretien avec la Société des auteurs de l'aider à compléter le catalogue Bécaud. Insolite ! Même recherche chez BMG au début des années quatre-vingt-dix, où Monique Scherrer et Janique Hebert s'interrogeront sur certains titres mystérieux jamais enregistrés.

A ceux-là qui ont soif à ceux-là qui ont faim
A ceux-là qui sont morts et qui n'en savent rien
A tous les gardes-cœurs, à tous les gardes-frères
Les cas désespérés seront prioritaires

Amade vient de terminer un poème, les autres paroliers sont sur le pied de guerre : l'album nouveau BMG est annoncé...

Commencée sous le signe de la cohabitation, 1988 arrive à son terme après une seconde élection pour François Mitterrand avec un nouveau gouvernement dirigé par Michel Rocard. Jack Lang revenu à la Culture, le « raï » explose en France. Ne cherchez pas un rapport entre les deux sujets, apparemment, il n'y en a pas.

Retour, rapidement, au 9 août, près de Marvejols. Dans la petite commune lozérienne du Buisson, l'accordéon et le folklore local ponctuent une journée inoubliable pour les Bécaud... Nimbée de blanc et de rose, la princesse Tania de Bourbon-Parme prend pour époux Gilbert « Gaya » (Tania est la petite-fille du prince René et de la princesse Marguerite de Danemark ; elle est également une des petites-nièces de l'impératrice Zita, née princesse de Bourbon-Parme).

Après la messe dans l'église paroissiale, les héros de la journée, entourés de Gilbert et de Kitty, sont acclamés par les villageois et les touristes. Pendant la cérémonie religieuse, on remarque Emily Bécaud, rayonnante parmi les demoiselles d'honneur, Philippe, témoin de Gaya, et Anne, la sœur du marié, dans sa lecture de l'épître. Devant l'église, les habitants, revêtus des traditionnels costumes régionaux, font une haie d'honneur et donnent l'aubade, à la grande satisfaction de Jacques Blanc, président du Conseil régional. Au son des rondes languedociennes, Tania et Gaya grimpent dans un carrosse insolite : un char campagnard garni de bottes de paille piquées de fleurs et fièrement tiré par un... tracteur ! Direction Andagnols, le domaine du prince André et de son épouse, Marina, les parents de la mariée.

Méchoui à midi, baignade pour les invités l'après-midi, dans le torrent voisin, et veillée aux chandelles. Absent, Louis Amade, le parrain du marié, avait été témoin au mariage civil quelques jours avant.

Quand le révérend-père Henri Salles est à l'accordéon..., *faudrait avoir trois jambes de bois pour ne pas danser la polka !* Dans la grande salle de la ferme de granit noir, les couples s'en donnent à cœur joie, étonnés par le talent caché du révérend qui, avec l'abbé Chaptal, a concélébré la messe nuptiale du matin.

Trente-cinq ans déjà, depuis la naissance de Gaya, le 2 février 1953. Les images reviennent dans la tête de Gilbert : les premiers pas de son fils aîné, le train électrique dans le grenier de la maison du Chesnay, les neuf ans de Bécaud Junior dans les coulisses du Théâtre des Champs-Elysées à la première d'*Aran*, les cris de Gaya et de Philippe autour de la cabane, les clins d'œil complices des enfants qui grandissent et quittent la maison... Une prochaine chanson.

1989

Les violons nous relancent...

AVEC VINGT ANS DE MOINS
LE POIVRE DE CAYENNE
QUAND LA MUSIQUE S'ARRETE
FAIS-MOI SIGNE
APRES TOI C'EST LA MER
BECAUD
L'OMBRE ET L'ENFANT - CHINA SONG
STAR QUI RIT, STAR QUI PLEURE
LES CAS DESESPERES SERONT PRIORITAIRES

Un hiver bouillonnant. Février à Marseille, c'est Bernard Tapie, député récemment élu, qui mène campagne dans sa circonscription. Et Bécaud, pendant cette période pré-électorale ? A la Bussière, le petit village poitevin de quatre cents habitants où il vit, il est candidat sur une liste sans étiquette politique, avouant se sentir *« honoré par cette marque de confiance »* et affirmant qu'en cas d'élection, *« on pouvait être assuré de son sérieux dans le travail qui lui serait confié. »*(1) Bécaud devient ainsi un conseiller municipal qui va sortir un nouveau disque !

« J'ai connu Gilbert Bécaud au hasard des cérémonies officielles, dans le Poitou, me confiera plus tard René Monory, dans son bureau présidentiel du Sénat. Entre autres pour l'inauguration de la salle qui porte son nom. On a tout de suite sympathisé, il m'a invité chez lui où nous avons mangé. Je suis en retard d'un déjeuner ou d'un dîner (je ne sais plus). Il va falloir trouver une solution, nous sommes tous les deux très pris. Une autre fois, je suis allé le soutenir dans un "meeting" qu'il avait organisé en faveur de son petit pays.

On s'est rencontré récemment sur Europe 1 dans *Persona grata*. Je devais présenter un invité surprise et j'ai pensé à Bécaud. Il a répondu aussitôt avec plaisir et lors de son passage, je me suis fait piéger bien gentiment lorsqu'il a chanté *Mes mains*. Il faut vous dire qu'il y a quelques années, dans certains repas, je me lançais volontiers et régulièrement dans l'interprétation de cette chanson... Je l'ai dit en direct et bien entendu, suivant le principe de l'émission, je devais faire quelque chose d'inhabituel : les animateurs et Gilbert ont tenu à me faire chanter ce morceau, accompagné et aidé par Bécaud en personne, au piano. Je peux vous faire une confidence... Si je suis entré un jour en politique, c'est grâce à Gilbert ! Interprétant souvent sa chanson, je me suis attiré la sympathie des électeurs, qui m'ont donné leurs voix ! »

> « J'ai une grande estime pour Gilbert, il est issu du peuple comme moi. C'est un garçon passionné, direct, sans détour. Il a le langage de tous les jours, une approche conviviale naturelle, spontanée. Il y a des gens qu'on rencontre et qu'on n'a pas toujours envie de côtoyer... Bécaud, on voudrait l'avoir pour ami. »

Pour la première réalisation de Gilbert chez BMG, sous le « label » Ariola, notons l'arrivée de Jean-Michel Bériat, collaborateur de Delanoë depuis dix ans. A l'image de son maître, Bériat chantait avant de se consacrer à l'écriture et d'afficher un palmarès intéressant pour Sardou, Rose Laurens, Corinne Charby, Julie Pietri, etc.

Guy Carlier, Lemesle, sans oublier Delanoë, Amade et Barbelivien, complètent la brochette de paroliers. Après quelques saisons sans disque inédit et son départ d'EMI Pathé-Marconi, on attend beaucoup du chanteur dans sa nouvelle aventure. Remise en bouche pour certains, cru différent pour les autres, les avis diffèrent. Les arrangements et réalisations artistiques de Bernard Estardy et ceux de Raymond Donnez, Claude Samard, José Souc, Pascal Stive donnent une maîtrise, une jeunesse et un tonus non négligeables. Formé à l'école du classique, Stive — prix Sacem 1988 — fait aujourd'hui autorité dans le domaine de la publicité, avec son agence Macadam Transfert. Rose Laurens lui doit les arrangements de *Africa*, Marc Lavoine ceux des *Yeux revolver*, du *Parking des anges* et Sardou, Dalida, Dave, de nombreuses orchestrations. Aujoud'hui, il réalise deux titres de Bécaud : *Le Poivre de Cayenne* et *China song*.

Je leur préfère néanmoins *L'Ombre et l'enfant*, dirigée par José Souc au studio Guillaume-Tell, et *Quand la musique s'arrête*, sur un superbe texte de Lemesle, réalisée au studio Méga par Raymond Donnez :

> *Si la musique s'en va*
> *C'est que, sans toi, le vin, l'oiseau, l'été*
> *Auront perdu la joie de chanter...*

Ne négligeons pas pour autant *Fais-moi signe*, une adaptation française de Delanoë et Bériat, sur une composition de Bécaud et de Richard Feldman :

> *Dans la fureur et dans le bruit qui tuent*
> *Tu peux crier, on ne t'entend jamais plus...*

Enregistrée au studio Méga, sur une réalisation artistique et direction d'orchestre de Donnez, *Fais-moi signe* assure rondement, dans un style déjà connu. En effet, les arrangements rappellent étrangement ceux écrits par Alan Lindgrenn quelques années auparavant pour un titre de Diamond (*America*, extrait du film *The jazz singer* sur lequel le chanteur américain et Bécaud avaient collaboré).

Essentiellement, deux chansons pour la promotion. D'abord *Avec vingt ans de moins,* qu'il interprète en duo avec Léa Catala, un superbe mannequin de dix-huit ans, mi-australienne, mi-française, Bécaud occupe toutes les chaînes de télévision. Rien de commun avec le duo *L'amour est mort*, créé au début des années quatre-vingt et enregistré en plusieurs langues : moins vocale, plus intimiste, soulignée par les arrangements d'Estardy, la nouveauté se joue dans une tonalité résolument sensuelle.

Avec vingt ans de moins et une heure à crédit...

Paul Simon, Johnny Hallyday, Cabrel, Mitchell, Barbelivien, Dassin, Chamfort, Dalida, Sheila, Sylvie, Françoise, Adamo, Cloclo, Enrico, Nino... Avec plus de deux cents millions de disques vendus en vingt-cinq ans, Bernard Estardy, « producteur made in France », a « arrangé » toute la profession.

« La seule raison pour laquelle je continue de faire ce métier, c'est que c'est un théâtre permanent, vu de ma cabine. Ce qui m'intéresse, c'est de voir comment réagit un chanteur, comment il se "déboutonne", se met parfois à pleurer ou à rire, bref les rapports humains dans le cadre si particulier d'une séance d'enregistrement. [...] Il n'y a pas de règle, sauf qu'il faut être fou, public et "exact" dans ses chansons, et se moquer un peu du temps qui passe. »(2)

Ce temps, Bécaud le chante é-nor-mé-ment, favorisant le texte de Barbelivien *Avec vingt ans de moins.* Une promotion outrancière. Excellement filmés, Gilbert et Léa jouent parfaitement le jeu, et la chanson retient l'attention. Il en parle aussi beaucoup, non sans quelques dérapages (« *C'est mon premier duo !* »(3)) et les médias reproduisent ses propos.

Second titre bénéficiant des mêmes avantages, *Bécaud* tout simplement, un titre réservé à ses détracteurs !

T'étais fait pour l'Afrique, le baiser des gazelles
Pour un coin d'Amérique où la musique est belle, si belle
Et du blues de Harlem aux putains des ghettos
Tout l'amour de Verlaine dans un vers de Rimbaud
Pour des joues qui se creusent au matin des victoires
A des lèvres amoureuses et aux mots qu'elles font croire.

Préfiguration d'une réalisation plus lointaine qui fera son chemin dans la tête de Bernard Carbonez, le patron de BMG ? Pourquoi pas ? Lors de nos contacts, Jean-Michel Bériat, le parolier, m'explique que Gilbert, ayant assez peur du sujet, ne s'est pas impliqué dans l'écriture du texte.

T'étais fait pour dormir dans les jardins secrets
Des filles du délire qui rentraient sans billet
T'étais fait pour tricher tous les soirs au poker
Comme un chat égaré dans la nuit des dockers...

Point de départ, Bécaud ? Bériat ? :

« Idées JMB », me glisse l'auteur, ponctué d'un « je n'aime pas les idées des autres. Bécaud ? C'est un homme qui chante, quelqu'un qui voudrait finir avant de commencer, un impatient... »

Parolier et compositeur ont tous deux un point commun : la fuite en avant. Bériat aujourd'hui, c'est... « un opéra sur la vie de Pablo Picasso, souhaité par Robert Hossein : une tragédie musicale mise en tableaux et en musique, écrite en collaboration avec Pascal Stive, pour le Palais des Sports, puis un livre, une pièce de théâtre. [...] La chanson ? Je ne sais pas ! »

Dernière allusion de Bériat à son projet, *la Passion Picasso* :

« Pablo m'attend et je ne pense qu'à ça. Les autres ne sont là que pour me rappeler qu'on est plusieurs ! »

La phrase sonne juste ! L'artiste vit en avance sur son temps, toujours sur la brèche...

« Fabuleux ! me lance Nicky Cuissard. Bécaud est un homme qui vous pompe votre énergie, dans le bon sens bien sûr. En fait, il nous donne envie de lui donner. Parfois, il demande la lune, et la réalité dépasse la fiction, c'est toujours réalisable. »

« Chez moi, je suis Gilbert. En scène, je suis Bécaud, un homme très différent, à l'appétit d'ogre auquel Gilbert doit sans cesse donner à manger. »(4)

« Il faut le suivre, enchaîne Nicky, c'est tout. Je comprends Gilbert par des gestes, il n'a pas besoin de me parler. Un regard, un mot. S'il me dit : “Tu as vu Georges ?”, pour moi, cela signifie quelque chose... Bécaud, comme Gilbert, est entier, très coléreux, très sentimental, très doux. Il n'a pas de milieu. C'est tout ou rien. »

« Les aspects d'un seul et même personnage ne se rejoignent presque jamais. Quand l'un est triste, l'autre est gai. Par exemple, Bécaud n'a rien à voir avec les peines de Gilbert. »(4)

La double personnalité est soulignée dans un court métrage de Gaya sur la chanson *Bécaud*, sous une direction d'orchestre et une réalisation artistique de Bernard Estardy, au studio CBE :

Bécaud, toi et moi Bécaud
Bécaud sur la même photo
Tes enfants me ressemblent
Comme deux gouttes d'eau
A nous deux on fait quand même un drôle d'oiseau...

« Il suffit que Gilbert soit fatigué pour que Bécaud l'ennuie affreusement et l'exaspère. Bref, les deux hommes vivent leur journée séparés. Mais ils se retrouvent le soir, après la représentation. Nous rentrons tous les deux à la campagne, nous sautons donc ensemble dans notre voiture en sortant de l'Olympia mais quand nous arrivons là-bas, je descends tout seul. Il a suffi, souvent, de quelques kilomètres à vive allure pour que l'acteur et l'homme se retrouvent. »(4)

Les deux compères hantent les principales émissions de variétés françaises et même néerlandaises. A cette occasion, le chanteur laisse l'empreinte de son pied, destinée à « the original star » boulevard, à Scheveningen, près de la Haye. Un moment inoubliable. *Verrückt !*

Fidélité dans l'équipe : Monique Scherrer, sa secrétaire personnelle, le suit chez BMG.

« Ce qui était merveilleux, explique Dinnat, c'est qu'elle était à la disposition de Bécaud, qu'il soit minuit ou une heure du matin. Elle était toujours présente. Gilbert lui téléphonait :

"Monique, j'ai besoin de toi."

Elle arrivait tout de suite. Elle s'occupait de son courrier. En fait, plus qu'une secrétaire, c'était vraiment une amie. Aujourd'hui, elle est toujours à son service, mais sous l'égide de BMG et chaque fois que Bécaud donne des concerts dans le Sud, elle m'écrit à Lunel pour me les signaler... Gilbert est loin de moi, on s'aime toujours ; désormais, c'est devenu un amour platonique », me glisse l'ex-régisseur aux yeux pétillants.

Dans un Paris rajeuni avec la Pyramide du Louvre, l'Arche de la Défense, l'Opéra-Bastille et, dans le Sud, en plein bicentenaire de la Révolution, je diversifie mes programmations, passant d'une personnalité pittoresque comme Jean Carmet, unique, intarissable, à David et Jonathan. Je ne m'étendrai pas sur un chapelet de groupes tout frais émoulus du « top 50 », excités du larsen et de la présonorisation, chanteurs « kleenex » qu'on jette sans scrupule après usage, présentés souvent par Patrick Sabatier à son zénith.

Salut les princes des palais
Palais des fêtes et des congrès...
(STAR QUI RIT, STAR QUI PLEURE - BECAUD / DELANOE)

Pascal Sevran, dans *La chance aux chansons*, enregistre une série d'émissions consacrées au compositeur de *L'Orange*, avec diffusion étalée sur une semaine. Au générique des nouveautés, l'intimiste *Après toi c'est la mer* (Bécaud / Barbelivien) :

Après toi, j'me décide
Ou la drogue ou l'alcool
Quelque chose qui suicide...

et *Le Poivre de Cayenne* (Bécaud / Bériat) :

Elle se jette dans mes yeux
Comme du poivre de Cayenne...

ou encore *Avec vingt ans de moins* et les incontournables *Et maintenant, Nathalie*... Entouré d'Alice Dona et de ses élèves dans *Les cerisiers sont blancs, Il s'en va mon garçon,* Bécaud chante aussi *Viens danser* en duo avec Sevran qui gravera le titre en solo... Salut Pascal, à plus tard dans le Midi !

Pendant ce temps, l'actualité rattrape le temps perdu et se rue vers l'Est avec l'ouverture du mur de Berlin, le « printemps de Pékin » écrasé par l'armée chinoise, la Roumanie et le procés sommaire, puis l'exécution, de Ceausescu, la Tchécoslovaquie et l'arrivée de Vaclav Havel à la présidence de la République...

A Montpellier, loin de ces bouleversements, on apprend *L'important c'est la rose*, dans les classes de sixième. A Galluis, point de départ de la revue du Club du Rideau Rouge, Robin décortique la cuvée 1989 en « mauvaises, normales et très bonnes chansons », n'engageant que lui. Affirmer que ce journal et certains lecteurs n'apprécient pas la prose de Barbelivien est un euphémisme. Lorsqu'un correspondant du club affirme à Catherine Renaut que *Désirée* et *Avec vingt ans de moins* sont les meilleures chansons de la carrière de Bécaud, toute l'équipe de rédaction bondit. Les réactions ne tardent pas et Christian Valmaury, un des piliers du club, ne manque pas de rappeler que « les millions de personnes dans le monde qui ont aimé *Et maintenant* n'ont pas le même goût que ce bécaulâtre... pour qui *Le Pianiste de Varsovie, L'Indien, La Vente aux enchères, Les Marchés de Provence* ne sont que des petites chansons d'été. »(5)

Bref, il y a comme un malaise dans le royaume du haut-voltage ! Evoluant depuis l'enfance dans l'entourage de Bécaud, Robin se lance également dans la polémique et renvoie la balle au correspondant négatif : « Chanson détestée ne signifie pas fatalement — et c'est heureux ! — chanson mauvaise. »(5)

Devant les critiques et les paroles élogieuses, les réactions de Gilbert varient, mais en général, c'est avec le sourire qu'il parcourt le courrier du club. Durant nos entretiens, Catherine ira dans ce sens, relatant les feux-croisés échangés entre son fils Robin et Pathé-Marconi — pour ne pas dire Gaya, le gardien du temple :

« Quant à Gilbert, je peux vous assurer que ces lettres, dénigrant certaines de ses chansons, l'amusent. En toute objectivité, je mentionne ces courriers dans la revue. Pour Robin, mon fils, c'est différent. Je le vois réagir et traiter Bécaud de vieux philosophe, en lui lançant : "Tu te laisses agresser et tu rigoles ?" Gilbert me demande souvent ce que j'en pense. Je suis comme lui, je plaisante, parce qu'en fait, ce n'est pas important et pas bien méchant. »

Pour en terminer, je citerai Christian Valmaury dans ses « Bécauseries » du journal *Croquemitoufle* : « Je suis sûr que des âmes chagrines, qui ont des cravates à pois sur les oreilles depuis des lustres vont couiner au crime de lèse-Bécaud, mais les rois d'antan avaient leurs fous qu'ils écoutaient plus souvent que leurs courtisans, et penser et dire qu'une chanson de Bécaud n'est pas bonne est le signe d'une véritable affection, et prouve qu'on écoute avec son cœur. »

5e PARTIE

LES ANNEES 90

« Je ne désespère pas un jour de le refaire tourner, non pas comme chanteur, mais comme acteur. Il est arrivé à un moment de sa vie où il peut, physiquement, camper des personnages. »

Claude Lelouch

« Si j'avais Gilbert en face de moi, je lui donnerais rendez-vous à mon micro dans dix ans ! »

José Artur

1990

On s'envole vers les étoiles...

Après sa première réalisation chez BMG, aucune sortie ne vient souligner le Bécaud 1990. Par contre, chez EMI, où les compilations vont bon train, « Toute une vie en Bécaud » retient l'attention et Gaya, en bon gestionnaire, souligne dans *Télé 7 jours* les nouvelles orchestrations. Pour l'amateur éclairé, *T'es venu de loin* est en fait le seul arrangement nouveau figurant sur cet album décalcomanie. Les autres titres sont des reprises de l'enregistrement de 1964.

Depuis 1953, la carrière de Bécaud est riche, variée et sans failles. Il serait trop long d'en évoquer tous les méandres. Il faut cependant noter qu'il laisse une trace indélébile sur le music-hall de plusieurs générations. Pour Georges Marchais, l'apport de Gilbert Bécaud à la chanson française est incontestable :

> « Depuis le tout début des années cinquante — je me souviens de ses récitals extraordinaires à l'Olympia dirigé alors par Bruno Coquatrix —, et chaque fois qu'il nous revient, il sait donner au rythme une force et une légèreté insoupçonnées, à la mélodie ce nouveau qui dérange et qui plaît. De même, le choix de ses textes, sa façon d'interpréter ses chansons témoignent d'une grande exigence vis-à-vis de lui-même, d'un grand respect pour son public.
>
> Cet homme de talent a su rassembler la jeunesse, trouver place dans le cœur de générations entières et devenir au-delà de nos frontières un véritable ambassadeur de la chanson française. Il continue de lui consacrer beaucoup en lui donnant le meilleur de lui-même : son travail, sa tendresse, sa fougue. C'est tant mieux... »

Même admiration chez Georges Cravenne :

« Gilbert est un immense talent dont on ne mesure pas, aujourd'hui, le succès. A ses débuts, l'engouement du public dépassait largement tout ce qu'on a connu ensuite pour Hallyday, Bruel ».

Pas de Bécaud dans la presse rock... Jean-Jacques Goldman souligne cette discrimination dans *Paroles et Musiques*, en avril 1990 :

« Si Julio Iglesias interprète un morceau hard rock, il ne sera pas pour autant pris en compte par cette presse rock. Inversement, si Dylan reprend une chanson de Bécaud, il le sera. »[1]

La plupart du temps, les textes de ses chansons ne figurent pas sur les pochettes de disques. Pourtant, comme les musiques, les mots n'ont pas d'âge et, sans tomber dans un flash-back nostalgique du style « A la recherche du temps perdu », on se surprend, à partir d'une phrase, à retrouver un titre.

Voulez-vous jouer avec moi... ?

1 *Que reste-t-il d'un ange, quand il s'est envolé*
2 *Et tes colères magistrales te viennent tout droit du mistral*
3 *Si tu bois dans un verre, si tu dors dans un lit*
4 *Je ne suis qu'un homme, rien qu'un pauvre homme*
5 *Elle se parle, elle s'écrit, à Terre-Neuve, en Cochinchine*
6 *Et quand la chambre fut vide, tous les amis étaient partis*
7 *Le garçon d'aujourd'hui se cramponne à sa foi*
8 *Moi, je veux manger tout mon pain blanc*
9 *La belle aventure, s'il le faut je jure que je la recommencerai*
10 *Je t'aime, je persiste et je signe*
11 *A Pâques ou à la mi-Carême, quand je serai libéré*
12 *C'est qu'il joue Pierrot à la rose*
13 *Il ne nous reste que le goût du chocolat de chez Pouchkine*
14 *Tu n'as qu'un seul soulier pour aller à la fête*
15 *Rappelle-toi, la Place était vide*
16 *C'est rouge orangé jaune vert bleu indigo violet*
17 *Les mains liées ne jouent pas de violon, en cabane*
18 *Et voilà, tu vois, j'avais raison*
19 *Il y avait une gosse qui gardait ses moutons*
20 *Depuis ce matin à l'aurore, Dieu est mort*
21 *Trois grands rois le front baissé, que c'est beau*
22 *T'étais fait pour les slows qui frottent sur le cuir*
23 *Tes yeux un peu perdus, je n'ai plus rien*
24 *Allez barman la même chose, je fredonne « la vie en rose »*
25 *Qu'avant longtemps, sur votre tombe, la liberté refleurira*
26 *Quand la victoire passe, les fleurs sont aux fusils*

Quelques absences... ? Rendez-vous page 419 pour le résultat des courses.

1991

Quand la musique s'arrête...

Mamico est partie paisiblement vers les plaines des Renouveaux. La tribu a perdu son chef et Bécaud son idole. Dans le petit cimetière provençal accroché à la montagne, elle dort désormais auprès de Papico, qui repose là, à Saint-Paul-en-Forêt, depuis 1958. Elle allait fêter ses cent un ans.

Dernière tournée, ultime Olympia. Le ton change. Coup de publicité pour une rentrée parisienne ? Gilbert, troublé, est sincère. Mais, la scène, sa vie, sa liberté... il l'a tant de fois répété qu'un salut final paraît difficilement concevable. Le courant ne passerait-il plus ? Nouvelle pirouette ? Après tout, combien d'adieux ont-ils annoncé un éternel retour ? Chevalier, Baker, Trenet, Barbara et tant d'autres ont quitté leur public, avant de revenir plus fringants que jamais.

En 1967, déjà, un journaliste évoquant le départ de Brel avait posé la question à Bécaud : « N'avez-vous jamais songé à abandonner ? » Il avait répondu : « *Si, si, bien sûr, au réveil* », terminant par un « *mais après, heureusement, je change d'avis.* » Une autre fois, plus sérieusement, Gilbert avait confié : « *L'ambiance nouvelle du métier m'irrite.* »

Quels remèdes inventera-t-il le jour où il ne pourra plus chanter ? En 1980, il tend ses mains aux ongles rongés jusqu'aux phalanges en murmurant : « *Je serai un vieux bonhomme qui tournera en rond* » ou encore « *J'accuse la fatigue, comment vais-je pouvoir chanter ce soir ? [...] La bête est fatiguée, la bête n'en peut plus.* »(1)

En 1991, tout à fait authentique, il tergiverse :

« *Vraiment, je le dis de façon laconique, mais au fond, comment savoir... C'est une réflexion privée et personnelle, ni dénonciatrice, ni aigrie. Je dis simplement que la scène me rend heureux, mais devoir chanter quand il le faut et non quand on en a envie, devoir honorer cinq cents rendez-vous, aller à la télévision le matin, à midi et le soir pour faire de la promo, c'est épuisant nerveusement, quelquefois dégradant...* »(2)

« Monsieur 100 000 volts » aurait-il disjoncté ? La cadence de production s'est ralentie considérablement, avec des passages à vide de deux ou trois ans et des Olympia plus espacés. Pourtant, au début avril, il est sur scène dans le Val d'Oise, à Ermont et, quelques jours après, à Roosendaal, en Hollande. Entre les deux concerts, sa soif permanente des feux de la rampe le conduit à Hanovre, Blagnac, Joue-les-Tours, Amsterdam, etc. Rien n'est perdu tant que le besoin de la scène l'anime.

« Pour mon deuxième Olympia avec lui, m'indique Raponi, Gilbert m'a demandé de faire des séquences additives à l'orchestre. Il ne les a même pas écoutées, me disant seulement : “Tu as carte blanche, c'est toi qui décides, toi qui vas faire le choix de l'instrument. Moi, je te dirai simplement les petits trucs qui me dérangent, c'est tout. Tu fais comme tu sens.” »

A la première répétition, Bécaud ne fait pas la moindre remarque à ses musiciens :

« Ne changez plus rien. C'est moi qui vais me fondre dans ce travail... »

« Chaque fois qu'il rencontre une difficulté technique, me précise Raponi, ce n'est jamais à nous de nous adapter, c'est Gilbert qui s'intègre et il le fait parfaitement bien. »

Pas de nostalgie, Bécaud l'affirme. Les critiques des débuts sont bien oubliées, mais certains vouent toujours une haine tenace au chanteur. *L'Evénement du Jeudi* est de ceux-là, titrant « La ballade des dinosaures », un exercice de style où Patrice Delbourg, un journaliste-maison, tire à boulets rouges sur quelques artistes confirmés, Aznavour, Ferrat... Bécaud, pas oublié, devient un « tyrannosaure Bécaudis Gilbertoflex (?) au plastron belliqueux », qualifié de « carnassier bipède survolté », et de « baladin clabaudant... »

Aznavour et les autres sont fossilisés avec le même acharnement. Devant tant de rancœur, de férocité gratuite et d'inutilités syntaxiques, on peut se poser quelques questions sur la fonction de ce journaliste à la culture « jurassiquement » barbare.

« Si nous faisions certaines chansons, me confie Thomas, l'auteur de *La Première Cathédrale*, nous pourrions liquider l'âge, le réduire à ce qui est tout à fait normal. Malheureusement, il n'est pas prêt à ça ! Il faut le comprendre puisque les spectateurs veulent toujours retrouver ce qu'ils ont aimé. Un comédien peut bouger avec l'âge. Un chanteur, moins. Comment arriver à résoudre le dilemme ? Quant Brassens chantait, qu'il ait eu vingt-cinq ou cinquante ans ne changeait rien à l'affaire. Pour Gilbert, bondissant, cela peut poser un problème. Pas à lui, mais au public. Il veut le voir sauter comme avant, il veut entendre à la virgule ses chansons. Gilbert doit en avoir cinq cents, six cents ou plus. Il a la plus grande réserve de titres français. C'est une folie ! Il doit toujours présenter ses chansons anciennes. Il ne peut pas faire autrement. Les artistes sont condamnés à ça et Bécaud peut-être encore plus que les autres.

Quand elles sont de Vidalin, poursuit Thomas, ce sont des chansons-théâtre, de Delanoë, des titres-machine, et d'Amade ! ... on ne peut pas s'empêcher de penser à des succès comme *C'était mon copain...* Les seuls grands auteurs de Gilbert sont Amade, Aznavour, Delanoë, Vidalin, et nous autres, qui avons suivi, nous sommes toujours au banc d'école et pas prêts d'en décoller. Et même si avons tout fait avec le meilleur cœur, nous sommes très loin de monter à la même estrade. Nous en sommes tous conscients, que ce soit Grosz, Lemesle, Barbelivien ou moi-même, c'est la vérité. Que sont nos chansons, même si certaines peuvent plaire, à côté d'une comme *Le Mur...* ! Vous vous rendez compte de la dimension qu'ont eue là Bécaud et Vidalin. Il faut dire aussi qu'ils ont bénéficié d'un temps où les mots n'étaient pas dépassés par la musique. Leur chanson était d'une seule main. Maintenant, vous avez beaucoup de textes invertébrés que le vedettariat et la promotion enflamment, mais quand les cendres sont retombées... ; on arrête les gens dans la rue, on leur demande des succès : ils vous fredonnent *L'Eau vive*, *Les Marchés de Provence* ou *Le Plat Pays*. Ecoutez *Méqué méqué...* Quand Julien Clerc enregistre *Mélissa*, que croyez-vous qu'il fasse ? Tout cet exotisme, Bécaud et Aznavour l'ont fait depuis trente ans en sonorités phonétiques. »

Prendre du recul, souffler. En 1991, la pause est indispensable. C'est aussi l'avis de Georges Prêtre, le chef d'orchestre de son opéra :

« En travaillant moins, on reste sur un certain niveau, avec la chance de pouvoir choisir. Un luxe ? Pas vraiment. C'est dur de refuser, mais il faut avoir le courage. Dans notre métier, heureusement (et malheureusement), il n'y a pas de retraite. Je crois qu'il faut en profiter et ne pas attendre quatre-vingt-dix ans ! »

Dernier soir sur scène d'un Bécaud ? Allons donc ! Il suffit de l'écouter, quelques mois après :

« *Les Français me disent : "Ça fait longtemps qu'on ne vous a pas vu. Vous êtes à la ferme ?" Je suis au Pérou, au Brésil, à New York. Ils pensent qu'à partir du moment où on n'est pas en France, à jouer à Montpellier, c'est qu'on se repose ! En 1991, on a chanté deux cent quarante-neuf fois...* »(3)

Overdose et entrée de Mick Lanaro : l'heureux producteur de Bruel, Nougaro, Lavilliers, Hallyday, etc., dévoile un scénario peu commun : un album au titre provisoire, « Le chanteur existe, je l'ai rencontré ».

« On y trouvera des invités prestigieux, des textes de Pierre Delanoë, et je montrerai que Gilbert Bécaud est un grand musicien de blues, parce qu'on ne le sait pas. J'ai le disque en tête et je vais le filmer. J'aime les artistes, s'ils ont quelque chose à dire, et quand je les rencontre, ils me touchent, j'ai le cœur qui bat, c'est comme ça que je fonctionne. »(4)

Bécaud grand musicien de blues ? L'argument surprend à moitié. Après tout, David Gilmour, le leader de Pink Floyd, n'a-t-il pas affirmé dans les *Notes* de la Sacem que « Piaf était la plus grande chanteuse de blues française » ?

« L'album concept » va accaparer Lanaro le producteur, Amade — malade —, Delanoë et le compositeur...

« Stevie Wonder et Bob Dylan ont accepté de jouer comme musiciens invités sur cette production. L'excitant projet ne pourra pas se concrétiser, du moins avec ces deux stars, faute d'avoir pu accorder les emplois du temps chargés de tout ce beau monde. »(5)

Bécaud attaque la musique... et Dan Bollander. Cliché de la « gifle » des *7 d'or*.

Dans les coulisses, Christophe Dechavanne et son équipe de *Ciel mon mardi* piègent les invités. Principe du gag : un journaliste débutant multiplie les gaffes, prenant à chaque fois une personnalité pour une autre. Dans l'ensemble, tout le monde prend la chose du bon côté. Lorsque Bécaud sort de sa loge, le collaborateur de Dechavanne lui demande : « Est-ce que vous pensez que vous allez l'avoir ? — Avoir quoi ? — Le 7 d'or, répond le jeune journaliste ». Visiblement, Bécaud n'apprécie pas (c'est du moins ce qui apparaît dans la diffusion du reportage).

« Je suis Gilbert Bécaud. Je chante, moi, je ne concours pas. Monsieur, apprenez votre métier. On manque de mains dans l'agriculture ! »

Et Vlan, il gifle le reporter avant de le traiter d'imbécile. Carton rouge chez les partisans du chanteur, déstabilisés par cette scène. Dans un quotidien, la gifle se transforme en coup de poing. Moment fort pour une « télé-intox ». Bécaud l'évoquera, plus tard, lors d'un entretien avec Hélène Hazera, dans *Libération* :

« Bien sûr, je regrette... Ils n'ont montré qu'une infime partie de la scène, le public a dû se dire : "vraiment soupe-au-lait, le mec." »

Pour Léonard Raponi, le directeur musical de Gilbert, le fond de l'histoire, c'est un peu l'organisation de la télévision en France :

« Les responsables de l'émission des *7 d'or* ont fait venir Bécaud à neuf heures du matin et la répétition de son intervention s'est faite à... dix-neuf heures trente. Gilbert, poireautant depuis le matin, n'a pas du tout compris la plaisanterie. Il a pris cela au premier degré. Evidemment, vu de l'extérieur, les gens ont tous été surpris par cette séquence de bêtisier. »

Sans tenter de trouver une parade à cet épisode excessivement médiatisé,

Jean-Claude Mennessier, depuis Bruxelles, m'apporte un « contrechamp » amusant. Bécaud est sa vedette préférée, un garçon qu'il adore :

« Gilbert a failli un jour m'acculer au désastre. Il est vrai que j'avais pris un risque énorme. C'était un dimanche après-midi, à Knokke. Je réalisais une émission en direct depuis La Réserve. Bécaud était là : il dormait. Je me suis fait indiquer le numéro de sa chambre... J'ai fait monter les câbles, installer les micros... La porte n'était pas fermée à clé, je suis entré. Je me suis approché du lit et je l'ai réveillé. Sidéré qu'il était, le brave Gilbert. "Mais qu'est-ce que c'est, ça ?" a-t-il marmonné. N'en menant plus très large, j'ai susurré : "Coucou ! c'est la radio !" Bécaud a eu la seule réponse possible. J'aurais dû m'y attendre : "M... !" Complètement paniqué, j'ai coupé en disant : "Enchaînons avec un disque, Dieu sait ce que Gilbert pourrait ajouter !" Compte non tenu de ce démarrage malheureux, l'entrevue s'est déroulée le plus civilement, le plus joyeusement du monde. Nous avons fait toute l'émission en direct de sa chambre, avec vocalises dans la salle de bain, ronflement de rasoir électrique et petit déjeuner... Bécaud a joué le jeu avec une merveilleuse décontraction. »

Mot de Cambronne pour Mennessier ou gifle pour Bollander dans une « télé-provoc » ? L'incident est clos.

Aux présentations de chaque récital, on revient toujours sur les éternels clichés : « L'homme a pris des rides et des cheveux blancs, mais pas ses chansons... *Autentica leggenda della canzone...* Sa musique reste maintenant comme l'histoire d'une époque... Toujours le même costume bleu, la cravate à pois et, incroyable, le même timbre de voix ! »

Dans le style épitaphe, on ne fait pas mieux. Faut tirer sa révérence : salut !

« Gilbert est un artiste terrible, assure Thomas, avec ce truc journalistique des 100 000 volts, cette espèce de chose insupportable qu'il a dû traîner comme une mauvaise valise ! C'est une énergie fantastique et il sait la donner à ceux avec qui il travaille. C'est sûrement sa première qualité. La deuxième, c'est sa vue. Bécaud arrive sur une scène comme un artisan. Il voit tout, il est au fond de la salle, dans le décor. Un homme de la scène. Lalanne a cette qualité-là. Ils ont un magnétisme, ils sont nés pour ça. Gilbert arrive sur un plateau, il maîtrise l'espace. Il a sa surface dans la tête, il entend tout. En dehors de la scène, poursuit Thomas, il est comme nous tous : il doute. L'exceptionnel chez Gilbert, c'est qu'il travaille sans interruption avec cette force étonnante, passant soudainement à autre chose, il ne s'arrête jamais. Pendant des années, on sait qu'il collaborait avec trois auteurs, il faisait des tournées, des enregistrements, des concerts dans tous les pays, multipliant la vie professionnelle par dix — je parle pas de sa vie privée. Et cela continue. Maintenant, quand certains artistes sortent un album, ils vous disent avoir mis quatre ans pour le faire ! On rigole. C'est pour cela que ces chanteurs ne décollent pas de France. »

En écoutant Thomas, j'ai quelques regrets pour *On a tous un coin sur la terre, La Demoiselle du 23, L'Enfant du ciel, La Répétition*, ou encore pour ce mystérieux *Tu entends*, inséré dans un album blanc avant 1973, sans autre précision. Tant de ballades évanouies à travers le temps.

« Un récital de Gilbert Bécaud devrait être filmé et montré dans les écoles », écrit *Midi Libre*, après le spectacle de Sauve.

Pour sa prestation au Festival de la Chanson française cher à Pascal Sevran, le concert défile à un rythme de course. On arrive au bout sans s'en rendre compte. Ça aussi, c'est forcément le talent !

« *J'en ai marre, c'est l'usure* », avoue Bécaud, tout en assurant que le prochain Olympia sera le dernier :

« Je ne ferai pas de prolongation. Après vingt-neuf Olympia, on n'éprouve plus tout à fait le même frisson. Cette fois-ci, je n'avais pas vraiment envie de remonter sur les planches, mais le public m'y a poussé, comme il m'avait poussé, à force de me réclamer ses airs favoris, à bâtir il y a trois ans un récital en deux parties, [...] un répertoire différent chaque soir, l'alternance comme à la Comédie-Française, mais tout seul. »(6)

Pierre Grosz, l'auteur des *Caraïbes* et Jacques Dinnat se retrouvent dans la petite cité gardoise. L'ex-régisseur raconte la soirée :

« Un monde fou pour un festival vraiment bien organisé, avec un son et un éclairage parfaits. Les organisateurs avaient tout prévu et tout installé. Gilbert n'a pas utilisé son matériel ce soir-là, mis à part quelques éléments que son équipe avait amenés. C'est très rare. »

La régie n'est plus son affaire depuis une dizaine d'années, mais Dinnat, qui a passé le flambeau à Eric Jutard, conserve la même vigilance... La nuit s'étire, les amis prennent congé. Les kilomètres défilent jusqu'à Ramatuelle, la cité varoise où opère Jean-Claude Brialy. Avant le concert et la pluie de coussins rouges du public sur l'artiste (une tradition...), Gilbert réaffirme son intention de lever le pied, avec le plus grand calme.

Mêmes états d'âme, en octobre, à l'Olympia :

« Je voudrais vivre, un peu. Je ne suis pas du genre à faire des confidences, mais si vous connaissez ce métier, vous devez savoir comme il a changé. La promo, le marketing — tous les mots en "ing". Chez moi, avec mon piano, ou sur scène, je suis bien, mais le reste... Depuis quarante ans, [...] j'en ai assez d'être angoissé tous les soirs. J'ai deux comédies musicales sur le piano, j'ai envie de faire des films, de changer à l'intérieur. Je

n'ose pas trop le dire, par horreur des fausses sorties, mais je ne crois pas qu'il y aura d'autre Olympia. »(7)

« Gilbert a toujours voulu faire du cinéma, me confie Cravenne en me rappelant le film de Lelouch et *Le Pays d'où je viens*, avec Françoise Arnoul. Je l'ai invité deux ou trois à fois à participer à la remise des Césars. Une fois il a chanté. Ensuite, il a remis un César. Le cinéma le travaille sérieusement... »

Saturation ? Les projets, pourtant, subsistent avec Mick Lanaro, même si le chanteur n'en parle pas. Lorsque les gestes revenaient automatiquement sur scène, Brel avait souhaité casser la mécanique et faire sa révérence. Comme lui, Gilbert a envie de varier les plaisirs.

« On croit que c'est tiré au cordeau, ce n'est pas vrai. Il y a deux "façons scéniques". La grande préparation, extrêmement précise : le chanteur travaille ses physionomies devant la glace, au millimètre. Moi, je suis à l'opposé. Je préfère l'influx de l'envie, le mal de réinventer chaque soir Nathalie. *On fait plus de deux cents concerts chaque année : deux cents soirs la même* Nathalie *? Je me flingue ! Le cadre est en dur, moi je suis dans le flou. Je sais que le projecteur doit tomber là — c'est moi qui l'ai réglé —, et je n'y vais pas forcément. Le fait de ne pas y aller me pose un problème. Et je m'invente une solution. »*(7)

Jusqu'au 20 octobre, le nom de Bécaud brille sur le fronton de l'Olympia. Récital bleu, récital rouge. Une aubaine pour les inconditionnels. Au programme, les anciennes chansons, avec des orchestrations rénovées. La mise en scène étonne : arrivée d'un petit garçon noir pour *T'es venu de loin*, fumée épaisse et roulements de tonnerre pour *L'Indien*... Le 9 octobre, à l'instant où il attaque *Et maintenant*, un clochard saute sur la scène, un litre de rouge à la main... L'effet comique est involontaire. Avec métier et gentillesse, Gilbert éconduit le trouble-fête. Le spectacle continue...

Hélène Hazéra, dans *Libération*, commente la réapparition :

« Si, à soixante balais, le bonhomme se la donne autant, quelle tornade il devait être aux beaux jours ! Pour l'heure : les arrangements salsa cuivrés chamboulent le planétaire *Et maintenant/What now my love*, ce *Boléro* de Ravel revisité. Délaissant le piano, le chanteur-kangourou rebondit d'un coin à l'autre à travers les fumigènes [...] On enchaîne [...] Le décalage entre son au goût du jour et textes un peu désuets, pas désagréable, souligne encore cette évidence : c'est en scène qu'il faut voir Bécaud. »(7)

« Les gens veulent retrouver intacte la sensation de l'époque où ils ont découvert la chanson. C'est très difficile, pour quelqu'un comme moi qui

a le désir d'avancer. Vous ne pouvez pas imaginer combien m'écrivent pour me dire qu'ils ont été déçus par la nouvelle version d'une musique qu'ils ont aimée. Ou ceux qui ont appelé leur fille Nathalie et qui ne voudraient pas de la plus somptueuse des orchestrations, si elle trahissait l'émotion que la chanson contenait, alors, pour eux. »(8)

Composer un récital dans ces conditions n'est pas une sinécure :

« C'est un problème de choix. J'en parle avec mes collaborateurs, avec Eric Jutard, mon régisseur, avec Delanoë, ou ma fille Emily. Ce sont des échanges dispersés comme ça, un peu flous... Je me dis : "Celle-là, je l'ai faite la dernière fois, je vais prendre l'autre." [...] Attention, il ne faut pas trop non plus se baser sur son propre goût, parce que le public ne vient pas à chaque représentation. Quand vous avez interprété une chanson trop souvent, vous avez envie de changer. Mais lui ne l'a pas entendue tous les jours. Il faut faire attention à ça... »(9)

« De temps en temps, me confie Raponi, Gilbert me pianote des ébauches de chansons, mais il ne va jamais vraiment jusqu'au bout. Quand nous travaillons, je lui présente un arrangement, la réponse est automatique :

"Tu me feras entendre ça à la répétition..."

Comment vous dire, il veut que les choses aillent vite. Quand on bosse ensemble, il lance constamment :

"Ne me fais pas de commentaires. Seulement : Ça va, ça ne va pas ! Et quand ça ne va pas, tu me dis : Ça ne va pas !"

Il ne veut pas que je lui donne de théorie et il a raison. Certains autres chanteurs sont tellements paranos qu'il faut tout leur expliquer. Gilbert, non. Il faut simplement lui dire deux ou trois mots, c'est tout. Et à chaque fois, il demande :

"Est-ce que tu es content ?"

Si je lui réponds positivement, alors là, "ça baigne". Mais si c'est le contraire, il me dit simplement :

"Allez, vas-y, fais ce qu'il faut pour que tu sois content !"

Il n'y a pas d'explications, de commentaires. Il est comme ça... »

Comme en 1988, triomphe pour le récital bleu, ovations pour le rouge. Le public de fidèles et les nouvelles générations répondent positivement au double concert, placé pour la première fois sous les couleurs de BMG, sa maison de disques, celle de Patrick Bruel, de Roch Voisine, de Laurent Voulzy...

« On m'a dit que faire l'Olympia cette année était un peu décalé ; je n'ai pas de nouveau disque, ça ne correspond pas à un plan clairement tracé. [...] Les sponsors, les producteurs, le milieu a changé. Voilà trente-

huit ans que je chante, je ne suis ni manchot, ni boiteux, ni bizarre. Tous ces gens qui se pensent plus importants que les artistes, que la musique ! Evidemment, ils mettent un bémol car j'ai de l'ancienneté, du prestige, y compris à l'étranger, mais ça les démange. »(10)

Les propos étonnent et détonnent. Bécaud peut-il se livrer sans choquer ? Il connaît les limites à ne pas dépasser.

« Eh bien oui, j'aime être efficace. J'aime que ça se passe bien. J'aime essayer mes erreurs. Je ne me jugule pas. Je chante. Mes égratignures, les applaudissements les effacent. »

Michel Delain, dans *L'Express*, rapporte les propos du chanteur « se foutant de sa légende » et se souvenant de ses dix-huit ans :

« A l'époque, on me fichait la paix, j'étais anonyme. »(11)

1991, « année-frontière », « année-tournant », les qualificatifs reviennent, invariablement, en ce début des années quatre-vingt-dix : désintégration de l'Union soviétique, quarante-deux jours de guerre des forces alliées contre l'Irak, la Fédération yousgoslave sombre dans la guerre civile... Après l'unification des deux Allemagnes l'an dernier, on a du mal à suivre.

En France, pendant qu'Edith Cresson est la première femme nommée à Matignon, l'actualité sur grand écran rime avec la nostalgie des anciens titres de Bécaud : le film *Une époque formidable*, avec Richard Bohringer et Gérard Jugnot reprenant *La solitude ça n'existe pas*, confirme le constat. Tout comme, quelques pellicules plus loin, *Et maintenant*, utilisée dans une réalisation de Marco Ferreri, *La Carne*.

Avec cet ultime salut sur la scène du boulevard des Capucines, des images affluent, celles des superbes photos d'un Patrick Ulmann, indémodable. Dans son recueil de clichés prestigieux et célèbres, « le » photographe de l'Olympia s'offre une galerie de portraits de grands de la chanson. Bécaud y figure naturellement en bonne place(12).

Une aventure se termine. L'homme prolonge la balade en Belgique, mais derrière le rideau rouge, les mêmes questions toujours sans réponse, la même inquiétude. En ce début novembre, il faut bien avouer que la disparition d'Yves Montand est aussi un nouveau signe du destin.

Pour le dernier baisser de rideau du créateur de *Luna-park*, aucune oraison, aucune musique, pas de cérémonie religieuse. Plus de deux cents personnalités, des milliers de figurants anonymes. Bécaud se repasse le film d'une vie et le passé revient : accompagné par Bob Castella et ses rythmes, Montand répète et enregistre sa musique, sur un texte de Vernadet et Delanoë. Un bien joli souvenir que ces *Cartes postales*, déposée à la Sacem en 1951, ou cette version peu diffusée de *Marie, Marie...*

Depuis ses débuts, Bécaud a toujours admiré son confrère, allant l'applaudir plusieurs soirées d'affilée, jusqu'à connaître parfaitement son récital.

« *La seule fois où j'ai parlé, pour rire, de faire mes adieux, Yves Montand m'a dit :*

"Ne fais jamais cela. Et après, si tu as envie de revenir ?" »(13)

Souvenirs... la cinquantaine oubliée, l'interprète de *Battling Joe* envisage un retour à la scène. Après une longue absence du music-hall, il hésite, partagé entre l'envie et la peur. Il va voir un spectacle de Gilbert, à Nîmes. Les deux hommes s'estiment, mais Montand ne semble pas comprendre la jubilation de Bécaud, heureux de monter au créneau : la peur est la plus forte.

Ce bonheur de la scène, Serge Gainsbourg l'aura découvert bien tard, grâce à l'adoration d'une jeunesse en délire. Trop tard... Une dernière gitane, une *Javanaise* et salut l'artiste !

Depuis le mois de janvier et la disparition de Mamico, Gilbert est devenu orphelin. Si la vie continue, rien ne sera plus comme avant :

« Le souvenir de la barre de chocolat ou de la banane que Mamico et Odette glissaient sous son oreiller avant qu'il ne s'endorme aura toujours plus de prix qu'aucune fortune au monde et rien ne le remplacera jamais. »(14)

L'enthousiasme est brisé. Néanmoins, Kitty et les enfants vont s'efforcer de lui insuffler l'envie de composer.

1992

Elle est de retour, musique, musique...

Entrée en piste de Grosz, aperçu l'été dernier dans les coulisses à Sauve :

« J'entreprends avec Gilbert de nouveaux titres. Et là, tout comme en 1976, on se retrouve comme des gens qui font leur première chanson. [...] Chaque fois que je travaille chez lui, on sonne à la porte. C'est Louis Amade. Il ne vient que les jours où je suis là. On arrête notre séance et on passe une heure ensemble. Il nous raconte des histoires extraordinaires et puis il repart. Cette visite répétée d'Amade, c'est très troublant. [...] On laisse les nouvelles chansons comme ça, je ne sais pas si Gilbert compte les poursuivre ou pas. Il va faire un album avec Lanaro, une enclave, quelque chose de bien à part. Ne l'ayant pas connu à ses débuts, je n'ai rien à y faire... »

Bécaud, des démangeaisons dans les cordes de son piano, semble avoir retrouvé l'enthousiasme, mais le doute subsiste encore avant le grand plongeon.

« J'ai attendu un an et demi pour me décider, il a fallu six mois pour l'écrire, trois semaines pour l'enregistrer. »(1)

L'année précédente, Mick Lanaro, le premier, avait manifesté quelque réserve avant de donner le ton. Il se justifiera, plus tard, à la naissance du bébé :

« Lorsque Bernard Carbonez, le patron de BMG, m'a demandé si je voulais travailler avec Gilbert Bécaud, j'ai pris un peu de temps pour réfléchir car c'était une proposition de taille. Et surtout, je me demandais ce que je pouvais bien apporter à un type comme ça. Pour moi, c'était un immense artiste, mais je l'avais peut-être perdu de vue depuis quelque temps. »(2)

« Lanaro est venu me trouver en me disant : "Il faudrait que tu m'écrives l'histoire d'un chanteur." Il me parlait comme s'il s'agissait de celle de Fragson, jusqu'à ce que je m'écrie : "Mais c'est ma propre vie !" »(3)

L'hésitation n'est pas dissimulée. Au début, Bécaud se montre très réticent, puis se laisse prendre au jeu :

« Les enfants, quand ça vieillit, ça devient des gens... Les femmes, tu as beau couper les amarres, il y a toujours un bout qui reste au port... »

L'enfance, la scène, les amours... Cinq heures de cassettes. Gilbert se raconte, jette des couleurs sur la toile. Le producteur enregistre, écoute et organise le tableau, notant chaque fois un mot, un possible point de départ de chanson. Lanaro évoque cette période :

« Après avoir effectué ce découpage, je me suis dit qu'il fallait faire plancher les auteurs sur des sujets imposés, correspondant aux grands moments de cette vie que j'avais envie de raconter. Et qui mieux que Delanoë et Amade pouvait faire ça ? Eux qui, avec Vidalin aujourd'hui disparu, lui ont toujours écrit ses plus belles chansons. J'ai donc proposé mon projet à Delanoë qui a été très vite séduit, après avoir un peu bougonné au début, comme à son habitude. »(4)

Les années quatre-vingt-dix. Pour Laurent, mon fils, avec ou sans Channel, son groupe, le rock assure toujours : Gildas Arzel, Def Leppard et Joe Elliot ont remplacé les années Casimir, Claude François et Balavoine. A l'image du début des sixties, ponctuellement, la même folie réapparaît dans les festivals, avec ses lois, ses uniformes, ses racismes. A Montréal, des milliers de fans de « Heavy Metal » dévastent les rues de la ville, après avoir mis à sac l'Olympic Stadium, à l'issue d'un concert écourté des groupes Metallica et Guns N'Roses. Chez nous, en Gironde, à Biganos, des crânes rasés s'affrontent. Depuis 1963 et la Nuit de la Nation, on s'est habitué, mais peut-on accepter ? Dans le *Figaro Magazine*, Léopold Sanchez évoque les années soixante, tout en s'apercevant « que les mods et les rockers qui traînaient autour de Picadilly Circus ont vieilli et que Bécaud, lui, est resté au sommet de l'affiche. »(5)

Hormis les sorties de Cabrel et de quelques autres, la chanson française se fait de plus en plus rare au sommet du « top 50 ».

Bécaud confie : *« Francis Cabrel, il est super, c'est le meilleur, je ne le connais pas personnellement mais je pense, je ne sais pas pourquoi, qu'il ira beaucoup plus loin que les autres, il est en profondeur. »*(6)

« Il y a des chanteurs que j'adore et d'autres que je n'aime pas. Cela n'a rien à voir avec le gars, c'est comme ça. Je suis comme vous, celui-ci, j'aime bien l'entendre, celui-là, il me g... ! Attention, pas en tant que collègue. Je vous dirais presque les noms, je n'en suis plus au temps des secrets. De même, certains de mes "camarades" ne me supportent pas, c'est le jeu ! »

Villeneuve-la-Garenne, le superbe théâtre Colisée à Roubaix, Onet-le-Château..., la cravate à pois est à l'affiche. L'opportunité de faire découvrir à Caroline, mon grand bébé de quatorze ans, sur scène et pour la première fois, une voix et un visage qu'elle connaît uniquement par le disque et la télévision. Mes amis de Graulhet présentant le chanteur, je mets sur pied, avec leur complicité, un imaginaire bal avec René Coll, subterfuge capable d'abuser ma fille à qui je souhaite faire une vraie surprise.

La nuit est tombée et lorsque, dans la ville tarnaise, nous croisons les affiches, il est facile d'accaparer son attention. Heureusement (et bizarrement), pas de publicité devant le théâtre Forum. Lorsque l'ouvreuse au badge Bécaud nous prend les cartons d'invitation, l'improvisation s'impose avec un providentiel laçage de soulier. Le piano bleu qui trône en plein milieu de la scène et les chaises de la « soirée dansante », disposées façon spectacle, ne l'étonnent pas, pas plus que les fonds sonores instrumentaux. Une voix féminine, hors champ, va provoquer le choc :

« Le récital de Gilbert Bécaud étant présenté en une seule partie, vous êtes priés de prendre vos dispositions avant le début du spectacle ! »

Regard stupéfait de ma fille. En quelques millièmes de seconde, elle comprend et réalise qu'on lui raconte un peu n'importe quoi depuis plusieurs semaines, que les amis de Graulhet ont fait de même et que tout le public présent n'est pas venu pour René Coll mais pour Gilbert Bécaud. Etrange sensation de décalage pour les quatorze ans de ma Caroline qui bascule dans un autre monde.

J'ai à peine le temps de lui indiquer, sur un des côtés sombres de la scène, une cravate qui se devine sur fond de chemise blanche. Les musiciens entrent en scène et attaquent l'introduction de *Fais-moi signe*. Superbe soirée, mais peu de nouveautés dans ce récital, mis à part cette chanson et *Quand la musique s'arrête,* qu'il bissera, bien entendu. Orchestrations toujours remodelées, l'homme traverse bien le temps. La cravate à pois, le costume bleu collent au personnage qui occupe au maximum toute la scène, le dos souvent tourné au public. Bravo pour *Desperado*, au final remodelé après le départ de Dorsay. Caroline est aux anges... c'est son premier Bécaud ! Bain de foule, chœurs du public, rappels interminables.

« Le champion du rideau, me soulignera plus tard Jean-Michel Boris. Il sait faire applaudir comme personne. Un jour où il était complètement aphone, le public a chanté à sa place pendant trois quarts d'heure et lui faisait "la la la...". Il avait la gorge dans un état, le malheureux, il crachait du sang, c'était une horreur. A aucun moment, il ne m'a dit :

"Jean-Michel, on ne va pas jouer."

Jamais il ne m'a fait ce coup-là. Et pourtant, Dieu sait qu'il y a eu des fois où il me chuchotait :

"Je ne sais pas si je vais pouvoir chanter, je suis dans un état !" »

Ce soir de printemps, à Graulhet, c'est le public qu'il met dans un drôle d'état. Minuit trente. Après les derniers rappels, le salut de l'artiste et mon au revoir aux amis de Graulhet, deux voitures quittent le Forum : Bécaud, seul au volant, repart vers d'autres spectacles et l'écriture de sa nouvelle passion ; dans le deuxième véhicule, c'est le retour de Caroline, après sa soirée surprise, vers l'infiniment long Tarzan, mon basset artésien normand, qui nous attend à Montpellier.

La balade américaine se prépare. Bernard Carbonez, président de BMG et assurément inconditionnel du chanteur, donnera, plus tard, des échos de l'écriture Delanoë-Bécaud :

« J'ai eu la chance d'assister à des séances de travail entre eux deux, que je n'oublierai jamais. Il faudrait les montrer à tout le monde, car elles sont un modèle de complicité et en même temps... d'affrontement, de coups de gueule entre deux monstres sacrés d'où jaillissaient bien sûr des choses formidables. »(7)

Christian Barbier me rapporte ces « coups de gueule » :

« Gilbert reprenait toujours le dessus. J'ai constaté que le jour où Vidalin a disparu, il n'a plus été le même. J'ai noté une grande différence. Pas au niveau de l'homme, mais de la chanson. Les disques se sont un peu espacés. Je crois qu'il a surtout envie d'autre chose. Il s'est mis au vert, un certain temps, dans sa ferme... Et là, manifestement, j'ai l'impression que ça le démange, il veut présenter un Bécaud un peu "new look", ce qui me paraît tout à fait normal. Quand on regarde autour aujourd'hui, les choses vont beaucoup plus vite. Il faut qu'on les mette dans le contexte. A l'époque de ses débuts, les télés étaient pratiquement nulles. C'était la radio, le disque, le vinyl, pas encore la cassette. Aujourd'hui, la cassette n'existe presque plus, on est passé directement au disque compact. Tous ces changements se déroulant à une vitesse vertigineuse, il est bien évident qu'il faut suivre. Les carrières faites sur une image, sur une apparence, ne durent plus des dizaines d'années comme avant. »

Lanaro a tous les éléments du puzzle :

« Bécaud est un bluesman au sens étymologique du mot, même si, formellement, le blues ne constitue pas vraiment sa musique. Alors, je lui ai fait écouter des décoctions de Doctor John, des infusions de Ray Charles, de Nat King Cole, de Sinatra, jusqu'à ce qu'il se sente à l'aise pour composer dans cet esprit. Je l'entendais presque, je savais exactement ce que je voulais raconter, et quelle musique, quelle couleur d'arrangement je désirais. »(8)

Bécaud a-t-il réellement bénéficié d'une totale liberté de création ?

« Parler de soi, en bien ou en mal, c'est difficile. Mais ici, ce n'est ni en

bien ni en mal, c'est en vrai. Pierre Delanoë a foncé tout de suite. J'ai fini par le rattraper... Cela fait quarante ans que je travaille avec lui. Là, il m'a impressionné. »(9)

« Chaque fois qu'une chanson était finie, raconte Lanaro, je faisais travailler un arrangeur, Bernard Arcadio, qui, ayant vécu quinze ans aux Etats-Unis, était tout imprégné des grands orchestres de jazz avec cuivres. Il faisait des maquettes d'arrangements, sur lesquelles il était possible de rectifier un tas de choses, jusqu'à ce que cela corresponde exactement à ce que je souhaitais. On a commencé comme ça, petit à petit, pendant huit ou neuf mois, jusqu'à ce que l'on arrive à un format définitif de quinze chansons auxquelles nous avons ajouté une ouverture. Ensuite, nous sommes partis pour Los Angeles, au studio Ocean Way. »(10)

Résultat des courses dans quelques mois.

Les cousins japonais nous envoient le « karaoké ». Rien de bien nouveau ; déjà, dans les années soixante, Pathé-Marconi avait innové avec les « versions à chanter », par Pierre Spiers et son orchestre, en particulier celle de *Et maintenant*. Aujourd'hui, les succès de Bécaud sont toujours présents dans la vague déferlante nippone. Sur cette lancée, le groupe EMI présente chez PMI une première vidéo basée sur ce principe d'images et textes défilant, avec, à nouveau, la même chanson. D'autres play-back suivront (*C'est en septembre, Et maintenant, Quand il est mort le poète*, etc.).

« Annus horribilis », avec son cortège de malheurs en tout genre et ses coups au cœur et à l'âme dans le public français. Suivant de quelques jours Arletty, Michel Berger rejoint Balavoine. *Totem*, son film sur les Indiens d'Amérique du Nord, ne se concrétisera pas.

Derniers points de repère 1992, les accords (ou les désaccords...) de Maastricht, Pierre Bérégovoy premier ministre et la disparition de La Cinq, plus bruyante que la naissance d'Arte, la chaîne « intellectuelle ».

Bécaud navigue ailleurs, entre le Poitou, la Corse, l'écriture des chansons, les récitals, Los Angeles, Paris. Il prend le temps de présenter l'*Opéra d'Aran*, distribué aujourd'hui par BMG. Gaya, qui n'avait pas tout à fait dix ans en 1962 au moment de la création, en signe la réalisation technique.

« C'est la troisième version ! », me précise Gilbert, assis sur son divan, tout à côté de la cheminée, sur la péniche baptisée... *Aran* :

« J'y tiens beaucoup, ne serait-ce que par le fait que ça m'a coûté très cher (éclats de rire...). Pour enregistrer un opéra, c'est comme pour l'écrire, il faut être ou très riche ou très pauvre et je ne suis dans aucune catégorie ! Lorsque je me suis lancé dans cette aventure, pendant les années soixante, Raymond Bernard m'a aidé au début parce que j'étais déshabitué.

Malgré un prix du Conservatoire de direction d'orchestre, il était au-dessus de mon épaule, les premiers temps, pour voir si je ne faisais pas de bêtises. J'avais écrit entièrement l'orchestration. La deuxième fois, il n'a pas eu à le faire car nous avions enregistré une bande que nous avions gardée pendant de longues années. Tous les interprètes chantaient et la technique de cette époque nous a permis de séparer tout ce monde-là, dans l'enregistrement. On a pu ainsi enlever tel chanteur, tel choriste, telle partie de l'orchestre, etc.

Raymond n'a pas participé à la version de 1992. Il est venu l'écouter, mais il n'est pas dans ce coup-là ! Au fait, est-ce que tu as cette nouvelle production ?», me demande Gilbert, tout en se dirigeant derrière son piano bleu et son synthétiseur.

«Attends, voilà "la bible". Il ne m'en reste plus que trois. Je vais t'en donner une. C'est la dernière, l'ultime version. Après, je ne m'en occupe plus... J'en ai marre !

— Tout pour Roza *?*

— Non, tout pour tout ! Aran, *je l'ai enregistré trois fois, ça m'a coûté des millions et des millions de francs. Ce n'est pas rien... !»*

Il est intéressant de noter que le chanteur de variété va flirter à nouveau avec les lyriques. Déjà, en 1966, lors de la deuxième version discographique, il s'était octroyé le rôle de Mickey, un garçon enthousiaste qui lui ressemble, qui a envie, qui croit aux gens, aux choses. La présentation d'*Aran* 1992 est bien attirante. Avec de nouveaux chœurs, des bruitages, un mixage tout neuf sur les voix de la version 1966 superbement traitées, une meilleure diction, tous les critères paraissent réunis pour redonner un coup de jeunesse à l'œuvre lyrique.

Sur France-Inter, pendant l'émission du 7 juin 1992, *Les choses de la nuit*, Jean Charles Aschero commente la prononciation des chanteurs d'opéra et lui lance :

«On ne comprend pas ce qu'ils disent».

Gilbert réagit au quart de tour...

«Mais si, on comprend ! Je suis désolé de vous contredire. J'ai tout refait pour ça. Il y avait des chœurs qu'on ne saisissait pas. Ils ont été étayés par des chœurs de variétés. Etayés seulement.»(11)

Durant mes recherches, je passe près de Pleyel, à quelques mètres du restaurant le Daru, cher à la tribu Bécaud. Le récent CD de l'*Opéra d'Aran* ne figure pas dans les rayons du magasin «Point d'Orgue», qui jouxte la salle de concert. Amabilités dans la boutique, consultation du catalogue classique avant l'incroyable précision significative de la disparité des genres, lorsque je prononce le nom de Bécaud :

« Ici, nous ne faisons que le classique ! »

Plus de trente ans après la création de l'opéra, la réplique est étonnante. Lorsque je lui raconte l'anecdote, Georges Prêtre, outré, me conseille d'en faire état dans mon ouvrage.

Gilbert reparle de son enfant :

*« Quand on enlèvera les rochers en carton, les orchestres poussiéreux, quand les divas seront ravissantes, "troussables", quand on ne viendra plus uniquement pour écouter des voix mais aussi pour l'œuvre... quand on aura changé tout ça, on y sera enfin ! Ne me dites pas que Mozart a écrit des opéras en quarante-huit heures en rêvant qu'il s'agissait de grosses dames et de gros messieurs, ce n'est pas possible ! Ça s'est dénaturé par la suite, on s'est occupé de la voix, pas du physique. Il faut enlever les rochers en carton, les orages sur des tôles. [...] Zeffirelli veut faire l'*Opéra d'Aran*, il me téléphone souvent. »*

« Aujourd'hui, affirme Barbier, malgré la controverse et les critiques, *Aran* est toujours présent. »

Depuis sa création en 1962, on ne compte plus les représentations en France et à l'étranger. En 1993, sanctionnant le nouvel enregistrement, l'hebdomadaire *VSD* qualifiera d'échec l'exhumation de l'*Opéra d'Aran*.

Pendant ce temps, imperturbables, Delanoë et Bécaud travaillent sur une nouvelle chanson qui évoque leur grand rêve lyrique :

> *La belle aventure, s'il le faut, je jure*
> *Que je la recommencerai...*

Octobre 1992. Amade rejoint Saint-Exupéry. Triste balade. Où peut voyager l'esprit de Bécaud dans ces moments douloureux ? A la préfecture de Versailles, en 1952 ? Le préfet-poète l'a souvent raconté :

« Gilbert avait vingt-cinq ans et moi dix de plus. Je fus aussitôt considéré comme l'aîné du groupe, aîné de Gilbert, de Vidalin, de Delanoë, d'Aznavour inconnu à peu près à l'époque. »(12)

Extrait d'une lettre de Charles Aznavour adressée à Jan-Pierre et Catherine Renaut :

« Parler d'Amade, pas très facile, curieusement, je l'ai à peine connu. Toujours très aimable, jamais agressif, il était une ombre gilbertienne, et je crois sincèrement qu'en dehors de lui, il ne remarquait aucun autre chanteur, ce que je trouve normal. [...] Louis était aussi un poète qui avait mis son art au service de sa préférence... »

Et pourtant... même s'il n'a pas écrit pour eux, Amade a guidé les premiers pas de bon nombre de débutants célèbres, comme Hallyday, Adamo, Renaud, etc.

1993

Je saurai un jour qui je suis...

OUVERTURE - QUAND T'ES PETIT DANS LE MIDI
OH QUE PARIS C'EST LOIN - ARAN (L'OPÉRA)
MA PREMIERE CHANSON (J'L'AI PAS FINIE)
IL EST A MOI (L'OLYMPIA) - MON AGENDA
LA BALADE AMERICAINE - TU MARCHES A BROADWAY
ET SALUT LES COPAINS - LA CABANE BLUE
MEA CULPA MEA CULPA - LA DAME DE SAINT-PAUL
DU SABLE DANS LES MAINS - UNE VIE COMME UN TORRENT
CHANTER C'EST MA LIBERTE

Paris. 2 février. Parution du disque compact blanc, « Une vie comme un roman ». Les projets dévoilés en novembre-décembre 1991 trouvent leur conclusion dans les locaux de la Sacem où Bécaud et Delanoë baptisent le nouveau-né, conférence de presse à l'appui.

La promotion semble un peu longue à démarrer. En fait, un fantastique plan de rentrée est mis sur pied, avec en premier *A vos amours*, sur France 3, animée par Caroline Tresca. L'attaque débute en douceur :

« Los Angeles a une atmosphère assez trouble, on s'attend toujours à un tremblement de terre, il y a une ambiance bizarre. Là, c'est très spécial, le disque est très blues, très jazz, très spécialisé. [...] C'est pour ça que, pour la première fois depuis quarante ans, je vais enregistrer aux Etats-Unis. »

Un Bécaud déroutant, étonnant, crooner et toujours percutant, entouré d'une sacrée pointure de musiciens et de choristes américains. Lanaro a réuni le haut de gamme, s'assurant, entre autres, la participation d'Oren Waters, complice vocale de Neil Diamond dans la bande originale du film *The jazz singer*.

« La promotion ! Maintenant, c'est quasiment devenu Soleil vert, *le fameux film de science-fiction. Pour passer à la télé, tu dois servir la soupe à l'animateur et, éventuellement, montrer tes fesses... J'ai parfois honte pour ma cravate. »*(1)

Show-Magazine donne le ton :

« Mise en place : quarante mille. Alerte générale à la mi-janvier, avec pré-écoute et distribution, « spéciales » à prévoir sur les grandes émissions radio et TV, entretiens en cascade. Un livre *collector* renforce l'impact auprès des médias et distributeurs, une PLV spéciale en vitrine (livre géant mobile), auprès de la clientèle. Tous les ingrédients sont réunis pour faire monter la sauce. »(2)

Concrètement, les *interviews* se multiplient et Gilbert, taraudé par les journalistes, se raconte, se répète, se dévoile et commente une vie de chanteur. Tout est bien orchestré et coordonné, avec quelques surprises malgré tout.

Ainsi, dans *Notes*, l'affirmation de Bernard Carbonez, le patron de BMG :

« Le premier album de Bécaud chez nous, voici deux ans, avait été un peu décevant. »

Ou bien la fin de l'étonnante dépêche AFP :

« Il s'agit du premier disque de Gilbert Bécaud pour sa nouvelle maison de disques depuis son départ de EMI. »

Un télex surprenant pour Lemesle, Bériat, Barbelivien et les autres paroliers de l'album BMG 1989 trop vite enterré. *Fais-moi signe, L'Ombre et l'enfant, Les cas désespérés seront prioritaires...* méritaient mieux.

Sur quarante ans de carrière, les dérapages sont inévitables, parfois cocasses et nécessitent qu'on s'y attarde. Par exemple, lorsque la presse annonce une collaboration sans nuages du tandem Bécaud / Delanoë pour la conception de « Une vie comme un roman », Bernard Carbonez, de son côté, parle « d'engueulades », dans le journal de la Sacem.

En 1991, Bécaud annonce :

« Un album "live" doit sortir en octobre 1991. La technique nous a suivis pendant sept mois. »

Puis, il fait diversion :

« Je préfère ne rien vous dire plutôt que de vous raconter des bobards comme je le fais si souvent avec vos confrères. »(3)

Sympa pour les lecteurs ! La confidence est à prendre au second degré bien entendu, mais enfin...

Autre affirmation spontanée dans *Notre Temps*, en janvier 1977, à propos de l'*Opéra d'Aran* :

« Je voulais prouver à ceux qui m'estiment que [...] M. 100 000 volts peut se modérer quand il faut et servir de son mieux la vraie musique, celle qui ne se chante pas forcément au music-hall. »

Allons bon... Bécaud dénigrerait-il sa musique de variétés habituelle ? Impensable !

Une autre fois, dans *Le Parisien* : « *J'aimerais que Dabadie m'écrive une mise en scène de l'album dans un lieu qui me surprenne...* »(4)

Quelques mois plus tard, Jean-Loup Dabadie, bien aimablement, me précisera :

« Je ne suis pas metteur en scène, mais écrivain seulement. Je n'ai jamais encore écrit pour Gilbert Bécaud que j'admire infiniment, et pour l'heure, aucun projet ne nous réunit. »

Marc Robine, dans *Chorus*, au printemps 1993, mentionne l'existence de chansons signées Stevie Wonder-Gilbert Bécaud, toute comme la biographie BMG et la presse en général. Dans la même période, au cours de l'émission *Taratata* sur France 2, Nagui reprend l'argument. Bécaud ne suit pas :

« *Stevie Wonder, non, je n'ai rien écrit avec lui.* »

Faudrait revoir quelque peu les copies avant de les distribuer... ! A mettre sur le compte de l'enthousiasme et des 100 000 volts.

En 1993, Bécaud n'arrête pas de se raconter. Quand on connaît la pudeur de Gilbert, ces confidences n'ont pas dû couler de source. S'impliquer dans l'écriture avec Delanoë et se raconter en chansons, c'est une chose. Se dévoiler et étaler une partie de sa vie privée en public, c'est différent. A l'exemple de certains chanteurs, comme Goldman et parfois Renaud, négligeant volontairement le service après-vente qui prend le pas sur l'essentiel, Gilbert aurait pu refuser. Trop heureux de ce retour discographique, il plonge dans la promotion, avec un survoltage sauvage.

Si la majorité accueille favorablement la sortie du Bécaud nouveau, comme toujours, on relève quelques notes dissonantes du côté de *L'Evénement du Jeudi*. Le chroniqueur Patrice Delbourg — que lui a donc fait Bécaud ? — repique de plus belle dans son acharnement et expédie en termes lapidaires le disque au vide-ordures, à grands renforts de « lifting à trois sous », « voix lézardée », « mélodies de supérette » ou « ego de montgolfière ».

Dans un élan de générosité, il gratifie Delanoë de sa prose acidulée :

« L'absence de modestie des deux compères frise le ridicule. Delanoë se cite. Bécaud se mire. Notre tandem pratique avec un bonheur égal la dyslexie créatrice ». Puis il conclue le portrait par cette perle rare : « Rideau. Fiasco du tandem sur toute la ligne. »

Dans le journal du Club le Rideau Rouge, la réaction est vive. Robin Renaut, qui ne mâche pas ses mots, lançe quelques questions pertinentes :

« Qui est ce Patrice Delbourg ? Qu'a-t-il prouvé au public pour s'autoriser cette condamnation sans appel et sans fondement ? En qualité de quoi est-il habilité à décider aussi facilement que Bécaud et Delanoë sont deux vieux cons prétentieux ? Car, ne t'y trompe pas. A mots couverts, c'est bel et bien ce qu'il cherche à t'inculquer, Monsieur Je-sais-tout, dans sa pitoyable démonstration... »(5)

Quant à la présentation signée Jean-Pierre Pasqualini, incluse dans la pochette de la deuxième édition du CD « Toute une vie en Bécaud », elle me laisse perplexe.

La parenthèse refermée, je retrouve Mick Lanaro, évoquant la préparation du nouvel album :

« J'ai tenu à effectuer le mixage moi-même. Non par forfanterie, mais parce que j'avais envie d'y intégrer quelques éléments en forme de témoignage, comme, par exemple, lorsqu'on entend Bécaud travailler chez lui ou encore la voix de sa mère ou celle de Delanoë, ainsi que des bruitages pour illustrer l'ensemble à la manière d'un film sans images. »(6)

Lorsque Lanaro débarque en Corse, chez le chanteur, avec ses bandes mixées, Gilbert écoute. Le producteur n'est pas prêt d'oublier la réaction et fait état de l'émotion provoquée :

« Bécaud s'est s'effondré en larmes en entendant la voix de sa mère, décédée à l'âge de cent un ans, comme il le dit dans la chanson *La Dame de Saint-Paul.* »(6)

Elle a eu cent ans elle a fait ses bagages...

La famille, la tribu, Gilbert en parle et se découvre. Pour la première fois, il lève un coin du voile et évoque, en chanson, *La Dame de Saint-Paul*, Mamico, avec amour, nostalgie, respect et tendresse. Bécaud émotion ? Ce sont les confidences de ses proches, de ses familiers, de ses compagnons de route...

Mon père doutait de moi, il fallut pour y croire
Qu'il vit son nom briller en gros sur le boul'vard ...
(LA DAME DE SAINT-PAUL - BECAUD / DELANOE)

« Le père de Gilbert serait-il fier de son fils et de son œuvre ? »

Amade se souvient, tout en laissant la question sans réponse :

« Il assista impassible à ses premiers succès sans trop y croire. Il avait toujours voulu qu'il fasse comme lui une carrière dans l'hôtellerie. Il mourut alors que, jeune encore, Gilbert commençait à rayonner partout à la fois. Je le voyais de temps à autre. Il parlait peu. Je ne lui posais jamais de questions sur son fils. Nos pères seraient-ils heureux, seraient-ils fiers de nos combats ? »(7)

Jean suit son frère Gilbert dans ses galas autour du monde jusqu'à la moitié des années soixante. Lorsque je découvre ce double de Bécaud, à Puylaurens, en août 1958, leur ressemblance m'étonne. Plus tard, il disparaîtra après une longue maladie. Gilbert, pudique, en parle peu.

Odette, sa sœur, qui a grandi avec eux sous le soleil du Midi, fait une brillante carrière de danseuse, avant de se retirer au pays natal.

Quant aux deux fils de Bécaud, Gaya et Philippe, ils ont chacun leur chanson.... *Berceuse pour Gaya,* en 1955, et *Pilou Pilou hé !,* en 1959. La relève ? Non. Le virus ? Certainement. Dès leur plus jeune âge, Gaya et Philippe manifestent des dispositions évidentes pour la musique. Le contraire eût été étonnant. Christian Barbier évoque, au cours de notre entretien, les images de la progéniture, en particulier Gaya, tout petit, traînant déjà dans les coulisses de l'Olympia.

Touche-à-tout —enregistrement, photo, film, participation à plusieurs émissions télévisées dont *Tous à la Une*, *Les grosses têtes*, réalisation de vidéos, notamment celle d'*Allez, allez la vie*, le spectacle d'Isabelle Aubret—, le rôle de Gaya est vite déterminant dans la production de Bécaud. Au milieu des années quatre-vingt-dix, il s'occupe de tout ce qui est nouveau sur RTL, mise en place de l'information, couleur sonore de l'antenne.

« On me demande souvent : "Qu'est-ce que ça vous fait d'être le fils de Gilbert Bécaud ?" Je dis toujours : "Je ne peux pas vous répondre, je n'ai jamais eu un autre père !" Ce qu'il nous a transmis, à mon frère, mes sœurs et moi, c'est une énergie dans le travail. Bien sûr, il y a eu des angoisses, des joies, ça marche ou ça ne marche pas. Il est sûrement différent des autres pères mais je n'ai pas d'éléments de comparaison, mes parents m'apparaissent tout à fait normaux ! Pendant mon enfance, puis mon adolescence, je n'ai pas eu de moments qui m'ont marqué plus que d'autres. Tout est insolite ou plutôt, pour moi, rien n'est insolite : c'est ma vie quotidienne. Le plus terrible, c'est qu'arrivé à l'âge adulte, vous avez l'impression d'avoir tout vu, tout connu, d'avoir traversé cette vie intense à une rapidité vertigineuse. Vous êtes complètement paumé ! Il faut tout recommencer et se composer soi-même une identité. Un menuisier travaille le bois chaque jour, un boucher coupe de la viande à longueur de temps, leurs fils ne s'en étonnent pas. Moi, c'est pareil, sauf que dans le spectacle, tout est émotion, drame, tout est extériorisé à l'extrême. Je n'avais pas la sensation de vivre quelque chose d'extraordinaire. Aujourd'hui, bien sûr, je repense à Piaf, à Cocteau, à Marlène Dietrich qui me faisait manger, je me pose quelques questions et je passe mon temps à rechercher des personnes de cette qualité.»

Une collaboration importante entre un père et un fils, évoquée par Lemesle :

« Gilbert a le sens de la famille. Professionnellement, ils sont également très unis et je crois que l'un et l'autre s'écoutent, se donnent des conseils mutuels. Là, ils ne sont plus que des collaborateurs qui travaillent pour le bien d'un même interprète et pour la réussite d'un même disque. Quand Gaya est judicieux, il l'écoute. »

« Mon père m'a toujours dit de ne pas écouter les conseils, alors, j'ai du mal à lui affirmer : C'est génial ou ce ne n'est pas bon ! Pour *Madame Roza*, il a tout recommencé de a à z. J'attendrai la fin pour émettre une idée. Mais comme je me suis trompé sur le destin de certaines chansons, je pense que mon « avis artistique » n'a pas d'importance ! Quand j'étais petit, j'ai refusé d'apprendre à jouer du piano comme Philippe, mon frère, j'ai préféré me réaliser dans d'autres domaines (vidéo, radio, etc.). C'est difficile d'influencer mon père, il a tant d'idées, de mélodies en tête, il m'étonne sans arrêt ! »

Jean-Michel Boris me reparle de Gilbert Bécaud Junior :

« Je l'ai connu tout petit, puis, avec les années, il a pris de l'importance. A plusieurs reprises, je l'ai vu faire un remarquable travail à la console. Il a appris sur le terrain, ici, à l'Olympia. »

« Il a plusieurs cordes à son arc, me rapporte Dinnat, amusé ; tiens, vous connaissez "Pour en finir avec tout", son album personnel, enregistré en 1980 ? »

Pour Gaya, Pierre Grosz se transforme en comédien :

« C'était amusant. Arrivé dans le Poitou pour travailler des chansons, je me suis retrouvé en plein tournage d'un film organisé par les enfants Bécaud et, tout de suite, ils m'ont recruté comme acteur. C'était très sympathique. Je pense qu'ils avaient un peu repéré que j'écrivais pour Jonasz. J'étais à ce moment-là un auteur assez débutant. »

Durant nos entretiens, Thomas se cantonne sur Bécaud père et Philippe, qui composent et cosignent une première musique, en 1975, sur un texte de Vidalin, *Laissez aller*. Dans le *Figaro Magazine*, Léonard Sanchez relate un week-end pluvieux en 1980, dans la propriété du Poitou, avec Philippe, s'accompagnant à la guitare, assis sur la fourrure blanche qui recouvre le sol. Présent dans certaines productions, il compose et orchestre *Cette chanson* (1978), écrit les musiques de *Musicien de jazz* (1980), *Love supersonique* (1984), *Marie-Pierre* (1986)...

Claude Lemesle, l'auteur des textes de *Cette chanson* et *Love supersonique*, mentionne, pendant nos conversations, « les musiques de Philippe que son père a envie de paroler... ».

Paternel, le directeur de l'Olympia le cite également : « Philippe est un bon musicien, je le vois souvent. Lui aussi dit : "Je suis presque né ici..." ».

Choristes d'un soir — sur la scène parisienne, lors d'une télévision de

Patrick Sabatier, dans *L'important c'est la rose*—, et d'un jour —en studio, pendant l'enregistrement de *Mañana c'est carnaval* en 1980—, Jennifer, Anne, Emily, les trois filles de Gilbert, participent toujours, dans la bonne humeur.

« Gaya, c'est un peu le gardien de mon temple : il a récupéré, Dieu sait comment, toutes mes bandes, tous mes enregistrements. Philippe est compositeur, il travaille surtout en Espagne et en Italie. C'est bien ce qu'il fait. Dans notre discipline, comme dans les familles de cirque, on est très exigeant avec ceux que l'on aime. Une de mes filles est passionnée par la chanson, une autre se consacre à des associations de défense des animaux et la plus jeune prépare son bac. »(8)

J'aurais voulu tant faire
Pour les garder toujours...
(DU SABLE DANS LES MAINS - BECAUD / AMADE)

« Les enfants sont ma vie. J'en ai eu cinq mais j'aurais très bien pu en avoir douze. De temps en temps, nous nous réunissons tous. Je m'efforce de leur apporter mon soutien dans les problèmes qu'ils affrontent. Le rôle des parents est plus difficile qu'on ne le croit ! Il faut être présent sans être étouffant. Et plus ils grandissent, plus c'est compliqué. »(9)

« Sa vie privée, Bécaud l'a toujours préservée. C'est peut-être un de ses côtés les plus remarquables, me confie Jean-Michel Boris, elle n'est pratiquement jamais passée au premier plan et n'est jamais venue troubler sa vie artistique. »

J'étais fou amoureux d'une étoile
Mais la passion, les journaux à scandales
J'ai coupé l'cordon du téléphone
What now my love...
(MEA CULPA MEA CULPA - BECAUD / DELANOE)

Les commentaires de Bécaud corroborent ceux de Boris :

« Un père de famille, ça n'a pas sa place sur un plateau. Quand je surprends Anne dans le public, j'en ai pour une heure à me remettre. »(10)

« Une fois que le spectacle est rodé, mes enfants viennent me voir sur scène. Mais je ne veux jamais qu'ils soient là pour la première. Je dois être, ce soir-là, davantage acteur que d'habitude. C'est incompatible avec l'image qu'ils doivent, eux, avoir du père. Et puis, de mon côté, je ne pourrais pas "être acteur" si je sentais, dans la salle, la présence de mes très proches, de ceux qui sont dans mon cœur. »(11)

Depuis les débuts, les pianos déménagent. La rue Verdi à Nice, la rue Vaneau à Paris chez ses parents, puis Issy-les-Moulineaux chez ses beaux-parents (les parents de Monique), avant Meudon, Le Chesnay avec la fameuse cabane dont Gilbert se sépare un jour...

J'ai vendu la maison comme on se guillotine
Avec tous mes copains j'ai brûlé ma copine...
(LA CABANE BLUE - BECAUD / DELANOE)

Et voila l'impressionnant tour de France, à Puteaux, avec un Bécaud au quarantième et dernier étage... Puis, salut le Poitou et Saint-Pierre-de Maillé, où il découvre une nouvelle vie, et enfin, au début des années quatre-vingt-dix, petit tour par *Aran*, son « pied-à-terre » sur la Seine, une péniche de quarante-deux mètres de long, à quelques encablures de Neuilly, où un sixième enfant vient agrandir la famille. En 1993, dans les premiers mois, la tendance est à la discrétion, puis, Gilbert ouvre les vannes :

« Comment savez-vous cela ? Je n'en ai jamais parlé. [...] « C'est vrai, j'ai adopté une petite fille de sept ans que j'ai pu récupérer au Laos, où il y a des massacres d'enfants, des viols, des horreurs de toutes sortes. Vous savez, j'ai une grande ferme dans le Poitou : cent trente hectares avec des animaux, un potager et plein de chambres que mes propres enfants n'occupent plus. Alors, qu'on ne me parle pas de bonne action. C'était pure logique que de faire quelque chose. J'ai d'ailleurs l'intention de ne pas m'arrêter. La petite s'appelle Noï. Avec ma femme, quand on la regarde, nous nous sentons un peu plus sereins. »(12)

« Je n'ai pas de secret extraordinaire, je me suis marié avec Monique Nicolas qui m'a fait trois enfants, deux garçons (Gaya, Philippe) et une fille (Anne) ; ensuite, j'ai eu Jennifer avec Janet, puis une autre fille, Emily, avec Kitty. Mes enfants s'appellent tous Bécaud. Ne me demandez pas les dates, je suis incapable de vous les donner ! L'ordre, c'est ça ! Si j'ai d'autres nouvelles, je vous téléphonerai... »

Bécaud en confidences, c'est quelque chose, enfin... c'est Bécaud, un vagabondage incessant peuplé de clins d'œil complices, de réflexions paisibles et soudain d'aveux, qui sans en avoir l'air, en disent long et vous replongent vingt ou trente ans en arrière. Calfeutré dans sa péniche, l'éternel gamin est en éternels mouvements, cherchant subitement la dernière cigarette allumée, posée ici ou là, ou décrochant le combiné pour répondre au « allô papa » d'une de ses filles préférées. Eludant par une boutade tout ce qui semble une question sur sa vie privée, Gilbert revient néanmoins sur les trois femmes de sa vie :

« Toutes sont ravissantes. Elles m'ont fait des beaux bébés. Nous nous retrouvons souvent, pour dîner, pour les Noël, et personne ne s'engueule... ! Ce n'est pas le genre de la maison. Si quelqu'un hausse le ton, on

saute sur le champagne, on boit un coup et ça se termine comme ça. Ça s'arrête où ça commence ! »

Marié deux fois (Monique et Kitty), père de cinq enfants de trois mères différentes, dont Janet, l'ex-compagne de Claude François, Bécaud mène sa vie comme un bolide. Le parcours tient de la course contre la montre, bien à l'image de ses célèbres 100 000 volts.

En 1993, Gaya, l'aîné, fête ses quarante ans et ses cinq ans de mariage avec la princesse Tania de Bourbon-Parme. Philippe Bécaud annonce ses trente-cinq ans, suivi d'Anne et Jennifer, devant Emily, vingt-et-un ans, sans oublier Noï, la toute petite dernière...

Emily rejoint l'équipe technique de son père, secondant Eric Jutard à la régie. On peut relever ici les propos de Nicky Cuissard, une des fidèles du clan :

« Travailler avec son père, c'est bien et ce n'est pas bien. Je suis certaine qu'Emily aimerait trouver un autre "job", toujours dans ce milieu (le cinéma ou le monde du spectacle). Avec Gilbert, ce n'est pas pareil. C'est un peu acquis, mais elle n'apprend pas ce qu'elle doit apprendre. Et en plus, il n'est pas toujours très patient. Anne n'est pas du tout branchée métier. Jennifer ? Je sais qu'elle aime bien chanter, elle a une très jolie voix. »

Un nouveau groupe, 2 source, et un CD à paraître chez BMG en mars ou avril 1995 : plus qu'un disque, ce sera une nouvelle aventure. Jennifer signera les paroles et la musique, avec Nicolas Herréra et Alive : *C'est en toi, L'Eveil, Laisse tourner le groove, Fièvre, The Pressure, Give me some colors...* Le nom de Bécaud n'apparaîtra pas, Jennifer s'appellera Woollacott, comme Janet, sa mère. Un éveil intéressant qui en étonnera plus d'un !

Leur vie parisienne, Gilbert et Kitty la passent désormais sur la péniche, amarrée sur les bords de la Seine. Chez Bécaud, on est très famille, mais il faut suivre !

« Gilbert avec les femmes, me confie José Artur, je ne peux pas vous en parler beaucoup, je déteste être indiscret, mais il est certain que ses rapports avec les femmes n'ont pas été de tout repos... »

Renato Tortarolo, journaliste italien dans *Il Secolo XIX*, mentionne ses admiratrices qui, depuis plus de trente ans, l'adorent — comme d'autres aujourd'hui s'embrasent pour les rockstars —, affirmant :

« *Ma lei lo sa di essere stato* un "tombeur de femmes" ? »

La réponse ne tarde pas :

« *Moi ? Eh bien, dites-le à ma femme... ! Bien sincèrement, je n'en ai pas fait vaciller autant que ça ! Ce sont les femmes qui choisissent, pas les hommes !* »

Et Bécaud revient à un de ses thèmes favoris, la famille...

« Avec mes enfants, je crois n'avoir jamais été un père possessif, mais les voir partir de la maison un par un ne fut pas évident. Ma seule vraie nostalgie, d'ailleurs, c'est celle de leurs caresses. Heureusement, grâce à mon fils Gaya qui vient de fêter ses quarante ans, je suis enfin grand-père. Elle s'appelle Marguerite. [...] Je craque. »(12)

« J'ai des tonnes d'amour à donner aux miens... »(13)

De tout temps, Gilbert parle des siens dans ses chansons. Sans remonter à la *Berceuse pour Gaya* ou *à Pilou Pilou hé,* il suffit d'évoquer *Je ne fais que passer* et l'actuel *Du sable dans les mains*, d'Amade :

Les enfants qui grandissent
Et quittent la maison
C'est un peu le supplice
De deux générations...

Cette fois, tout le monde en piste ! Avec Kitty et les enfants (la petite Noï au premier plan), le chanteur vous lance, malicieux ou pudique : *« Je n'ai pas tout dit ! »*, comme s'il voulait vous donner l'envie d'en savoir plus.

Bécaud et Delanoë ont réalisé avec « Une vie comme un roman », un de leurs meilleurs disques, *« au fil des notes/au fil des mots/à fleur de cœur/à fleur de peau... »*.

Bien sûr, les mélodies restent dans la tradition et l'on peut déceler quelques ressemblances. *Il est à moi* a un petit goût de *La Rivière*.

J'ai dit mon dernier mot dans le dernier "Je t'aime"
Moi je ne suis plus lui, je ne suis que moi-même...

L'ancien *Kyrie* a enfanté *Mea culpa mea culpa* et *Oh que Paris c'est loin* n'est pas sans rappeler *Dans ces moments-là* du début des « sixties » et le lointain *Ça claque*. De même, par sa construction, *Du sable dans les mains* évoque quelques plans musicaux relevés dans *C'est en septembre*, et une partie de *La Dame de Saint-Paul* fait penser aux *Tantes Jeanne*. En découvrant *Aran*, je repense au solo de violon dans *Toi le musicien*. Réminiscences normales. Après tout, on reconnaît entre mille Mozart, Gerwshin ou la patte de Léonard Bernstein tout comme, dans une chanson, Trenet, Brel, Bécaud, Brassens, Ferré, Ferrat ou Aznavour. Les risques ? Le compositeur de *Madame Roza* les recherche, les provoque et les collectionne, même s'il conserve des points de repère, une porte entrouverte pour ne pas brusquer son public. Gilbert et l'équipe de BMG semblent pourtant amorcer une évolution vers une nouvelle image.

« Après vingt-neuf Olympia, j'ai envie de changer. Je n'ai pas encore

fait mon choix. Mais, je peux vous dire que ce sera le plus choc possible », confie-t-il à Eric Lamon, pour *Télé-Loisirs.*

Cassure dans les habitudes et nostalgie de Jean-Michel Boris :

« C'est pour moi une grande tristesse. Bécaud va aller faire le Casino de Paris. Pourquoi ? Je n'en sais rien. Il m'avait dit :

"Jean-Michel, il va falloir que je change."

Je ne peux lui en vouloir. Ce qui me fait un peu mal, c'est que, justement cette année, il présente une chanson qui s'appelle : *Il est à moi (l'Olympia).* »

Je le prends dans mes bras
Il est à moi l'Olympia...

« J'avais écouté son dernier disque, poursuit Boris. Est-ce ce concept-là qu'il faut faire en scène ? Je reste un peu perplexe, par contre, je sais maintenant qu'il fera sa rentrée ailleurs, avec le maximum d'anciennes chansons. Déjà, fin avril, pour l'émission spéciale Olympia, on a eu beaucoup de mal à l'avoir. Nous trouvions illogique, complètement aberrant, d'imaginer le gala sans Bécaud. Enfin, je ne veux pas épiloguer là-dessus. »

Effectivement, cette soirée du 27 avril, présentée par Frédéric Mitterrand, mise en scène par François Bourcier et réalisée par Philippe Slallemant, est proposée sur France 2, avec une diffusion simultanée, en stéréo, sur Radio Nostalgie. Avant les inévitables documents sur Brel, Montand et Piaf, l'ouverture est réservée au recordman des passages à l'Olympia. Bécaud, sans cravate à pois..., reçoit symboliquement les clés du célèbre music-hall, après son interprétation de la chanson évoquée par Boris. Célébrant le classement aux « Monuments historiques » et la prolongation du bail de la prestigieuse salle, une pléïade d'artistes est aussi au rendez-vous.

« Un lieu magique que le monde entier nous envie. Chanter à l'Olympia, c'est entrer dans la légende. »(14)

Final de la soirée : les vedettes réunies sur scène chantent Trenet. Boris est bien nostalgique lorsqu'il me raconte la réaction de Bécaud :

« Il a cru qu'il y avait un hommage à Trenet. Nous avions voulu simplement faire une évocation, en chantant en final *Y'a d'la joie.* Il en a pris ombrage. Il n'entendait pas qu'on puisse évoquer Trenet de cette manière-là. On s'est quittés dans un mauvais climat, je l'ai senti. Je le connais, Gilbert, je sais quand il n'est pas heureux, qu'il fait un peu la gueule, qu'il est boudeur. »

Boris me rapporte l'opinion des dirigeants de BMG sur la prochaine rentrée parisienne de Bécaud :

« Nous, on ne souhaiterait pas que le spectacle se fasse à l'Olympia. »

Et le directeur de l'Olympia, rapidement, enchaîne sur l'éternelle jeunesse de Gilbert, évoquant son goût pour certains remontants :

« Moi, si j'avais bu le quart de ce qu'il a bu, il y a bien longtemps que je serais sous la table. Il a besoin de ça, les cigarettes, c'est sa drogue. Enfin, ce n'est pas dramatique, il est toujours aussi magique. Sur un plateau, il reste exceptionnel. Son âge ? Il n'a pas envie d'en parler. Ça fait tellement d'années que Bécaud existe qu'on est bien obligé. Aujourd'hui, on n'évoque plus sa vie aventureuse, son histoire avec Bardot... Depuis qu'il a atteint les cinquante ans, on parle bien plus de sa vie de famille, une cellule, un cocon, avec des problèmes comme tout le monde. J'ai une grande tendresse pour Gilbert, et je peux vous dire que, vraiment, ça me fait très mal de penser :

"Tiens, cette année, je ne serai pas dans les rideaux pour lui tenir compagnie."

J'ai bien senti que ce n'était pas simplement Gilbert, mais les gens autour de lui qui voulaient qu'il sorte un peu du cadre ordinaire. [...] J'ai écouté son dernier disque bien attentivement : les chansons ne me paraissent pas du même niveau que ses grandes chansons. [...] Ils sont tous pareils, ne croyez pas qu'Aznavour soit à l'abri. C'est très rare, arrivés à une certaine époque, qu'ils sortent de nouvelles chansons qui soient de la même veine. Bécaud a toujours montré à notre égard une fidélité considérable et je ne l'ai jamais trahi en lui faisant part de mes doutes. C'est un grand, un très grand professionnel qui sera toujours en haut de l'affiche, tant que l'enthousiasme l'habitera. »

Pas de rentrée 1993 au Casino de Paris évoqué pendant notre entretien. Le choix se porte finalement sur le Palais des Congrès. Lemaire, le directeur du vaste espace de la porte Maillot, me souligne le passage de Bécaud sur son plateau lors de représentations antérieures : « Il a déjà pu sonder la grande salle du Palais, il connaît bien cette scène... »

Avec ou sans son artiste fétiche, l'Olympia continue. Bécaud le chante partout, favorisant également *Quand t'es petit dans le Midi*. De France-Inter à RTL, en passant par Radio Nostalgie, Radio Monte-Carlo, Europe 1, Montmartre FM, Sud-Radio, etc., il ne compte plus ses interventions.

« Je n'ai qu'un regret, avoue Bernard Carbonez — le patron français de BMG en 1993 —, c'est de devoir sortir des "simples" de cet album qu'il faut écouter entièrement, d'un bout à l'autre, comme un tout, comme un roman vécu. »(15)

Commentaires de Christian Barbier, le confident des artistes, dans *Barbier de nuit*, sur Europe 1 :

« BMG, bien sûr, c'est une bonne boîte, mais encore faut-il qu'il retrouve ses marques. Je veux dire reconstituer une équipe, une véritable famille et j'en reviens aux disparus. Aujourd'hui, quand on a fait une telle carrière, trouver des gens qui soient exactement de la même qualité que les autres, ce n'est pas sûr du tout. Avec Amade, ils étaient liés comme les doigts de la main. Bécaud ? Enthousiaste d'abord, jamais satisfait, toujours en train de courir à la fois après un passé et un nouvel avenir. Voilà le joint. Aujourd'hui, on vit plus longtemps, mais on est vieux plus jeune. C'est l'éternel problème ! »

Dans *Il est à moi* ou dans le plus ancien *Quand le spectacle est terminé*, Bécaud se retrouve sur une autre planète, avec ses joies et sa solitude. Ses nuages, il ne les partage pas. Ce n'est plus un homme mais un puzzle dont on a parfois du mal à assembler tous les morceaux.

« Quand nous chantons, confie Ferré, que nous sommes seuls devant les projecteurs avec juste le costume, la guitare ou le piano, nous savons ce qu'est la solitude d'un chanteur. On s'en arrange avec ce qu'on appelle du métier, mais ce n'est pas toujours facile. »(16)

« Sur scène, assure Dinnat, Bécaud semble tout à fait différent, en fait, il prend un malin plaisir à brouiller les pistes. Parfois, il entre sur le plateau, quelque chose ne va pas dans la salle. Il me regarde en coulisses et je comprends tout de suite ce qu'il veut. Je sais qu'il y a une porte ouverte ou une lumière gênante. Alors, je pars en courant et je trouve l'anomalie. Tout en faisant son spectacle, il sait faire comprendre ce qui ne lui plaît pas. Gilbert aime bien les "interviews", se faire prendre en photo. Par contre, il a en horreur les gens qui lui balancent des coups de flash dans la figure pendant qu'il chante. Je leur faisais la chasse. Sans flash, ça le gêne moins. »

Lorsqu'on se sent mitraillé à son insu, presque violé, allez dissimuler un énervement !

A la fin de ses concerts, pendant la pantomime sur la chanson *Quand le spectacle est terminé*, Bécaud est parfois photographié sous toutes les coutures, malgré ses gestes furtifs et désapprobateurs.

« A ce stade du récital, se souvient Dinnat, le régisseur doit avoir l'œil sur le tout, mais, on ne peut être à la fois dans les coulisses pour fermer le rideau, faire rallumer ou éteindre les lumières et dans la salle. »

Le son était trop fort, le bleu beaucoup trop bleu
Il fait beau cette nuit, je suis un homme heureux
(IL EST A MOI [L'OLYMPIA] - BECAUD / DELANOE)

Gilbert, accompagné par le trio André Ceccarelli, se retrouve dans *Taratata* (sur France 2), présenté par Nagui (une des meilleures audiences de l'émission). Au programme, les nouvelles chansons, des confidences, Bécaud face à Florent Pagny dans *Je t'appartiens,* sans oublier un duo percutant avec Joniece Jamison...

31 mars, *Sacrée soirée.* Il apparaît également sans ses musiciens habituels. René Coll, l'orchestre maison, l'accompagne (d'Iglesias à Sardou, le saxophoniste audois a dirigé les plus grands et, sur TF1, il est devenu un des familiers du rendez-vous hebdomadaire proposé par Gérard Louvin). Pour un soir, Coll est le directeur musical d'un Bécaud pas tellement habitué à ce nouvel exercice. Petite absence, dans les paroles de *Il est à moi,* en direct. Pour le téléspectateur, tout se déroule parfaitement.

Un « putain de professionnel », vu par le chef d'orchestre-caméléon :

« Je suis très heureux, m'avoue René, accompagner un tel monstre du spectacle, c'est assez impressionnant. On discute un peu sur ce terrain : "On se voit ? Passez chez moi sur la péniche."

Je le rencontre chez lui, avec mon pianiste, pour faire le point : on ne pouvait plus repartir ! *Aran*, une péniche formidable. Nous avons été reçus comme des amis de toujours. Le piano... on a joué, on a chanté, on a bu un coup, puis deux, trois... Plus tard, on s'est séparés avant de se retrouver pour la répétition générale. Des stars, j'en vois, j'en accompagne tous les jours. Mais là, haut de gamme, ce type m'a bouleversé. Je le sentais complètement différent. Dans la même période, j'ai fait Jerry Lewis, Barry White, Tony Curtis (c'est affolant, ils font du cinéma à tout-va). Bécaud, j'avais une vieille haine contre lui. Je le croyais prétentieux, l'histoire de la gifle, ça ne m'avait pas trop plu. J'ai été surpris, c'est un grand, un très grand ! Je viens d'ailleurs d'enregistrer *Et maintenant* dans un album, avec le thème musical de *Sacrée soirée.* »

« Lorsqu'il se fait accompagner parfois, à la télévision, par d'autres musiciens, me fait remarquer Léonard Raponi, avec un très bon travail d'arrangeur, c'est souvent parfait. Mais, pour nous, son équipe habituelle, c'est différent. Gilbert a des gestes qui veulent tout dire, qu'on ne peut pas deviner. Quand il met sa main dans le dos... Il a de nombreux plans comme cela, des regards... Chez les autres chanteurs normaux (je ne dis pas que Bécaud est anormal !), il n'y a pas tout ça. On commence un morceau, on finit, on tourne la page, on passe à l'autre, terminé ! Gilbert se sert des applaudissements qui font partie de la musique. La fin du morceau précédent, les bravos et le début de la chanson suivante, pour lui, c'est une harmonie. J'ai beaucoup d'admiration pour cet homme-là, malgré des détails qui me dérangent chez lui, son entêtement pour certains petites manies. Par exemple, la puissance de ses retours sur scène. S'il n'a pas ça, il est complètement perdu. Parfois, il me dit : “Oui, mais l’orchestre est un peu petit...”

Je n’ose pas trop le lui dire. Si je commence à aborder le sujet, on rentre dans une polémique et la conversation va durer cinq, six heures et peut-être sera-t-il vexé, à la fin ? Alors, je n’en parle pas... Il a toujours l’impression qu’on ne l’entend pas assez dans la salle. Alors, il a fait prévoir par le sonorisateur des enceintes supplémentaires. Depuis deux Olympia où j’étais responsable et ce Palais des Congrès, il a changé complètement d’attitude envers moi. Bien qu’il s’adresse à moi comme si j’étais son fils (“Comment ça va, mon grand ?”), il me donne l’impression d’être seul. Je le décrypte comme cela. Depuis quatorze ans, je le côtoie et depuis tout ce temps, il m’étonne, mais cette solitude, je la perçois constamment. Je n’en ai jamais parlé avec lui, mais je la sens... »

Franck Ténot, depuis son bureau présidentiel d’Europe 1 Communication, me confie le projet de publication de quelques enregistrements réalisés au cours des *Musicorama* dans les années soixante. Un producteur de disques tente d’obtenir l’accord de Gilbert Bécaud pour cette exploitation de versions inconnues... Avis aux bécaudphiles... Dans tous les cas, on peut imaginer une reprise des grandes heures de cette émission culte, avec un inédit en public pour chaque artiste. Durant l’année 1993, vingtième anniversaire de la disparition de Piaf, un nombre impressionnant d’enregistrements exclusifs de la chanteuse a inondé les FNAC, Virgin Mégastore, grandes surfaces et autres disquaires. Pourquoi pas des inédits de Bécaud ?

Roza serait-elle de retour ?

« Hier, j’ai rencontré Bécaud, on a déjeuné ensemble, me confie Roland Hubert, le patron des Galas aux Etoiles. On est en train de préparer *Madame Roza* et son montage à Paris. »

Périodiquement, depuis les années quatre-vingt, Bécaud évoque sa comédie musicale, notamment en octobre 1983, dans *Le Point* :

« La France ? Elle aussi, elle aura sa Madame Roza. *Plus tard. Beaucoup plus tard. Elle a déjà, en tout cas, ses auteurs : pour le livret, Jean-Claude Carrière ; pour les chansons, Pierre Delanoë et Maurice Vidalin. »*

Par la suite, notre compositeur se fait plus discret. A l’horizon 1994, le projet est ambitieux. Bécaud, têtu, arrivera-t-il à ses fins ? Mathieu Casile, mon interlocuteur à la Sacem, attend, curieux, la création française. Il n’est pas le seul à espérer les adaptations de *N’da’s letter, Live a little...* Jean-Claude Carrière à la mise en scène ? C’est peu problable, ce dernier a perdu tout souvenir du projet d’adaptation annoncé par Bécaud en 1983.

L'Opéra d'Aran mis en scène par Robert Hossein ? Pourquoi pas ? Bécaud le souhaite, et, dans *Le Parisien*, Alain Morel rapporte ses propos.

Bientôt la rentrée, le Palais des Congrès, du 2 au 24 octobre. Dès le mois de juillet, les colonnes Vendôme l'annoncent. Un été de travail, pour préparer le prochain récital. En attendant, Gilbert chante, bien sûr : un arrêt traditionnel à Knokke-le-Zoute, le Festival de Sully, Deauville, quelques récitals en France. Un agenda bien rempli.

Le concert de Deauville marque un important virage évoqué par Raponi :

« Le bruit courait que tout le monde était viré ! Dans notre métier, les rumeurs ne s'arrêtent pas. Cela fait quatorze ans que j'entends parler de changement d'équipe, ça ne s'est jamais fait. Jusqu'au jour, où, le 21 août, à Deauville, Gilbert a décidé de virer toute l'équipe. Et je faisais partie de ce lot-là. Puis, il rappelé ceux avec qui il voulait travailler. Le mot "virer" est terrible. Bécaud voulait, en fait, changer, mais nous, les musiciens, considérons cela comme un licenciement. Gilbert a travaillé avec certaines personnes trente-cinq ans, avec d'autres vingt ans. Il voulait changer de couleurs, mais croyez-moi, je vous le dis maintenant, cet été 1993 a été le plus moche de ma vie. Il a fallu à la fois que je supporte le fait que mes collègues ne faisaient plus partie de ma famille et l'énormité du travail. On s'est retrouvés juste avant le Palais des Congrès (tout le monde, ou presque, était congédié), la gueule dans le cirage, le moral à zéro, en se disant : "Bon, il faut assumer..."

Autre chose, poursuit Raponi, les perdants m'en ont voulu par la suite. Ils ont pensé que j'étais dans le coup, que j'avais pris des décisions. Il n'en est rien, c'est Gilbert qui a toujours décidé. Le 21 août, l'ancienne équipe était dehors. Gilbert m'a rappelé le lendemain et j'ai eu du 22 août au 7 septembre exactement pour préparer le travail : vingt-cinq morceaux, quatorze musiciens. Sur les quatorze, deux seulement connaissaient le répertoire (Daniel Carlet et moi). Les autres étaient aussi excellents, mais aucun ne maîtrisait bien les morceaux. Et Bécaud est un chanteur qu'on n'aborde pas comme ça, en cinq minutes. Pendant ces quinze jours d'écriture et d'orchestration, nous ne nous sommes presque pas vus. Il s'était retiré en Corse, pour réfléchir sur le spectacle. Tout se passait par téléphone. On s'était accordé une heure ou deux, à la péniche, pour avoir les cassettes des morceaux qu'il souhaitait présenter. Les deux premiers jours, il n'a pas arrêté de m'appeler pour me dire :

"Voilà, as-tu pensé qu'on va faire deux fois ce passage, on va l'enchaîner avec cette autre chanson... Le ton, ça va ?"

Ensuite, il me téléphonait quotidiennement pour m'encourager. Ni lui, ni moi, ne savions où tout cela nous mènerait. Le cadre était nouveau, contrairement à l'Olympia qu'il connaissait parfaitement. Ces appels-là m'ont toujours étonné. J'ai travaillé avec bon nombre d'artistes que je ne citerai pas. Jamais aucun ne m'a téléphoné pour me demander, simplement : "Ça va ? Ce n'est pas trop dur ? Tu t'en sors ? Est-ce que tu seras dans les temps ? T'as besoin de quelque chose ?"

C'est un peu pour ça que je considère Bécaud comme un deuxième papa... Gilbert vous donne des ailes. Même si vous avez trois tonnes de boulot, même si vous avez un travail de vingt-quatre heures à faire en douze heures, vous allez quand même le faire parce que c'est lui ! Pendant les répétitions, chacun se perfectionnait dans son coin. Puis, on s'est tous retrouvés une semaine avant la première. Gilbert était très énervé, pendant ces répétitions. Il ne s'arrêtait pas de donner des directives :

"On fait ceci, on fait cela... !"

Il ne nous laissait pas le temps d'avoir le son, d'être à l'aise pour jouer. Et lorsque nous sommes arrivés sur la scène du Palais, d'un seul coup, il est devenu paisible. J'ai eu un problème avec un des musiciens qui est arrivé un soir à vingt heures vingt-cinq pour commencer à vingt heures quarante-cinq. Gilbert tranquille, le spectacle s'est fait comme si rien n'était. Il devait bouillir dans un coin, mais, pour une fois, il n'a pas voulu donner cette impression d'angoisse, en me faisant venir pour en discuter, boire un coup et fumer quatre cigarettes en l'espace de deux minutes. C'est le contraste du personnage entre les répétitions, les galas de rodage et le Palais. Deux hommes tout à fait différents. »

Bécaud is back ! Une production Pile et Face / Thierry Martin-Gilbert Coullier, en accord avec Charley Marouani, avec la participation de Nostalgie et France 2.

Un soir de semaine, en octobre, un jeudi, vingt heures vingt-cinq, la salle se remplit peu à peu... Un camaïeu de rose, de violet et d'orange remplace le rouge des fauteuils de l'Olympia. Je suis au cinquième rang, de face, juste sous le praticable qui va permettre à Bécaud ce bain de foule qu'il affectionne.

Vingt heures quarante-cinq. Le rideau ne se lève pas. Seul sur l'avant-scène, avec son splendide piano translucide, Bécaud entonne *Mes mains.* La voix est rauque, éraillée même, les demi-teintes sont malmenées. La deuxième chanson m'échappe, je regarde cette flamme vive qui allume un regard pétillant de plaisir. *Quand la musique s'arrête*, c'est le choc du rideau qui s'ouvre sur un plateau inondé de rouge où quatorze musiciens très jeunes baignent dans l'incarnat. Et c'est l'enchaînement des chansons. Sa vie est un roman durant quelques morceaux... Coup de chapeau un peu sensible à l'Olympia avec une mise en scène à la Bécaud côté coulisses.

La chorale Soleil, issue du Cameroun, fait son apparition, landau, vélo, et on poursuit, deux fois *Mea culpa mea culpa*... Tous en long, sur le devant de la scène, quarante-deux artistes menés tambour battant par un Gilbert transporté.

Dans les chansons très anciennes ou éternelles qui suivent, quelques reprises sympathiques. *La Vie de garçon*, jubilatoire. *Le Bain de minuit*, imprégné de tendresse et de charme. *La solitude ça n'existe pas*, avec un surprenant solo de guitare électrique de Yann Benoist. Le musicien aux cheveux longs a succédé à Pierre Dor'ragon. Ma préférence va à *La Rivière* où Bécaud, assis sur un tabouret, excelle à faire passer sur son visage la lassitude, l'incompréhension et l'envie. Petit morceau de bravoure qui fait souhaiter voir le chanteur redevenir acteur, avec un rôle à la mesure de son talent ! Le public, qui lui réclame sempiternellement *Nathalie* ou *La rose,* s'en aperçoit-il vraiment ?

Vingt-deux heures quarante-cinq, début des rappels... Je sais que le cérémonial durera vingt minutes, montre en main. Ces instants sont peuplés de chansons incontournables et de dialogues muets entre l'artiste et ses fans. Traditionnel, un anonyme pose une cravate à pois sur la passerelle, Gilbert en fait une faveur au pied du micro. La chorale apparaît à nouveau sous les ovations et a cappella reprend une troisième fois *Mea culpa*... Vingt-trois heures cinq, le silence tombe à nouveau et chacun repart vers ses travaux. Le pari est gagné, la salle la plus difficile a craqué, Bécaud peut retourner voguer, heureux, sur sa péniche. Le navire du Palais a chaviré d'enthousiasme.

Les projets ? Un téléfilm, dans le cadre de la série *Navarro*, aux côtés de Roger Hanin, avec un rôle écrit spécialement. Pierre Grimblat, le producteur, y songe sérieusement... Des nouvelles chansons. Une tournée... Gilbert parle de quarante villes. La cassette vidéo et le compact du spectacle ne resteront que des rumeurs de couloirs. Seule, une vidéo pirate se transmettra sous le manteau...

Le 24 octobre, pour sa dernière, Bécaud vit un de ses plus beaux concerts et un anniversaire hors norme. Les surprises ne manquent pas...

A quelques minutes du début du spectacle, Gaya et Tania déposent leur petite Marguerite, dix mois, dans ses bras, augurant une soirée fantastique. Pour lui, désormais, l'important, ce n'est plus la rose. C'est sa nouvelle muse, son unique petite-fille, Margot...

Dernier récital, et à la grande joie des spectateurs : le délire. Ses violonistes se placent sous un grand parapluie pour *Le Jour où la pluie viendra* et renouvellent leurs facéties, coiffés d'un képi, pour *La Vie de garçon*. Puis, descendant du fond de la salle comme une déferlante, les Chœurs de l'ancienne Armée rouge, rebaptisée d'Ukraine, créent l'événement. Gilbert, très ému, arbore une casquette du groupe et chante avec lui *Nathalie*, reprenant également *Les Feuilles mortes*, un classique de ces chœurs prestigieux. Pour en terminer, retour de la chorale Soleil, non pas pour *Mea culpa*, comme à chaque représentation, mais pour interpréter *Happy birthday*, sous la direction de Smaïn, revêtu du manteau argenté du chef du groupe camerounais, scandant l'arrivée d'un gâteau géant surmonté d'une immense cravate à pois blancs !

Oxygène pour le public, qui a retrouvé son Bécaud. Oxygène pour la chanson française, après une bataille complexe de plusieurs semaines, dans les milieux de la profession musicale et au Parlement. Depuis des années, les chansons d'origine anglo-saxonne ont envahi l'Europe. Les nouveaux « princes des palais » s'appellent Reel To Real, Ace Of Base, 2 Unlimited, East 17 : l'heure est à la techno-dance. Aznavour, Barbelivien, Bécaud, Delanoë, Cabrel, Duteil, Jarre, Roda-Gil..., tous montent au créneau, suivis par l'ensemble du métier. Sans vous entraîner dans une cascade de chiffres et de pourcentages, sachez que, désormais, un minimum de quarante pour cent de chansons françaises, dont la moitié de nouveaux talents ou de nouvelles productions, sera diffusé sur toutes les radios. Le processus parlementaire terminé, la mise en application de ces mesures devra être réalisée avant lc 1er janvier 1996.

> « Peu d'artistes peuvent prétendre au titre d'ambassadeur de la chanson, comme Gilbert Bécaud.
> Il existe un style Bécaud marqué de l'empreinte des vrais créateurs. Son dynamisme, mais aussi sa tendresse, son accent au goût du Midi rocailleux, colorent depuis tant d'année "l'air du temps".
> Et quelle modernité dans son dernier album, somme impressionnante des moments forts de sa vie d'artiste !
> Au moment où nous voulons tous ensemble encourager la chanson d'expression française et en particulier ses nouveaux talents, que tous sachent que Gilbert Bécaud est l'un des grands qui ont ouvert la voie. »

Jacques TOUBON
Ministre de la Culture et de la Francophonie

1994, 1995...

« Ce type-là, c'est de la dynamite ! »

Ce matin tout à l'air si différent
Le temps m'a donné un nouvel élan
Ramdam sur les habitudes
Mes envies en cavale ont changé d'attitude
Une page est tournée on tire un trait
C'est le grand nettoyage la grande marée
Aujourd'hui
Je veux tenter ce qu'on ne tente pas
Au-delà des barrières où l'on ne va
Et m'évader...

Ne cherchez pas dans la discographie de Bécaud, vous ne trouverez pas ce texte. Il s'agit de *L'Esprit sain*, signé Laurent Réval. Ainsi va la vie... Pendant que Caroline, sa sœur de dix-sept ans, vice-championne de France de rock dansé, signe ses premières mises en scène, Laurent, avec sa guitare, a rejoint la grande famille de la Sacem. Evolution, évolution...

Variations sur le thème « on efface tout et on recommence ».

Le Palais des Congrès derrière lui, la tribu à ses côtés, Gilbert repart vers de nouvelles aventures. Sur TF1, il retrouve son complice de RTL dans les années cinquante, Pierre Grimblat, désormais à la tête d'Hamster Productions : convaincant en Sarkis, le parrain des parrains, Bécaud tient avec détermination son Jerico — un automatique ! —, s'opposant à Hanin-Navarro. Sous la direction de Nicolas Ribowski, peu de dialogues, mais un rôle riche, difficile. Tout se passe dans le regard, l'allure, les silences, les mouvements d'épaules d'un voyou d'envergure. Un personnage de *mafioso* à l'américaine.

« En général, les artistes aiment bien casser les habitudes. Picasso se passionnait pour faire des assiettes, des plats, de la poterie. On est souvent attiré par une autre discipline, des voies nouvelles, moins évidentes. Les risques, j'aime bien. Je déteste les gens raisonnables qui jouent avec la table au lieu de s'asseoir...

Dans Navarro, *Ribowski nous a dirigés. Intelligent, sensible, un fou comme je les aime. Les rapports avec Roger Hanin ont été excellents. On est devenus amis. Il m'a bien aidé, n'hésitant pas à répéter des scènes délicates avant le tournage. Cela faisait longtemps que je n'avais pas fait l'acteur ! Hanin et moi, on est tous les deux méditerranéens, de la même génération, un peu expansifs, exagérés, assez brutaux. J'ai bien aimé travailler avec lui. »*

Opinion du « flic préféré des téléspectateurs » :

« Je pense qu'il voudrait se diriger vers la télévision et le cinéma, il a raison car c'est un acteur exceptionnel, il est impressionnant en *mafioso.* [...] Il a un physique rare, il est fort, avec une intensité, un regard et jusqu'à cette voix un peu éraillée qui peut caresser ou glacer... »(1)

« Bécaud, remarquable en caïd hiératique... », « Physiquement transformé... », « Une composition réellement convaincante... », « Présence surprenante et remarquable... », « Bécaud tient tête à Hanin... »

Télé 7 Jours, Télé Star, TV Magazine, TV Hebdo, etc., toute la presse — de *France-Soir* à *Libération,* en passant par *L'Humanité, Le Parisien,* etc. — annonce « la rencontre au sommet ». Devant le succès des *Navarro*, en fin de contrat, on parle d'une prolongation avec une star, invitée à chaque épisode. Bécaud, une fois de plus, ouvre la voie.

Parenthèse dans une carrière exemplaire ou nouvelle direction ? Record d'audience et confidences d'un « jeune homme » de soixante-sept ans :

« J'ai plusieurs propositions pour le cinéma. On va voir ce que cela va donner... J'aime ce travail, je le ferais même gratuitement... J'aurais voulu jouer le rôle de Lino Ventura, face à Michel Serrault, dans Garde à vue. *Des personnages intérieurs. J'avais adoré ce combat d'acteurs, c'était fabuleux.*

Le cinéma et moi, on est souvent complices. D'ailleurs, je vais certainement adapter Vol au-dessus d'un nid de coucou *en comédie musicale, pour les Américains... »*

Lorsqu'on retrace la carrière cinématographique de Bécaud, on affirme qu'il n'a joué, jusqu'ici, que son propre rôle de chanteur — *Le Pays d'où je viens, Toute une vie* —, occultant à chaque fois son personnage d'architecte mal dans sa peau dans le film de Roberto Muller, *Un homme libre*, tourné en 1972 et produit par Claude Lelouch. Dommage pour cette production que certains considèrent, à tort, comme une curiosité, et qui aurait mérité le détour.

Aujourd'hui, truand notoire dans *Fort Navarro*, on « redécouvre » Bécaud comédien dans un des meilleurs épisodes de cette série policière : Sarkis, un baron de la drogue en France, est mis sous les verrous, le soir du 31 décembre. Nuit bleue dans Paris. Assiégé par les fils du caïd bien décidés à libérer leur père, le fameux commissariat prend des allures de camp retranché. Longue nuit d'angoisse et haute tension dans ce téléfilm, particulièrement haletant et percutant, avec une histoire plus violente qu'à l'accoutumée, scénarisée, adaptée et dialoguée par Tito, Frédérique et Sandra Topin. L'imagination fertile de l'équipe est assez piquante : présenter, dans le même épisode, Monsieur 100 000 volts et faire sauter un centre d'EDF, il fallait y penser !

Cette approche de Sarkis s'est faite presque naturellement... Montage-séquence sur Bécaud, face à Grimblat :

« J'aime beaucoup cette série mais, attention, je veux faire des essais devant le metteur en scène. Ne me prends pas pour me faire plaisir. Pour être crédible, je ne veux pas ressembler à Bécaud ! »

« J'ai tout à apprendre, ciné, télé. Je suis ouvert à tout pourvu que l'on ne me demande pas de jouer Bécaud ! »

La participation de Gilbert est courte mais convaincante. Obligé de se plier aux exigences du scénario, Bécaud reprend à son compte les paroles de Piaf :

« Je repars à zéro ! »

Et ce retour à la case départ lui convient fort bien. Il ne cesse de le répéter. Lorsqu'il débarque sur le plateau, les acteurs de la série sont étonnés, désarçonnés. Puis, très vite, la glace est rompue, le tournage commence. Dès les premières prises de vue, on oublie le chanteur pour ne plus voir que le « méchant qui fait froid dans le dos ». Cette envie perpétuelle de changer, de se déguiser, Gilbert l'exploite à fond, jouant — vivant... —, sur une tonalité puissante, impressionnante, entrevue dans les personnages forts de certaines chansons comme *L'Indien*. Si vous cherchez Bécaud dans les studios, vous rencontrez Sarkis !

Quand je me retrouve chez lui, sur la péniche, les premières minutes sont décalées. Difficile d'imaginer ce monstre sanguinaire sous les traits de Gilbert bon enfant, souriant, assis en tailleur, à mes pieds, sur la moquette du salon, ou debout, derrière son bar. Sarkis ? Disparu ! Devant moi, un homme simple, avec ses joies, ses folies, ses blessures. Des images retrouvées qu'il commente avec tendresse, se prenant au jeu des souvenirs, presque surpris. La nostalgie, ça n'existe pas ? Sérieusement, j'ai des doutes...

Va pour la marche en avant ! Puisqu'il le dit... Pendant qu'une nouvelle venue, — Caro — lance sur les ondes une version très rock de *Et maintenant* et qu'EMI France annonce un coffret de 9 CD retraçant « Quarante ans en chansons »(2), BMG (RCA) ressort *Nathalie, Et maintenant* « live », *La fin d'un grand amour c'est d'abord le silence,* ressuscitant *Les Enfants du dimanche, Mon grand-père le militaire,* etc.

Bécaud continue le film de sa vie, entre en scène, ici ou là, en France, en Australie, au Canada ou ailleurs.

Jacques Martin le reçoit une énième fois dans *L'école des fans*, puis, c'est l'Opéra-Comique, le rendez-vous annuel des « Restos du Cœur »(3) offert par TF1 — avec son complice Smaïn dans *Alors raconte* —, aux côtés de Goldman, Delon, Bruel, Renaud, Souchon, Fugain, Reggiani, Pagny... Arrêt sur image : la cravate à pois évanouie, il se joint à Muriel, Vanessa, Mimie, Carole, Patricia, Josiane, Véronique, Liane..., et reprenant l'annonce de Coluche en 1985, ne nous « promet pas le grand soir, mais juste à manger et à boire. »

« Gilbert ne s'arrêtera pas de chanter, me confie la fidèle Nicky. Sa raison de vivre, c'est la chanson, son envie, la scène. Je peux vous dire, et je suis sûre de ce que j'avance, c'est un homme qui ne restera pas inactif. Il sera attiré par le spectacle, férocement, jusqu'à la fin de ses jours. C'est une drogue. Lorsque je l'appelle dans le Poitou, la réponse est significative :

"Je me repose, mais ça commence à me gonfler, je n'en peux plus, je m'encroûte !" »

Mon piano s'ennuie
Mon piano m'engueule
Il se sent tout seul...

(MON AGENDA - BÉCAUD / DELANOE)

« L'écriture a repris, me confirme de Ricou, de son bureau des Nouvelles Editions du Rideau Rouge, avec Grosz comme avec d'autres auteurs. Un nouvel album devrait être publié chez BMG, en 1995. Bécaud compose aussi pour les autres... On est en pleine négociation actuellement avec un chanteur américain. »

« Vous savez, je pourrais vous donner des titres tout à fait inconnus en France, qui ont été écrits et créés aux Etats-Unis.

Ma fille Emily, qui est, par sa maman, moitié américaine, va souvent voir ses grands-parents, sifflote souvent des trucs qu'elle entend là-bas, à la radio : elle ne sait pas que c'est son père qui les a écrits ! J'ai pas mal composé pour le western, les gens de l'Ouest, des ballades.

Dans un tout autre style, je viens d'adapter une de mes anciennes chansons pour Harry Connick Junior : Crois-moi ça durera. *Vous la connaissez... ? »*

« Il est également metteur en scène pour une nouvelle mouture de l'*Opéra d'Aran*, enchaîne de Ricou. On y travaille depuis un certain temps, et puis, il devient scénariste, metteur en scène et producteur, pour la version française de *Madame Roza (La Vie devant soi)*. C'est très avancé.

L'œuvre originale (au point de vue texte) de la comédie musicale étant en langue anglaise, Bécaud est actuellement en pleine adaptation française. C'est un sacré morceau. »

« Pendant tout l'été, en Corse, nous avons pas mal travaillé. J'aime ce pays de cocagne, ses habitants au tempérament un peu raide, tout à fait entier, ce caractère sauvage qui les rend si séduisants. Je m'entends bien avec eux. Tu sais, je ne suis pas un type qui roule les mécaniques, je suis désespérément normal...

Au fait, on parlait de Madame Roza... *La création française se fera en automne 1995 ou en hiver 1995/1996, à Paris, avec Annie Cordy dans le rôle de Roza. Tu peux en parler...C'est une fantastique comédienne. Bien sûr, dans ce personnage, elle sera totalement à contre-emploi. J'attends ce moment avec impatience. Je suis très heureux et fier de travailler avec elle. Annie n'a pas lu complètement la nouvelle version.*

Pour les autres personnages, on n'a pas encore vu le "casting". Je suis là-dessus d'ailleurs, je vais m'y remettre dès maintenant et terminer le deuxième acte. Avec Didier Van Cauwelaert, un très bon auteur (un Flamand né à Nice...), on termine l'adaptation. Didier et moi, nous n'avons pas les mêmes idées, alors j'ai gardé bon nombre de chansons de la version originale et j'en ai changé beaucoup qui n'étaient plus en situation. »

« Gilbert vient de me téléphoner, hier soir, me confie Annie Cordy. Les chansons nouvelles sont écrites, il voudrait me voir le plus rapidement, ce qui n'est pas évident, car je travaille actuellement tous les jours, je suis en pleine répétition à Bruxelles.

"Annie, il faut que tu enregistres les chansons..."

Ce n'est pas si facile, je suis au théâtre jusqu'au début décembre 1994 et je ne peux donner mon feu vert là-dessus. Gilbert me dit toujours :

"Mon p'tit mousse, tout baigne, tout baigne !"

Pour l'instant, je n'ai rien entendu. Sûr, moralement, je suis partante, mais je veux écouter et lire avant. Jusqu'ici, je n'ai pas vraiment eu de rapports avec Gilbert. Nous avons débuté ensemble notre carrière discographique, tous les deux chez Pathé-Marconi, avec le même directeur artistique, Georges Lourier, puis chacun a fait son chemin. Quand on se rencontrait, on était très heureux de se revoir, mais je n'ai jamais autant vu Gilbert que ces derniers mois. Nous sommes tout à fait d'accord sur le personnage de *Madame Roza*, c'est un très beau rôle. Gilbert y est tout à fait. Moi aussi, vous comprenez, ce n'est pas un problème. J'aimerais créer ce rôle très émouvant, mais sur la scène, ce n'est pas la même chose... »

Va-t-on se rejouer les années 1984 et 1985, le temps où Angela Lansbury réservait sa réponse pour *Roza* ?

Comme me le précise Liliane Daubigny, la secrétaire d'Annie Cordy :

« Pour le moment, rien n'est fait avec Annie. Bien entendu, puisque Gilbert vous a donné l'autorisation d'en parler, vous pouvez rapporter ses propos. Je sais qu'il a très envie que cela se fasse. Il reste pas mal de choses à régler, notamment au niveau de la distribution. J'ai visionné la vidéo de la version originale américaine, il n'y pas beaucoup de rôles, mais tous exigent une perfection et je pense que là, ils vont accrocher... Je reste prudente. Il faut considérer certains impératifs : on ne peut pas prendre n'importe qui. Sur l'affiche, il est toujours intéressant d'avoir des noms connus, mais dans la distribution, il y a un personnage très important, un travesti hyper élégant, classe, grand, qui joue la comédie. Actuellement, en France, je ne vois pas qui pourrait faire ça. Il faut chercher dans des jeunes gars. Cela ne sera pas facile... »

Gilbert poursuit *: «* Aran *? Je vais le présenter pour la première fois en "concert spectacle" à Vienne, le 9 ou le 19 décembre 1994 (je ne sais plus...), avec l'orchestre et les chœurs de Vienne sous la direction de Georges Prêtre. Avant de diriger* Aïda, *en juillet 1995 à Orange, il me fait l'amitié de retrouver* Aran *qu'il avait créé il y a... quelques années, à Paris. La formule présentée aujourd'hui est assez nouvelle, moitié concert, moitié spectacle, sans décor... Lorsqu'on écrit un livre deux fois, on arrange toujours quelque chose. »*

Puis, consultant son agenda :

« Ce sera le 9, 10 et 11 décembre au Concerthaus de Vienne ! Je t'en parlerai plus à ce moment-là. D'ores et déjà, je peux t'assurer que ce sera magnifique. Je jouerai un rôle, toujours le même, celui de Mickey, et je serai au milieu de "vrais chanteurs". Il faudra que je m'accroche, c'est assez intimidant pour moi. »

Nouveau disque ? Inquiétudes devant la page blanche ? Nouvelles chansons en 1995 ?

« Elles sont toutes commencées. Aucune n'est finie. Il y a Barbelivien, Thomas, Grosz, Lemesle, Delanoë, Bériat — un très gentil garçon, rêveur. Tu sais, il ne faut pas demander aux artistes, aux auteurs, d'être normaux. A quoi servirait-on alors ? Ça ne rimerait à rien. Je ne serais pas là et tu ne serais pas là non plus...

Tu vois ces feuillets ? Les chansons nouvelles sont là, devant toi, mais vraiment, je ne peux pas te dire, car je n'en sais pas plus... C'est assez difficile de naviguer en même temps, avec Aran, Roza *et mes prochaines chansons. Les disciplines sont bien différentes, mais je veux que tout sorte...*

L'Opéra d'Aran, *je n'ai plus grand chose à faire dedans, si ce n'est le chanter. C'est une vieille maîtresse, tout est fait, c'est un travail, mais pas une "quotidienneté", avec toutes les rectifications apportées.*

Roza, *c'est différent, rien à voir avec le classique. Deux ou trois jours me sont souvent nécessaires entre chaque style, pour me remettre la tête en place, faire le ménage dans mes méninges. Lorsqu'un écrivain passe de l'écriture d'un roman à une biographie puis, pourquoi pas, à la bande dessinée, le décalage est évident. »*

Bécaud demain... ?

« Il hésite, "il" ne sait pas trop... ! (éclats de rire). Bien franchement, j'hésite, j'ai des envies de comédies musicales. Les Américains me proposent d'en écrire deux. Je ne sais pas trop. Nous sommes à la croisée des chemins. C'est un peu : "Qu'est-ce qu'on fait cette année ?" S'il s'agit de faire encore une rentrée à l'Olympia... J'en ai fait beaucoup. J'attends d'avoir plus de chansons nouvelles et de prochains succès avant de me produire sur une scène parisienne.

Là, je retourne en Corse, je reviens à Paris le 14 septembre... Le 15, je paye mes impôts ! A la fin du mois, je suis au Chili et en Argentine, c'est un peu loin pour s'y retrouver, non ? Le 30 septembre, c'est sûr, je regagne Paris et Aran, *la péniche où Karim, mon aide de camp, veille. »*

Le Poitou... ?

« J'y vais souvent, je m'y sens bien. Mes enfants sont grands maintenant, mais ils m'y rejoignent parfois. Je ne peux pas m'y rendre comme je le voudrais : je suis à Paris, à la péniche, pour travailler mais je ne suis loin que pour les compositions de longue haleine (en Corse, dans le Poitou ou à Crans, dans le chalet que je retrouverai bientôt).

Paris, c'est le travail, les obligations... Mes "gars" y habitent et sont plus disponibles, sur place, pendant dix ou quinze jours. Alors... »

« Depuis l'arrivée de la nouvelle équipe de musiciens, enchaîne Léonard Raponi, Gilbert est d'une sérénité étonnante. Quoi qu'il arrive, il est là, détendu, tranquille, il a complètement confiance, je ne le reconnais plus. Quand nous dînons avant le spectacle, il vient boire un verre avec nous, prend des nouvelles de chacun. Avant, jamais Gilbert n'aurait fait cela. Il était retiré, dans sa loge, seul. Peut-être y avait-il un ras-le-bol ? Désormais, dès que commence le concert, il vient vers moi et me lance à chaque fois un coup d'œil, tout en me glissant :

"I love you !".

Il n'est pas obligé de le faire. Aujourd'hui, Bécaud a une envie folle de travailler et se rend compte que, sur scène, les musiciens sont heureux de jouer sa musique, malgré la différence de générations. Il veut chanter le plus souvent possible. Instinctivement, Gilbert se donne. Les galas sont moins nombreux, moins suivis qu'avant. Ça l'ennuie un peu et entraîne quelques trous de mémoire. Ça l'énerve. En répétition, il me demande alors, l'air gêné :

"Est-ce qu'on pourrait rejouer les morceaux, pour moi, pour les paroles ?"

Dans *Désirée*, il est sur des charbons ardents. Il ne retrouve plus ses marques. Nous, c'est pareil. A chaque nouveau spectacle, en ce moment, on a l'impression de faire un premier gala, on marche toujours sur des œufs. Aujourd'hui, les chansons "sonnent" tout à fait "concert", avec une pêche d'enfer. C'est vraiment extraordinaire ! »

Après s'être fait la main une fois pour toutes sur les aiguilles de la pendule du temps, l'homme à la cravate à pois demeure serein, malgré l'omniprésence de *Madame Roza*, le défi qu'il s'est lancé, avec Didier Van Cauwelaert, le nouveau Goncourt. Malgré les souvenirs qui viennent chatouiller les esprits :

— la voix d'Amade : « Ce soir, je vous présente un jeune débutant... »

— le salut de Cocteau : « Bécaud a le courage d'être excessif... »

— les Chœurs de l'Armée rouge entonnant *Nathalie*...

— les témoignages des ministres : « monument dans le monument, précieux ambassadeur, le renom de notre pays, l'empreinte des vrais créateurs, notre profonde admiration... »

— les amours... les sourires d'enfants... Presley, Sinatra, Dylan, Judy Garland, Tonye Jackson et sa chorale Soleil, *Elodie, Christine et Sylvie, Pouchkine, Rosita, Marie-Pierre, Désirée, Nathalie, Mariette, Marianne, Angelo et Mickey, Marie et Joseph, Charlie, Sœur Marie, Marlène,* impossible d'oublier.

En France et ailleurs, on dit qu'un film, qu'une histoire « finissent bien » lorsque le héros a trouvé l'amour, la gloire et la fortune. Avec Bécaud, pas de fin au générique ou de dénouement coup de théâtre, tout recommence chaque jour. Les confidences d'amis, d'auteurs, de musiciens, de personnalités et d'admirateurs de tous horizons continuent.

Voyez ce forcené de la vie, regardez-le remplir la scène. C'est magique...

> « Si Gilbert Bécaud, son talent, ses chansons, ont ainsi traversé le temps, c'est, me semble-t-il, parce qu'il incarne, avec ses grands complices de toujours — notre ami Louis Amade, qui vient de nous quitter, Maurice Vidalin, Claude Lemesle et, bien sûr, Pierre Delanoë —, une authentique poésie et une extrême sensibilité à l'air du temps.

Ils sont peut-être deux ou trois dont les chansons seront ainsi devenues des classiques de notre répertoire.
Enfin, Gilbert Bécaud est bien ce qu'il est convenu d'appeler *une bête de scène*, un formidable battant, un immense professionnel du spectacle, capable comme personne d'enthousiasmer son auditoire, de lui communiquer son énergie légendaire qui lui donna son surnom ; on s'en souvient, le public cassait tout à l'Olympia, aux temps de la nouvelle vague, puis du "yéyé". Et si "Monsieur 100 000 volts", comme son public, s'est finalement calmé, il ne s'est jamais départi de son extraordinaire dynamisme.
Bécaud, c'est tout cela : le talent, la tendresse, l'émotion incarnés et cette générosité, cette formidable énergie vitale, ô combien contagieuse.
Joyeux anniversaire, Monsieur Bécaud, bravo et merci pour ces quarante années de bonheur. »

Jacques CHIRAC

ANNEXE

Il serait vain, lorsqu'on raconte une vie professionnelle extrêmement riche et variée s'étirant sur plus de quarante ans, de vouloir tout répertorier dans les moindres détails. Ce livre doit rester le roman d'une vie et non pas un catalogue trop précis qui finirait par devenir fastidieux. J'ai donc délibérément évité les détails trop pointus pour ne garder que ce qui fait l'essence même du chanteur, sa motivation profonde. Après avoir parcouru ces pages en sa compagnie et pour bien le saisir, il est toutefois nécessaire de mieux cerner son entourage (dis-moi qui tu fréquentes...). C'est pour cette raison que, en annexe, je vous présente les hommes qui resteront les piliers de la carrière de Gilbert. Musiciens, auteurs, qui ont, par leur talent, aidé Bécaud à devenir le chanteur « bien-aimé »...

L'homme et la musique

Sans sous-estimer les arrangements de François Vermeille et de Wal-Berg dans les premiers enregistrements *(Je t'appartiens, Marianne de ma jeunesse, Pauvre Pêcheur,* etc.*)*, ceux de Fred Ermelin et de Jacques Metehen, il faut reconnaître la personnalité de Raymond Bernard qui, dès le début, s'est rapidement imposée.

Entre Gilbert et lui, la symbiose musicale existera durant de longues années. *Alors raconte* (1956), *Et maintenant* (1960), *Nathalie* (1964), *Quand le spectacle est terminé* (1965), envol de violons-printemps et piano-fraîcheur dans *Le Bateau blanc, L'Aventure, Mon arbre,* ou sonorités apaisantes et langoureuses dans *Plein soleil*, il orchestre toutes les chansons enregistrées en studio au-delà des « sixties ».

Bécaud, Amade, Vidalin, Delanoë, des relations plus qu'amicales, fraternelles, évoquées par Raymond Bernard :

« On a travaillé ensemble pendant dix-huit, dix-neuf ans, c'était magnifique d'avoir des hommes comme ça auprès de soi. Louis, Maurice, Pierre et moi, nous étions comme une équipe de football. On se serrait autour de Gilbert. Lorsqu'il me jouait quelque chose, je savais d'avance ce que j'allais en faire. Et lui finissait aussi par deviner les arrangements avant que je ne les lui présente. J'étais absolument libre d'écrire tout ce que je voulais, il ne m'a jamais contredit. Bécaud m'apportait des paroles, une musique qu'il me jouait et j'orchestrais comme j'en avais envie. Je n'ai jamais eu de problèmes dans ce sens. Mes arrangements préférés ne sont pas toujours ceux qui ont le mieux marché, j'aime bien *La Rivière,* une de ses plus grandes chansons. »

Après 1968, succédant à Raymond Bernard (désormais avec Jean-Claude Pascal, puis avec Serge Reggiani, etc.), arrivent Jean-Claude Petit, Christian Gaubert, Jean-Claude Vannier, dans les orchestrations en studio.

D'autres suivront : Nick Périto, I. Raymonde, Mort Garson, Benoît Kaufman, Christian Chevallier, Gabriel Yared, Michel Bernholc, Christian

Gaubert, Roger Loubet, Hervé Roy, Norbert Daum, Bernard Gérard, Thierry Turbet...

Bernard Estardy, Pascal Stive, Raymond Donnez, Claude Samard et José Souc se partageront la direction d'orchestre et la réalisation de la production 1989.

Sur scène, depuis le début des années cinquante, quatre chefs d'orchestre se sont succédé, pour une vie agitée s'il en est ! Par ordre d'entrée en piste : Raymond Bernard, Gilbert Sigrist, Jean-Pierre Dorsay et Léonard Raponi, ce dernier assurant la direction musicale depuis 1986.

« Mes musiciens, je les change chaque trente ans ! me lance Bécaud, amusé... Dans ce monde du show-business (un mot que je n'aime pas), souvent, les accompagnateurs défilent... Chez moi, ce sont des amis de longue route. »

A Berre, en juillet 1994, avant le spectacle, l'équipe au grand complet marque une pause entre la balance et le récital du soir. Profitant d'un repas champêtre offert par les organisateurs, Bécaud est venu s'asseoir à côté de moi. Pointant son index vers Léonard Raponi, de l'autre côté de la table :

« Regarde celui-là, comme tous les autres, il a ma confiance... Pas la moindre critique à leur égard. Parfaits, toujours à l'heure. Les techniciens aussi, mais eux, c'est tout à fait normal, ils sont là dès le matin, pour monter le matériel. Je n'ai jamais un musicien en retard...

Une seule fois cependant, il y a... quelques années, nous avons été inquiets. A l'heure de la répétition, pas de Raymond Bernard. Finalement, à la dernière minute, il est arrivé, juste à temps pour démarrer notre spectacle. Il avait eu un accident de voiture. Tous, autour de moi, étaient informés, sauf moi... Complètement sonné, après s'être rapidement changé, il a assuré la soirée. »

Là, mimant la scène, Gilbert prend ma main, sous le regard surpris et amusé des serveurs !

« A l'issue du tour de chant, pendant le salut avec les musiciens, tous en ligne, je lui ai donné la main. Je l'ai senti différent, chancelant. Arrivé dans les coulisses, il s'est évanoui. C'est là que j'ai appris l'accident. »

« Flash-back-puzzles », pour Sigrist, avec un parcours intéressant, malgré une fin de collaboration assez difficile. Il suffit de rappeler le témoignage de Bécaud, à la télévision, dans *Le jeu de la vérité.*

Jean-Michel Boris m'en reparle avec passion :

« Gilbert s'est fait du mal, les gens ont trouvé ça scandaleux. »

Dorsay et Dinnat se souviennent aussi de ces années Sigrist. Loin de moi tout esprit de polémique : Bécaud et Sigrist ont tout dit sur le tragique accident qui mit fin à leur collaboration (l'électrocution du chef d'orchestre pendant la répétition d'un spectacle). C'est terminé, jugé, et les mots resteront définitifs.

« Bécaud, me confie Dinnat, lui serait venu en aide. Sigrist est un charmant garçon, adorable, tout dévoué à son métier, qui a subi une mauvaise influence. Il a voulu attaquer Gilbert. C'était ridicule, le chanteur n'était pas responsable. C'est une triste affaire où l'amitié fut la grande perdante. »

Sigrist reprendra la route avec son groupe de jazz, le trio Gilbert Sigrist. M'accueillant avec bienveillance, il acceptera d'en reparler :

« Je suis resté avec Bécaud de 1964 à 1978. Ça fait un bail. J'étais présent avant que Raymond Bernard ne parte, afin d'apprendre tout le répertoire. J'ai passé des moments très agréables avec Gilbert. Bien sûr, je me souviens de *La Plus Belle Histoire* et de la chanson *Les temps viendront,* que Bécaud avait chantée admirablement. Un moment rare : ce n'était pas sa musique... Vous savez, j'ai une telle vision des chanteurs qu'il m'est à la fois facile et difficile d'en parler. Bécaud, c'était une expérience magnifique pour le spectacle et les voyages. Les bons moments ? Avant d'entrer en scène, le trac... J'étais vraiment dans l'intimité de Gilbert. »

Durant les toutes premières minutes de nos entretiens, Dorsay évoque une période difficile :

« J'ai fait une hémorragie cérébrale, il y a environ une dizaine d'années, et Bécaud s'est montré vis-à-vis de moi d'une amitié, d'une générosité et d'une grandeur assez fantastiques. Il n'était pas obligé. Il a été parfait. Lorsque j'ai eu cette attaque due à un excès d'hypertension et de fatigue, je me suis retrouvé à l'hôpital. Dès que je suis sorti du coma, il m'a téléphoné pour me demander si j'avais la télé. Il m'a apporté un magnétoscope, des fleurs, des journaux. Suite à mon état, j'ai raté une tournée en Hollande. Il n'a pas tenu compte de mon absence et j'ai touché l'intégralité de ces spectacles. Quand "on" dit qu'il s'est conduit d'une façon incorrecte avec Sigrist, je ne comprends pas pourquoi il aurait été si grand et si généreux avec moi ! »

« Je ne peux pas être d'accord avec la vision de Dorsay, me confie Sigrist. Quand j'ai eu mon accident, Bécaud était venu m'allumer une cigarette, un peu comme dans les tranchées :

"Docteur, je peux... ?"

Quand Dorsay dit que si je ne l'avais pas attaqué en justice, Bécaud aurait été..., ce n'est pas vrai. J'ai des lettres qui ont été publiées après cette émission du *Jeu de la vérité* dans lesquelles Bécaud refuse toute responsabilité dans cet accident. De toute façon, c'était un accident de travail, j'étais le pot de terre contre le pot de fer. Aujourd'hui, je n'ai plus aucune animosité. Je ne veux conserver que les bons souvenirs. »

Quatorze ans de complicité pour Sigrist et sept pour Dorsay, reparti vers d'autres aventures musicales.

« Je suis retourné de temps en temps faire des galas avec lui, déclare Jean-Pierre. Gilbert enregistre parfois dans mon studio, épisodiquement, les nouvelles chansons. Il n'y a pas eu de cassure définitive. A un moment donné, il a pris la décision de réduire son orchestre. Quand je suis parti, Patrick Rousseau, le percussionniste, a suivi, et ce n'est pas du tout pour sa valeur de musicien, ni la mienne... La conjoncture nécessitait cette décision. Ça a été pour moi une cause de tristesse, de cauchemar, un traumatisme, un déchirement dans une période charnière de ma vie. Depuis, j'ai fait autre chose, dirigé l'orchestre aux Folies-Bergère, je m'occupe de mon studio d'enregistrement, etc., mais je pense que ma vie musicale était vraiment avec Bécaud. »

« Une fois, conclut Sigrist, j'ai rencontré Jean-Pierre Dorsay au moment où il s'est arrêté... Ce n'est pas si simple de parler de la cour des grands et de l'état de disgrâce. Dans les interviews, les concerts, on me questionne souvent sur mes problèmes avec Bécaud. Invariablement, je réponds par la même formule : C'était un divorce sans pension alimentaire ! »

Compagnons de scène, d'orchestration ou de studio, le temps d'une saison, d'un disque ou de plusieurs années, il est nécessaire de citer les musiciens qui jalonnent la route du chanteur :

François Auger - Marcel Azzola - Clément Bailly - Pierre Bannelier - Rachid Bahri - Yann Benoist - Fernand Boudou - Tony Bonfils - Jean Bouchéty - Alex Bret - Paul Breslin - Tony Brenes - Daniel Carlet - André Ceccarelli - M. Camicas - Marc Chantereau - Benjamin Cohen - Michel Curiot - J. Claude Damant - Daniel Datto - Guy Delacroix - Pierre Dor'ragon - Laurence Dupuis - Claude Engel - Alain Hatot - P. Gauthier - Michel Gaucher - René Gary - Eric Giausserand - Lionel Jouot - Harry Katz - Sam Kelly - Mariette Laport - Bernard Lévitte - Pierre Lemarchand - Bernard Lubat - Christian Martinez - Emile Mayousse - Serge Munuera - Emmanuel Roche - Dominique Périer - M. Peyratout - Y. Riolan - Georges Rodi - François Rolland - Patrick Rousseau - Claude Samard - Jean Schultheis - Philippe Slominski - José Souc - Didier Sutton - Thierry Tamain - Sydney Thiam - Patrice Tison - Hubert Tissier - L. Toesca - Jacky Tricoire - Stéphane Vera.

Sans oublier Paul Cormier (Monsieur Pointu) et C. Landry (Monsieur Pointu Junior)...

Léonard Raponi, aujourd'hui directeur musical, assure, sur scène, les orchestrations, les parties de basse et les chœurs dans des titres comme *Désirée, Quand t'es petit dans le Midi, Têtes de bois...* (*« Il est italien : personne n'est parfait ! »*, déclare parfois Gilbert à l'instant où il le présente).

Durant de nombreuses années, les éléments du Grand Orchestre de l'Olympia ont accompagné le chanteur, dirigés par Raymond Bernard, Jean-Michel Defaye, Jean-Claude Petit, Gilbert Sigrist...

Nouveaux chœurs pour *Aran*, en 1992, avec Michel et Georges Costa, Francine Chantereau, Martine Latorre... et fidélité de Francine, Martine (1978, 1980, 1981, etc.), Catherine, Dominique, Mauricia Platon, Stella Vander, Michel Barouille, etc. Dans l'ombre, tous ont assuré, avec talent, les chœurs, en scène ou en studio.

Le panorama musical ne serait pas complet si les versions orchestrales scéniques n'étaient pas abordées. Bécaud donne souvent les idées, les directions, et ses musiciens suivent, habitués à cette technique.

Seul ou avec leur complicité, il assure également les arrangements de :

Credo - Un instant d'éternité - L'amour est mort
Quand je s'rai plus là - Vahiné des vahinés - Mai 68
Les Chansons de ta vie - Je me fous de la fin du monde
Au revoir (deuxième version) - *C'est en septembre*
Bonjour la vie - La Chanson du cocu - Les Bandes chansonnées
Moi je veux chanter - Le Pommier à pommes - Le Cheval bleu
A chaque enfant qui naît - So far away from Courbevoie
Mañana c'est carnaval - Dieu mécréant - Les Gens
Musicien de jazz - Quand on n'a pas ce qu'on aime
Sur terre rien de nouveau - Le Train de l'amour
Le Train de la vie - Un sacré bateau à roues - Je ne fais que passer

« J'ai toujours eu la chance d'avoir avec moi des équipes formidables. En scène, nous sommes groupés, prêts à tout. [...] On est un peu comme des avions qui volent les ailes dans les ailes. L'erreur de l'un peut provoquer une catastrophe. [...] Il m'arrive — rarement — de sauter un couplet. Eh bien, sans faire un geste, simplement d'un regard, on se retrouve tous à la seconde : ils ont sauté le couplet en même temps que moi et personne ne se l'est dit. Ce sont des gens de très haute qualité. »(1)

En 1992, à la demande de Mick Lanaro, Bécaud rejoint des musiciens outre-Atlantique, avec des orchestrations de Bernard Arcadio. Mais cela, c'est une autre histoire, celle de la concrétisation de l'album « Une vie comme un roman », enregistré à Los Angeles, au studio Ocean Way, par Clark Germain aux commandes, assisté de Mark Guibeault, puis mixé à Paris par Mick Lanaro et Lionel Philippe, au studio Mega.

Entre Claude Dejacques, Gaya, William Flageollet, Dominique Durand, Claude Wagner, Pierre Saint, David Hewit, Didier Pitois, J. Van-Bat, réalisateurs, ingénieurs du son, partenaires attentifs, « mixeurs » et maîtres après Dieu dans leurs studios fixes ou mobiles, pas de compétition. Simplement le même plaisir collectif de la création dans la phase finale, l'enregistrement, avec, à chaque fois, l'émotion et le plaisir renouvelé.

L'équipe technique, perpétuellement dans le sillage de l'artiste, mériterait également un salut amical et il faudrait citer, sans en oublier un, ceux qui, autour d'Eric Jutard, omniprésent à la régie générale et sur la scène, ont préparé la rentrée parisienne en 1993 au Palais des Congrès, les Jean Dhiry, Jean-Claude Lassère, Michel Durand, Didier Rouge, Stéphane Vellard, Jean-Pierre Mamie, Maurice Talpin, Nicole Cuissard — Nicky —, à qui est dévolue la « surveillance » de la loge et, en cours de répétition ou de spectacle, le service verre d'eau, bouffée de cigarette, gorgée de whisky, puis les débuts d'Emily Bécaud, assistante à la régie.

Prenez un tiers de Jutard, ajoutez un tiers de Talpin (poursuite scène), un tiers de Mamie (entretien piano). Ajoutez... un bon tiers de Lassère (régie son retour), remuez le tout. Servez bien frais, sous le soleil de Portofino, sur la piazzetta inondée de soleil, écrasée par les pins et les maisons aux façades en trompe l'œil, au moment de l'apéritif : « Vingt-six ans avec "Tonton", pas mal, hein ? me lance Jean-Claude Lassère. »

Daniel Carlet (quatorze ans sous le signe de la cravate à pois) et Yann Benoist (le nouveau guitariste de Gilbert depuis le Palais, en 1993) m'avouent leur préférence pour *Le Pianiste de Varsovie* :

« J'aimais aussi *La Corrida*, ajoute Carlet. Je ne jouais pas dans ce morceau, ou si peu... (un trait de flûte). Une chanson très forte. Depuis le départ de Pierre Dor'ragon, on ne l'a pas remontée. J'espère qu'on la reprendra rapidement. C'est un numéro entre le guitariste et Bécaud ! Il y a également des titres prêts comme *Dimanche à Orly*, qu'on ne joue pas. Gilbert définit son tour de chant avec précision et c'est rarissime qu'il ajoute une chanson pour faire plaisir au public. En quatorze ans, je n'ai pas de souvenir d'un titre supplémentaire, imprévu, en cadeau à la fin du récital. Il maîtrise parfaitement son spectacle. Sur scène, il assure comme personne. Il n'a pas vraiment le trac, plutôt une espèce d'appréhension du public qu'il domine au bout de quelques mesures... »

Alain de Ricou, gérant des Nouvelles Editions du Rideau Rouge et conseiller de Gilbert, se souvient :

« Lorsque j'ai créé ma maison d'édition, après mon départ de Pathé-Marconi, je l'ai nichée dans les locaux du Rideau Rouge. C'étaient des copains. Ce qui m'a frappé particulièrement ici, dès ma première arrivée, en 1972, c'était un esprit d'équipe extraordinaire, organisé autour d'un seul homme, Bécaud, qui cultivait pour des raisons professionnelles l'art d'être absent et qui déléguait sans discrétion ses pouvoirs. A l'époque, j'étais directeur général et lui président. On ne le voyait pratiquement pas. J'ai dû le rencontrer une fois par an... Gilbert n'a jamais pesé sur la direction artistique du Rideau Rouge. Il se considérait simplement comme l'un des musiciens de la maison, ni plus, ni moins. Il était même très jaloux quand d'autres faisaient plus de droits que lui.

Bécaud, poursuit de Ricou, c'est la musique avec un grand M, dévoué à la création, la sienne et celle des autres, tant dans le domaine de la variété que de la composition symphonique contemporaine. Nous avons édité beaucoup de musique moderne. Avec sa bénédiction, tout ce qu'on pouvait gagner repartait dans la création, et très partiellement dans la sienne d'ailleurs. Tout servait à produire et à faire exister d'autres compositeurs. »

Léonard Raponi revient sur l'album « Une vie comme un roman », commentant l'implication de BMG :

« Il faut reconnaître que, musicalement, sur un plan professionnel, les nouveaux morceaux sont superbes. Par contre, sur le plan radiophonique, public, c'est un peu trop bien. Pour moi, ce n'est pas du Bécaud. En faisant cet album, je pense que BMG a dépensé beaucoup d'argent, en se faisant plaisir, mais il me semble que cela ne correspond pas à la fraîcheur de composition qu'avait Gilbert il y a trente ans. Je ne veux pas le vieillir, en disant cela. Je pense que malgré ses soixante-six ans, c'est un chanteur qui « dégage ». D'ailleurs, les nouveaux musiciens m'ont tous dit :

"C'est marrant, on a fait Hallyday, Mitchell... Ce type-là, il est plus rock and roll que les chanteurs de rock !"

Pourtant, sur scène, notre préférence va vers des titres plus anciens comme *La Rivière* ou *Et maintenant* dans une toute nouvelle version qui n'a rien à voir avec l'originale. Le rythme du boléro est très loin... J'ai fait une orchestration un peu plus « synthé », plus moderne, un mélange de rock, de symphonie et Gilbert adore cet arrangement.

Il me parle souvent de ses projets, poursuit Raponi, me demande ce que j'en pense... Il m'écoute ou ne m'écoute pas (il ne m'écoute pas souvent, de toute façon). Quand il a une idée en tête, il va jusqu'au bout. Lorsqu'il est satisfait de ce que je lui soumets, il me lance :

"A vos ordres... !"

Cela veut tout dire. Dans le cas inverse, je sais qu'il va réfléchir et que finalement, il reviendra à sa première impulsion. Sur le plan musical, Gilbert est à la fois très exigeant et tolérant. Par exemple, s'il y a des éléments qui l'ennuient vraiment, il se met en colère sur le coup et puis, deux jours après, c'est terminé :

"Bon, il faut donner une seconde chance à ce gars-là. Il s'est planté, mais je pense qu'il va passer au-dessus de son erreur et se montrer digne."

Même si le musicien ou le technicien refait la même faute, il continue à lui faire confiance. »

Exigence et tolérance, deux traits de caractère de Bécaud, perçus par Léonard Raponi.

Pour Stéphane Véra, à la batterie, peu bavard, deux mots définissent son patron chanteur : « unique et classe ».

« J'ai été agréablement surpris, me confie Yann Benoist (sans sa guitare). Avant d'entrer dans l'équipe, je ne le connaissais pas, je le trouvais assez froid. En fait, lorsque nous avons joué ensemble, à partir de l'automne 93, j'ai découvert un autre bonhomme, très humble. »

« Peu d'artistes savent lorsque "c'est bien" et s'éclatent sur scène avec cette force, enchaîne Carlet. Gilbert sort de son tour, heureux. Il le sait, il le sent, il n'attend pas qu'on le lui dise. C'est un grand professionnel, autodidacte, sans maîtres, sans références, avec beaucoup de caractère, très dur pour lui-même et pour les autres. Musicalement, il nous arrive d'échanger nos impressions. Il nous demande notre avis, mais en fait, il a déjà pris sa décision. Parfois, il nous écoute et change quelques arrangements qui ne lui plaisent pas vraiment :

"J'ai dit ça, mais finalement, on ne va pas faire ces ponts... Oublie ça !"

Nos rapports avec Gilbert ? C'est assez difficile pour nous, parce qu'il est toujours dans son truc. Il reste assez seul. Ce n'est pas qu'on n'ait pas envie de lui donner notre amitié. Bécaud le conçoit ainsi, avec de nombreux rapports de travail sympathiques. Ensemble, nous parlons de tout, de nos familles, de ses projets auxquels il nous associe, mais finalement, termine Carlet, il reste assez solitaire, avec cette sensibilité tour à tour inquiète et paisible, toujours vagabonde. »

Même approche (l'accent du Midi en plus...) pour Serge Manuera, aux synthés :

« Après Lalanne et son frère Jean-Félix, j'ai rejoint la planète Bécaud. On s'adore. Il est Niçois et moi, je suis "monté" à Paris, depuis Cannes, une ville qu'il connaît bien... Dès le début, nous avons eu un bon contact. Gilbert, c'est un dinosaure, un des derniers de cette pointure-là. Grand, très impressionnant. On m'avait dit qu'il était assez dur. Depuis que je le connais, je l'ai découvert et apprécié. Dans les morceaux que nous avions montés pour le Palais, j'adorais ce trois-temps qui s'appelle *La Rivière*, avec le quatuor à cordes. Lorqu'il avait créé la chanson, à la fin des années soixante, cette orchestration n'existait pas, mais depuis que nous l'avons reprise ainsi (avec les nombreux musiciens du Palais), il préfère ne pas la présenter avec notre équipe réduite. »

Jean-Michel Boris évoque Bécaud, ce vrai musicien qui aime prendre des risques :

« Je suis sûr, que dans son for intérieur, Gilbert aurait souhaité qu'*Aran* devienne un classique. De même pour *Madame Roza,* après sa création américaine. Là, quelque part, il a du être blessé, mais sa comédie musicale existe, il va le prouver... »

Lorsque je lui souligne la condescendance du milieu classique vis-à-vis des variétés, le directeur de l'Olympia ne s'étonne pas et me livre quelques réflexions :

« Ce dédain, je le constate quotidiennement. Récemment, lors de la soirée anniversaire de Charles Trenet, les gens de l'Opéra-Bastille ont trouvé ça vulgaire. Pour eux, les variétés représentent un genre mineur, pas de la "vraie musique", une mélodie de "baloche". Lorsque Bécaud est entré en variétés, il n'a plus fait partie de la musique classique. Pour William Sheller, même cas de figure, une seule joie, écrire. Il a composé un concerto. Il l'a fait jouer à Pleyel en janvier 1993, il doit écrire une symphonie. Bécaud et Sheller viennent tous deux du Conservatoire. Même s'ils s'en défendent, les compositeurs souhaitent une reconnaissance et considèrent, eux aussi, que la chanson est un patrimoine mineur. C'est un problème pour tous. Voyez Paul Mac Cartney et son oratorio, on croirait retrouver Gilbert ! L'individu est comme ça, termine Boris, on ne peut le changer. »

Maurice Vidalin

Alliant l'émotion et la formule choc, la route de Vidalin, ancien légionnaire, est jalonnée de chansons...

Sa femme se souvient : « Cela l'aurait amusé qu'on parle de sa "Légion", parce qu'il était complètement antimilitariste ! En 1945, à la fin de la guerre, il avait vingt ans, il s'est engagé dans l'armée de l'air. En fait, il souhaitait décoller, voler, voyager, etc., et on lui a fait trimballer des sacs à... Villacoublay. Au bout de deux jours, il en a eu ras-le-bol et il est parti. Déclaré déserteur, il a eu peur d'être fusillé. Il s'est alors engagé dans la Légion ! Maurice a brûlé toutes ses photos et les manuscrits, tous les manuscrits de ses poèmes ».

Les cerisiers sont blancs - Le Bain de minuit
Les Enfants du voyage - Quand Jules est au violon - Le Ciel
L'Indien - L'Aventure - Rosy and John
L'Indifférence - Les Petites Mad'maselles
Mes hommes à moi - Le Gitan qui rit tout le temps
La Répétition - Mademoiselle Lise - Au revoir
Badabing beng bong - Moi je m'en vais demain
Le Bateau blanc - Va-t'en loin
Le Bateau miracle - Seul sur son étoile - Je t'aime
La Grosse Noce - La Chouette écartelée - La Femme du cambrioleur

C'était moi remporte le grand prix de l'académie du Disque en 1960. Replacée dans les doubles récitals « rouge/bleu ».

A la fin des années quatre-vingt, avec pratiquement la même orchestration que l'originale, la chanson est toujours une des plus belles du répertoire de Bécaud :

Celui qui ne sait plus ni ton nom ni ton âge
Qui ne sait rien de toi mais que tu es jolie
Souviens-toi du garçon qui crânait sur la plage
Et croyait tout savoir et n'avait rien compris...

Toutes mériteraient un coup de projecteur, depuis l'un de leurs premiers succès en 1958, *Le Mur :*

Y'a toujours un côté du mur à l'ombre
Mais jamais nous n'y dormirons ensemble...

en passant par l'adaptation française des chansons de Diamond et de Bécaud, à la fin des années soixante-dix, au début des années quatre-vingt : *C'est en septembre, Les Chansons de ta vie, L'amour est mort, Un sacré bateau à roues.*

« Maurice Vidalin, je l'aimais beaucoup, on était très amis et j'avais beaucoup d'admiration pour lui. Je considérais qu'il était le meilleur parolier français. » C'est en ces termes amicaux que Claude Lemesle l'évoque au cours de notre entretien.

Pour Frank Thomas, Vidalin est « un homme unique, un petit bonhomme qui écrivait ses chansons tranquillement, un être d'exception... »

Une signature présente, avant les années cinquante, auprès de multiples interprètes aux talents très différents. A cette période, Jacques Datin fait du piano-bar au Handicap (juste avant Bécaud...) et Maurice Vidalin écrit les textes. Au début des années soixante, le tandem Datin-Vidalin fonctionne toujours, pour Nana Mouskouri, Colette Renard, Michèle Arnaud, Petula Clark, Marcel Amont, Lucky Blondo, Mireille Darc, Nicole Croisille et bien d'autres, sans oublier Jean-Claude Pascal et son célèbre titre *Nous les amoureux*, premier prix à l'Eurovision de la Chanson en 1961 .

Parfois, Vidalin et Delanoë s'associent. *Quand le spectacle est terminé, Il faut marcher, Le Condamné* méritent le détour (à noter aussi *Mon grand-père le militaire*).

De l'autre côté de la rivière (1963), à ne pas confondre avec *La Rivière* (1967), restera dans l'ombre jusqu'à une réédition complète EMI Columbia de 1973 où elle figure pour la première fois sur un disque, quatorze ans après son enregistrement.

Dinnat se souvient de l'amitié fraternelle entre Vidalin et Bécaud :

« Gilbert m'avait dit un jour que Maurice souhaitait faire entrer son fils Laurent dans l'équipe. Bécaud, bien entendu, avait aussitôt accepté. »

Ainsi, lorsque Gaya seconde Jean-Claude Lassère au son, on trouve Laurent Vidalin aux lumières, assistant Alain Khair à la technique.

« Vidalin ? Je n'ai jamais vu un homme aussi sympathique », me confie Léonard Raponi. Sa disparition m'a beaucoup touché. Savez-vous que Maurice roulait en mobylette dans les rues de Paris, depuis son domicile de Rueil-Malmaison jusqu'à l'Olympia ? Ça m'a toujours fait sourire...

Delanoë est un personnage beaucoup plus distant, que j'ai rencontré souvent. Gilbert m'a présenté à lui cinq ou six fois. Et chaque fois que Pierre me voit, il ne me connaît pas... ! Lemesle, je l'ai connu lors d'une tournée en Amérique du Sud où il était venu rejoindre Bécaud. Pour moi, les plus belles chansons de Gilbert, les plus magiques au niveau du spectacle, sont celles de Vidalin. »

« C'était un personnage hors du commun, confie Fugain, dans la lignée de Bernard Dimey, avec une vraie densité humaine, un "homme contre". Contre quoi, je ne sais pas, mais d'abord contre, au bon sens du terme, un personnage de café aussi, capable de s'enflammer sur un mot et de m'envoyer, au lendemain d'une engueulade professionnelle, ce simple télégramme : "Comme j'ai le choix des armes, j'ai choisi l'amitié..."(1)

Autre parcours sans faute avec Gérard Lenorman et quelques rares textes pour André Claveau, Yves Duteil, Charles Aznavour (*Gosse de Paris, Liberté...*). Toujours la trace d'un Vidalin, présent sur plusieurs carrières d'interprètes à l'image d'Amade et de Delanoë, avec une préférence non dissimulée pour les musiques de Bécaud :

La Rivière - Les Jours meilleurs - Les Beaux Quartiers
Sacrée fille - Dans ces moments-là
Mañana c'est carnaval - Plein soleil
Va savoir - La Première Fois
Ce soir je te dis tout - La Grande Roue
Monsieur Winter go home - Les Cocotiers
Ma petite lumière - La Guimauve et le violoncelle
Liberacao - Tango
De quoi demain sera-t-il fait ?
La Chanson du cocu - Les Gens
Y'a pas de lapin dans le chapeau - Silly symphonie
Le Petit Oiseau de toutes les couleurs
La Chanson des pompoms
Un petit, tout petit miracle
A chaque enfant qui naît
L'addition s'il vous plaît ouais monsieur
La Vente aux enchères - Moi, je m'en vais demain
Un homme heureux - Où sont mes dix-huit ans ?

sans oublier *Laissez aller*, cosignée Gilbert et Philippe Bécaud, et *Musicien de jazz*, sur une mélodie de Philippe.

« Quand on aime, on compte pas... »

« Cette expression dans *Les Tantes Jeanne* a marqué. Avant lui, se rappelle Paule Vidalin, personne ne l'avait employée. Depuis, c'est devenu courant et ça le faisait beaucoup rire... en même temps, il était un peu flatté ! Lorsque Maurice et Gilbert composaient, tout se passait en même temps, ils démarraient ensemble et le texte initial était souvent loin du définitif. La première version des *Tantes Jeanne* était très "salle de garde". Parmi ses chansons favorites, il a toujours privilégié *Le Mur, L'Indifférence, Le Petit Oiseau de toutes les couleurs* ».

« Maurice Vidalin, je l'ai toujours vu caché derrière un arbre, me glisse astucieusement Alain de Ricou. Je le connaissais très bien. Il travaillait quand il en avait envie. Il fallait vraiment le sortir de sa forêt pour qu'il s'y mette. Bécaud y réussissait assez souvent, mais pas toujours avec facilité. J'ai vu Maurice refuser d'écrire pour certains chanteurs. J'ai essayé de le faire collaborer avec Salvador. Bien qu'ayant beaucoup d'amitié pour Henri, Maurice n'était pas convaincu. Il était complètement à l'écart, vraiment pas un acharné du "show-biz"... Il prenait la balle au bond et la laissait aller... »

« Solitaire, toujours discret, me murmure Paule Vidalin. Maurice avait horreur des gens du métier. Ce n'était pas son truc, cela ne le concernait pas beaucoup. Il était très droit, pas du tout comme certains "crabes" de la profession. Il me disait souvent : "Tiens, avec Gilbert, on est comme un vieux couple, avec des manies, des réconciliations."

Maurice, quand il aimait, c'était à fond. Gilbert était une moitié et Maurice, l'autre. »

« Les retrouvailles, raconte Bécaud, sont toujours difficiles. On essaie de rire ensemble. Mais on rit jaune. La création, au fond, est un phénomène solitaire. A deux, trois, quatre, c'est dur. C'est impudique. Je branche les magnétophones. Je tamise les lumières. On attend. On est malheureux . »(2)

« Parmi leurs ultimes chansons, se souvient Paule Vidalin, il y avait *La Retraite*, un thème qui ne plaisait pas beaucoup à Gilbert. Pour Maurice, c'était très dur, il avait eu de graves problèmes de santé. Les six derniers mois, un léger mieux s'était fait sentir, il avait récupéré, puis... »

En octobre 1986, ce poète inclassable, marginal, incarnant la chanson française de qualité, tissée d'élégance et de sensibilité, part rejoindre les nuages.

« Le public perd un homme exceptionnel et moi un copain. »

> « Gilbert Bécaud : record des passages à l'Olympia ! Record d'affluence ! Record du succès ! Que voulez-vous que je vous dise de plus ? Que c'est normal ? C'est normal. Bravo Gilbert et merci ! »
>
> Maurice Vidalin

Pierre Delanoë

« Défendez notre chanson en étant aussi bons, sinon meilleurs que les autres et prouvez que notre langue est une des plus belles du monde... »

Delanoë, alors président du conseil d'administration de la Sacem, souligne l'importance de cette institution et du droit d'auteur.

Né en 1918, compagnon de la première heure et collaborateur de Bécaud, l'auteur communique, persuade, confirme son engagement sur tous les fronts, dans les rencontres, les débats et les festivals, s'impliquant dans un combat vital pour la défense des auteurs, des compositeurs et des éditeurs de musique. Delanoë et Bécaud, c'est le blanc et le noir, deux éléments basiques et complémentaires.

Le Jour où la pluie viendra - Têtes de bois - Mourir à Capri
Quand l'amour est mort - Dimanche à Orly - Ça claque
Tu marches à Broadway - Credo - La solitude ça n'existe pas
Don Juan - Ma première chanson - Crois-moi - Je t'appartiens
L'Orange - La Cabane blue - Mes mains - Marie-Pierre
Charlie t'iras pas au paradis - Hey mon frère - Nicolas
Salut les copains - Cavalier du grand retour - Passe ton chemin
La Cavale - La Revolutione - Ma châtelaine - La Chine
Le Pianiste de Varsovie - Ma souris danse - Marie Marie
L'Homme et la musique - Star qui rit, star qui pleure
La Balade américaine - Le Jugement dernier
L'Enterrement de Cornelius - Si j'avais une semaine
Mea culpa mea culpa - Il s'en va mon garçon

Et maintenant est incontestablement la chanson internationale la plus populaire du répertoire.

Fréquemment cité en exemple, Delanoë est certainement l'auteur le plus prolifique. Les fausses notes font exception. Dans leur ouvrage *Cent ans de chansons*, C. Brunschwig, L.J. Calvet et J.C. Klein ne partagent pas cette estime :

« ... Des textes d'une rare constance pour leur qualité "moyenne" et par la vision du monde, marquée du sceau de la tradition, qu'ils dessinent. »(1)

Qu'importe, le parolier est assuré du succès. Et lorsque, dans la collection « Poésie et chansons », les éditions Seghers consacrent un livre à Bécaud et ses auteurs, Delanoë est en première ligne.

Il encourage les jeunes auteurs et les propulse sur la planète de Gilbert : avec Jean-Michel Bériat, il cosigne *L'Ombre et l'enfant* et l'adaptation française de *Fais-moi signe* ; avec Guy Carlier, *China Song*. Il travaille également avec Claude Lemesle dans *Les Rois du monde*. Et lorsque Frank Thomas écrit un premier texte pour Bécaud, *Petit Jean*, Delanoë est présent.

Avec Amade, dans les années cinquante, c'est la grande connivence et la naissance des chansons du film *Casino de Paris : Le Magicien, La Machine à écrire, Le Square Séverine.*

On reconnaît au même tandem la paternité des textes d'*Incroyablement, Ran-tan-plan, La Princesse de juillet* (musique de Bécaud et de Raymond Bernard), *Hermano, Pour qui veille l'étoile, La Cruche, Si je pouvais revivre un jour ma vie, Croquemitoufle, Viens danser, Alleluia, Les Amours de décembre.*

Après avoir travaillé ensemble à l'*Opéra d'Aran*, Amade et Delanoë traverseront quelques orages. Un jour, excédé, Louis, pourtant peu habitué à des coups de gueule, lui lancera :

« Pierre, il faut que nous mettions les choses au point... »

L'association dans l'écriture ne se renouvellera plus.

Dans une émission présentée par Drucker un dimanche après-midi dans les années soixante-dix, c'est la fête autour du parolier fécond, ses principaux interprètes l'entourent. Quand Delanoë se lance dans la lecture du texte de *Femme*, écrit pour Nicole Croisille, Bécaud, moqueur, feint d'éclater en sanglots en s'exclamant : *« C'est trop beau... »*

Bécaud-Delanoë, c'est l'album d'une vie qu'on feuillette, livre d'images, de nostalgies et de chansons sans âge :

Nathalie - Je reviens te chercher - Adieu l'idiot
Et le spectacle continue (dédiée à Maurice Chevalier)
Une vie comme un torrent - Hi haïe ho - Je te promets
Sur le pont des Invalides - Quand tu n'es pas là
Le Pommier à pommes - T'es une belle petite môme
Bienvenue parmi nous - Viens dans la lumière - C'est pas vrai

La Maison sous les arbres - Le monde est gentil - Toi et moi
Il fait si beau - Daphné - Pleure pas petit frère
La Dame de Saint-Paul - Il aime rêver - Merci beaucoup
Mon ami m'a trahi - Madame Pompadour - Dégonflé
Les Tambours et l'amour - Monsieur Gaston
Le Grand Sympathique - Mai 68 - L'Amour ou la mort
Le Dernier Homme - Mon cœur éclate - Dis Mariette - Contre vous
Que tu me plais la fille - Le Grand Magasin - Je brode des blouses
Cartes postales - Moi quand je serai guéri - Adieu bonjour
Ah ! si j'avais des sous - La Hollandaise - Aran (l'Opéra)
Dis-moi qui je suis - Le Danseur - Les Petits Lapins - Je suis folle
La Fraîcheur de la mer - Chante-moi (avec Raymond Bernard)
Qu'est-ce que tu attends là - So far away from Courbevoie
Quand t'es petit dans le Midi
Embrasse-moi ô mon amour - Une petite fille entre neuf et dix ans
Heureusement y'a les copains - Laissez faire, laissez dire
Vous qui l'avez connue - Dans le lit d'un homme d'affaires
La Française - La Saison du désamour - Ça ne sera jamais trop
Monsieur le Président-Directeur Général et le lapin
L'un d'entre eux inventa la mort - Il est à moi (l'Olympia)
Chante - L'Archange du Golf Drouot - La Fille de Nathalie - Vivre
L'Hirondelle - Et salut les copains - Que toi - Mon agenda
Chanter c'est ma liberté - Barbarella revient - Je me balance
Nous les copains - Le Bal masqué - Oh que Paris c'est loin
A midi sur les Champs-Elysées
Quelle joie - Tu le regretteras
Comme Rambo - Si j'avais une semaine - Félicitations
Au magasin d'antiquités - Tu me r'connais pas - Pourquoi papa
Mustapha Dupont - Les Créatures de rêve - Le Bal masqué
Les Enfants du dimanche - Passe ton chemin
Il faut bâtir ta maison (avec son beau-frère Frank Gérald)
Quand tu danses (grand prix du Disque 1953)
(avec F. Gérald et G. Biesel)

Lorsque EMI sort les plus belles chansons de l'auteur sur un seul et même album, il n'est pas question d'appeler cela « best of », car, comme nul ne l'ignore, notre homme est un défenseur passionné de la langue française. Le disque propose des morceaux choisis, connus du grand public, et d'autres plus intimistes, interprétés par Dassin, Fugain, Sardou, Piaf, Nicoletta, Lenorman, Mouskouri, les Compagnons, Macias... et Bécaud. Quelque quatorze titres, nous promenant de l'Irlande à la Place Rouge, en passant par les Champs-Elysées, l'Amérique, ou encore à la manière d'un inventaire : des lacs, un guide, une ballade, un soleil, une alouette et ces fameuses *Soirées de prince*, initialement prévues pour Gilbert, créées par Jean-Claude Pascal et reprises par Yves Duteil.

Pour souligner une telle boulimie, il suffit de mentionner ses « Victoires de la Musique 1995 », dédiées à Bécaud, et de citer toute la profession, en évoquant particulièrement Aufray, Dassin, Lenorman, Fugain et Sardou, qui acceptera un texte qui n'inspirait pas Bécaud et qui est devenu *Le Curé*...

« Je le connais depuis si longtemps, me confie Catherine Renaut. C'est vrai qu'il a très mauvais caractère, mais c'est un de mes meilleurs amis et il a un cœur d'or. Evidemment, parfois, il peut surprendre. »

Bécaud raconte : *« Les colères de Delanoë sont célèbres. Vous pouvez en rire devant lui, il rit aussi. C'est ça le personnage, il est très caméléon. Pierre est un des hommes que j'aime le plus au monde. Il pourrait faire n'importe quoi, je crois que je trouverais ça tout à fait normal. Il est farfelu de temps en temps, mais beaucoup plus farfelu que méchant. Il est très cartésien. Un jour, au cours d'une émission en direct, il s'est levé en disant : "Vous êtes tous des cons, des minables", et il est parti. J'étais là, mort de rire. Les gens autour n'étaient pas surpris, ils le connaissent bien... »*

« Il adore dire des énormités pour le simple plaisir de scandaliser les gens. Pierre, pour l'aimer, il faut le prendre tel qu'il est, avec ses excès. Et essayer de deviner, sous la carapace, le véritable personnage, pareil au figuier de barbarie qui sous ses rebutantes épines cache un fruit délicieux... »

Pour ma part, je n'ai pas trouvé le fruit. Quant aux épines, « qui s'y frotte s'y pique », j'en ai fait la « douloureuse » expérience... !

« Si l'œuvre de Bécaud était une maison, note le journal de la Sacem, Delanoë en serait sans conteste la charpente. La charpente et le gros-œuvre. »(2)

Louis Amade

« Je crois qu'il n'appartint qu'à moitié à la terre
Car il vivait debout à mi-chemin du ciel... »

Sombre période. Le 8 octobre 1992, au jour des funérailles d'Amade, célébrées par le père Di Falco, sous les voûtes de Notre-Dame-de-Paris, Bécaud est présent. Raide comme la statue du Commandeur, il dit *La mort d'un poète*(1). A la fin, avec un dernier regard sur le cercueil recouvert du drapeau tricolore, il lance : « *OK Palou ?* »

Des textes mis en musique par Bécaud... Du premier, *Les Croix*, jusqu'à l'ultime, *Du sable dans les mains.*

« Cette chanson, c'est le dernier souffle de Louis, je la lui ai extirpée juste avant sa mort, elle nous lie à jamais. »(2)

A l'exemple de son ami Vidalin, il demeure un poète du temps présent.

Membre actif du conseil d'administration de la Sacem pendant près de douze ans, président de la Commission des auteurs, Amade est depuis le début la parole de Bécaud, son cri, privilégiant le rêve, la nostalgie et les coups de cœur.

« Quelle heureuse idée, monsieur, vous avez de consacrer un livre à Gilbert Bécaud ! » Maurice Druon, Secrétaire perpétuel de l'Académie française répond bien volontiers à mon appel, me soulignant qu'en rendant hommage à son talent, je rends « hommage du même coup au poète Louis Amade, qui fut maintes fois le parolier de ses chansons et dont nous gardons mémoire. »

« On ne peut rien dire sur Amade. C'était un père ! » Dinnat, le compagnon de régie, raconte : « Un homme bon, agréable, toujours un mot gentil, aimant plaisanter. Il était toujours dans la salle pendant le spectacle et il regardait Gilbert comme une idole. Ils ont tout partagé, les bonheurs et les peines, les succès, les aventures de *L'Enfant à l'étoile* et de l'*Opéra d'Aran*, et même leurs amours, puisque Louis, qui a toujours vécu seul, avait adopté la famille Bécaud. Je me suis souvent trouvé avec Gilbert à l'étranger. Il appelait Paris : il téléphonait à Amade. »

Outre l'éternelle *Ballade des baladins,* n'oublions pas :

La Corrida - Marianne de ma jeunesse - Le Pays d'où je viens
Galilée - T'es venu de loin - Kyrie
Les Ames en allées - L'Absent - C'était mon copain
Le Marchand de ballons - Je t'aime mon frère
Moi je veux chanter - Je partirai
Les Marchés de Provence - Un peu d'amour et d'amitié
Le Rideau rouge - Mon arbre - Pilou Pilou hé...
Mon père à moi - Je t'aimerai jusqu'à la fin du monde
Les cas désespérés seront prioritaires - La Marche de Babette
Quand il est mort le poète - Il fait des bonds... le pierrot qui danse

Parolier de Bécaud dans les années soixante-dix, Frank Thomas se souvient :

« J'ai vu Louis, tous les soirs, à l'Olympia, et je le regardais souvent dans le noir, pendant *La Ballade des baladins.* En réécoutant cette chanson intemporelle qu'ils avaient réalisée ensemble, il paraissait chaque fois étonné. Quand un texte que vous avez écrit vingt-cinq ou trente ans plus tôt vous émerveille toujours, ça veut dire que l'artiste et la chanson sont devenus sublimes. »

Personnellement, depuis mon enfance dans les spectacles de mon père, j'ai vu bien des artistes et entendu de nombreuses chansons. Je dois avouer que *La Ballade des baladins*, présentée depuis plus de vingt ans dans des revues de prestige, *Paris Folies, Cabaret de Paris*, est automatiquement la plus appréciée et la plus applaudie. Imaginez des filles magnifiques, des tableaux empanachés de plumes et de strass puis, soudain, la lumière se fait voile, les arlequins et les pierrots se fondent dans l'ombre. Plus de paillettes, la musique de Bécaud, les paroles d'Amade : un petit miracle. Il se passera toujours quelque chose d'indéfinissable, vraiment mystérieux, plus fort que dans les autres chansons. Chaque fois, je dis bien chaque fois, la magie se renouvellera, c'est inexplicable.

Ecrit deux mois après leur rencontre, en une soirée, en novembre 1952, à Versailles, ce poème d'Amade est rapidement confié à Bécaud. Ce dernier trouve immédiatement une mélodie qui plaît au parolier. Le spectateur ne se trompe pas : la chanson devient aussitôt un classique.

Par contre, *On prend toujours un train pour quelque part* ne paraît pas faire l'unanimité si l'on en juge par ce commentaire, relevé dans l'ouvrage *Cent ans de chansons* : « Dans sa marche à l'étoile, Louis Amade n'a pas su éviter les frontières de la répétition et du cliché. »(3)

Parmi les chansons intimistes, *Toi le musicien*, passée totalement inaperçue en 1961, est toujours restée l'une des plus intéressantes, avec le pathétique solo de violon de Gilbert Brel, au même titre que *Les Amoureux du monde, A remettre à mon fils quand il aura seize ans, Mère douloureuse, Il y a des moments si merveilleux, Trop beau, Je t'aimerai jusqu'à la fin du monde...* ou le livret de *L'Enfant à l'étoile* :

La plus belle épopée du monde
Vient de commencer à minuit
Et la joie en est si profonde
Qu'elle réveille les oublis...

A la fin des années cinquante, Amade et Delanoë associent leur talent dans l'aventure de l'*Opéra d'Aran.* Parallèlement, ils écrivent une quinzaine de chansons nouvelles pour Bécaud.

« C'était un homme impressionnant, souligne Frank Thomas, avec tout le respect et l'admiration qu'on lui devait... »

Amade la tendresse, évoqué par la chaleureuse Frida Boccara :

« Un homme exquis, pétri de politesse et de gentillesse. Lorsque j'avais un problème, je faisais comme tous les artistes : j'appelais Louis. Sa secrétaire me fixait un rendez-vous. Je ne voulais pas le déranger dans son bureau sous prétexte que je l'avais connu en coulisses. Il venait vers moi et me demandait systématiquement : “Comment allez-vous, Frida ?”, posant des questions sur ma vie, mon métier, ma santé. Je peux dire qu'il fait partie de ces hommes que j'ai eu la chance de connaître. On en rencontre de moins en moins. »

Pour Yves Duteil, un modèle :

« Son bon regard penché sur mes textes débutants, moi je chantais *Les temps viendront.* C'étaient ses mots, dont il m'incombait de créer la première interprétation devant Gilbert Bécaud. Aujourd'hui, je respecte toujours la bienveillance de ce préfet-poète, et j'ai... de loin, suivi sa voie : maire et artiste, j'ai pu mesurer l'engagement du rêveur dans le réel. Quand il est mort le poète, toutes mes chansons et moi, on était en deuil d'un ami de cœur. »(4)

« Un président ! » Amade plaisante :

« Le chef, [...] à supposer que le mot chef puisse s'employer en l'occurrence. Le fait que je sois à l'époque sous-préfet et quelques années après préfet en imposait à ces gaillards, qu'ils soient auteurs ou musiciens. Mais c'était une demi-tutelle de vigilance et d'affection. »(5)

Pour Gaya, Louis c'est « la famille » :

« Comme Pierre, Maurice, “mes oncles”... C'est un tout, chacun est complètement différent, totalement opposé (apparemment) et regroupé sur la planète Bécaud. *L'important c'est la rose* et *La Grosse Noce*, ce sont des galaxies différentes. C'est ce qui fait la particularité de mon père qui, contrairement à d'autres chanteurs, varie constamment les genres. Il manque des auteurs jeunes de la pointure d'Amade, de Vidalin et de Delanoë. C'est terrible pour Gilbert ! Ils existent sûrement mais il faut les rencontrer... »

> « Louis Amade, prodigieux inventeur du verbe et des cadences, a écrit quelques-unes des plus belles chansons de notre époque, de ces chansons que le temps ne flétrit pas et que l'on appelle un jour du folklore. Dans l'univers futur acier-béton, je crois qu'il y aura toujours sur les balcons une fleur d'or et de sang plantée par Louis Amade.
> Pour cela, ce soir, je le remercie en votre nom. »
>
> Maurice Vidalin(6)

« Les rapports entre Maurice et Louis étaient parfaits, me raconte Paule Vidalin. Une complicité, une considération réciproque, ils se respectaient. Lorsque j'étais là, Amade et Vidalin parlaient peu chanson, poème. A l'Olympia, je venais souvent prendre mon mari. J'étais parfois pressée. Je laissais ma voiture garée en double file et Louis me lançait, avec son accent ensoleillé : "Madame Vidalin, j'espère que vous ne payez pas vos contraventions !"

Gilbert ironisait aussitôt : "Maurice attend d'avoir quelque chose de plus grave, de plus sérieux que des contraventions pour te demander d'intervenir !"

Au pays de la chanson, le cas d'Amade est insolite. Directeur adjoint du cabinet du préfet de police le jour, poète et auteur de chansons la nuit, l'image est inhabituelle.

« J'ai été fait poète par le ciel et sous-préfet par les hommes », dit-il. Tout jeune à Montpellier, il dirige des émissions poétiques à la radio sous le pseudonyme de Ramon de Costa. Un soir, son préfet reconnaît sa voix. Au lieu d'être furieux, comme Amade s'y attend, il lui dit : « Continuez, vous donnez du prestige à l'administration. »

Avec des textes comme *La fin d'un grand amour, c'est d'abord le silence*, on aborde un Amade méconnu, sur des mélodies moins populaires, écrasées par le voisinage de chansons locomotives. C'est un peu le destin de :

Martin - Les Cloches - Sur la plus haute colline - Abrina birchoue
Toi - Fanfan - Pour l'amour du ciel - Mon amour impossible
Patte blanche - L'Enfant du ciel - Mère douloureuse - Toi l'oiseau

Pauvre Pêcheur - Viens nous aider - Berceuse pour Gaya
Moi je sais - Little red boy - Accroche-toi à ton étoile
Les Enfants oubliés - Je ne fais que passer - La Cinquième Saison
La Passion de vivre - T'as raison mon ami
Lorsque viendra le dernier jour - C'est ça qu'on appelle aimer
Sur terre rien de nouveau - Les Cocottes en papier
Vive le roi carnaval - Le Cheval bleu - On a besoin d'un idéal
Ding-dong sonnez - Miserere
Ah ! dites-moi pourquoi je l'aime - La Chanson pour Roseline
Si je m'en reviens au pays - Je t'ai ouvert les yeux

Très applaudie en 1966, au moment de sa création, *Le Petit Prince est revenu* évoque la toute petite planète imaginée par Saint-Exupéry :

Je l'ai vu ce matin qui jouait sans défense
Avec le serpenteau qui le mordit jadis...

Chez Amade, les mots inventés sont reconnus (je m'éfiléfiloche...). Il les appelle ses mots magiciens.

Ainsi que le souligne Sprengers : « Toute sa vie, il a eu le regard tourné vers l'avenir, et même dans les situations les plus sombres, il a su prodiguer les mots d'espoir. »

Pour l'apprécier, il faut connaître les couleurs des plages des Pyrénées-orientales, de l'Hérault, et citer les villes de son enfance, comme Perpignan, Sète, Montpellier, avant de passer par Paris et la préfecture de Versailles, au temps des *Croix*, quand il rencontrera Bécaud.

« Quand on tombe sur un texte puissant comme ça, il faut vraiment que le compositeur soit un imbécile pour ne pas arriver à sortir une chanson valable. La musique compte, bien entendu, mais à partir du moment où vous êtes étayé, où vous vous appuyez sur des paroles de ce genre, il est évident que c'est plus facile, vous vous envolez. Lorsque je suis tout seul devant un piano, avec un poème que Louis a mis trois quarts d'heure à écrire, je suis porté par les mots comme on peut l'être par la musique. Avec Vidalin, Delanoë ou Amade, il est certain que le compositeur a de quoi se battre. »(7)

De Gilbert Sigrist à Michel Legrand, on ne compte plus les musiciens inspirés par ses mots et les interprètes qui l'ont chanté... A ce propos, je recommande l'excellent numéro spécial de la revue *Ouvertures*(8), réalisé par Jean-Francis Goerres, entièrement consacré à l'œuvre du poète et le « Louis Amade par Louis Amade (L'immensité de vivre) », un disque insolite présentant des textes lus par l'auteur(9).

« Quand j'étais patron du Rideau Rouge, me confie Alain de Ricou, je le voyais tous les jours. La grosse voiture noire avec le chauffeur de la préfecture débarquait à dix-huit heures... Conseiller, confident quasi quotidien, il me disait souvent : "Tu devrais recevoir ou écouter un tel ou un tel." Malgré le costume austère dû à sa fonction, Amade était l'ami de tous, au Rideau Rouge. Collaborateurs, auteurs venaient l'y rencontrer... »

L'important, c'est la rose, enregistrée par Bécaud dans plusieurs langues, connaît un succès international. Dans les galas autour du monde, un couplet ou un refrain est souvent traduit dans l'idiome du pays visité et Gilbert l'apprend phonétiquement.

« Cela m'a toujours fait regretter que Louis ne vienne pas, de temps en temps, en tournée avec moi, au Japon ou ailleurs. Il aurait été épaté d'entendre ces salles de quatre mille spectateurs nippons chanter ses paroles en français. »(10)

Mêmes échos avec Jacques Dinnat, qui me fredonne le refrain de *La rose* en japonais pendant nos entretiens... ou Jacqueline Maillan, qui la chante, devant les caméras de *Sacrée soirée*, accompagnée par un Bécaud complice. Le parti socialiste récupère la fleur emblématique et Thierry le Luron ne manque pas de « piquants » en affirmant devant un Drucker médusé : "*L'emmerdant c'est la rose*". Où la politique va-t-elle se nicher ?

Le 6 décembre 1994, au cours de la cérémonie annuelle des prix, la Sacem se souvient. L'occasion, pour Jacques Toubon, de saluer ce « grand serviteur de notre langue et des courants d'idées de ce siècle ». Au programme, une sympathique version de *L'important c'est la rose,* par le conseil d'administration de la prestigieuse société... Une nouvelle fois, le souffle de la poésie passe sur l'auditorium Debussy-Ravel, « par-delà l'espace et le temps », avec une impressionnante intervention d'Etienne Roda-Gil (auteur étincelant, aux mêmes racines catalanes) et d'Yves Simon, saluant tous deux le préfet-poète.

Jean-Marie Proslier me rappelle les *Musicorama* qu'il présentait sur la scène de l'Olympia, et Amade, toujours présent dans les coulisses : « L'homme le plus discret, le plus charmant que j'aie jamais rencontré. Il s'étonnait presque d'avoir un tel talent. Il est mort comme il a toujours vécu, dans la discrétion... »

> *« C'est une très longue histoire d'amour et d'amitié. La musique de ses paroles a toujours inspiré la mienne.*
> *Merci Palou, pour tout ce que je te dois et tout ce que nous avons vécu ensemble. »*(11)
>
> Gilbert Bécaud

SOURCES

Sources

Berre, le 8 juillet 1994. 16 heures...

1 Robert SPRENGERS — *Ton frère le poète.* Louvain, Rosseels, 1968.
2 *L'Enfant du pays.* FR3, André BLANC et Claude CHEBREL , 7 décembre 1973.
3 *Génération nostalgie*, janvier 1994, Alain MOREL.
4 *L'Enfant du pays.* FR3, André BLANC et Claude CHEBREL , 7 décembre 1973.
5 *Télé-Loisirs*, 22 mars 1993, Eric LAMON.
6 *Marie-Claire*, juillet 1960.
7 Jean NOHAIN, « Notre temps », janvier 1977.
8 *Gilbert raconte Bécaud.* Europe numéro 1.
9 *L'Enfant du pays.* FR3, André BLANC et Claude CHEBREL , 7 décembre 1973.
10 Robert SPRENGERS — *Ton frère le poète.* Louvain, Rosseels, 1968.
11 *Rendez-vous avec G. Bécaud.* Francine ARNAUD, février-mars 1967.
12 Almanach de Radio-Luxembourg, 1964.
13 *L'Enfant du pays.* FR3, André BLANC et Claude CHEBREL , 7 décembre 1973.
14 *Télé Star*, 1er mars 1993, Annick RANNOU.
15 *Télé 7 Jours*, 22 mars 1993, Cécile TESSEYRE.
16 *Pleins feux*, avril 1973.
17 *Gilbert raconte Bécaud.* Europe numéro 1.
18 *Pleins feux*, avril 1973.
19 *Télérama*, 17 février 1993.
20 *Pleins feux*, avril 1973.
21 *Gilbert raconte Bécaud.* Europe numéro 1.
22 *Le Parisien*, 16 février 1993, Alain MOREL.
23 *Le Peuple*, 4 novembre 1959, M. ANDRIEUX.
24 *Gilbert BECAUD : Portrait.* Paris Première, Christian MESNIL, 1993.
25 Mireille RUPP — *Bécaurama : discographie de Gilbert Bécaud.* Mulhouse, 1991 (fan-club Gilbert Bécaud, 29, rue des vergers 68100 Mulhouse).
26 *Rendez-vous avec G. Bécaud.* Francine ARNAUD, février-mars 1967.
27 *Gilbert raconte Bécaud.* Europe numéro 1.
28 *Rendez-vous avec G. Bécaud.* Francine ARNAUD, février-mars 1967.
29 *Le Peuple*, 4 novembre 1959, M. ANDRIEUX.
30 *Rendez-vous avec G. Bécaud.* Francine ARNAUD, février-mars 1967.
31 *Gilbert raconte Bécaud.* Europe numéro 1.
32 Jean NOHAIN, « Notre temps », janvier 1977.
33 *Gilbert raconte Bécaud.* Europe numéro 1.

34 Pierre DELANOE — *La Chanson en colère* (entretiens avec Alain-Gilles Minella). Paris, Groupe Mame, 1993.
35 *Gilbert raconte Bécaud.* Europe numéro 1.
36 *Le Jeu de la vérité.* TF1, Patrick SABATIER, 1986.
37 *Télé 7 Jours*, 22 mars 1993, Cécile TESSEYRE.
38 *Génération nostalgie*, janvier 1994, Alain MOREL.
39 *Ovations.* France 2, NAGUI, 2 octobre 1993.
40 *Gilbert raconte Bécaud.* Europe numéro 1.
41 *Le Parisien Libéré*, 22 janvier 1993, M. A.
42 *Notes*, Sacem, 1990 à 1995.
43 *Ovations.* France 2, NAGUI, 2 octobre 1993.
44 Charles AZNAVOUR — *Aznavour.* Paris, Fayard, 1970.
45 Aïda AZNAVOUR — *Petit frère.* Paris, Robert Laffont, 1986.
46 Louis AMADE — *Et ce sera ta passion de vivre.* Paris, Hachette-RTL, 1982.
47 *Gilbert raconte Bécaud.* Europe numéro 1.
48 *Gilbert BECAUD : Portrait.* Paris Première, Christian Mesnil, 1993.
49 Louis AMADE — *Et ce sera ta passion de vivre.* Paris, Hachette-RTL, 1982.
50 *Gilbert raconte Bécaud.* Europe numéro 1.

1953 - *J'avais un seul ami et on me l'a tué...*

1 Louis AMADE — *Et ce sera ta passion de vivre.* Paris, Hachette-RTL, 1982.
2 Jean-Francis GOERRES — *Ouvertures. L'œuvre de Louis Amade.* Liège, 1983 (diffusion : 30, rue du Plein-Vent, 4030 Grivegnee Liège).
3 *Chorus*, avril-mai-juin 1993, Marc ROBINE.
4 *Télé Magazine*, 1er mars 1993, Serge LION.
5 Robert SPRENGERS — *Ton frère le poète.* Louvain, Rosseels, 1968.
6 *Gilbert raconte Bécaud.* Europe numéro 1.
7 *Télé Magazine*, 1er mars 1993, Serge LION.
8 *Gilbert BECAUD : Portrait.* Paris Première, Christian MESNIL, 1993.
9 Olivier TODD — *Jacques Brel, une vie.* Paris, Robert Laffont, 1984.
10 Lucien RIOUX — *50 ans de chanson française.* L'Archipel, 1992.
11 Roland RIBET — *L'Impresario impertinent.* Paris, Grancher, 1993.

1954 - *Puisqu'un autre que moi peut arracher tes plaintes...*

1 *La plus belle nuit de l'Olympia.* France 2, 1993.
2 *Gilbert BECAUD : Portrait.* Paris Première, Christian MESNIL, 1993.

1955 - *Comme l'argile, l'insecte fragile...*

1 *Le Point*, 27 octobre 1975, Robert MALLAT.
2 *Gilbert raconte Bécaud.* Europe numéro 1.

3 Dominique SANCHEZ — *Les Tubes et leur époque*. Paris, Messidor.
4 Louis-Jean CALVET — *Georges Brassens*. Paris, Lieu commun, 1991 - Paris, (éd. de Poche) Payot, 1993.
5 *Rien à cirer*. France-Inter, 19 juin 1993.
6 Jean-Michel BORIS et Marie-Ange GUILLAUME — *28 boulevard des Capucines*. Paris, Acropole, 1991.
7 Olivier TODD - *Jacques Brel, une vie*. Paris, Robert Laffont, 1984.
8 *Gilbert raconte Bécaud*. Europe numéro 1.
9 BMG.
10 *Gilbert raconte Bécaud*. Europe numéro 1.
11 *Ovations*. France 2, NAGUI, 2 octobre 1993.
12 *Gilbert raconte Bécaud*. Europe numéro 1.

1956 - *Et pendant ce temps-là...*

1 Brassens, Ferré et Brel. Interview RTL, 1969.
2 Robert SPRENGERS — *Ton frère le poète*. Louvain, Rosseels, 1968.
3 *L'Express*, 25 mai 1956
4 Anne-Marie CARRIERE — *Ali-Baba et les quarante poèmes*. Paris, Calmann-Levy, 1958.
5 *Gilbert raconte Bécaud*. Europe numéro 1.
6 Marcel CARNE — *La Vie à belles dents*. Paris, Vuarnet (Hachette), 1979.
7 *Gilbert raconte Bécaud*. Europe numéro 1.

1957 - *La triste triste terre rouge...*

1 Jean-Francis GOERRES — *Ouvertures. L'œuvre de Louis Amade*. Liège, 1983 (diffusion : 30, rue du Plein-Vent, 4030 Grivegnee Liège).
2 Pierre DELANOE — *La Vie en chantant*. Paris, Julliard, 1980.
3 *Tintin*, 21 mai 1963.
4 *Sud-Ouest*, 23 mai 1986.
5 *Gilbert raconte Bécaud*. Europe numéro 1.
6 Patricia COQUATRIX — *Les Coulisses de ma mémoire*. Paris, Grasset, 1984.
7 *Moustique TV Radio*, 12 février 1961, A. BACHELIER et A. MASSIN.
8 *Gilbert raconte Bécaud*. Europe numéro 1.
9 *L'Express,* 13 novembre 1967, Danièle HEYMANN.
10 Emmanuel BERL — *Un télé-spectateur engagé*. Paris, F. Bourin, 1993.
11 *B.B. en chansons*. Jean-Louis REMILLEUX et Roland COUTAS, France 2, 1992.
12 Robert SPRENGERS — *Ton frère le poète*. Louvain, Rosseels, 1968.
13 Brassens, Ferré et Brel. Interview RTL, 1969.
14 *Télé Star*, 1er mars 1993, Annick RANNOU.
15 *Le Parisien*, 16 février 1993, Alain MOREL.

1958 - *Faut s'aimer au soleil...*

1 *Paris-Presse / L'intransigeant*, 23 avril 1958, Paul GIANNOLI.

1959 - *A Pâques ou à la mi-carême...*

1 Mireille RUPP — *Bécaurama : discographie de Gilbert Bécaud*. Mulhouse, 1991 (fan-club Gilbert Bécaud, 29, rue des vergers 68100 Mulhouse).
2 *Music-hall*, février 1959.
3 *Sud-Ouest*, 2 novembre 1959.

1960 - *Monsieur l'aubergiste, du pain...*

1 *Marie-Claire*, juillet 1960.
2 *Disques d'aujourd'hui*, 10 septembre 1960.
3 Louis AMADE — *Et ce sera ta passion de vivre*. Paris, Hachette-RTL, 1982.
4 *Gilbert BECAUD : Portrait*. Paris Première, Christian MESNIL, 1993.
5 *Ciné-Revue*, 2 septembre 1960.
6 *Disques d'aujourd'hui*, 10 septembre 1960.
7 Jean-Francis GOERRES — *Ouvertures. L'œuvre de Louis Amade*. Liège, 1983 (diffusion : 30, rue du Plein-Vent, 4030 Grivegnee Liège).
8 Louis AMADE — *Et ce sera ta passion de vivre*. Paris, Hachette-RTL, 1982.
9 Jean-Francis GOERRES — *Ouvertures. L'œuvre de Louis Amade*. Liège, 1983 (diffusion : 30, rue du Plein-Vent, 4030 Grivegnee Liège).
10 *Pourquoi pas*, 1974, Angèle GULLER.

1961 - *Quand la nuit se promène sans s'occuper de moi...*

1 Louis AMADE — *Et ce sera ta passion de vivre*. Paris, Hachette-RTL, 1982.
2 Pierre DELANOE — *La Vie en chantant*. Paris, Julliard, 1980.
3 *Rendez-vous avec G. Bécaud*. Francine ARNAUD, février-mars 1967.
4 *Moustique TV Radio*, 12 février 1961, A. BACHELIER et A. MASSIN.
5 *Gilbert raconte Bécaud*. Europe numéro 1.
6 *Moustique TV Radio*, 12 février 1961, A. BACHELIER et A. MASSIN.
7 Mireille RUPP — *Bécaurama : discographie de Gilbert Bécaud*. Mulhouse, 1991 (fan-club Gilbert Bécaud, 29, rue des vergers 68100 Mulhouse).
8 *Marie-Claire*, juillet 1960.

1962 - *Ein Tag in Paris...*

1 Robert SPRENGERS — *Ton frère le poète*. Louvain, Rosseels, 1968.
2 Louis AMADE — *Et ce sera ta passion de vivre*. Paris, Hachette-RTL, 1982.
3 Pierre DELANOE — *La Vie en chantant*. Paris, Julliard, 1980.
4 Robert SPRENGERS — *Ton frère le poète*. Louvain, Rosseels, 1968.

5 *Gilbert BECAUD : Portrait.* Paris Première, Christian MESNIL, 1993.
6 *L'Express,* 11 janvier 1962, Danièle HEYMANN.
7 Margarita WALLMANN — *Les Balcons du ciel.* Paris, Robert Laffont, 1976.
8 *La Dernière Heure*, 8 novembre 1962, Sébastien de RAET.
9 Robert SPRENGERS — *Ton frère le poète.* Louvain, Rosseels, 1968.
10 *L'Express,* 1er novembre 1962, Danièle HEYMANN, N. HIRCH.
11 *Chorus*, avril-mai-juin 1993, Marc ROBINE.
12 Pierre DELANOE — *La Chanson en colère* (entretiens avec Alain-Gilles Minella). Paris, Groupe Mame, 1993.
13 Louis AMADE — *Et ce sera ta passion de vivre.* Paris, Hachette-RTL, 1982.
14 *Gilbert raconte Bécaud.* Europe numéro 1.
15 Pierre DELANOE — *La Vie en chantant.* Paris, Julliard, 1980.
16 Louis AMADE — *Et ce sera ta passion de vivre.* Paris, Hachette-RTL, 1982.
17 Robert SPRENGERS — *Ton frère le poète.* Louvain, Rosseels, 1968.

1963 - *Les Madames qui venaient*

1 Robert SPRENGERS — *Ton frère le poète.* Louvain, Rosseels, 1968.
2 Mireille RUPP — *Bécaurama : discographie de Gilbert Bécaud.* Mulhouse, 1991 (fan-club Gilbert Bécaud, 29, rue des vergers 68100 Mulhouse).
3 *Chorus*, avril-mai-juin 1993, Marc ROBINE.
4 *Age tendre*, n°11, novembre 1963.
5 Brassens, Ferré et Brel. Interview RTL, 1969.
6 Olivier TODD — *Jacques Brel, une vie.* Paris, Robert Laffont, 1984.
7 *Le Jeu de la vérité.* TF1, Patrick SABATIER, 1986.
8 *Pleins feux*, avril 1973.
9 *Sonorama*, n°22, septembre 1960.
10 Olivier TODD — *Jacques Brel, une vie.* Paris, Robert Laffont, 1984.
11 *Gilbert raconte Bécaud.* Europe numéro 1.
12 *Gilbert BECAUD : Portrait.* Paris Première, Christian MESNIL, 1993.

1964 - *Et voilà qu'un coup de printemps*

1 Almanach de Radio-Luxembourg, 1964.
2 Pierre DELANOE — *La Chanson en colère* (entretiens avec Alain-Gilles Minella). Paris, Groupe Mame, 1993.
3 *Nous les garçons et les filles*, n°13. Mai 1964, Geneviève VERRIER.
4 *Gilbert BECAUD : Portrait.* Paris Première, Christian Mesnil, 1993.
5 *Jours de France*, 1970, Léon ZITRONE.
6 Lucien RIOUX — *50 ans de chanson française.* L'Archipel, 1992.
7 *Jours de France*, 1970, Léon ZITRONE.
8 *Nous les garçons et les filles*, n°13, mai 1964, Geneviève VERRIER.

9 Louis AMADE — *Et ce sera ta passion de vivre*. Paris, Hachette-RTL, 1982.
10 *Rendez-vous avec G. Bécaud*. Francine ARNAUD, février-mars 1967.

1965 - *On n'est plus du même rivage quand on parle de lui*

1 *Paris-Match*, 1er avril 1993, Jean-Claude ZANA.
2 *Télérama*, 17 février 1993.

1966 - *Je jure sur le sang du monde*

1 *Rendez-vous avec G. Bécaud*. Francine ARNAUD, février-mars 1967.
2 *Chorus*, avril-mai-juin 1993, Marc ROBINE.
3 *Les Choses de la vie*. France-Inter, Jean Charles ASCHERO, 7 juin 1992.

1967 - *T'as pas lavé tes mains*

1 *Le Journal du dimanche*, 14 février 1993, Carlos GOMEZ.
2 *Télérama*, 17 février 1993.
3 Louis AMADE — *L'Eternité plus un jour*. Paris, Seghers, 1966.
4 *L'Express,* 13 novembre 1967, Danièle HEYMANN.
5 *Rendez-vous avec G. Bécaud*. Francine ARNAUD, février-mars 1967.
6 *Paris-Jour*, 9 mars 1967.
7 *L'Enfant du pays*. FR3, André BLANC et Claude CHEBREL , 7 décembre 1973.

1968 - *Brahms au bandonéon*

1 *Le Jeu de la vérité*. TF1, Patrick SABATIER, 1986.
2 *Bécaud and Co - 40 ans de chansons*. Vidéo, document INA 1968, distribution EMI France.
3 *L'Express,* 5 février 1968, Danièle HEYMANN.
4 Pierre DELANOE — *La Vie en chantant*. Paris, Julliard, 1980.
5 *L'Express*, 17 février 1969, Danièle HEYMANN.

1969 - *J'écrirai avec mes ongles*

1 Marc ROBINE — *Le Roman de Julien Clerc*. Paris, Seghers, Ed. de l'Arancaria et Club des stars, 1988.
2 *A nos amours*. FR3, Caroline TRESCA, 1993.
3 *L'Indépendant*, décembre 1969.
4 Marc ROBINE — *Le Roman de Julien Clerc*. Paris, Seghers, Ed. de l'Arancaria et Club des stars, 1988.

1970 - *Tu m'avais quitté symphonie*

1 *Chorus*, avril-mai-juin 1993, Marc ROBINE.

2 Pierre DELANOE — *Et à part ça qu'est-ce que vous faites ?* Paris, Lafon, 1987.
3 *Sud-Ouest*, 11 mars 1973, Jean-Marc FAUBERT.
4 *Revue Croquemitoufle*. Club du Rideau Rouge, la Renaudière 78490 Galluis-France.

1971 - *La petite sœur du Carmel*

1 *Télé Gadget*, n°3, 6 octobre 1971, Stéphane EPIN et Remy LE POITTEVIN.
2 *Sud-Ouest*, 11 mars 1973, Jean-Marc FAUBERT.
3 Marc ROBINE — *Le Roman de Julien Clerc*. Paris, Seghers, Ed. de l'Arancaria et Club des stars, 1988.
4 *Télé Gadget*, n°3, 6 octobre 1971, Stéphane EPIN et Remy LE POITTEVIN.

1972 - *Je te promets des soirs de fête*

1 Pierre DELANOE — *La Vie en chantant*. Paris, Julliard, 1980.
2 *Gilbert raconte Bécaud*. Europe numéro 1.
3 *L'Express,* 16 juillet 1973, Danièle HEYMANN.
4 Marc ROBINE — *Le Roman de Julien Clerc*. Paris, Seghers, Ed. de l'Arancaria et Club des stars, 1988.
5 *Ovations*. France 2, NAGUI, 2 octobre 1993.
6 Marc ROBINE — *Le Roman de Julien Clerc*. Paris, Seghers, Ed. de l'Arancaria et Club des stars, 1988.
7 *France-Soir*, 23 septembre 1972, Monique PANTEL.

1973 - *Je suis un Indien, je n'existe pas*

1 *Le Point*, 1er janvier 1973, Robert MALLAT.
2 *Le Point*, 27 octobre 1975, Robert MALLAT.
3 *Sud-Ouest*, 11 mars 1973, Jean-Marc FAUBERT.
4 *Gilbert raconte Bécaud*. Europe numéro 1.
5 Jean-Francis GOERRES — *Ouvertures. L'œuvre de Louis Amade*. Liège, 1983 (diffusion : 30, rue du Plein-Vent, 4030 Grivegnee Liège).

1975 - *La crosse de l'évêque frappe par deux fois la porte aux clous d'or*

1 *Le Point*, 27 octobre 1975, Robert MALLAT.
2 Richard CANNAVO — *Monsieur Trenet*. Paris, Lieu commun, 1993.

1976 - *Seul au milieu de l'Atlantique*

1 *Télé Poche*, janvier 1976.

1977 - *Tourner, planer, folie, génie, sa vie*

1 *L'Express,* 7 novembre 1977, Renée BERNARD.

2 Jean-Francis GOERRES — *Ouvertures. L'œuvre de Louis Amade*. Liège, 1983 (diffusion : 30, rue du Plein-Vent, 4030 Grivegnee Liège).

3 Arnoldo MONTADORI — *L'Opera-repertorio della lirica dal 1597*. Milan, SPA ; Paris, Ramsey, 1979.

4 *L'Express,* 7 novembre 1977, Renée BERNARD.

5 *Combien ça coûte*. TF1, Coyotte Productions, 1993.

6 Propos de Jean COCTEAU, recueillis en 1959 à Santo Sospir par Michel Déon et rapportés tour à tour dans son article «Jean Cocteau peint et se dépeint », paru dans *La Revue des Deux Mondes* du 15 février 1957 et dans son livre *Mes arches de Noé*, Paris, La Table Ronde, 1978.

7 Yves SALGUES — *Charles Aznavour*. Paris, Seghers, réédition 1977.

8 Jean NOHAIN, « Notre temps », janvier 1977.

1978 - *T'as vu les yeux de l'infirmière ?*

1 *Revue Croquemitoufle*. Club du Rideau Rouge, la Renaudière 78490 Galluis-France.

1979 - *Il fume de la musique et part pour New-Delhi*

1 *Tout le monde déguste*. RMC, 16 septembre 1993.

1980 - *Une chanson ça vient comme ça tombe du cœur, tombe des doigts*

1 *Revue Croquemitoufle*. Club du Rideau Rouge, la Renaudière 78490 Galluis-France.

2 *Le Point*, 17 mars 1980, Robert MALLAT.

3 *Revue Croquemitoufle*. Club du Rideau Rouge, la Renaudière 78490 Galluis-France.

4 *Sud-Ouest*, 16 mars 1980, Jean-Marc FAUBERT.

5 *Tout le monde déguste*. RMC, 16 septembre 1993.

6 *Sud-Ouest*, 16 mars 1980, Jean-Marc FAUBERT.

7 *Disques d'aujourd'hui*, 10 septembre 1960.

8 *Jours de France*, 1970, Léon ZITRONE.

9 *Le Point*, 13 octobre 1980, Robert MALLAT.

1981 - *Chaque matin qu'tu vois c'est un matin que tu r'verras plus*

1 *Revue Croquemitoufle*. Club du Rideau Rouge, la Renaudière 78490 Galluis-France.

2 *L'Express*, 17 février 1969, Danièle HEYMANN.

3 *Rendez-vous avec G. Bécaud*. Francine ARNAUD, février-mars 1967.

4 Jean-Francis GOERRES — *Ouvertures. L'œuvre de Louis Amade*. Liège, 1983 (diffusion : 30, rue du Plein-Vent, 4030 Grivegnee Liège).

5 C. BRUNSCHWIG, L. J. CALVET, J. C. KLEIN — *Cent ans de chansons*. Paris, Le Seuil, 1981.

6 Jean-Francis GOERRES — *Ouvertures. L'œuvre de Louis Amade*. Liège, 1983 (diffusion : 30, rue du Plein-Vent, 4030 Grivegnee Liège).

1982 - *Tu caches ta peur derrière ton rire*

1 *Le Monde*, 10 octobre 1991, Véronique MORTAIGNE.
2 Jean NOHAIN, « Notre temps », janvier 1977.

1983 - *Rappelle-toi, la place était vide*

1 *Sud-Ouest*, 14 décembre 1983, Chantal GIBERT.
2 *VSD*, 29 septembre 1983.
3 *Super Télé*, 1984.
4 *Le Figaro*, 30 avril 1993, Philippe CUSIN.
5 *VSD*, 29 septembre 1983.
6 *Le Point*, 31 octobre 1993, Robert MALLAT.
7 *Super Télé*, 1984.

1984 - *Merci Air France*

1 Pierre DELANOE — *La Chanson en colère* (entretiens avec Alain-Gilles Minella). Paris, Groupe Mame, 1993.

1985 - *Gare de Lyon, le jour se lève*

1 *Gilbert BECAUD : Portrait*. Paris Première, Christian MESNIL, 1993.

1986 - « Je suis là, Madame Rosa, je suis là »

1 *Le Point*, 12 octobre 1987, Robert MALLAT.

1987 - *C'est le meilleur moment du voyage*

1 *Le Point*, 12 octobre 1987, Robert MALLAT.
2 Louis AMADE — *Et ce sera ta passion de vivre*. Paris, Hachette-RTL, 1982.
3 *Télécâble*, 8 mars 1993, Bertrand TESSIER.
4 *Le Figaro*, 30 avril 1993, Philippe CUSIN.
5 *Notes*, Sacem, 1990 à 1995.

1988 - *On a tous un pied de l'autre côté du miroir*

1 *Revue Croquemitoufle*. Club du Rideau Rouge, la Renaudière 78490 Galluis-France.

1989 - *Les violons nous relancent*

1 *Sud-Ouest*, 27 février 1989.
2 *Notes*, Sacem, 1990 à 1995.
3 *Le Figaro Télévision*, 1989.
4 *Jours de France*, 1970, Léon ZITRONE.
5 *Revue Croquemitoufle*. Club du Rideau Rouge, la Renaudière 78490 Galluis-France.

1990 - *On s'envole vers les étoiles*

1 *Paroles et musique*, avril 1990, propos recueillis par J. ERWAN.

1991 - *Quand la musique s'arrête*

1 *Le Point*, 13 octobre 1980, Robert MALLAT.
2 *Le Monde*, 7 août 1991, Véronique MORTAIGNE.
3 *Tout le monde déguste*. RMC, 16 septembre 1993.
4 *Notes*, Sacem, 1990 à 1995.
5 *Chorus*, avril-mai-juin 1993, Marc ROBINE.
6 *Le Monde*, 7 août 1991, Véronique MORTAIGNE.
7 *Libération*, 10 octobre 1991, Hélène HAZERA.
8 *Le Figaro Magazine*, Léopold SANCHEZ.
9 *Radio Nostalgie*, 30 septembre 1993.
10 *Le Monde*, 7 août 1991, Véronique MORTAIGNE.
11 *L'Express,* Michel DELAIN.
12 Patrick ULMANN — *Les Feux de la rampe*. Boulogne-Billancourt, La Sirène, 1992.
13 *Télé Magazine*, 1er mars 1993, Serge LION.
14 *Revue Croquemitoufle*. Club du Rideau Rouge, la Renaudière 78490 Galluis-France.

1992 - *Elle est de retour, musique, musique*

1 *Le Figaro*, 30 avril 1993, Philippe CUSIN.
2 *Chorus*, avril-mai-juin 1993, Marc ROBINE.
3 *Le Figaro*, 30 avril 1993, Philippe CUSIN.
4 *Chorus*, avril-mai-juin 1993, Marc ROBINE.
5 *Le Figaro Magazine*, Léopold SANCHEZ.
6 *Le Jeu de la vérité*. TF1, Patrick SABATIER, 1986.
7 *Notes*, Sacem, 1990 à 1995.
8 *Chorus*, avril-mai-juin 1993, Marc ROBINE.
9 *Télérama*, 17 février 1993.
10 *Chorus*, avril-mai-juin 1993, Marc ROBINE.
11 *Les Choses de la vie*. France-Inter, Jean Charles ASCHERO, 7 juin 1992.
12 Louis AMADE — *Et ce sera ta passion de vivre*. Paris, Hachette-RTL, 1982.

1993 - *Je saurai un jour qui je suis*

1 *Génération nostalgie*, janvier 1994, Alain MOREL.
2 *Show Magazine*, 25 janvier 1993.
3 *Le Figaro*, 9 août 1991, Emmanuele FROIS.
4 *Le Parisien*, 16 février 1993, Alain MOREL.

5 *Revue Croquemitoufle*. Club du Rideau Rouge, la Renaudière 78490 Galluis-France.
6 *Chorus*, avril-mai-juin 1993, Marc ROBINE.
7 Louis AMADE — *Et ce sera ta passion de vivre*. Paris, Hachette-RTL, 1982.
8 *Télérama*, 17 février 1993.
9 *Paris-Match*, 1er avril 1993, Jean-Claude ZANA.
10 *L'Express,* 7 novembre 1977, Renée BERNARD.
11 *Jours de France*, 1970, Léon ZITRONE.
12 *Le Parisien*, 16 février 1993, Alain MOREL.
13 *TV câble hebdo*, 25 janvier 1993, Michel PARMENTIER.
14 *Télé 7 Jours*, juin 1993, Geneviève COSTE.
15 *Notes*, Sacem, 1990 à 1995.
16 Brassens, Ferré et Brel. Interview RTL, 1969.

1994-1995 - «Ce type-là, c'est de la dynamite»

1 *Télé Star*, 23 janvier 1995, Michèle LANTERI.
2 *Bécaud - 40 ans de chansons.* Coffret 9 CD, nouvelle présentation, distribution EMI France.

L'homme et la musique

1 *Rendez-vous avec G. Bécaud.* Francine ARNAUD, février-mars 1967.

Maurice Vidalin

1 *Notes*, Sacem, 1990 à 1995.
2 *L'Express*, 17 février 1969, Danièle HEYMANN.

Pierre Delanoë

1 C. BRUNSCHWIG, L. J. CALVET, J. C. KLEIN — *Cent ans de chansons*. Paris, Le Seuil, 1981.
2 *Notes*, Sacem, 1990 à 1995.

Louis Amade

1 Louis AMADE — *L'Eternité plus un jour*. Paris, Seghers, 1966.
2 *Le Parisien*, 16 février 1993, Alain MOREL.
3 C. BRUNSCHWIG, L. J. CALVET, J. C. KLEIN — *Cent ans de chansons*. Paris, Le Seuil, 1981.
4 *Revue Croquemitoufle*. Club du Rideau Rouge, la Renaudière 78490 Galluis-France.
5 Louis AMADE — *Et ce sera ta passion de vivre*. Paris, Hachette-RTL, 1982.
6 Jean-Francis GOERRES — *Ouvertures. L'œuvre de Louis Amade*. Liège, 1983 (diffusion : 30, rue du Plein-Vent, 4030 Grivegnee Liège).

7 *Les Choses de la vie*. France-Inter, Jean Charles ASCHERO, 7 juin 1992.

8 Jean-Francis GOERRES — *Ouvertures. L'œuvre de Louis Amade*. Liège, 1983 (diffusion : 30, rue du Plein-Vent, 4030 Grivegnee Liège).

9 « Louis AMADE par Louis AMADE. L'Immensité de vivre ». 33 tours 1742581/1988 Louvre Musique, EMI Pathé-Marconi SA. Poèmes de Louis Amade mis en musique par Gilbert Bécaud, Jean Edouard, Laurent Gerome, Georges Locatelli. Grand prix de l'académie du Disque.

10 *Chorus*, avril-mai-juin 1993, Marc ROBINE.

11 *Revue Croquemitoufle*. Club du Rideau Rouge, la Renaudière 78490 Galluis-France.

Références des extraits de chansons et de citations figurant en tête de chapitre

1953 - *J'avais un seul ami et on me l'a tué* (*C'était mon copain* - Bécaud / Amade)

1954 - *Puisqu'un autre que moi peut arracher tes plaintes*
(*Je veux te dire adieu* - Bécaud / Aznavour)

1955 - *Comme l'argile, l'insecte fragile* (*Je t'appartiens* - Bécaud / Delanoë)

1956 - *Et pendant ce temps-là* (*La Corrida* - Bécaud / Amade)

1957 - *La triste triste terre rouge*
(*Le Jour où la pluie viendra* - Bécaud / Delanoë)

1958 - *Faut s'aimer au soleil* (*Le Mur* - Bécaud / Vidalin)

1959 - *A Pâques ou à la mi-carême* (*Marie Marie* - Bécaud / Delanoë)

1960 - *Monsieur l'aubergiste, du pain*
(Cantate *l'Enfant à l'étoile* - Bécaud / Amade)

1961 - *Quand la nuit se promène sans s'occuper de moi*
(*Dans ces moments-là* - Bécaud / Vidalin)

1962 - *Ein Tag in Paris* (*La Grosse Noce* - Bécaud / Vidalin)

1963 - *Les Madames qui venaient*
(*Les Tantes Jeanne* - Bécaud / Vidalin)

1964 - *Et voilà qu'un coup de printemps* (*L'Aventure* - Bécaud / Vidalin)

1965 - *On n'est plus du même rivage quand on parle de lui*
(*Tu le regretteras* - Bécaud / Delanoë)

1966 - *Je jure sur le sang du monde* (*Mes hommes à moi* - Bécaud / Vidalin)

1967 - *T'as pas lavé tes mains* (*La Rivière* - Bécaud / Vidalin)

1968 - *Brahms au bandonéon* (*La Cinquième Saison* - Bécaud / Amade)

1969 - *J'écrirai avec mes ongles* (*Badabing beng bong* - Bécaud / Vidalin)

1970 - *Tu m'avais quitté symphonie* (*L'Homme et la musique* - Bécaud / Delanoë)

1971 - *La petite sœur du Carmel* (*Kyrie* - Bécaud / Amade)

1972 - *Je te promets des soirs de fête*
(*Un peu d'amour et d'amitié* - Bécaud / Amade)

1973 - *Je suis un Indien, je n'existe pas* (*L'Indien* - Bécaud / Vidalin)

1974 - *Il est né là-bas en Pologne*
(*Le Gitan qui rit tout le temps* - Bécaud / Vidalin)

1975 - *La crosse de l'évêque frappe par deux fois la porte aux clous d'or*
(*La Première Cathédrale* - Bécaud / Thomas)

1976 - *Seul au milieu de l'Atlantique*
(*Prends-moi sur ton bateau « monsieur Cousteau »* - Bécaud / Grosz)

1977 - *Tourner, planer, folie, génie, sa vie*
(*Le Danseur* - Bécaud / Gimbel / Adaptation Delanoë)

1978 - *T'as vu les yeux de l'infirmière ?*
(*De quoi demain sera-t-il fait ?* - Bécaud / Vidalin)

1979 - *Il fume de la musique et part pour New-Delhi*
(*A chaque enfant qui naît* - Bécaud / Vidalin)

1980 - *Une chanson ça vient comme ça tombe du cœur, tombe des doigts*
(*Y'a pas d'lapin dans mon chapeau* - Bécaud / Vidalin)

1981 - *Chaque matin qu'tu vois c'est un matin que tu r'verras plus*
(*Chaque matin que tu vois* - Bécaud / Bécaud)

1982 - *Tu caches ta peur derrière ton rire*
(*Désirée* - Bécaud / Kunze / Adaptation Lemesle)

1983 - *Rappelle-toi, la place était vide* (*La Fille de Nathalie* - Bécaud / Delanoë)

1984 - *Merci Air France* (*Love supersonique* - Ph. Bécaud - Lemesle)

1985 - *Gare de Lyon, le jour se lève* (*Encore une fois* - Bécaud / Barbelivien)

1986 - « Je suis là, Madame Rosa, je suis là »
(Emile Ajar — *La Vie devant soi*. Paris, Mercure de France, 1975)

1987 - *C'est le meilleur moment du voyage* (*Le Retour* - Bécaud / Lemesle)

1988 - *On a tous un pied de l'autre côté du miroir*
(*Star qui rit, star qui pleure* - Bécaud / Delanoë)

1989 - *Les violons nous relancent*
(*Quand la musique s'arrête* - Bécaud / Lemesle)

1990 - *On s'envole vers les étoiles*
(*Quand la musique s'arrête* - Bécaud / Lemesle)

1991 - *Quand la musique s'arrête*
(*Quand la musique s'arrête* - Bécaud / Lemesle)

1992 - *Elle est de retour, musique, musique*
(*Quand la musique s'arrête* - Bécaud / Lemesle)

1993 - *Je saurai un jour qui je suis* (*Chanter c'est ma liberté* - Bécaud / Delanoë)

1994-1995 - « Ce type-là, c'est de la dynamite »
(*Navarro*, série française télévisée - 1re diffusion : 30 janvier 1995, TF1)

Merci à Alain de Ricou et aux Nouvelles Editions du Rideau Rouge pour leur amicale autorisation de reproduction des textes de :

© 1992 by Nouvelles Editions du Rideau Rouge :
Une vie comme un roman (Bécaud / Delanoë) - *Quand t'es petit dans le Midi* (Bécaud / Delanoë) - *Il est à moi (l'Olympia)* (Bécaud / Delanoë) - *Et salut les copains* (Bécaud / Delanoë) - *La Cabane blue* (Bécaud / Delanoë) - *Aran* (Bécaud / Delanoë) - *Mea culpa mea culpa* (Bécaud / Delanoë) - *Chanter c'est ma liberté* (Bécaud / Delanoë) - *La Dame de Saint-Paul* (Bécaud / Delanoë) - *Du sable dans mes mains* (Bécaud / Amade)

Avec l'autorisation graphique de BMG MUSIC PUBLISHING FRANCE pour la reproduction des textes de :

© EMA / BMG Music Publishing France :
La Chine (Bécaud / Delanoë) - *C'était mon copain* (Bécaud / Amade) - *Je t'appartiens* (Bécaud / Delanoë) - *La Corrida* (Bécaud / Amade) - *Le Jour où la pluie viendra* (Bécaud / Delanoë) - *Le Mur* (Bécaud / Vidalin) - *Marie Marie* (Bécaud / Delanoë) - *Le Retour* (Bécaud / Lemesle) - *Chaque matin que tu vois* (Bécaud) - *A chaque enfant qui naît, le monde recommence* (Bécaud / Vidalin) - *Encore une fois* (Bécaud / Barbelivien) *Kyrie* (Bécaud / Amade) - *Un peu d'amour et d'amitié* (Bécaud / Amade) - *L'Indien* (Bécaud / Vidalin) - *Le Gitan qui rit tout le temps* (Bécaud / Vidalin) - *La Première Cathédrale* (Bécaud / Thomas) - *Les Caraïbes* (Bécaud / Grosz) - *De quoi demain sera-t-il fait ?* (Bécaud / Vidalin) - *Y'a pas d'lapin dans le chapeau* (Bécaud / Vidalin) - *Désirée* (Bécaud / Kunze) - *La Fille de Nathalie* (Bécaud / Delanoë) - *Berceuse pour Gaya* (Bécaud / Amade) - *Je ne fais que passer* (Bécaud / Amade) - *Ta passion de vivre* (Bécaud / Amade) - *Mañana, c'est carnaval* (Bécaud / Vidalin) - *T'as raison mon ami* (Bécaud / Amade) - *Le Rideau rouge* (Bécaud / Amade) - *La Chanson pour Roseline* (Bécaud / Amade) - *La Ballade des baladins* (Bécaud / Amade) - *Les Marchés de Provence* (Bécaud /Amade) - *Les Croix* (Bécaud / Amade) - *Le Monde est gentil* (Bécaud / Delanoë) - *L'Enfant du ciel* (Bécaud / Amade) - *Ma copine et son enfant* (Bécaud / Grosz) - *Je me fous de la fin du monde* (Bécaud / Lemesle) - *La Française* (Bécaud / Delanoë) - *Mustapha Dupont* (Bécaud / Delanoë) - *Ce soir, je te dis tout* (Bécaud / Vidalin) - *Si si si la vie est belle* (Bécaud / Pierre-Thibault) - *Le Pays d'où je viens* (Bécaud / Amade) - *Alors raconte* (Bécaud / Broussole) - *Les âmes en allées* (Bécaud / Amade) - *Il y a des moments si merveilleux* (Bécaud / Amade) - *Desperado* (Bécaud / Lemesle) - *Marianne de ma jeunesse* (Bécaud / Amade)

© BMG Music Publishing France :
L'Absent (Bécaud / Amade) - *Les Tantes Jeanne* (Bécaud / Vidalin) - *Tu le regretteras* (Bécaud / Delanoë) - *Mes hommes à moi* (Bécaud / Vidalin) - *La Rivière* (Bécaud / Vidalin) - *La Cinquième Saison* (Bécaud / Amade) - *Badading beng bong* (Bécaud / Vidalin) - *L'Homme et la musique* (Bécaud / Delanoë) - *Quand le spectacle est terminé* (Bécaud / Vidalin-Delanoë) - *Love supersonique* (Ph. Bécaud / Lemesle) - *La solitude ça n'existe pas* (Bécaud / Delanoë) - *La Grosse Noce* (Bécaud / Vidalin) - *Dans ces moments-là* (Bécaud / Vidalin) - *Dis Mariette* (Bécaud / Delanoë) - *Le Petit Prince est revenu* (Bécaud / Amade) - *Têtes de bois* (Bécaud / Delanoë) - *Adieu bonjour* (Bécaud / Delanoë) - *Quand il est mort le poète* (Bécaud / Amade) - *Les cerisiers sont blancs* (Bécaud / Vidalin) - *On prend toujours un train pour quelque part* (Bécaud / Amade) - *L'un d'entre eux inventa la mort* (Bécaud / Delanoë) - *Je t'aimerai jusqu'à la fin du monde* (Bécaud / Amade) - *A remettre à mon fils quand il aura seize ans* (Bécaud / Amade) - *Va savoir* (Bécaud / Vidalin) - *Plein soleil* (Bécaud / Vidalin) - *Viens dans la lumière* (Bécaud / Delanoë) - *Croquemitoufle* (Bécaud / Amade-Delanoë) - *Et maintenant* (Bécaud / Delanoë) - *Dimanche à Orly* (Bécaud / Delanoë) - *Quand Jules est au*

violon (Bécaud / Vidalin) - *Le Bain de minuit* (Bécaud / Vidalin) - *Le Bateau blanc* (Bécaud / Vidalin) - *Le Bateau miracle* (Bécaud / Vidalin) - *Au revoir* (Bécaud / Vidalin) - *L'important c'est la rose* (Bécaud / Amade) - *C'était moi* (Bécaud / Vidalin) - *La Cavale* (Bécaud / Delanoë) - *Je partirai* (Bécaud / Amade) - *Je reviens te chercher* (Bécaud / Delanoë) - *Mère douloureuse* (Bécaud / Amade) - *Cavalier du grand retour* (Bécaud / Delanoë) - *L'Aventure* (Bécaud / Vidalin) - *Nathalie* (Bécaud / Delanoë) - *Toi le musicien* (Bécaud / Amade) - *Pourquoi papa* (Bécaud / Delanoë) - *Je t'aime* (Bécaud / Vidalin).

Avec l'autorisation de : Georges Amade (pour Louis Amade), Didier Barbelivien, Pierre Delanoë, Pierre Grosz, Claude Lemesle, Frank Thomas, Paule Vidalin (pour Maurice Vidalin).

Paroles et Musique en vente chez votre marchand de Musique.

Ajoutez les étiquettes BMG (ARIOLA, RCA), EMI PATHE-MARCONI (LA VOIX DE SON MAITRE, COLUMBIA, DIMENSIONS), DECCA, TREMA, ODEON, AMIGA, OPERA, ELECTROLA, HORZU, EVA, BARCLAY, ABLE, MARCATO, DUCHESSE, UNIVERSE, ORLADOR, NIPER, ANGEL, KING, KAPP, PETERS, DERAM, KREWEST, quelques douceurs russes et tchécoslovaques, sans oublier les éditions AZNAVOUR (BRETON), BEUSCHER, EDEN ROCK, EDIMARTON, EMI SUISSE (BECAUD), MERIDIAN, METRO, STAR, WARNER CHAPPEL, ZAOUI... (signalées par la Sacem), vous aurez effectué plusieurs fois le tour du monde.

Les photos et documents insérés dans ce livre proviennent des collections personnelles de Georges Amade, Gaya Bécaud, Marc Dardanne, Marcel Réval, Robert Sprengers. Photos X et James Andanson / Sygma.

« Voulez-vous jouer avec moi ? »

Solution du jeu page 326

1 ***Dans ces moments-là*** (Bécaud / Vidalin)
2 ***Quand t'es petit dans le Midi*** (Bécaud / Delanoë)
3 ***Le monde est gentil*** (Bécaud / Delanoë)
4 ***Je t'appartiens*** (Bécaud / Delanoë)
5 ***La Française*** (Bécaud / Delanoë)
6 ***Nathalie*** (Bécaud / Delanoë)
7 ***Ta passion de vivre*** (Bécaud / Amade)
8 ***L'Amour est mort*** (Bécaud / Diamond / Adaptation Vidalin)
9 ***Aran*** (Bécaud / Delanoë)
10 ***Je me fous de la fin du monde*** (Bécaud / Lemesle)
11 ***Marie Marie*** (Bécaud / Delanoë)
12 ***Le Rideau rouge*** (Bécaud / Amade)
13 ***Chanter c'est ma liberté*** (Bécaud / Delanoë)
14 ***Mañana c'est carnaval*** (Bécaud / Vidalin)
15 ***La Fille de Nathalie*** (Bécaud / Delanoë)
16 ***Mustapha Dupont*** (Bécaud / Delanoë)
17 ***Toi le musicien*** (Bécaud / Amade)
18 ***Les Enfants du voyage*** (Bécaud / Vidalin)
19 ***La Route*** (Bécaud / Aznavour)
20 ***L'un d'entre eux inventa la mort*** (Bécaud / Delanoë)
21 Cantate ***l'Enfant à l'étoile*** (Bécaud / Amade)
22 ***Bécaud*** (Bécaud / Bériat)
23 ***Daphné*** (Bécaud / Delanoë)
24 ***Encore une fois*** (Bécaud / Barbelivien)
25 ***Mes hommes à moi*** (Bécaud / Vidalin)
26 ***Le Fracas des victoires*** (Bécaud / Amade)

Table des matières

4e PARTIE : LES ANNEES 80

5e PARTIE : LES ANNEES 90

ANNEXE

SOURCES

Composition réalisée par Compopro, Lattes
Achevé d'imprimer en mai 1995
sur les presses de l'imprimerie FOURNIE
à Toulouse (Haute-Garonne)
pour le compte des
Editions du Voyage
av. de l'Agau - 34970 Lattes

Dépôt légal : 2e trimestre 1995

ISBN 2-9509272-0-3

Imprimé en France